U0906731

广东农村统计年鉴

GUANGDONG RURAL STATISTICAL YEARBOOK

2022

《广东农村统计年鉴》编辑委员会编

图书在版编目（CIP）数据

广东农村统计年鉴. 2022 = Guangdong Rural Statistical Yearbook 2022 / 《广东农村统计年鉴》编辑委员会编. -- 北京 : 中国统计出版社, 2022.11
ISBN 978-7-5037-9985-3

Ⅰ. ①广… Ⅱ. ①广… Ⅲ. ①农业统计－统计资料－广东－2022－年鉴 Ⅳ. ①F327.65-66

中国版本图书馆 CIP 数据核字(2022)第 180584 号

广东农村统计年鉴 2022

作　　者/ 《广东农村统计年鉴》编辑委员会
责任编辑/ 高媛媛
装帧设计/ 广州九禾教育信息咨询有限公司
出版发行/ 中国统计出版社有限公司
地　　址/ 北京市丰台区西三环南路甲 6 号
邮政编码/ 100073
电　　话/ 邮购（010）63376909　书店（010）68783171
网　　址/ http://www.zgtjcbs.com
印　　刷/ 广州星河印刷有限公司
经　　销/ 新华书店
开　　本/ 890mm×1240mm　1/16
字　　数/ 1400 千字
印　　张/ 23　彩页 3.5
版　　别/ 2022 年 11 月第 1 版
版　　次/ 2022 年 11 月第 1 次印刷
定　　价/ 350.00 元

本书附同版本 CD-ROM 一张，光盘内容以书面文字为准。
如有印装差错，由本社发行部调换。

《广东农村统计年鉴 2022》编委会和编辑出版人员名单

编 者 说 明

《广东农村统计年鉴》是由广东省统计局、广东省农业农村厅、国家统计局广东调查总队、广东省自然资源厅、广东省水利厅、广东省应急管理厅、广东省林业局、广东省气象局、广东省农垦总局、广东省供销合作社联合编辑出版的大型统计资料工具书。其宗旨是力求全面、系统、客观、翔实地向广大读者提供广东农村经济和社会发展的基本统计资料信息。

《广东农村统计年鉴 2022》（简称《年鉴》），主要收录 2021 年全省、各市、县（区）涉农统计数据和新中国成立以来各个主要时期主要涉农统计数据。本年将农村科技及教育部分与农业技术装备合并为一个专题，全书共分十七个专题：农业主要指标与农村基本情况、自然资源、气候与自然灾害、农业技术装备与农村科技及教育、水利建设、国民经济概况、农村经济综合、种植业、林业、畜牧业与饲料工业、渔业、农产品进出口贸易、农村经济收入分配与效益、农村居民收入与消费、农垦、供销合作社、分区域主要经济指标等。

《年鉴》资料来源于政府统计部门、农业部门和各有关部门的年报表，部分资料采自抽样调查。由于有关业务部门的统计范围、口径不完全相同，资料中少数指标数据不完全一致，使用时敬请读者注意。

《年鉴》涉及珠江三角洲、东翼、西翼和山区的具体划分为：珠江三角洲指广州、深圳、珠海、佛山、江门、东莞、中山、惠州和肇庆；东翼指汕头、汕尾、潮州和揭阳；西翼指湛江、茂名和阳江；山区指韶关、河源、梅州、清远和云浮。

《年鉴》统计表中的符号说明：“…”表示数据不足本表最小单位数；“#”表示其中主要项；空格表示该项统计指标数据不详或无该项数据。

根据《全国农业普查条例》，本书 2007 年及以后年份部分数据以第三次全国农业普查结果为基础做了调整。

《年鉴》中地区生产总值以及分产业分行业增加值数据，最后一年的数据均为初步核算数，不是最终数。

目　录

六、国民经济概况

七、农村经济综合

八、种植业

九、林业

十、畜牧业与饲料工业

十一、渔业

十二、农产品进出口贸易

十三、农村经济收入分配与效益

十四、农村居民收入与消费

十五、农垦

十六、供销合作社

十七、分区域主要经济指标

广东省 2021 年度农业农村经济发展情况

2021 年是新征程开启、“十四五”开局，“三农”工作重心历史性转向全面推进乡村振兴的第一年。广东各级农业农村部门坚持以习近平新时代中国特色社会主义思想为指导，深入学习贯彻习近平总书记关于“三农”工作的重要论述和对广东系列重要讲话、重要指示批示精神，全面落实党中央、国务院决策部署和省委、省政府工作要求，锚定乡村振兴迈进全国第一方阵的工作目标，把握新形势新使命，砥砺奋进、创新开局，启动实施九大攻坚、驻镇帮镇扶村等重大行动，扎实推进农业农村各项重点工作，以新担当新作为推动全省脱贫攻坚成果有效巩固，“三农”工作重心平稳转向、有序衔接，农业转型高质量发展，农村面貌持续改善，农民收入加快增长，城乡差距进一步缩小，“三农”战略后院更加稳固，乡村振兴工作呈现“风生水起”局面。全省农林牧渔业总产值 8305.84 亿元，同比增长 7.1%，农林牧渔业增加值 5169.53 亿元，同比增长 8.1%。

（一）创新组团帮扶，全面推进巩固拓展脱贫攻坚成果。创新开展乡村振兴驻镇帮镇扶村工作，采取“党政机关 + 企事业单位 + 科技特派员 + 志愿者 + 金融助理“组团帮扶模式，全域全覆盖推进全省 1127 个乡镇、近两万个行政村的乡村振兴。加大帮扶投入，对粤东粤西粤北地区 901 个乡镇，由省市县按 6:3:1 比例安排每个乡镇每年 2000 万元财政资金帮扶，统筹推进镇村同建同治同美。各有关市自加压力将辖区内含有行政村的 169 个涉农街道、农场、林场纳入自身帮扶范围，并安排财政帮扶资金，全域推进乡村振兴。实施“千企帮千镇、万企兴万村”行动，投入帮扶资金 124 亿元。建立健全防止返贫动态监测和帮扶机制，全面排查 161.5 万建档立卡脱贫人口，将符合条件的脱贫不稳定户、边缘易致贫户、突发严重困难户 28.8 万户、42.7 万人全部纳入重点监测帮扶对象，并按照“缺什么、补什么”原则分层分类落实产业就业和“三保障”（义务教育、基本医疗、住房安全有保障）帮扶措施，实现应纳尽纳，应扶尽扶。

（二）深化全产业链发展，全面构建现代农业产业体系。创新“12221”农产品市场体系（搭建“1”个农产品产销大数据，组建销区采购商和培养产区经纪人“2”支队伍，拓展销区和产区“2”大市场，策划采购商走进产区和农产品走进大市场“2”场活动，实现品牌打造、销量提升、市场引导、品种改良、农民致富等“1”揽子目标）建设牵引高质量发展，从过去抓生产促销售向抓流通、消费促生产转变，菠萝、荔枝等农产品产值、价格“逆势上涨”屡创新高，徐闻菠萝年产值由 2018 年的 9.8 亿元攀升至 2021 年的 22 亿元，荔枝产值增长至144.8亿元。深化产业园区建设牵引集群发展，累计创建6个国家级优势特色产业集群，16个国家级、235个省级现代农业产业园，撬动地方统筹和社会资本约250亿元，构建完善“跨县集群、一县一园、一镇一业、一村一品”格局。拓展联农助农模式牵引多元发展，建成并运营县域助农服务综合平台126个、镇村助农服务中心1167个，全省农业龙头企业、农民合作社分别达5000家、5.3万家，纳入名录管理系统的家庭农场有15.9万家，乡村民宿等新业态、新型经营主体迅速发展。强化农业科技支撑，组建广东农技服务“轻骑兵”，搭建“广东农业科技创新大比武”竞技融智平台，加快构建“1+51+100+10000”（“1”是创建1个省级农技推广服务驿站，“51”是创建51个省级现代农业产业技术体系创新团队，“100”是创建100个县级农技推广服务驿站，“10000”是在全省范围内遴选认定10000名农村乡土专家）农业科技推广服务创新体系，深入实施数字农业农村发展行动计划。

（三）开展“九大攻坚”行动，全面实施乡村建设行动。启动实施农村人居环境整治提升五年行动，农村无害化卫生户厕普及率95.8%，农村生活垃圾收运处置体系基本“村收集、镇转运、县处理”，因地制宜打造“四小园”（小菜园、小果园、小花园、小公园）等小生态板块67万多个，基本实现行政村集中供水全覆盖和100人以上自然村通硬化路，基本完成圩镇人居环境基础整治，开展首批国家级渔港经济区创建。建立城乡统一医疗救助体系，救助费用比例超过80%，有规范化公办乡镇中心幼儿园的乡镇达99.92%，4G网络实现行政村和自然村基本100%覆盖，乡镇综合文化站和村级综合性文化服务中心基本全覆盖，创建特色精品村、美丽宜居村分别达到1316个、12214个，其中42个村庄入选全国乡村旅游重点村，建成美丽乡村精品旅游线路570多条、省际廊道5条。

（四）农业现代化水平不断提升，乡村产业蓬勃发展。加快推进广州国家现代化农业科创中心建设，制定出台广东省农业农村现代化“十四五”规划、乡村产业发展规划（2021—2025年）、科创中心助力全省乡村振兴驻镇帮镇扶村农业科技帮扶工作方案、珠三角百万亩养殖池塘升级改造绿色发展三年行动方案、促进农业产业化龙头企业做大做强的实施意见。全省新增创建5个全国农业现代化示范区，累计建成国家和省级现代农业产业园251个、国家级优势特色产业集群6个、国家级农业产业强镇56个、全国“一村一品”示范村镇139个，认定省级“一村一品、一镇一业”专业村2278个、专业镇300个。粮食面积、产量、单产实现“三增”，国家粮食安全省长责任制考核首次获评全国第一名；全省畜禽养殖规模比例提升到72%，建设全国最大、最多的深水抗风浪网箱集聚区。建成全国首个省级农产品加工中试公共服务平台，广东成为全国预制菜产业指数“第一省”。全省农产品加工业营业收入接近1.75万亿元，农产品加工企业数量6800家。累计创建全国休闲农业重点（示范）县（市、区）11个、中国美丽休闲乡村42个，省级休闲农业与乡村旅游示范镇（点）602个。全省农业社会化服务组织达到4万个，累计完成农业生产托管服务面积66.67万公顷（1000 万亩）次。农产品网络零售额超过 590 亿元，“12221”农产品市场体系建设长效机制完善。全省省级以上农业龙头企业 1292 家，农民合作社 5.3 万家、纳入名录管理系统的家庭农场有 15.9 万家。

（五）落实优先发展要求，全面激发乡村建设发展活力。省级安排农林水、自然资源及其他相关支出 610 亿元，全省土地出让收益投入农业农村领域的资金额达到 873 亿元，用于支持乡村振兴的各类债券资金 374.9 亿元、总额居全国第一位。持续实施“粤菜师傅”“广东技工”“南粤家政”三项工程，新增培训 302.66 万人次；创建广东精勤农民网络培训学院，培训超过 100 万人；在全国首创乡村工匠专业人才职称评价。省级每年安排不少于 10% 的新增建设用地计划指标，专项预留 466.67 公顷（7000 亩）计划指标主要保障乡村重点产业和项目，比上年增长 16.67%。深化农村承包地制度改革，稳步推进第二轮土地承包到期后再延长 30 年试点，加快放活农村土地经营权。基本完成农村集体产权制度改革阶段性任务，启动 6 个县（市、区）推进农村宅基地制度改革国家试点，加快推进广清接合片区国家城乡融合发展试验区建设，全面推进珠三角村改居社区综合配套改革。

一、农业主要指标与农村基本情况

1-1　全省行政区划

(2021年)　　　　单位：个

市　别	地级市	县级市	县	自治县	市辖区	市辖镇	乡		街道
								民族乡	
全　省	**21**	**20**	**34**	**3**	**65**	**1112**	**4**	**7**	**486**
广　州	1				11	34			142
深　圳	1				9				74
珠　海	1				3	15			10
汕　头	1		1		6	30			37
佛　山	1				5	21			11
韶　关	1	2	4	1	3	94		1	10
河　源	1		5		1	94		1	6
梅　州	1	1	5		2	104			6
惠　州	1		3		2	48		1	22
汕　尾	1	1	2		1	40			14
东　莞	1					28			4
中　山	1					15			8
江　门	1	4			3	61			12
阳　江	1	1	1		2	38			10
湛　江	1	3	2		4	82	2		38
茂　名	1	3			2	86			26
肇　庆	1	1	4		3	87		1	17
清　远	1	2	2	2	2	77		3	5
潮　州	1		1		2	41			5
揭　阳	1	1	2		2	62	2		21
云　浮	1	1	2		2	55			8

注：本行政区划截至2021年底。

1-2 农业主要指标

指标	单位	2000	2005	2010	2015	2019	2020	2021
乡村户数	万户	1419.91	1540.84	1686.62	1689.97	1723.91	1751.30	1835.5
农业总产值	亿元	1701.18	2447.57	3697.18	5303.63	7175.89	7901.92	8305.84
农业增加值	亿元	1000.06	1442.80	2254.49	3275.05	4478.28	4916.02	5169.53
农作物总播种面积	万亩	7735.35	7223.06	6394.16	6291.83	6536.07	6677.71	6747.54
粮食作物	万亩	4649.83	4179.75	3579.49	3289.94	3240.96	3307.03	3319.56
经济作物	万亩	2940.05	3043.31	2814.67	3001.88	3295.11	3370.68	3427.98
人工造林面积	万亩	25.76		142.72	177.69	33.20	30.03	30.00
主要产品产量								
粮食	万吨	1822.33	1394.97	1249.15	1211.66	1240.80	1267.56	1279.87
糖蔗	万吨	1137.59	946.02	1064.09	1093.58	1241.64	1176.25	1118.20
花生	万吨	77.68	75.86	81.59	94.48	108.69	112.05	115.87
蔬菜	万吨	2214.80	2596.02	2551.00	2994.70	3527.96	3706.85	3855.73
水果	万吨	643.52	831.69	1049.21	1298.52	1644.38	1756.16	1826.73
猪肉	万吨	206.85	256.28	285.14	296.31	221.93	192.42	263.23
水产品	万吨	593.19	695.23	729.03	804.14	866.40	875.81	884.49
化肥施用量(折纯)	万吨	176.20	204.62	233.57	238.28	225.79	219.80	212.87
农药施用量	万吨	8.47	8.70	9.79	9.75	8.75	8.32	7.74
农村用电量	亿千瓦时	405.45	766.43	1044.26	1326.20	1448.04	1467.46	1392.33
效益指标								
农业中间消耗率	%	41.2	41.1	39.0	38.9	37.6	38.2	38.0
淡水养殖水面	元/亩	3643	4965	6930	10264	15366	16698	17727
生猪出栏率	%	146	160	156	172	145	190	189

注：1.表中农业总产值、农业增加值按当年价格计算，增长速度按可比价格计算。
2.2004年起，粮食产量含大豆。

1-3　主要农产品产量与最高年份比较

（2021年）

指　　标	单位	2021	建国以来最高年		
			年份	产量	2021为建国以来最高年份(%)
粮食总产量	万吨	1279.87	1997	1966.75	65.1
#稻谷	万吨	1104.41	1998	1688.53	65.4
#早稻	万吨	524.15	1983	862.25	60.8
晚稻	万吨	580.26	1998	866.51	67.0
薯类	万吨	102.72	1998	238.28	43.1
经济作物					
甘蔗	万吨	1306.60	1992	2376.62	55.0
#糖蔗	万吨	1118.20	1992	2271.06	49.2
油料作物	万吨	117.30	2021	117.30	100.0
#花生	万吨	115.87	2021	115.87	100.0
烟叶	万吨	3.88	1992	8.62	45.0
其他作物					
#蔬菜	万吨	3855.73	2021	3855.73	100.0
水果	万吨	1826.73	2021	1826.73	100.0
生猪年末存栏量	万头	2075.48	2009	2455.11	84.5
生猪出栏头数	万头	3336.63	2014	4062.02	82.1
猪肉产量	万吨	263.23	2014	302.86	86.9
家禽年末存栏	亿只	3.94	2010	4.09	96.3
出售和自宰的家禽	亿只	12.80	2020	13.74	93.2
禽肉产量	万吨	182.19	2020	195.27	93.3
水产品	万吨	884.49	2021	884.49	100.0

1-4　主要年份农村基本情况

年　份	乡镇个数 (个)	乡村户数 (万户)	年　份	乡镇个数 (个)	乡村户数 (万户)
1949		461.5	1995	1655	1283.7
1952		619.1	2000	1708	1419.9
1957		659.3	2005	1311	1540.8
1962	1920	714.0	2010	1297	1686.6
1965	1310	719.2	2015	1139	1690.0
1970	1351	804.2	2017	1135	1677.6
1975	1459	833.6	2018	1134	1694.9
1978	1577	873.0	2019	1125	1723.9
1980	1629	889.2	2020	1127	1751.3
1985	1673	988.5	2021	1123	1835.5
1990	1654	1141.7			

1-5　各市农村基本情况

(2021年)

市　别	一、 乡镇个数 (个)	二、 乡村户数 (户)	市　别	一、 乡镇个数 (个)	二、 乡村户数 (户)
全　省	1123	18354647	东莞市	28	846089
广州市	34	2382584	中山市	15	1548345
深圳市		14687	江门市	61	836432
珠海市	15	131997	阳江市	38	449296
汕头市	30	931326	湛江市	84	1460504
佛山市	21	1037613	茂名市	86	1376981
韶关市	95	487947	肇庆市	88	802366
河源市	95	728853	清远市	80	798709
梅州市	104	858350	潮州市	41	597010
惠州市	49	805779	揭阳市	64	1064851
汕尾市	40	621541	云浮市	55	573387

注：本表和1-4表的乡镇个数为广东省民政厅统计年报数。

1-6　各县(市、区)农村基本情况

(2021年)

地　　区	一、乡镇个数(个)	二、乡村户数(户)	地　　区	一、乡镇个数(个)	二、乡村户数(户)
广州市	**34**	**2382584**	南海区	6	325820
海珠区			顺德区	6	334782
荔湾区			高明区	3	58155
天河区			三水区	5	111086
白云区	4	348606	**韶关市**	**95**	**487947**
黄埔区	1	21359	浈江区	5	29053
番禺区	5	786657	武江区	5	23579
花都区	6	372591	曲江区	9	36995
南沙区	6	302427	乐昌市	16	48099
从化区	5	148358	南雄市	17	85633
增城区	7	402586	仁化县	10	57872
深圳市		**14687**	始兴县	10	43330
福田区			翁源县	8	84707
罗湖区			新丰县	6	37910
盐田区			乳源县	9	40769
南山区			**河源市**	**95**	**728853**
宝安区			源城区	2	25528
龙岗区			东源县	21	119677
龙华区			和平县	17	126679
坪山区			龙川县	24	209506
光明区			紫金县	18	150186
深汕合作区		14687	连平县	13	97277
珠海市	**15**	**131997**	**梅州市**	**104**	**858350**
香洲区	6	18789	梅江区	4	63442
金湾区	4	11571	梅县区	17	116487
斗门区	5	52851	兴宁市	17	179588
汕头市	**30**	**931326**	平远县	12	64207
金平区		32410	蕉岭县	8	56420
龙湖区		54623	大埔县	14	106208
澄海区	8	155202	丰顺县	16	107733
濠江区		56864	五华县	16	164265
潮阳区	9	330323	**惠州市**	**49**	**805779**
潮南区	10	288706	惠城区	8	118712
南澳县	3	13198	惠阳区	6	81868
佛山市	**21**	**1037613**	惠东县	12	162140
禅城区	1	207770	博罗县	15	263877

1-6 续表

(2021年)

地 区	一、乡镇个数(个)	二、乡村户数(户)	地 区	一、乡镇个数(个)	二、乡村户数(户)
龙门县	8	76325	化州市	17	271470
汕尾市	**40**	**621541**	**肇庆市**	**88**	**802366**
市城区	3	68077	端州区		13688
陆丰市	17	339717	鼎湖区	4	40142
海丰县	12	151933	高要区	16	198655
陆河县	8	37816	四会市	10	78777
东莞市	**28**	**846089**	广宁县	14	112098
中山市	**15**	**1548345**	德庆县	12	89884
江门市	**61**	**836432**	封开县	15	92533
蓬江区	3	44511	怀集县	17	169709
江海区		32142	**清远市**	**80**	**798709**
新会区	10	148525	清城区	4	121457
台山市	16	239732	清新区	8	131470
开平市	13	180932	英德市	23	232766
鹤山市	9	96522	连州市	12	99139
恩平市	10	94068	佛冈县	6	73182
阳江市	**38**	**449296**	阳山县	13	81398
江城区	4	51127	连山县	7	21964
阳东区	11	94870	连南县	7	37333
阳春市	15	172110	**潮州市**	**41**	**597010**
阳西县	8	88619	湘桥区	4	82762
湛江市	**84**	**1460504**	潮安区	16	238013
赤坎区		9100	饶平县	21	235174
霞山区		18102	**揭阳市**	**64**	**1064851**
麻章区	4	75097	榕城区	3	41349
坡头区	5	101894	揭东区	11	190080
雷州市	18	327223	普宁市	19	322196
廉江市	18	389608	揭西县	16	238146
吴川市	10	187992	惠来县	15	168510
遂溪县	15	180990	**云浮市**	**55**	**573387**
徐闻县	14	142050	云城区	4	31137
茂名市	**86**	**1376981**	云安区	7	83166
茂南区	9	117757	罗定市	17	289119
电白区	19	352926	新兴县	12	81433
信宜市	18	267179	郁南县	15	88532
高州市	23	367649			

二、自然资源

2021 年 7 月 3 日，副省长许瑞生到广州市调研红色资源活化利用工作，参观“南粤古驿道红色印记展”，学习宣传贯彻习近平总书记在庆祝中国共产党成立 100 周年大会上的重要讲话精神。

2021 年 11 月 25 日，广东省自然资源厅厅长陈光荣在广州番禺实地调研水田耕作情况。

2021年10月15日至16日，自然资源部国土空间生态修复司周远波司长一行来粤调研广州市从化区全域土地综合整治试点及国土空间生态修复相关工作。

2021年6月21日，省自然资源厅召开全省耕地保护重点工作推进视频会议，深入学习贯彻习近平总书记关于严格保护耕地、确保粮食安全的重要论述和重要指示批示精神，总结我省近年来耕地保护工作，分析研判面临的形势和问题，安排部署重点工作任务。

2021 年 3 月 25 日，省自然资源厅召开补充耕地整改及垦造水田工作推进会。

2021 年 3 月 2 日，广东省人民政府新闻办公室举行新闻发布会，对《广东省旧城镇旧厂房旧村庄改造管理办法》进行解读。

2021 年 7 月 20 日，省自然资源厅召开全省加快推进“房地一体”农村不动产权籍调查和登记成果汇交工作会议。

2021 年 5 月 12 日是中国第 13 个全国防灾减灾日，省自然资源厅联合团省委、惠州市自然资源局、惠州市团委、龙门县自然资源局、省地质灾害防治协会、有关技术支撑单位在惠州龙门县共同开展宣传活动。

自然资源管理

2021年，广东省自然资源厅以习近平新时代中国特色社会主义思想为指导，全面贯彻党的十九大和十九届历次全会精神，全力落实省委、省政府“1+1+9”工作部署，以自然资源高水平保护高效率利用示范省建设为主抓手，推动自然资源管理工作取得良好成效，为我省在新征程上走在全国前列、创造新的辉煌提供了有力的国土空间保障和资源要素支撑。

一、全面严起来推动耕地保护和生态保护修复不断强化

严守耕地保护红线，开展新一轮垦造水田三年行动计划，组织首届垦造水田典型案例评选活动，超额完成垦造5万亩水田年度任务，全面兑现我省16.3万亩历史水田承诺。整改不实补充耕地挽回指标18.8万亩，全面还清历史不实补充耕地指标欠账。印发加强和改进耕地保护工作系列政策措施，建立耕地保护“1+N”动态监测监管体系，组织开展耕地恢复调查研究，摸清全省耕地恢复潜力地块，成立全国首个省级耕地保护协会，连续22年实现占补平衡。着力加强生态保护修复，广东南岭山区韩江中上游山水林田湖草沙一体化保护和修复工程、珠海市海洋生态保护修复项目共获22.5亿元中央财政资金支持，完成矿山石场治理复绿1.04万亩，完成造林与林业生态修复192.51万亩、建成高质量水源林工程101.38万亩、沿海防护林基干林带5.1万亩、纵深防护林19.67万亩。林长制全面推行，南岭国家公园创建方案获国家同意，珠三角国家森林城市群建设通过国家验收。印发红树林保护修复专项行动计划实施方案，出台绿色矿业发展五年行动方案。“严起来”抓好执法监督，实施“全链条”遏制违法用地，全省违法用地总量、违法占用耕地面积实现连续三年下降。率先完成农村乱占耕地建房问题摸排和数据固化工作，摸排图斑331.79万个。深入开展交通基础设施和重点项目违法用地整治专项行动，完成整改面积2.13万亩。实施“增违挂钩”惩戒，扣减0.78万亩建设用地计划指标并收回省统筹使用。全力配合中央环保督察和国家土地督察、海洋专项督察等工作并扎实做好整改。配合审计部门开展全省存量违法用地情况专项审计调查，基本摸清2013年以来全省存量违法用地情况。

二、精准高效配置资源推动重大发展战略空间和要素保障更加有力

扎实推进国土空间规划编制和“三区三线”划定工作，高质量开展“三区三线”两轮试划工作，赴全省21个市、51个县（市、区）实地调研，对接65个专项规划，对涉及的3300多个项目进行了空间落位。提炼形成18条经验做法，为全国提供了实践经验。省国土空间规划成果率先公示并通过省人大审议，市县镇级国土空间规划编制压茬推进，率先建成并启用全省国土空间规划“一张图”信息系统。有力保障重大项目资源要素需求，制定专门工作方案强化资源要素支撑，建立省重大项目用地用海用林资源要素支撑联席会议制度，充分运用国家赋予的用地委托审批权限推动重大项目落地建设，省级批准用地26.4万亩、用海3.6万亩、用林12.2万亩。充分激活乡村振兴土地活力，实施村庄规划全面优化提升三年行动计划，明确过渡期内村庄规划有关政策，研究起草保障农村一二三产业融合发展用地指导意见和集体经营性建设用地入市配套政策，获批20个乡镇和全国唯一一个县域（广州市从化区）全域土地综合整治试点，新增交易垦造水田指标1.23万亩、交易资金37.82亿元，新增拆旧复垦验收备案3.78万亩、交易指标2.11

万亩、交易资金120.51亿元。

三、点面结合推动自然资源改革创新持续深化

加快推进“双高”示范省制度体系建设，起草省委省政府关于全面推进自然资源高水平保护高效率利用的意见，印发实施自然资源保护与开发、基础测绘等十余项“十四五”规划，绘就“十四五”广东自然资源事业发展蓝图。省政府召开高规格、广覆盖的土地管理专题工作会议研究部署土地管理重点工作。有序推进自然资源资产产权制度改革，2020年度国有自然资源资产专项报告顺利通过审议，有序推进全民所有自然资源资产所有权委托代理机制、清查、平衡表编制等试点工作，形成2019、2020年度两期资产清查数据，率先形成一套技术体系、一套价格体系、一个清查信息平台。国土“三调”成果正式发布，全面查清了我省“七山一水一分田一分建设”的国土利用现状格局。率先在全国形成数据一致的林业资源“一张图”，率先编制《广东省自然资源调查监测评价体系建设总体方案》，省级重点区域自然资源统一确权登记全面启动。推动低效用地再开发迭代升级，出台全国首个“三旧”改造省级地方政府规章，全面实施村镇工业集聚区升级改造攻坚战三年行动，持续做好改造范围内历史文化保护传承和古树名木保护，全年全省新增实施“三旧”改造面积9.35万亩，完成改造面积7.21万亩。全面推进“增存挂钩”，大力处置批而未供15.84万亩、闲置土地5.13万亩，处置率达20.8%和42.43%，超额完成国家下达硬任务，挣得新增建设用地指标16.47万亩，同比增长9.15%。不断优化工业用地供应方式，大力推行“标准地”“带项目”“带方案”供应，率先在珠三角地区探索建设“只租不售”的“工业保障房”，支持二三产业混合用地，工矿用地出让面积同比增长16.6%。不断深化海域海岛资源市场化配置，率先建立海岸线占补制度，组织开展海域使用权立体分层设权、养殖用海市场化出让、无居民海岛使用市场化出让等试点工作。完成4块4164万立方米海砂资源的挂牌出让，出让收益22.36亿元。创新打造《广东红色印迹图册》红色文化展示新平台，覆盖21个地级以上市，空间化展示全省723个重要红色印迹点，形象生动地展示党在南粤大地留下的宝贵红色财富。

四、高站位谋划推动海洋强省建设深入推进

不断完善海洋强省建设顶层设计，落实海洋强国战略，代拟起草省委省政府关于全面建设海洋强省的意见，省“十四五”规划纲要首次设置海洋专章，省海洋经济发展“十四五”规划印发实施，启动省海岸带综合保护与利用规划修编，深圳、湛江国家海洋经济发展示范区加快建设。持续推动海洋经济提质增效，海洋生产总值初步核算达1.99万亿元，连续27年位居全国首位。下达3亿元海洋经济发展专项资金持续支持海洋六大产业协同创新和集聚发展。加快处置围填海历史遗留问题，围填海历史遗留问题加快处置，全省已有13个未批准类区域处理方案通过部审查备案、面积2.75万亩，已备案区域内湛江巴斯夫智能化仓储物流项目填海工程、珠海高栏港综合保税区等15个项目获批用海、面积1.08万亩。基本完成海岸线修测工作，累计修测海岸线5900多千米（含双线），约占全国五分之一。不断完善海洋生态监测预警体系，顺利完成红树林、珊瑚礁、海草床等三大海洋典型生态系统调查评估，赤潮预警监测体系逐步健全，率先开展保障核电冷源取水安全工作，海洋灾害实现人员零伤亡。

五、结合“我为群众办实事”实践活动推动资源惠民利民成效明显

不动产登记便民服务取得新突破，“互联网+不动产登记”服务体系持续完善，高频不动产登记业务全面实现“跨省通办、省内通办”，“交房即发证”新模式全面铺开，“区块链+不动产登记”稳步推进。全省不动产登记机构共办理登记业务1188.8万宗，统一登记以来始终位居全国首位。率先出台地上地下国有建设用地使用权及其所附建筑物构筑物所有权确权登记暂行办法。完成全省2100多万宗“房地一体”农村不动产权籍调查初步成果汇交。地质灾害防治近年来首次“零伤亡”，成功抵御19轮强降雨和6个台风影响，地质灾害自1999年以来首次零伤亡。深入实施地质灾害防治三年行动，基本完成实施200处大型以上隐患点工程治理、3000处中小型隐患点综合治理和1000处专业监测的年度计划，减少受威胁群众7.4万人、减少潜在经济损失33.4亿元，超额完成三年行动综合治理总数前两年70%的目标。测绘地理信息服务能力持续提升，全省时空位置服务“一张网”并网运行基准站170个、年定位服务超过80万次，0.5米等高分辨率卫星影像数据一年一更新，启动海岸带地理信息工程，形成全省统一、全域、全要素的以地形三维为主的基础地理底图。新一代地理信息公共服务平台连续四年在自然资源部考核中获得最高等次“五星级”，“粤政图”建设与应用荣获“2021年广东省政务服务创新案例”。顺利承接自然资源部下放的测绘资质审批管理工作，联合测绘年度实施“多测合一”9326宗、面积1.99亿平方米。不断提升南粤古驿道保护利用水平和影响力，18条总长1200多公里重点线路保护利用水平全面提升，历史首次摸清中央红色交通线（南方线粤东段）真实地理空间走向。合理降低养殖用海成本，减半征收养殖用海海域使用金，有效减轻养殖渔民负担。有效化解矛盾纠纷，顺利化解土地山林权属纠纷161宗、不动产登记历史遗留问题1457宗房屋18.4万套、信访积案3147宗。

2-1　自然资源

(2021年)

项　　目	单　位	2021
一、土地资源和海洋		
土地面积	万平方公里	17.97
耕　地	万公顷	189.87
林　地	万公顷	1077.51
园　地	万公顷	131.87
牧草地	万公顷	0.04
海域总面积	万平方公里	41.90
海洋滩涂面积	万公顷	18.02
海岛面积	平方公里	1513.17
大陆海岸线长度	公里	4114.40
岛屿岸线长度	公里	2378.71
岛屿个数	个	1963
二、气候		
年平均降雨量	毫米	1358.0
年平均气温	摄氏度	23.0
年日照时数	小时	2058.8
三、森林		
森林蓄积量	亿立方米	6.24
森林覆盖率	%	58.7
四、矿产		
煤保有资源储量	万吨	48431.80
铁矿石保有资源储量	万吨	58863.40
硫铁矿保有资源储量	万吨	32368.20

注：1.表中土地面积、耕地、林地、园地、牧草地数据为2020年数据。
2.大陆海岸长度来源于2008年省政府批复岸线；海岛面积、岛岸线长度、岛屿个数来源于2013年广东省海岛地名普查；海域总面积包括内水领海专属经济区面积。
3.森林覆盖率、森林蓄积量根据省第四次森林资源二类调查成果及年度更新结果填报。

2-2　各市耕地面积情况

(2020年)　　单位：公顷

市　别	年初实有耕地面　积	年末耕地面积				年内增加耕地面　积	年内减少耕地面　积
		实有耕地面积					
		小　计	水　田	水浇地	旱　地		
广东省	1901914.52	1898690.65	1373776.08	162897.59	362016.98	7610.82	10834.69
广州市	51674.12	50766.24	33368.87	17004.82	392.55	136.42	1044.30
韶关市	161071.12	160555.53	124998.67	9957.65	25599.21	478.40	993.99
深圳市	2844.75	2938.11	49.23	2853.89	34.99	158.68	65.32
珠海市	6557.45	6433.15	4164.81	1609.17	659.17	50.17	174.47
汕头市	28618.32	28498.01	20798.49	6224.46	1475.06	197.23	317.54
佛山市	21164.31	20849.22	12069.91	7711.30	1068.01	77.20	392.29
江门市	111017.41	110900.99	98742.15	5477.93	6680.91	401.31	517.73
湛江市	412966.10	413923.48	187539.86	39102.06	187281.56	2644.94	1687.56
茂名市	166368.58	166173.80	141254.28	5234.65	19684.87	358.99	553.77
肇庆市	106582.50	106708.12	87754.03	7299.35	11654.74	631.52	505.90
惠州市	91372.20	91122.90	66038.37	15334.18	9750.35	249.05	498.35
梅州市	107816.96	107374.82	96125.89	3585.71	7663.22	163.40	605.54
汕尾市	75956.54	75872.09	60528.07	4369.07	10974.95	258.76	343.21
河源市	105261.23	104926.51	93103.58	3417.90	8405.03	267.48	602.20
阳江市	107086.94	106917.88	89553.04	3068.54	14296.30	345.22	514.28
清远市	175614.89	175393.15	132411.56	8284.89	34696.70	468.89	690.63
东莞市	9246.90	9117.81	647.22	8281.90	188.69	42.05	171.14
中山市	7385.48	7180.72	2401.75	4731.07	47.90	29.21	233.97
潮州市	18378.62	18465.25	15199.52	2133.47	1132.26	245.93	159.30
揭阳市	60908.20	60694.12	50023.64	4436.08	6234.40	217.01	431.09
云浮市	74021.90	73878.75	57003.14	2779.50	14096.11	188.96	332.11

注：2021年国土变更调查数据暂未经自然资源部审核确认，本表数据为2020年度国土变更调查确定数。

2-3 各市建设占用耕地情况表

（2020年） 单位：公顷

市　别	合计	城镇村及工矿用地	交通运输用地	水利设施用地
广东省	5855.14	4173.96	1655.23	25.95
广州市	859.21	641.90	211.16	6.15
韶关市	286.07	216.84	68.20	1.03
深圳市	58.11	45.17	12.92	0.02
珠海市	95.04	44.24	49.78	1.02
汕头市	262.45	165.77	93.91	2.77
佛山市	280.42	246.16	33.11	1.15
江门市	280.99	152.76	126.52	1.71
湛江市	476.98	351.80	124.52	0.66
茂名市	313.39	229.43	83.20	0.76
肇庆市	239.56	177.69	60.74	1.13
惠州市	389.17	267.91	120.87	0.39
梅州市	237.49	165.41	67.30	4.78
汕尾市	211.80	136.88	74.47	0.45
河源市	206.26	176.15	29.35	0.76
阳江市	227.37	168.08	59.29	
清远市	407.09	222.34	183.69	1.06
东莞市	158.20	119.41	38.78	0.01
中山市	159.09	105.79	53.30	
潮州市	98.43	76.14	22.05	0.24
揭阳市	356.76	286.77	69.56	0.43
云浮市	251.26	177.32	72.51	1.43

注：2021年国土变更调查数据暂未经自然资源部审核确认，本表数据为2020年度国土变更调查确定数。

2-4 各市(县、区)耕地面积情况

(2020年)

单位：公顷

地 区	年初实有耕地面积	年末耕地面积				耕地变动情况	
		实有耕地面积				年内增加耕地面积	年内减少耕地面积
		小 计	水 田	水浇地	旱 地		
广东省	**1901914.52**	**1898690.65**	**1373776.08**	**162897.59**	**362016.98**	**7610.82**	**10834.69**
广州市	**51680.58**	**50766.24**	**33368.87**	**17004.82**	**392.55**	**129.96**	**1044.30**
荔湾区	21.95	20.06		19.89	0.17	0.02	1.91
越秀区							
海珠区	167.70	163.51	26.17	131.15	6.19	1.04	5.23
天河区	226.91	221.41	37.43	178.50	5.48	0.74	6.24
白云区	6886.15	6744.17	2629.61	4096.54	18.02	21.22	163.20
黄埔区	1895.57	1777.94	1020.75	742.59	14.60	13.05	130.68
番禺区	2878.60	2716.07	1404.54	1285.65	25.88	15.04	177.57
花都区	5950.05	5883.82	3932.18	1896.00	55.64	4.16	70.39
南沙区	9315.11	9066.62	5199.60	3855.01	12.01	28.74	277.23
增城区	14243.25	14114.63	9934.08	3993.82	186.73	45.95	174.57
从化区	10088.83	10058.01	9184.51	805.67	67.83	6.46	37.28
深圳市	**2844.75**	**2938.11**	**49.23**	**2853.89**	**34.99**	**158.68**	**65.32**
罗湖区	29.32	29.36		28.04	1.32	0.04	
福田区	4.61	4.53		4.42	0.11		0.08
南山区	62.68	62.44		60.57	1.87	0.16	0.40
宝安区	466.00	500.96		497.08	3.88	42.72	7.76
龙岗区	726.71	713.35	8.02	687.37	17.96	4.06	17.42
盐田区	7.64	7.26		7.15	0.11	0.12	0.50
龙华区	120.84	120.88		117.15	3.73	1.94	1.90
坪山区	452.91	456.47		455.46	1.01	7.71	4.15
光明区	974.04	1042.86	41.21	996.65	5.00	101.93	33.11
珠海市	**6557.45**	**6433.15**	**4164.81**	**1609.17**	**659.17**	**50.17**	**174.47**
香洲区	300.54	277.08	42.26	161.01	73.81	1.27	24.73
斗门区	4504.88	4489.46	3389.37	839.01	261.08	24.27	39.69
金湾区	1752.03	1666.61	733.18	609.15	324.28	24.63	110.05
汕头市	**28618.32**	**28498.01**	**20798.49**	**6224.46**	**1475.06**	**197.23**	**317.54**
龙湖区	1902.51	1878.14	863.17	1006.42	8.55	3.24	27.61
金平区	796.71	766.53	546.17	208.74	11.62	0.29	30.47
濠江区	1734.87	1686.05	510.79	843.79	331.47	1.95	50.77
潮阳区	9677.32	9783.73	8877.05	455.53	451.15	154.92	48.51
潮南区	9200.80	9140.09	7627.25	986.42	526.42	23.15	83.86
澄海区	5018.45	4960.93	2362.29	2532.97	65.67	13.03	70.55
南澳县	287.66	282.54	11.77	190.59	80.18	0.65	5.77
佛山市	**21164.31**	**20849.22**	**12069.91**	**7711.30**	**1068.01**	**77.20**	**392.29**
禅城区	278.11	270.65	0.41	269.12	1.12	10.47	17.93
南海区	5628.92	5534.79	808.78	4568.87	157.14	14.46	108.59
三水区	**1573.24**	**1512.14**		**1502.34**	**9.80**	**11.23**	**72.33**
高明区	6692.15	6617.55	4883.59	1087.93	646.03	9.40	84.00
顺德区	6991.89	6914.09	6377.13	283.04	253.92	31.64	109.44
韶关市	**161071.12**	**160555.53**	**124998.67**	**9957.65**	**25599.21**	**478.40**	**993.99**
武江区	5042.92	4996.84	3601.52	629.74	765.58	18.15	64.23
浈江区	5219.58	5154.61	3937.26	847.37	369.98	15.91	80.88
曲江区	12992.11	12937.45	10657.08	912.59	1367.78	19.24	73.90
始兴县	14446.22	14473.07	12355.39	831.38	1286.30	79.98	53.13
仁化县	10228.39	10170.49	9561.76	344.01	264.72	30.64	88.54
翁源县	23210.96	23101.15	18963.53	795.66	3341.96	170.30	280.11
乳源县	16407.43	16345.56	12418.19	935.97	2991.40	4.55	66.42
新丰县	9693.73	9628.49	6954.07	905.89	1768.53	12.75	77.99
乐昌市	26375.54	26361.61	17813.11	2498.20	6050.30	90.77	104.70
南雄市	37454.24	37386.26	28736.76	1256.84	7392.66	36.11	104.09

注：2021年国土变更调查数据暂未经自然资源部审核确认，本表数据为2020年度国土变更调查确定数。

2-4 续表 1

(2020年) 单位：公顷

地区	年初实有耕地面积	年末耕地保有量面积				耕地变动情况	
		实有耕地面积				年内增加耕地面积	年内减少耕地面积
		小计	水田	水浇地	旱地		
河源市	**105261.23**	**104926.51**	**93103.58**	**3417.90**	**8405.03**	**267.48**	**602.20**
源城区	1920.07	1881.67	1115.75	571.07	194.85	4.59	42.99
紫金县	22777.36	22684.90	20982.59	551.10	1151.21	40.28	132.74
龙川县	31278.05	31181.35	28343.47	741.02	2096.86	14.84	111.54
连平县	13952.05	13979.00	11616.63	514.04	1848.33	91.71	64.76
和平县	17197.02	17194.12	15141.47	611.34	1441.31	47.14	50.04
东源县	18136.68	18005.47	15903.67	429.33	1672.47	68.92	200.13
梅州市	**107816.96**	**107374.82**	**96125.89**	**3585.71**	**7663.22**	**163.40**	**605.54**
梅江区	1817.53	1814.16	1536.93	192.19	85.04	1.43	4.80
梅县区	11184.32	11171.43	10537.11	345.26	289.06	28.92	41.81
大埔县	8901.18	8849.06	7937.25	328.31	583.50	34.51	86.63
丰顺县	11266.51	11204.67	9310.58	870.26	1023.83	22.96	84.80
五华县	31605.69	31444.51	27126.61	787.04	3530.86	27.53	188.71
平远县	10834.04	10822.33	10012.36	471.96	338.01	24.04	35.75
蕉岭县	5868.49	5817.27	5400.37	178.44	238.46	6.00	57.22
兴宁市	26339.20	26251.39	24264.68	412.25	1574.46	18.01	105.82
惠州市	**91372.20**	**91122.90**	**66038.37**	**15334.18**	**9750.35**	**249.05**	**498.35**
惠城区	16523.68	16321.88	9580.47	5428.77	1312.64	42.82	244.62
惠阳区	9347.83	9300.25	5579.33	2459.46	1261.46	4.59	52.17
博罗县	29549.19	29543.34	19921.36	5739.40	3882.58	106.89	112.74
惠东县	24084.54	24039.94	21058.29	784.21	2197.44	13.63	58.23
龙门县	11866.96	11917.49	9898.92	922.34	1096.23	81.12	30.59
汕尾市	**75956.54**	**75872.09**	**60528.07**	**4369.07**	**10974.95**	**258.76**	**343.21**
城　区	4199.86	4187.73	2829.69	717.25	640.79	2.26	14.39
海丰县	26762.61	26686.69	24041.10	696.16	1949.43	42.95	118.87
陆河县	5633.40	5606.78	4116.32	494.46	996.00	10.04	36.66
陆丰市	39360.67	39390.89	29540.96	2461.20	7388.73	203.51	173.29
东莞市	**9246.90**	**9117.81**	**647.22**	**8281.90**	**188.69**	**42.05**	**171.14**
中山市	**7385.48**	**7180.72**	**2401.75**	**4731.07**	**47.90**	**29.21**	**233.97**
江门市	**111017.41**	**110900.99**	**98742.15**	**5477.93**	**6680.91**	**401.31**	**517.73**
蓬江区	1057.35	1048.03	685.76	325.00	37.27	3.05	12.37
江海区	1343.44	1289.11	1059.12	229.31	0.68	2.16	56.49
新会区	8538.18	8548.19	7891.30	405.48	251.41	37.21	27.20
台山市	48073.72	48083.48	44884.09	1001.19	2198.20	138.18	128.42
开平市	23928.56	23884.70	21419.22	1090.50	1374.98	80.75	124.61
鹤山市	7698.08	7767.14	6704.89	483.74	578.51	122.79	53.73
恩平市	20378.08	20280.34	16097.77	1942.71	2239.86	17.17	114.91
阳江市	**107086.94**	**106917.88**	**89553.04**	**3068.54**	**14296.30**	**345.22**	**514.28**
江城区	15267.31	15172.49	12728.99	313.68	2129.82	68.42	163.24
阳东区	22833.85	22816.77	20248.78	389.26	2178.73	79.86	96.94
阳西县	24389.96	24369.22	20419.13	426.54	3523.55	68.74	89.48
阳春市	44595.82	44559.40	36156.14	1939.06	6464.20	128.20	164.62

注：2021年国土变更调查数据暂未经自然资源部审核确认，本表数据为2020年度国土变更调查确定数。

2-4 续表 2

(2020年) 单位：公顷

地区	年初实有耕地面积	年末耕地保有量面积				耕地变动情况	
		实有耕地面积				年内增加耕地面积	年内减少耕地面积
		小计	水田	水浇地	旱地		
湛江市	**412966.10**	**413923.48**	**187539.86**	**39102.06**	**187281.56**	**2644.94**	**1687.56**
赤坎区	504.88	500.74	280.50	70.82	149.42	0.03	4.17
霞山区	1306.85	1284.24	955.52	85.66	243.06	0.33	22.94
坡头区	14036.28	13979.80	8356.07	441.13	5182.60	2.61	59.09
麻章区	18273.35	18225.56	11090.51	501.23	6633.82	118.85	166.64
遂溪县	91756.02	92161.42	26049.50	11319.42	54792.50	679.88	274.48
徐闻县	67398.72	67605.08	13673.38	18244.00	35687.70	720.16	513.80
廉江市	60576.56	60541.61	48737.46	1964.17	9839.98	136.26	171.21
雷州市	130465.87	131036.72	55612.39	5050.12	70374.21	935.08	364.23
吴川市	28647.57	28588.31	22784.53	1425.51	4378.27	51.74	111.00
茂名市	**166368.58**	**166173.80**	**141254.28**	**5234.65**	**19684.87**	**358.99**	**553.77**
茂南区	13151.33	13078.64	11987.05	716.21	375.38	12.18	84.87
电白区	42606.09	42553.22	36454.12	1392.82	4706.28	80.55	133.42
高州市	38551.27	38650.54	31243.31	1093.72	6313.51	206.60	107.33
化州市	45051.68	44992.66	37908.08	1402.70	5681.88	42.57	101.59
信宜市	27008.21	26898.74	23661.72	629.20	2607.82	17.09	126.56
肇庆市	**106582.50**	**106708.12**	**87754.03**	**7299.35**	**11654.74**	**631.52**	**505.90**
端州区	190.87	171.78	52.87	118.32	0.59	4.07	23.16
鼎湖区	2232.60	2177.29	1592.84	343.74	240.71	5.81	61.12
广宁县	13313.65	13321.22	11884.17	462.20	974.85	50.56	42.99
怀集县	31645.39	31605.56	24051.45	1682.44	5871.67	74.51	114.34
封开县	20970.22	21057.21	17639.88	867.98	2549.35	168.48	81.49
德庆县	11024.46	11247.83	9577.19	935.71	734.93	249.77	26.40
高要市	19611.01	19531.48	16634.00	2227.47	670.01	21.06	100.59
四会市	7594.30	7595.75	6321.63	661.49	612.63	57.26	55.81
清远市	**175614.89**	**175393.15**	**132411.56**	**8284.89**	**34696.70**	**468.89**	**690.63**
清城区	15678.80	15560.75	12161.83	1856.83	1542.09	46.26	164.31
清新区	21191.04	21159.66	17569.04	1124.72	2465.90	11.38	42.76
佛冈县	8610.76	8618.46	7856.69	513.67	248.10	49.12	41.42
阳山县	28934.27	28903.32	16842.89	1661.87	10398.56	83.87	114.82
连山县	8097.26	8097.44	7856.60	122.91	117.93	10.44	10.26
连南县	6358.06	6355.42	5107.12	237.87	1010.43	7.78	10.42
英德市	56811.61	56853.23	43587.87	1338.08	11927.28	201.09	159.47
连州市	29933.09	29844.87	21429.52	1428.94	6986.41	58.95	147.17
潮州市	**18378.62**	**18465.25**	**15199.52**	**2133.47**	**1132.26**	**245.93**	**159.30**
湘桥区	1701.04	1685.78	1398.53	241.27	45.98	6.78	22.04
潮安区	7461.03	7441.66	6709.08	481.93	250.65	51.13	70.50
饶平县	9216.55	9337.81	7091.91	1410.27	835.63	188.02	66.76
揭阳市	**60908.20**	**60694.12**	**50023.64**	**4436.08**	**6234.40**	**217.01**	**431.09**
榕城区	3593.54	3645.78	3250.46	308.94	86.38	83.14	30.90
揭东区	8512.40	8494.51	6711.68	777.13	1005.70	24.62	42.51
揭西县	12886.63	12859.81	11205.33	625.09	1029.39	10.35	37.17
惠来县	20359.83	20172.29	14587.04	1979.89	3605.36	70.01	257.55
普宁市	15555.80	15521.73	14269.13	745.03	507.57	28.89	62.96
云浮市	**74021.90**	**73878.75**	**57003.14**	**2779.50**	**14096.11**	**188.96**	**332.11**
云城区	5181.51	5132.57	4591.31	246.00	295.26	6.94	55.88
云安区	9083.27	9058.84	6638.02	418.36	2002.46	11.49	35.92
新兴县	12138.86	12165.45	11386.91	409.43	369.11	63.98	37.39
郁南县	10165.80	10201.43	7536.18	529.30	2135.95	76.35	40.72
罗定市	37452.46	37320.46	26850.72	1176.41	9293.33	30.2	162.2

注：2021年国土变更调查数据暂未经自然资源部审核确认，本表数据为2020年度国土变更调查确定数。

三、气候与自然灾害

3-1 主要年份各地年平均气温(℃)

年 份	全 省	粤 北	粤东北	粤西北	粤 东	粤 中	粤 西
1952		20.6			21.9	22.6	23.7
1957		19.9	21.0	21.7	21.0	21.5	22.9
1962	21.2	20.1	20.9	21.8	21.0	21.6	22.8
1965	21.6	20.6	21.4	22.1	21.3	21.9	23.4
1970	21.1	19.8	21.1	21.6	21.0	21.4	22.7
1975	21.3	20.3	21.1	21.9	21.3	21.7	23.0
1980	21.7	20.7	21.5	22.5	21.2	22.2	23.4
1985	21.2	20.2	20.9	22.0	21.1	21.6	22.6
1990	22.0	21.1	21.5	22.8	21.8	22.6	23.4
1995	21.4	20.0	21.0	22.2	21.6	22.3	23.0
2000	22.2	20.4	21.9	22.6	22.5	22.5	23.8
2005	22.0	20.5	21.6	22.5	22.2	22.8	23.0
2010	21.9	20.0	21.8	22.4	22.3	22.5	23.3
2011	21.5	19.6	21.7	22.3	22.1	21.4	22.4
2012	21.8	19.6	22.0	22.4	22.3	21.7	23.2
2015	22.6	20.8	22.0	23.4	23.5	22.2	24.3
2016	22.3	20.7	21.7	22.5	23.3	22.0	23.6
2017	22.4	20.8	22.0	22.6	23.5	22.1	23.7
2018	22.3	20.7	22.0	22.6	23.4	22.2	23.5
2019	22.8	20.8	22.3	23.2	23.8	22.7	24.6
2020	22.8	21.2	22.5	23.1	23.9	22.7	24.3
2021	23.0	21.4	23.0	23.3	24.2	22.9	24.2

3-2 主要年份各地年极端最高气温(℃)

年 份	全 省	粤 北	粤东北	粤西北	粤 东	粤 中	粤 西
1952		40.1			35.6	37.1	35.9
1957		38.7	38.6	36.7	35.0	36.1	36.0
1962	39.9	38.6	38.7	36.9	37.9	36.5	36.2
1965	38.6	38.1	37.3	37.1	34.5	36.1	37.3
1970	39.2	38.3	38.9	36.0	35.9	36.4	36.8
1975	37.2	36.8	36.5	36.4	35.1	34.9	35.1
1980	39.6	39.2	38.4	38.1	34.9	38.1	36.1
1985	38.5	38.5	38.4	36.1	34.9	35.3	35.5
1990	39.5	38.3	38.6	38.7	35.8	38.0	38.1
1995	38.8	38.3	37.6	36.9	36.5	36.9	36.1
2000	39.2	37.0	38.0	36.7	36.9	36.6	35.4
2005	40.3	39.5	39.0	38.4	37.6	39.0	36.8
2010	38.7	37.1	38.4	37.1	36.8	37.1	36.3
2011	38.7	37.7	38.5	37.2	36.1	36.9	35.7
2012	38.4	37.2	37.6	37.0	37.6	36.8	36.4
2015	38.9	37.5	38.1	37.2	37.6	37.6	38.4
2016	40.2	38.9	38.3	37.7	38.3	38.0	36.2
2017	39.9	39.3	38.1	38.0	36.9	38.3	36.0
2018	38.7	37.6	37.7	36.5	37.4	37.0	35.7
2019	40.0	38.6	37.9	37.4	38.5	38.0	37.3
2020	40.3	38.3	39.6	38.1	38.6	37.9	37.0
2021	39.3	37.8	39.2	37.6	37.9	38.1	36.6

3-3 主要年份各地年极端最低气温(℃)

年 份	全 省	粤 北	粤东北	粤西北	粤 东	粤 中	粤 西
1952		-1.6			3.3	1.6	4.4
1957		-2.0	-2.3	-0.5	1.1		3.3
1962	-4.2	-1.4	-1.6	2.7	2.1	2.1	7.6
1965	-2.7	0.4	-0.1	4.2	4.5	4.7	6.4
1970	-3.0	-0.6	-1.0	3.0	2.5	2.6	6.4
1975	-5.2	-1.5	-2.7	1.0	1.8	0.9	2.8
1980	-2.6	-1.0	-0.2	3.5	3.6	2.6	4.3
1985	-3.0	0.8	-1.4	4.6	2.1	2.9	7.5
1990	-1.4		1.9	3.9	4.7	3.4	5.7
1995	-2.2	-0.8	0.4	4.7	5.4	6.4	7.8
2000	-1.3	0.9	1.1	5.2	5.5	4.0	8.2
2005	-3.1	-1.2	-2.0	3.1	2.4	2.1	4.8
2010	-3.4	-1.5	-0.6	2.7	2.5	1.8	4.2
2011	-2.5	-0.9	1.6	4.4	4.7	2.6	4.7
2012	-2.2	-2.0	1.1	5.0	3.9	2.5	5.7
2015	-0.1	1.6	1.3	7.7	7.7	4.8	8.1
2016	-3.6	-1.3	-1.4	2.4	1.7	1.2	2.7
2017	-1.9	-0.3	2.3	5.5	7.9	4.5	7.3
2018	-3.7	-2.2		2.5	5.3	1.4	4.3
2019	-0.7	1.6	3.0	5.7	9.2	6.1	8.4
2020	-2.6	0.8	0.4	5.3	5.1	1.8	6.5
2021	-4.7	-2.8	-1.6	1.3	5.4	1.1	5.2

3-4 主要年份各地年平均地面温度(℃)

年 份	全 省	粤 北	粤东北	粤西北	粤 东	粤 中	粤 西
1952							
1957		22.3		23.2	23.6	23.9	25.9
1962	23.5	23.3	24.2	24.8	24.3	24.1	26.0
1965	24.3	23.8	25.0	24.7	24.9	24.3	26.6
1970	23.6	22.4	24.0	23.9	24.5	23.4	
1975	23.8	22.6	23.7	24.1	24.3	23.3	25.7
1980	24.7	23.4	24.2	25.4	24.7	25.3	26.8
1985	23.9	22.9	24.5	24.2	24.1	24.2	25.6
1990	24.6	23.7	25.2	24.7	24.4	24.9	26.2
1995	23.7	22.0	24.6	23.7	24.6	23.6	25.7
2000	24.8	23.0	25.4	24.4	26.3	23.8	26.9
2005	24.5	23.3	24.9	23.6	25.3	23.8	26.4
2010	24.2	22.5	25.1	23.8	25.4	24.0	26.6
2011	24.4	22.4	25.9	24.6	26.3	23.9	26.3
2012	24.3	22.1	25.6	23.8	25.2	24.0	26.6
2015	25.1	22.9	24.4	24.7	27.1	24.6	28.1
2016	24.5	22.9	23.9	24.1	26.1	24.2	27.3
2017	25.0	23.9	24.9	23.9	27.1	25.1	27.3
2018	25.0	23.7	24.6	24.3	27.3	24.9	27.6
2019	25.5	23.7	24.8	25.1	27.3	25.5	28.3
2020	25.6	24.3	25.1	24.4	27.2	25.5	28.4
2021	26.0	25.2	26.2	24.5	28.1	26.3	28.4

3-5 主要年份各地年降雨量(毫米)

年 份	全 省	粤 北	粤东北	粤西北	粤 东	粤 中	粤 西
1952		1564.1			1424.5	1737.4	1752.4
1957		1641.2	1745.5	1914.3	1860.3	1988.5	1327.2
1962	1480.0	1735.4	1348.0	1516.8	1053.4	1521.6	1377.1
1965	1865.4	1189.4	1221.8	2066.1	1270.2	2332.5	1695.2
1970	1853.8	1708.8	1352.0	1482.0	1267.8	1470.4	1618.6
1975	2185.6	2120.8	2039.8	1910.9	1570.0	2516.7	1683.0
1980	1685.4	1459.4	1461.7	1586.1	1369.1	1492.2	2274.0
1985	1865.7	1360.2	1607.8	1726.9	1481.3	1706.0	2411.3
1990	1702.9	1436.6	1709.0	1284.8	2236.9	1239.5	1510.2
1995	1814.2	1506.9	1171.0	1766.4	1512.2	1752.4	2082.9
2000	1751.6	1565.8	1850.9	1318.2	1486.7	1798.9	1762.7
2005	1771.0	1772.2	1647.3	1905.2	1631.3	1986.2	1387.3
2010	1867.7	2104.4	1416.1	1419.6	1350.3	2353.6	1952.3
2011	1390.4	1443.0	1233.1	1277.2	1027.0	1632.3	1408.5
2012	1847.6	2056.3	1460.5	1919.2	1247.1	1813.9	2068.6
2015	1845.7	2128.7	1696.3	1848.1	1446.6	2471.9	1328.9
2016	2321.0	2428.9	2410.3	2132.5	2174.7	2939.7	1820.0
2017	1710.8	1397.2	1396.3	1275.8	1419.0	2067.4	1760.7
2018	1801.8	1695.9	1481.7	1798.7	1484.1	1870.8	2031.7
2019	1917.6	2051.7	1650.4	1522.3	1383.9	2459.3	1431.4
2020	1505.2	1719.5	1122.7	1057.4	1207.5	1916.2	1568.9
2021	1358.0	1168.9	823.4	1064.3	923.5	1544.1	1123.8

3-6 主要年份各地年降雨日数(日雨量≥0.1毫米)

年 份	全 省	粤 北	粤东北	粤西北	粤 东	粤 中	粤 西
1952		171			155	164	146
1957		166	160	166	132	169	153
1962	148	139	132	148	118	150	126
1965	171	150	138	170	139	165	147
1970	174	191	167	177	132	171	160
1975	198	184	182	188	171	189	171
1980	133	148	121	142	118	126	124
1985	168	170	165	168	134	169	171
1990	152	153	144	159	131	149	158
1995	152	157	147	153	116	148	154
2000	144	153	147	151	115	148	134
2005	146	152	126	148	128	142	132
2010	154	158	157	157	123	160	143
2011	120	130	117	117	87	113	132
2012	173	185	161	173	144	171	161
2015	142	168	148	146	102	147	122
2016	166	164	163	151	159	172	143
2017	150	171	144	124	113	149	145
2018	145	167	142	144	109	151	148
2019	146	162	147	144	124	157	116
2020	133	144	137	135	106	151	111
2021	126	129	121	118	95	139	118

3-7 主要年份各地年平均相对湿度(%)

年 份	全 省	粤 北	粤东北	粤西北	粤 东	粤 中	粤 西
1952		78				79	83
1957		77	79	81	84	80	82
1962	79	76	77	79	82	76	80
1965	81	76	80	82	81	81	84
1970	82	78	79	81	83	82	84
1975	82	79	82	81	84	81	83
1980	79	73	77	77	83	77	82
1985	81	75	78	77	82	78	83
1990	80	76	80	77	82	77	83
1995	79	78	77	76	81	73	82
2000	78	78	77	76	77	77	80
2005	76	73	73	74	69	71	80
2010	77	79	74	76	77	73	83
2011	73	72	68	67	73	74	77
2012	79	78	74	76	79	82	82
2015	80	82	79	77	77	78	83
2016	82	82	81	84	80	82	84
2017	80	81	77	84	75	80	86
2018	80	81	75	83	74	82	86
2019	81	82	77	84	78	82	85
2020	79	79	75	82	74	79	83
2021	76	76	71	78	70	76	80

3-8 主要年份各地年日照时数(小时)

年 份	全 省	粤 北	粤东北	粤西北	粤 东	粤 中	粤 西
1952					2175.2	1957.0	
1957		1704.1	2009.9	1580.7	2166.2	1752.9	1861.6
1962	1996.3	2181.5	2161.7	2009.8	2401.2	2126.4	1979.3
1965	1933.8	1975.2	2147.2	1857.3	1985.9	1895.6	1991.4
1970	1756.6	1685.4	1908.1	1756.0	1932.5	1772.8	1738.8
1975	1720.3	1516.9	1898.6	1741.2	1650.5	1643.1	1900.3
1980	1933.6	1754.1	1811.1	1945.8	1989.2	1921.8	2036.5
1985	1667.4	1701.6	1926.7	1613.3	1900.6	1406.0	1868.4
1990	1722.3	1613.9	1893.1	1542.8	1921.3	1648.7	1877.4
1995	1695.2	1420.6	1868.7	1704.6	2038.3	1559.6	1828.3
2000	1791.2	1497.2	1672.6	1714.1	2126.3	1609.2	1855.3
2005	1606.1	1491.2	1736.4	1345.6	1849.5	1288.5	1784.4
2010	1647.0	1631.0	1676.9	1356.5	1855.5	1484.0	1878.4
2011	1864.1	1783.8	1901.1	1709.7	2077.9	1878.4	1822.3
2012	1547.9	1501.0	1660.3	1361.1	1650.4	1471.2	1544.0
2015	1735.8	1540.8	1740.4	1583.0	2010.7	1594.3	2008.1
2016	1622.0	1629.2	1553.6	1466.2	1701.0	1451.8	1963.9
2017	1757.3	1738.9	1831.4	1605.4	1994.6	1671.5	1891.9
2018	1705.6	1632.2	1738.2	1607.7	2031.5	1544.3	1980.2
2019	1749.0	1630.8	1831.6	1688.0	2053.6	1658.5	1829.0
2020	1766.5	1581.8	1830.7	1724.0	2426.4	1661.4	1803.9
2021	2058.8	1898.0	2142.3	1948.9	2567.0	1946.8	2080.8

3−9　各地平均气温(℃)

(2021年)

月　份	全　省	粤　北 (韶关)	粤东北 (梅县)	粤西北 (高要)	粤　东 (汕头)	粤　中 (广州)	粤　西 (湛江)
1	13.3	10.2	12.4	13.9	14.8	13.1	15.0
2	18.0	16.1	17.9	18.7	18.3	17.4	19.3
3	20.5	18.4	21.1	21.1	20.1	20.9	22.2
4	23.1	21.0	23.4	23.5	22.9	23.4	25.0
5	27.9	26.1	28.2	28.5	28.9	28.3	29.2
6	28.1	27.6	28.0	28.3	28.7	28.2	29.7
7	29.4	29.7	29.7	29.5	30.3	29.6	29.4
8	28.3	28.6	28.9	28.4	29.6	28.3	28.3
9	28.8	28.8	29.5	28.8	30.3	28.7	28.2
10	23.7	21.8	23.8	23.8	26.4	23.4	24.7
11	19.4	16.1	18.4	19.5	21.5	19.0	21.5
12	15.4	11.7	14.6	15.4	17.8	14.8	17.8
全年	23.0	21.4	23.0	23.3	24.2	22.9	24.2

3−10　各地极端最高气温(℃)

(2021年)

月　份	全　省	粤　北	粤东北	粤西北	粤　东	粤　中	粤　西
1	30.1	25.2	28.5	26.3	28.0	26.1	24.8
2	31.0	29.2	30.0	29.1	27.4	29.7	27.0
3	35.6	31.6	33.4	34.3	31.3	30.6	32.8
4	36.0	33.7	35.5	34.1	31.3	33.4	30.2
5	38.9	34.6	37.9	37.2	37.9	35.5	36.6
6	38.5	35.4	38.0	36.8	36.9	36.3	36.3
7	39.3	37.8	39.2	37.5	37.7	38.1	36.6
8	38.7	37.8	36.7	35.5	35.2	36.3	33.9
9	38.6	37.7	37.8	37.6	37.5	37.2	34.6
10	37.2	35.9	35.4	35.0	35.5	34.7	34.1
11	32.6	28.7	32.3	31.8	31.5	31.1	30.1
12	29.1	25.1	27.5	25.7	28.0	26.8	26.9
全年	39.3	37.8	39.2	37.6	37.9	38.1	36.6

3-11 各地极端最低气温(℃)

(2021年)

月 份	全 省	粤 北	粤东北	粤西北	粤 东	粤 中	粤 西
1	-4.7	-2.8	-1.6	1.3	5.4	1.1	5.2
2	4.1	5.9	7.1	10.1	11.8	9.3	13.4
3	8.0	9.8	9.8	14.1	12.9	13.3	13.5
4	11.4	14.5	14.7	17.3	16.7	16.0	20.2
5	14.7	16.8	18.4	20.6	21.6	19.1	22.9
6	16.5	18.4	21.5	22.5	24.1	21.8	22.2
7	22.5	23.2	23.9	24.1	25.0	23.6	24.8
8	21.2	22.3	23.9	23.3	25.4	22.3	23.2
9	19.0	22.6	21.4	23.5	25.9	23.8	23.6
10	9.8	12.8	13.5	15.9	16.6	13.5	16.0
11	4.6	6.5	7.0	11.1	13.4	9.5	12.6
12	0.8	2.6	3.4	7.5	10.8	5.6	8.8
全年	-4.7	-2.8	-1.6	1.3	5.4	1.1	5.2

3-12 各地平均地面温度(℃)

(2021年)

月 份	全 省	粤 北 (韶关)	粤东北 (梅县)	粤西北 (高要)	粤 东 (汕头)	粤 中 (广州)	粤 西 (湛江)
1	16.3	13.2	15.7	15.9	18.4	16.3	19.3
2	20.9	19.1	20.9	20.3	21.8	20.6	23.7
3	23.1	20.5	24.2	21.4	24.2	23.0	26.1
4	26.1	23.4	26.5	24.4	28.3	26.4	28.6
5	31.3	28.5	31.1	29.7	34.5	30.8	36.0
6	30.7	31.8	30.5	29.1	30.9	31.1	35.1
7	33.2	36.4	32.6	31.1	34.9	34.0	33.8
8	31.4	34.4	32.1	29.5	33.2	31.8	31.4
9	33.1	36.2	35.7	30.8	36.1	33.8	31.6
10	26.1	25.0	25.9	24.3	29.3	26.8	27.5
11	22.2	18.6	21.1	20.3	25.7	22.4	26.2
12	17.8	14.5	17.4	16.9	20.2	17.8	21.5
全年	26.0	25.2	26.2	24.5	28.1	26.3	28.4

3-13 各地降雨量(毫米)

(2021年)

月 份	全 省	粤 北	粤东北	粤西北	粤 东	粤 中	粤 西
1	6.4	13.7	0.3	5.4	0.7	0.2	14.6
2	66.4	93.5	34.6	71.9	40.4	39.8	83.6
3	40.1	52.9	33.5	46.9	21.9	25.6	39.8
4	95.3	201.1	107.9	28.3	6.1	67.7	99.3
5	180.2	337.2	78.0	168.9	74.8	239.0	40.1
6	257.8	182.0	182.6	258.8	178.0	431.9	79.5
7	136.8	46.1	87.1	73.1	63.4	99.4	141.7
8	228.1	63.6	70.7	165.2	162.0	356.2	256.4
9	78.2	43.3	45.1	38.5	13.7	83.5	121.1
10	203.5	66.8	91.8	156.5	317.4	98.5	222.5
11	23.0	35.5	22.5	35.7	0.4	20.7	7.6
12	42.2	33.2	69.3	15.1	44.7	81.6	17.6
全年	1358.0	1168.9	823.4	1064.3	923.5	1544.1	1123.8

3-14 各地降雨日数(日雨量≥0.1毫米)

(2021年)

月 份	全 省	粤 北	粤东北	粤西北	粤 东	粤 中	粤 西
1	2.2	2	1	3	1	1	5
2	5	10	5	6	5	6	4
3	7.6	10	8	4	7	6	7
4	11	14	14	4	5	14	10
5	13.9	19	15	14	9	19	6
6	18.8	15	18	22	22	20	12
7	14	6	15	16	12	17	15
8	19.3	15	16	16	14	18	22
9	10.7	8	5	11	2	10	18
10	11.6	10	13	14	9	15	12
11	4.9	14	3	2	2	3	2
12	6.5	6	8	6	7	10	5
全年	126	129	121	118	95	139	118

3-15 各地平均相对湿度(%)

(2021年)

月份	全省	粤北	粤东北	粤西北	粤东	粤中	粤西
1	61	63	56	64	62	62	72
2	73	74	66	76	76	70	83
3	78	77	70	80	77	74	86
4	79	82	71	83	78	69	87
5	79	81	72	82	77	73	81
6	83	80	79	85	81	78	78
7	78	73	73	80	77	73	81
8	83	79	78	85	83	77	86
9	78	75	70	82	81	70	84
10	77	75	76	78	78	70	80
11	70	77	70	73	71	63	73
12	70	75	70	73	72	67	72
全年	76	76	71	78	76	70	80

3-16 各地日照时数(小时)

(2021年)

月份	全省	粤北	粤东北	粤西北	粤东	粤中	粤西
1	188.0	175.3	224.5	159.5	225.6	188.1	160.2
2	188.2	165.8	198.7	182.7	210.6	195.0	168.7
3	114.6	82.5	145.9	77.1	173.4	82.7	102.4
4	115.9	92.2	129.4	97.9	175.2	106.0	108.4
5	183.3	131.9	178.6	191.0	262.3	160.5	221.3
6	138.3	151.2	118.0	144.3	152.5	126.3	197.3
7	223.8	257.4	240.6	229.2	273.9	212.6	202.5
8	177.4	201.8	177.2	164.4	247.1	148.9	172.6
9	234.2	237.9	262.6	225.9	281.4	226.1	210.0
10	140.3	114.3	141.0	130.5	167.1	152.0	149.5
11	180.0	129.6	160.3	175.0	223.6	175.7	211.4
12	174.7	158.1	165.5	171.4	174.3	172.9	176.5
全年	2058.8	1898.0	2142.3	1948.9	2567.0	1946.8	2080.8

3-17 自然灾害损失情况

(2021年)

市　别	受灾人口(人)	因灾死亡人口(人)	因灾失踪人口(人)	因灾伤病人口(人)	紧急转移安置人　口(人)	需紧急生活救助人口(人)	需过渡期生活救助人口(人)	因旱需生活救助人口(人)	其中：因旱饮水困难需救助人口(人)
全　省	960525	2		2	8929	2017	3406	67270	64393
广州市									
韶关市									
深圳市	18333								
珠海市									
汕头市									
佛山市	61829	1			504		80		
江门市	8023				418		3		
湛江市	2193				2				
茂名市	234613			1	1426		3	16300	16300
肇庆市	120628	1		1		2008	3198	9632	6755
惠州市									
梅州市	1								
汕尾市	6290								
河源市	44645				6237	9			
阳江市									
清远市	35				14		25		
东莞市	6624				61		65		
中山市	4644				228		32		
潮州市	204088							32741	32741
揭阳市	3519								
云浮市	245060				39			8597	8597

3-17 续表 1

(2021年)

市 别	农作物受灾面积(公顷)	其中：农作物成灾面积(公顷)	其中：农作物绝收面积(公顷)	草场受灾面积(公顷)	因灾死亡大牲畜(只)	因灾死亡羊只(只)	倒塌房屋间数(间)	其中：倒塌农房间数(间)	倒塌房屋户数(户)	其中：倒塌农房户数(户)
全 省	79707.58	16138.85	3537.89	95.95	169		267	124	128	43
广州市										
韶关市										
深圳市	1874.53						2			
珠海市										
汕头市										
佛山市	9707.15	921.91	198.31		4		136	42	76	12
江门市	1455.73	8.13	8.08		93					
湛江市	259.13						2			
茂名市	24414.83	4603.98	2188.72	0.95	70		10	2	4	2
肇庆市	9430.32	1767.00	758.45	95						
惠州市										
梅州市	0.40									
汕尾市	57.03	0.27								
河源市	5816.03	1114.84	232.67		2		21		19	
阳江市										
清远市	24.27						25	25	11	11
东莞市	759.68	422.39	6.64				37	37	13	13
中山市	1418.37	232.20	52.67				32	16	3	3
潮州市	1300.16	27.00								
揭阳市	1037.44	2.37	2.37							
云浮市	22152.51	7038.76	89.98				2	2	2	2

3-17 续表 2

(2021年)

市 别	严重损坏房屋间数(间)	其中：严重损坏农房间数(间)	严重损坏房屋户数(户)	其中：严重损坏农房户数(户)	一般损坏房屋间数(间)	其中：一般损坏农房间数(间)	一般损坏房屋户数(户)	其中：一般损坏农房户数(户)
全 省	56	24	8	6	1722	112	1197	39
广州市								
韶关市								
深圳市								
珠海市								
汕头市								
佛山市	41	12	2	2	941	58	452	13
江门市	1	1	1	1				
湛江市					594	23	571	
茂名市					6			
肇庆市								
惠州市								
梅州市								
汕尾市								
河源市	6	3	2		48	23	48	23
阳江市								
清远市								
东莞市					6	6	1	1
中山市	8	8	3	3	127	2	125	2
潮州市								
揭阳市								
云浮市								

3-17 续表 3

(2021年)

市 别	直接经济损失(万元)	其中：农业损失(万元)	工矿企业损失(万元)	基础设施损失(万元)	公益设施损失(万元)	家庭财产损失(万元)
全 省	255949.27	177729.42	4398.78	52452.00	3416.32	14046.83
广州市						
韶关市						
深圳市	865.55	832.80		8.00		24.75
珠海市						
汕头市						
佛山市	89118.52	24600.93	4113.20	42855.68	2258.02	12290.97
江门市	8763.88	7642.35		1015.23		
湛江市	1092.32	771.96		100.00		
茂名市	89503.14	86812.54		2361.60	118.00	
肇庆市	9926.50	8501.50				1415.00
惠州市						
梅州市	1.50	1.50				
汕尾市	886.57	181.27	120.00	584.50	0.80	
河源市	19077.36	13773.78	165.58	4667.59	109.50	145.81
阳江市						
清远市	81.70	50.00		6.00		
东莞市	317.81	252.41				
中山市	1831.55	760.51		853.40	5.00	170.30
潮州市	2565.10	1640.10			925.00	
揭阳市	6530.22	6530.22				
云浮市	25387.55	25377.55				

3-18　救灾工作情况

(2021年)

市　别	启动响应次数(次)	已救助人　口(人)	已重建住房户数(户)	已重建住房间数(间)	已维修住房户数(户)	已维修住房间数(间)
全　省	7	20802	77	203	8	18
广　州						
深　圳						
珠　海						
汕　头						
佛　山						
韶　关			26	91		
河　源					1	1
梅　州						
惠　州		20802				
汕　尾						
东　莞						
中　山						
江　门						
阳　江			17	19	1	
湛　江	7					
茂　名			11	25		
肇　庆			13	41	1	6
清　远			8	25	5	11
潮　州						
揭　阳						
云　浮			2	2		

3-18 续表

(2021年)

市别	本级支出自然灾害生活补助资金总数(万元)	其中：已支出应急生活补助资金(万元)	已支出遇难人员家属抚慰金(万元)	已支出过渡性生活救助资金(万元)	已支出恢复重建补助资金(万元)	已支出旱灾救助资金(万元)
全省						
广州						
深圳						
珠海						
汕头						
佛山						
韶关						
河源						
梅州						
惠州	50.00					50.00
汕尾						
东莞						
中山						
江门						
阳江						
湛江						
茂名						
肇庆	0.09				13.00	
清远						
潮州						
揭阳						
云浮						

四、农业技术装备与农村科技及教育

3 月 5 日，广东省农业农村厅在茂名市举办广东省春季农业生产暨支农服务下乡现场会，现场会设农机装备展示和农机作业演示板块。

7 月 21 日，广东省农业农村厅在珠海市召开全省农机社会化服务暨机收减损工作座谈会。

9月29日，广东省农业农村厅在肇庆市高要区举办2021年全国农业行业职业技能大赛广东省农机驾驶员初赛。农业农村部农机化总站党委副书记李斯华出席竞赛活动，来自15个地市38名选手参加了初赛。

10月14-15日，广东省农业农村厅在广州市举办全省农机使用一线"土专家"能力提升培训班。

11 月 24 日，广东省农业农村厅在汕尾市举办广东省“弘科杯”水稻机收减损技能大比武活动。

12 月 17 日，广东省农业农村厅在广州市召开全省农业机械化工作会议。

12 月 23 日，广东省农业农村厅在湛江市举办甘蔗生产全程机械化现场会。

4-1 农机化服务组织及人员

(2021年)

市　别	农机服务组织		农机户		农机维修厂及维修点		乡村农机从业人员年末人数(人)
	机构数(个)	人数(人)	机构数(个)	人数(人)	机构数(个)	人数(人)	
全　省	2323	25978	1048000	1201241	6970	18191	1209405
广　州	84	689	40918	45031	145	400	47799
珠　海	17	248	9209	20501	111	210	20869
汕　头	132	920	3368	4128	43	148	3800
佛　山	2	15	69369	86003	95	210	54184
韶　关	61	1610	148690	153175	376	705	94393
河　源	68	535	22476	22476	290	556	47938
梅　州	110	3596	33028	40374	697	1747	54259
惠　州	73	641	40931	42589	185	638	44339
汕　尾	41	547	19571	20827	389	1013	29304
东　莞	1	1	3178	4034	4	12	1590
中　山	8	40	25268	26317	45	153	32764
江　门	198	2932	34704	46821	1117	2804	84162
阳　江	17	401	39703	45546	268	803	33588
湛　江	906	5572	199976	252132	856	2523	294863
茂　名	67	1494	134591	143447	682	1632	103409
肇　庆	206	1704	87814	94727	466	1140	115916
清　远	117	1985	61352	69311	390	890	57584
潮　州	48	686	3554	3901	200	664	5863
揭　阳	89	685	13541	15797	363	1187	19532
云　浮	78	1677	56759	64104	248	756	63249

4-2 农业机械作业情况

(2021年) 单位：千公顷

市别	农机化作业总体情况				
	机耕面积	机播面积	机电灌溉面积	机械植保面积	机收面积
全省	3877.57	616.27	1794.78	1654.63	1951.09
广州	205.08	9.31	162.77	28.64	33.70
珠海	12.09	3.73	1.25	7.79	4.28
汕头	92.17	12.60	40.31	51.39	45.17
佛山	60.12	3.93	39.48	33.77	8.54
韶关	212.66	26.39	32.52	73.87	124.12
河源	154.40	15.27	13.47	23.64	101.54
梅州	248.73	38.38	89.78	62.53	156.73
惠州	250.40	47.92	102.03	195.26	115.90
汕尾	160.89	24.79	38.08	57.57	68.38
东莞	21.19	3.27	13.78	14.11	5.83
中山	22.82	1.82	18.87	19.92	2.75
江门	261.31	125.54	144.83	153.48	182.68
阳江	193.10	30.58	85.52	55.78	105.21
湛江	628.98	74.18	459.71	221.40	260.42
茂名	401.89	51.72	159.09	239.48	228.98
肇庆	261.71	63.38	177.06	174.55	177.10
清远	321.19	23.38	21.46	89.41	145.11
潮州	53.66	13.43	31.21	12.23	33.26
揭阳	174.74	22.87	99.03	7.45	77.04
云浮	140.44	23.79	64.52	132.37	74.33

4-2 续表 1

(2021年) 单位：千公顷

市别	主要农作物农机化作业情况					
	水稻机耕面积	水稻机械种植面积	水稻机收面积	玉米机耕面积	大豆机耕面积	花生机耕面积
全省	1807.01	570.86	1742.60	97.22	24.22	273.42
广州	22.91	8.57	22.77	3.29	0.27	3.70
珠海	4.32	3.73	4.28	0.09		0.07
汕头	45.52	12.60	45.17	2.17	0.40	1.32
佛山	6.62	3.04	6.52	0.92	0.03	0.52
韶关	103.68	23.64	100.98	4.81	2.77	36.02
河源	118.47	13.20	97.65	2.10	1.10	13.01
梅州	161.27	38.34	151.91	4.16	2.84	7.08
惠州	84.05	35.13	84.01	15.56	1.20	18.37
汕尾	68.74	24.53	68.26	2.62	1.09	11.32
东莞	1.32	1.38	1.35	0.16	0.07	0.05
中山	2.21	1.58	2.21	0.22		
江门	168.57	121.72	167.07	2.90	1.83	9.81
阳江	105.14	29.90	104.87	5.46	3.31	18.02
湛江	224.35	67.98	223.93	21.59	1.49	66.09
茂名	207.81	50.95	201.98	5.51	1.19	29.12
肇庆	165.67	54.51	163.11	5.27	0.52	12.14
清远	120.26	21.49	118.73	10.96	2.73	27.56
潮州	30.91	12.34	30.66	1.31		0.35
揭阳	80.17	22.53	72.91	3.25	2.56	5.62
云浮	85.03	23.71	74.21	4.89	0.82	13.27

4−2　续表 2

(2021年)　　单位：千公顷

市　别	单项农机化作业情况				
	机械深耕面积	机械深松面积	机械深施化肥面积	机械铺膜面积	农田机械节水灌溉面积
全　省	461.32	7.37	13.82	2.52	255.18
广　州					13.51
珠　海			1.00		
汕　头					5.49
佛　山	1.10	0.70	2.38	0.10	9.67
韶　关	0.09	0.09			13.58
河　源	0.04	0.04	0.08		0.01
梅　州	26.17		7.55		9.82
惠　州	126.79			0.28	9.65
汕　尾	1.38	0.08			8.64
东　莞	1.38				2.52
中　山	6.59		1.62		10.53
江　门					2.07
阳　江	0.01	0.01			0.71
湛　江	202.68	3.48	1.19	2.15	94.38
茂　名	29.46	2.12			12.02
肇　庆	22.93				16.23
清　远	0.63	0.63			7.48
潮　州	2.23	0.23			5.21
揭　阳					18.62
云　浮	39.85				15.04

4-2 续表 3

(2021年)

市别	单项农机化作业情况				
	机械化秸秆还田面积(千公顷)	机械脱出粮食数量(万吨)	机械化饲草料加工数量(万吨)	农田基本建设作业量(万立方米)	农机跨区作业面积(千公顷)
全省	732.07	1246.70	452.12	7096.54	440.99
广州	14.64	42.24	3.49	303.57	5.74
珠海		2.93	0.50		
汕头	45.17	31.91	2.85	0.77	39.98
佛山	5.29	3.63	1.13	161.24	0.63
韶关	30.01	66.24	2.87	1095.73	9.53
河源	38.66	113.51	1.91	0.30	3.82
梅州	104.93	109.62	6.95	74.34	44.14
惠州	34.82	47.27	21.68	846.35	32.32
汕尾	39.78	34.26	10.07	38.67	1.94
东莞		42.55			
中山	6.09	2.18		109.37	0.15
江门	138.90	93.37	2.43	120.09	19.21
阳江	95.59	57.98	42.54	1231.69	20.53
湛江	6.29	139.26	22.58	97.49	40.51
茂名	2.08	148.24	174.40	122.30	21.78
肇庆	73.83	120.65	33.37	2769.06	60.78
清远	26.88	65.83	1.16	61.11	41.03
潮州	18.52	24.19	4.19		4.72
揭阳	9.19	42.01	1.08	23.51	68.38
云浮	41.40	58.84	118.93	40.96	25.80

4-3 农业机械年末拥有量

(2021年)

项目	计算单位	数量	项目	计算单位	数量
农业机械总动力合计	万千瓦	2524.48	1.水泵	台	772629
1.柴油发动机动力	万千瓦	1582.79	2.节水灌溉机械	套	133132
2.汽油发动机动力	万千瓦	232.29	三、收获机械		
3.电动机动力	万千瓦	698.17	1.谷物联合收割机	台	29643
4.其他机械动力	万千瓦	11.23	2.机动脱粒机	台	540111
一、耕整地机械			3.秸秆粉碎还田机	台	7167
1.耕整机	万台(套)	13.39	四、水产机械		
	万千瓦	60.96	1.增氧机	台	1173374
2.微耕机	万台(套)	30.16	2.投饵机	台	118362
	万千瓦	131.67	五、农业航空器		
二、农用排灌机械			1.植保无人机	台	2025

4-4 各市农业机械年末拥有量

(2021年)

市　别	农业机械总动力(万千瓦)	1.柴油发动机动力(万千瓦)	2.汽油发动机动力(万千瓦)	3.电动机动力(万千瓦)	4、其他机械动力(万千瓦)
全　省	2524.48	1582.79	232.29	698.17	11.23
广州市	127.30	63.55	19.95	43.78	0.02
珠海市	27.37	4.78	1.39	21.20	
汕头市	31.13	20.09	2.72	7.61	0.71
佛山市	92.77	43.03	6.16	42.56	1.01
韶关市	174.60	136.20	7.82	30.00	0.58
河源市	80.92	55.71	11.06	14.15	
梅州市	135.96	77.22	21.82	34.62	2.29
惠州市	108.87	72.94	13.15	22.78	
汕尾市	112.38	89.94	5.67	16.43	0.34
东莞市	49.05	30.08	2.06	16.92	
中山市	81.34	33.14	8.22	39.98	
江门市	183.83	101.73	9.87	71.62	0.61
阳江市	113.93	87.34	5.49	21.10	
湛江市	439.31	334.05	6.13	97.57	1.57
茂名市	218.48	124.87	47.26	46.35	
肇庆市	179.72	72.76	25.52	81.45	
清远市	112.72	75.34	8.66	28.30	0.41
潮州市	45.24	14.59	12.06	15.67	2.93
揭阳市	56.28	42.89	1.33	12.05	
云浮市	105.30	75.85	10.25	19.13	0.07
农　垦	47.98	26.69	5.71	14.88	0.69

4-4 续表

市 别	排灌机械		收获机械		渔业机械	
	农用水泵（万台）	节水灌溉机械（万套）	谷物联合收割机（万台）	机动脱粒机（万台）	增氧机（万台）	投饵机（万台）
全 省	77.26	13.31	2.96	54.01	117.34	11.84
广州市	4.43	1.35	0.02	1.40	10.69	2.90
珠海市	5.24	0.02	0.01		14.89	0.40
汕头市	0.56	0.12	0.01	0.01	3.18	0.03
佛山市	3.60	0.18	0.00	1.22	20.19	1.26
韶关市	2.65	0.07	0.52	6.58	0.83	0.53
河源市	0.84	0.39	0.25	3.76	0.55	0.05
梅州市	3.76	0.86	0.22	5.45	1.29	0.43
惠州市	3.68	0.50	0.14	2.13	1.83	0.37
汕尾市	2.32	0.43	0.15	0.61	2.92	0.04
东莞市	0.31	0.10	0.00	0.02	0.56	0.17
中山市	3.42	1.02	0.01	0.07	8.69	0.53
江门市	7.10	0.24	0.51	1.63	9.55	0.46
阳江市	2.49	0.10	0.17	2.36	6.43	0.15
湛江市	19.72	6.99	0.44	1.57	17.26	2.23
茂名市	8.76	0.06	0.14	9.51	8.57	1.14
肇庆市	3.25	0.29	0.09	5.89	4.32	0.67
清远市	1.28	0.14	0.19	2.10	2.09	0.34
潮州市	0.95	0.03	0.01	0.05	1.91	0.10
揭阳市	1.82	0.34	0.01	0.12	0.72	
云浮市	1.07	0.10	0.08	9.54	0.85	0.05
农 垦						

4–5 农业科研和技术开发机构基本情况数据

项　　目	单位	2015	2016	2017	2018	2019	2020	2021
一、机构与人员								
机构数	个	76	76	76	73	68	73	67
职工人数	人	4983	4781	4760	4289	4633	5193	5075
从事科技活动人员	人	3502	3611	3651	3432	3995	4570	4873
二、经费收入与支出								
经常费收入总额	万元	205404.7	218144.3	246696.6	212921.7	253409.3	284009.4	313128.7
科技活动收入	万元	161821.6	171715.8	186499.3	175375.0	207241.0	234424.8	267905.9
#政府资金	万元	147126.0	151235.2	164986.1	160117.9	178635.1	202991.6	231655.7
经营活动收入	万元	15015.9	16039.4	10713.1	6345.2	2244.9	2007.1	2040.2
其他收入	万元	28567.2	30389.1	49484.2	31201.5	43923.4	47577.5	43182.6
经费支出总额	万元	184867.5	204384.9	228659.7	198783.3	276617.8	286968.7	318829.3
科技经费内部支出	万元	135210.5	157153.9	173555.2	149799.5	222030.9	236889.9	271420.6
生产性支出	万元	15114.8	13671.1	13758.1	14092.4	14874.4	7747.8	8726.7
其他支出	万元	34542.2	33559.9	41346.4	34891.4	39712.5	42331	38682
三、课题活动与产出								
科技活动课题数	个	1688	1813	1918	1631	2286	2334	2450
课题投入人员	人年	2631	2636	2780	2390	2787	3171.5	3332.3
课题投入经费	万元	50350.6	56237.8	56224.5	42623.5	68810.2	83641.3	71227.1
科学论文合计	篇	1519	1680	1681	1383	1862	1944	2101
#国外发表	篇	339	365	393	308	605	717	923
科技著作合计	种	41	49	44	43	32	81	62

注：2019年起经常费收入总额数据中未包含科研基建中的政府资金。

4-6　各市农村专业技术协会情况

(2021年)

市　别	农村专业技术协会		市　别	农村专业技术协会	
	个数(个)	会员数(人)		个数(个)	会员数(人)
全　省	400	39480	东莞市		
省本级			中山市		
广州市	5	283	江门市	45	4734
深圳市			阳江市	33	8525
珠海市			湛江市	59	6389
汕头市	26	2103	茂名市	2	800
佛山市	14	1529	肇庆市	41	4463
韶关市	43	3236	清远市	22	1743
河源市	13	1955	潮州市	3	335
梅州市	31	1188	揭阳市	25	848
惠州市	9	599	云浮市	2	131
汕尾市	27	619			

4-7　主要年份农业生产物质消耗情况

(2021年)

项　目	单位	1985	1990	1995	2000	2005	2010	2015	2020	2021
一、化肥施用量										
折纯量	万吨	102.67	162.41	195.71	176.20	204.62	233.57	238.28	219.80	212.87
氮肥	万吨	69.37	95.82	99.49	95.89	93.78	94.93	90.78	84.11	80.06
磷肥	万吨	14.62	20.08	27.16	18.36	18.96	24.75	29.03	25.80	25.98
钾肥	万吨	13.97	27.57	34.14	35.84	41.54	46.74	47.00	41.68	40.80
复合肥	万吨	4.71	18.94	34.92	26.11	50.34	67.16	71.47	68.22	66.03
二、农药施用量	**万吨**	**7.27**	**7.95**	**8.05**	**8.47**	**8.50**	**9.79**	**9.75**	**8.32**	**7.74**
三、农村用电量	**万千瓦时**	**266399**	**581030**	**1862658**	**4054461**	**7682272**	**10442606**	**13261980**	**14674627**	**13923305**

注：根据《农业综合统计报表制度》，2020年开始对表名进行修订，具体指标不变，数据可比。

4-8　农业生产物质消耗情况

(2021年)

项　目	单　位	数　量	项　目	单　位	数　量
一、农村用电量	**万千瓦时**	**13923305**	复合肥	吨	660318
二、农用化肥施用量			**三、农用塑料薄膜使用量**	**吨**	**43027**
按折纯量计算	吨	2128713	其中：地膜使用量	吨	23528
氮肥	吨	800590	地膜覆盖面积	公顷	138024
磷肥	吨	259809	**四、农药使用量**	**吨**	**77440**
钾肥	吨	407996	**五、农用柴油使用量**	**吨**	**854160**

4–9 各市农业生产物质消耗情况

(2021年)

市别	农村用电量(万千瓦时)	农用化肥施用量					农用塑料薄膜使用量(吨)		农药使用量(吨)
		按折纯量计算(吨)	氮肥	磷肥	钾肥	复合肥		地膜使用量	
广州市	1403300	97832	16403	6834	12110	62485	2106	1089	2655
深圳市	3118	2425	86	100	54	2186	1028	116	24
珠海市	240676	5425	2055	589	809	1971	1794	117	193
汕头市	299820	48233	21714	3807	7895	14817	645	182	1427
佛山市	846920	24711	8381	2292	2738	11300	1258	741	1067
韶关市	157910	92817	33251	9835	14563	35168	3665	2512	3665
河源市	98777	118565	46450	28436	17993	25686	1621	1224	2188
梅州市	152919	142616	67764	9745	23538	41569	3339	2103	4319
惠州市	386449	80749	30752	9983	19367	20647	2680	1831	3905
汕尾市	167871	55231	25150	6031	12273	11777	1866	769	2228
东莞市	6749693	2986	1421	262	458	845	393	128	507
中山市	455044	11195	2893	1142	1662	5498	1344	627	532
江门市	1182450	120975	38536	8535	24583	49322	5845	3070	5683
阳江市	57470	89320	28327	14926	16674	29393	1848	920	3520
湛江市	228931	407678	152186	69753	88880	96859	2788	2187	15010
茂名市	264587	307827	104872	23764	73281	105910	2575	650	8163
肇庆市	198953	161438	72827	24559	28360	35693	2515	1525	4722
清远市	125236	155741	54592	16042	26220	58887	2362	1496	6661
潮州市	567099	39547	14742	4726	5766	14313	1070	697	2318
揭阳市	236400	102019	56739	8722	20946	15612	902	484	4571
云浮市	99682	61384	21450	9727	9826	20381	1384	1061	4082

4-10 各县(市、区)农业生产物质消耗情况

(2021年)

市别	农村用电量(万千瓦时)	农用化肥施用量 按折纯量计算(吨)	氮肥	磷肥	钾肥	复合肥	农用塑料薄膜使用量(吨)	地膜使用量	农药使用量(吨)
广州市	**1403300**	**97832**	**16403**	**6834**	**12110**	**62485**	**2106**	**1089**	**2655**
越秀区									
海珠区	41349	70	22	9	20	19			6
荔湾区	30490	20				20	224		3
天河区	95919	41	10	2	8	21	3	3	5
白云区	254814	14437	5391	4071	4970	5	100	95	189
黄埔区	49598	1913	574	85	107	1147	43	15	178
番禺区	429378	4132	830	350	425	2527	220	105	287
花都区	83628	9902	3102	244	553	6003	138	41	448
南沙区	313878	17028	1457	182	910	14479	585	402	412
从化区	28628	17934	3617	1201	2354	10762	370	256	457
增城区	75618	32355	1400	690	2763	27502	423	172	670
深圳市	**3118**	**2425**	**86**	**100**	**54**	**2186**	**1028**	**116**	**24**
福田区									
罗湖区	4	6		1	2	3	0	0	0
盐田区		6	3	1	1	2	1		2
南山区		56	6	2	6	42			2
宝安区		466				466	30		2
龙岗区		917	49	57	21	790	84	36	4
龙华区		32		2		30	19		1
坪山区		203	15	22	15	151	41	19	1
光明区		169	13	15	10	131	844	57	5
深汕合作区	3114	571				571	9	4	6
珠海市	**240676**	**5425**	**2055**	**589**	**809**	**1971**	**1794**	**117**	**193**
香洲区	1366	21	3	2	1	15	1	0	0
金湾区	123671	1649	303	174	181	991	322	7	23
斗门区	115638	3755	1749	413	627	965	1471	110	122
汕头市	**299820**	**48233**	**21714**	**3807**	**7895**	**14817**	**645**	**182**	**1427**
金平区	24964	894	571	93	94	136	25		35
龙湖区	21200	2644	760	583	263	1038	68	27	35
澄海区	49633	15461	4500	707	2104	8150	234	17	124
濠江区	16430	2230	935	294	402	599	27	20	52
潮阳区	107866	15337	7724	1143	2611	3859	185	58	431
潮南区	79375	11438	7129	962	2367	980	100	61	737
南澳县	352	229	95	25	54	55	7		13
佛山市	**846920**	**24711**	**8381**	**2292**	**2738**	**11300**	**1258**	**741**	**1067**
禅城区	17989	45	15	2	9	19			
南海区	472526	5028	1036	257	401	3334	368	124	240
顺德区	252857	5851	2182	281	301	3087	484	299	265
高明区	34010	8087	2874	1605	1409	2199	190	157	159
三水区	69538	5700	2274	147	618	2661	216	161	403
韶关市	**157910**	**92817**	**33251**	**9835**	**14563**	**35168**	**3665**	**2512**	**3665**
浈江区	7295	3849	1042	920	432	1455	89	50	127
武江区	8006	5078	2177	973	550	1378	80	78	201
曲江区	26364	7985	3715	671	1286	2313	299	115	416
乐昌市	24360	18692	5399	2165	1203	9925	276	248	773
南雄市	16803	16144	5615	1326	2873	6330	897	614	564
仁化县	9901	10338	2050	1211	3021	4056	484	402	541
始兴县	12301	7073	2335	1011	1615	2112	442	362	255
翁源县	27652	16907	7931	1156	2732	5088	690	448	471
新丰县	15604	3221	1887	190	264	880	56	52	219
乳源县	9626	3530	1100	212	587	1631	353	143	98

4-10 续表 1

(2021年)

市 别	农 村 用电量 (万千瓦时)	农用化肥施用量					农用塑料薄膜使用量 (吨)		农 药 使用量 (吨)
		按折纯量计算 (吨)	氮肥	磷肥	钾肥	复合肥		地 膜 使用量	
河源市	**98777**	**118565**	**46450**	**28436**	**17993**	**25686**	**1621**	**1224**	**2188**
源城区	6154	2148	808	536	308	496	25	24	46
东源县	20505	14431	6116	2633	3077	2605	225	191	342
和平县	9671	14638	5558	3551	1896	3633	275	160	299
龙川县	24307	29977	13527	6480	3702	6268	466	466	596
紫金县	25826	31298	10439	7196	4740	8923	216	183	593
连平县	12314	26073	10002	8040	4270	3761	414	200	312
梅州市	**152919**	**142616**	**67764**	**9745**	**23538**	**41569**	**3339**	**2103**	**4319**
梅江区	7711	7780	2164	350	1068	4198	147	130	237
梅县区	33417	36694	17810	1785	6792	10307	407	79	1341
兴宁市	29261	22430	11898	1520	3968	5044	553	295	1106
平远县	13569	8971	5167	800	1200	1804	365	262	272
蕉岭县	6926	5396	1740	521	1813	1322	560	251	183
大埔县	6030	20053	9602	1312	2919	6220	499	381	514
丰顺县	20300	19128	6344	1837	2815	8132	115	51	370
五华县	35705	22164	13039	1620	2963	4542	693	654	296
惠州市	**386449**	**80749**	**30752**	**9983**	**19367**	**20647**	**2680**	**1831**	**3905**
惠城区	49284	13071	5141	1470	2861	3599	249	218	278
惠阳区	103904	5579	1729	407	1089	2354	346	331	120
惠东县	113009	20234	8580	3534	5453	2667	708	255	397
博罗县	107732	29538	11503	3325	6863	7847	1050	935	2283
龙门县	12520	12327	3799	1247	3101	4180	327	92	665
汕尾市	**167871**	**55231**	**25150**	**6031**	**12273**	**11777**	**1866**	**769**	**2228**
市城区	25117	3161	1127	437	238	1359	55	55	77
陆丰市	82397	30614	13143	3678	6825	6968	1201	313	1048
海丰县	53056	16064	9530	1544	3890	1100	560	351	930
陆河县	7300	5392	1350	372	1320	2350	50	50	125
东莞市	**6749693**	**2986**	**1421**	**262**	**458**	**845**	**393**	**128**	**507**
中山市	**455044**	**11195**	**2893**	**1142**	**1662**	**5498**	**1344**	**627**	**532**
江门市	**1182450**	**120975**	**38536**	**8535**	**24583**	**49322**	**5845**	**3070**	**5683**
蓬江区	315161	2506	939	469	289	809	228	41	90
江海区	15292	4128	1002	509	528	2089	831	307	499
新会区	62438	13589	4116	636	2315	6522	2317	1006	1102
台山市	445372	46531	16617	3027	12747	14140	865	461	2012
开平市	68594	25071	7468	1865	4236	11502	884	635	1015
鹤山市	46524	13370	5328	783	1414	5845	355	256	362
恩平市	229070	15780	3065	1246	3054	8415	365	365	603
阳江市	**57470**	**89320**	**28327**	**14926**	**16674**	**29393**	**1848**	**920**	**3520**
江城区	11920	7281	2347	1415	1302	2217	243	39	425
阳东区	17310	20744	4918	5775	3269	6782	410	229	1003
阳春市	11231	43255	14425	3751	9535	15544	531	361	1447
阳西县	17009	18040	6637	3985	2568	4850	664	291	493

4-10 续表 2

(2021年)

市 别	农村用电量(万千瓦时)	农用化肥施用量					农用塑料薄膜使用量(吨)		农药使用量(吨)
		按折纯量计算(吨)	氮肥	磷肥	钾肥	复合肥		地膜使用量	
湛江市	**228931**	**407678**	**152186**	**69753**	**88880**	**96859**	**2788**	**2187**	**15010**
赤坎区	719	663	112	155	126	270	0	0	10
霞山区	2510	808	180	135	191	302	7	7	6
麻章区	21684	32382	10741	5998	7628	8015	498	254	403
坡头区	10790	7271	2339	408	2412	2112	29		261
雷州市	35131	96682	34029	22898	17388	22367	961	918	4026
廉江市	78649	71510	30820	8327	12935	19428	454	230	2303
吴川市	32263	15005	4643	2339	4008	4015	61	37	1047
遂溪县	34908	88649	28959	16623	21305	21762	489	470	4716
徐闻县	12277	94708	40363	12870	22887	18588	289	271	1897
茂名市	**264587**	**307827**	**104872**	**23764**	**73281**	**105910**	**2575**	**650**	**8163**
茂南区	39308	15963	5699	1063	3258	5943	285	145	733
电白区	69252	50099	15402	1594	10833	22270	620	103	1477
信宜市	32654	53111	13990	4060	12914	22147	228	58	753
高州市	84807	106039	37634	9008	27094	32303	1264	239	1886
化州市	38565	82615	32147	8039	19182	23247	178	105	3313
肇庆市	**198953**	**161438**	**72827**	**24559**	**28360**	**35693**	**2515**	**1525**	**4722**
端州区	30	16	9	3	2	2			
鼎湖区	10243	4405	1652	1113	611	1029	99	68	221
高要区	28967	27912	11303	2970	7808	5831	1128	741	771
四会市	114876	22132	10736	1289	4231	5876	76	45	904
广宁县	10542	14948	9179	1223	1394	3153	25	15	521
德庆县	10967	24203	7332	6617	3976	6278	487	172	552
封开县	10374	36801	17229	2275	5085	12212	268	206	1285
怀集县	12954	31021	15387	9069	5253	1312	432	278	458
清远市	**125236**	**155741**	**54592**	**16042**	**26220**	**58887**	**2362**	**1496**	**6661**
清城区	15827	12123	2604	1564	1808	6147	95	60	501
清新区	34139	30113	6550	3235	4748	15580	600	412	1190
英德市	24101	51706	24783	3603	8951	14369	265	221	2368
连州市	14802	20621	5017	2306	4318	8980	554	343	920
佛冈县	15448	13917	4402	2875	1523	5117	199	86	527
阳山县	16701	18052	6689	1805	3169	6389	299	145	787
连山县	1883	5408	2602	265	1011	1530	162	79	203
连南县	2335	3801	1945	389	692	775	188	150	165
潮州市	**567099**	**39547**	**14742**	**4726**	**5766**	**14313**	**1070**	**697**	**2318**
湘桥区	46697	5540	2309	451	994	1786	91	72	191
潮安区	453280	5139	2530	510	922	1177	164	103	323
饶平县	67122	28868	9903	3765	3850	11350	815	522	1802
揭阳市	**236400**	**102019**	**56739**	**8722**	**20946**	**15612**	**902**	**484**	**4571**
榕城区	60827	5601	3428	423	609	1141	69	61	83
揭东区	40497	14503	8309	1316	3319	1559	118	100	508
普宁市	83551	28095	17334	2517	5817	2427	288	68	1805
揭西县	33381	26518	14770	1960	5150	4638	161	93	620
惠来县	18144	27302	12898	2506	6051	5847	266	162	1415
云浮市	**99682**	**61384**	**21450**	**9727**	**9826**	**20381**	**1384**	**1061**	**4082**
云城区	8569	2817	165	540	1144	968	112	80	250
云安区	11052	5843	1339	409	498	3597	23	20	216
罗定市	33400	22728	10323	2577	3759	6069	306	279	2004
新兴县	33011	13035	3234	2765	2532	4504	775	642	299
郁南县	13650	16961	6389	3436	1893	5243	168	40	1313

五、水利建设

珠江三角洲水资源配置工程－狮子洋隧洞贯通瞬间

韩江高陂水利枢纽工程于2021年1月13日正式下闸蓄水

韩江榕江练江水系连通潮水溪疏浚工程－塭嘴水闸

首批“粤美水站”－云浮市新兴县北峰水厂

肇庆市封开县贺江画廊碧道－全域旅游、乡村振兴

韶关市武江区南水河碧道－乡村振兴

清远英德市连樟村碧道－乡村振兴、红色文化

鹤山市水系连通及水美乡村建设试点县－鹤城镇五星村水心洞陂

水利建设概述

【水利投入】2021 年，我省水利稳投资工作成效明显。年度落实中央水利资金 49.5 亿元、省级水利资金 79.7 亿元（其中省级涉农资金 69.8 亿元），争取地方政府专项债券 163.9 亿元，推动全省完成年度水利投资 725 亿元，比 2020 年增加 155 亿元。水利投资继续向珠江三角洲水资源配置、韩江高陂水利枢纽、韩江榕江练江水系连通、西江干流治理、湛江蓄滞洪区建设与管理等重大水利工程，中小河流治理、大中型病险水库（水闸）除险加固、灌区续建配套与节水改造、农村集中供水、水系连通及农村水系综合整治、水土流失治理、山洪灾害防治等民生水利项目倾斜。粤东粤西粤北欠发达地区，加快补齐水利基础设施短板，促进全省水利协调平衡发展。年度中央水利投资计划完成率达 114.5%，完成进度排在全国前列。

【水利规划】2021 年，我省印发实施了《广东省水利发展“十四五”规划》和《广东省水文现代化建设规划》《广东省生态海堤建设“十四五”规划》《广东省主要河道采砂规划》等多个专项规划。配合水利部珠江水利委员会编制完成《韩江流域综合规划》，推动环北部湾广东水资源配置工程、珠中江供水一体化工程、大湾区堤防巩固提升工程等 17 宗重大水利项目列入国家《“十四五”水安全保障规划》。扎实开展全省水利基础设施空间布局规划编制，并作为全国 5 个试点省之一，积极配合国家开展“三区三线”划定工作，探索协调解决河湖内“不稳定耕地”退出耕地保有量等方面的做法，为全国统筹推进国土空间规划和“三区三线”划定工作提供广东经验。

【河湖长制】2021 年，我省持续强化河湖长制，省财政投入 22 亿元，引导市县投入 262 亿元，用于推动河湖管理保护取得明显成效。建立了河湖长体系动态监管机制，强化监督考核，推动河湖长履职和各项工作落实。全省五级河湖长巡查河湖 248 万人次，整改问题 16.2 万个；省、市、县三级发出河长令 54 件、督办函 3848 件，开展督查 4219 次，问责各级河湖长 282 人次。河湖常态化监管进一步加强，年度列入水利部“自查自纠”台帐的“四乱”问题 2849 宗全部整治销号，累计清理非法占用河道岸线 378.64 公里，拆除违法建筑 93.91 万平方米。实施一年两次集中“清漂”行动，结合河湖日常保洁，全年清理河道长度 6.3 万公里、水面漂浮物 246 万吨。自主开展了省主要河流水质摸查分析等河湖常态化“体检”工作，重点摸清了 460 条二、三级支流的水质情况；全面建立了省对五大河流一级支流水质每月监测、地方对五大河流二、三级支流水质一年两次监测的长效机制；完成全省 130 个河湖对象的健康评价工作，超额完成水利部任务。全面开展流域面积 50 平方公里以下河流管理范围划定工作（计划分 3 年完成）。完成 60 条 1000 平方公里以上河流的水域岸线保护与利用规划编制。全省广泛设立护河员、保洁员、专管员，2021 年达 46148 人，比 2020 年增加 22.5%。全省注册护河志愿者达 74 万人，比 2020 年增加 14%。广东河湖长制工作实现 2018—2021 年连续 4 年获得国务院督查激励。

【水利工程建设】2021 年 4 月 21 日，中共中央宣传部向全社会宣传发布东深供水工程建设者群体的先进事迹，授予他们“时代楷模”称号。表彰决定摘要：东深供水工程是党中央为解决香港同胞饮水困难而兴建的跨流域大型调水工程。上世纪 60 年代，来自珠三角地区的上万名建设者，响应国家号召，心系香港同胞，不惧艰难困苦，克服重重挑战，一锹一筐、肩挑背扛，开山劈岭、修堤筑坝，以“要高山低头、令江水倒流”的壮志豪情，短短一年时间，建成了全长83公里的宏大供水工程，极大缓解了香港的用水困难。50余年来，共有3万多名工程勘探、设计、施工人员和运行维护人员参与东深供水工程建设运行。他们接力传承，精心守护，先后四次对供水线路进行扩建、改造，使供水能力提升三十多倍、水质安全得到根本保障，惠及了沿线各地，满足了香港约80%的淡水需求，成为保障香港供水的生命线，助力了香港经济腾飞，保障了香港民生福祉，支撑了香港的繁荣稳定。

广东8宗在建重大水利工程累计完成投资316亿元，占概算总投资的56%，其中2021年完成年度投资123亿元，占年度投资计划的121%。珠江三角洲水资源配置工程48台盾构机全部完成始发，有9台盾构机已完成掘进，隧洞累计掘进105公里，占隧洞总长的68%。韩江高陂水利枢纽工程于2021年1月下闸蓄水，6月首台机组投产发电，至2021年底累计发电逾7000万度。韩江榕江练江水系连通工程基本建成，韩江鹿湖隧洞于2021年6月29日通水，至2021年底累计向揭阳市供水约1500万立方米。潖江蓄滞洪区建设与管理工程首批开工的16座穿堤建筑物主体工程完工。西江干流治理工程已全线开工，累计完成26公里的堤段治理，占需整治堤长的40%。引韩济饶供水工程总输水线路顺利贯通。广州北江引水工程全线隧洞掘进、管道敷设完成率42%。环北部湾广东水资源配置工程试验段隧洞掘进600米，湛江分干线的湛江市引调水工程全线隧洞掘进、管道敷设完成率75%。

2021年，完成12座大中型病险水库、342宗小型病险水库除险加固项目主体工程建设。达标加固海堤100公里。治理中小河流500公里。公布不良信用行为记录283条，对124家水利建设市场主体实施信用扣分惩戒。

【水利工程运行管理】2021年，广东全省水库全面落实水库大坝安全政府责任人、主管部门责任人和管理单位责任人。完成小型水库安全运行管理标准化建设2586座，完成水库安全鉴定2966座。社会化、专业化管护新模式改革在全省全面推开，小型水库采用区域集中管护的有3323座，采用政府购买服务的有883座。广州花都和增城、深圳龙华和大鹏、江门蓬江、梅州蕉岭等6个县（区）荣获第二批国家级深化小型水库管理体制改革样板县称号，国家样板县数量蝉联全国第一。全省已有2097座水库、2843座水闸、15803公里堤防完成管理与保护范围划定工作，基本完成了国管水利工程管理与保护范围划定工作。

【水旱灾害防御】2021年，广东先后遭遇19轮强降雨、4个台风严重影响和27条河流超警洪水过程，通过科学防御，有效应对东江、韩江流域60年来最严重旱情，全省江河堤围无一决口、大中小型水库无一垮坝，抗旱保供水形势总体平稳，但全省降雨严重偏少，东江、韩江流域及粤东沿海区域旱情突出，江河来水严重偏枯，水库蓄水严重不足。局地降雨强，部分中小河流涨势迅猛；2021年“龙舟水”期间，惠州龙门龙华镇3小时累积雨量（400.9毫米）突破广东省历史极值。洪涝灾情偏轻，干旱灾情较重；广东遭遇连续两年干旱，2021年干旱形势重于2020年，农作物受旱面积109万亩，各级累计投入抗旱应急资金14亿元，解决因旱饮水困难人口650多万人。

2021年，广东抓好水利防汛备汛工作，汛前组织全省水利系统开展水利汛前安全检查，检查了40412宗已建水利工程和808宗在建水利工程。组织完成大中型水库汛限水位核定和小型水库基础信息复核。下达355宗大中型水库和1491宗小型水库报汛报旱任务。组织编制北江干流和西北江三角洲等大江大河防御洪水方案，推进16条大江大河重要支流和重要河流（流域面积 3000 平方公里以上）防御洪水方案编制工作。加强蓄滞洪区管理，编制我省蓄滞洪区建设与管理规划，为全面做好蓄滞洪区运用夯实基础。有序推进水旱灾害风险普查各项工作，相继完成广州从化、深圳龙岗、汕头南澳 3 个县试点调查和相关评估区划，以及全省部级任务的调查填报，进一步摸清我省水旱灾害风险隐患。

暴雨洪水应急处置方面，广东及早研判部署，密集召开全省水旱灾害防御视频会议、“龙舟水”防御视频会议和多次专题会商会，分析研判防御形势，部署重点防御工作。落实了 2.4 万余宗水利工程防汛责任人，并录入系统动态管理。汛期向责任人发送预警信息 36 万余条，联合三大运营商向公众发送预警信息 1.32 亿条。全省各级水利部门共派出技术专家组 208 个、813 人次，及时处置 230 处险情。科学调度乐昌峡和飞来峡水利枢纽，充分发挥水库防洪功能，实现韶关市主要堤段最低点不进水和保障北江上下游防洪安全的目标。据统计，2021 年全省各级水利部门下达调度令 269 个，水利共拦蓄洪水 5.7 亿立方米。

抗旱保供水方面，广东顺利实现全省大中型水库汛末有效蓄水 70 亿立方米的目标。依据水库蓄水、预测来水、区域用水，逐流域、逐区域进行水量供需平衡分析，并落实应对措施。印发《今冬明春水利抗旱保供水责任分工方案表》，提出 15 项工作任务、40 条工作措施。按照“电调服从水调”的原则和后汛期汛限水位动态控制要求，采取“先用江河水、后用水库水”的策略，实施河库联调，动态压减水库出流，取消重点水库电站发电指标考核，最大限度蓄水保水；东江三大骨干水库（新丰江、枫树坝、白盆珠水库）汛期回蓄水量近 12 亿立方米。依据河库水源、水厂管网，组织粤东地区整理分析了 353 个供水节点（水库 225 个、水厂 128 个），构建供水网络分布体系。粤东三江连通泮洋隧道工程于上半年提前建成通水，紧急批准汕头引韩工程应急取水（每天 16 万立方米）；组织汕头、汕尾、梅州、揭阳等市实施应急供水工程，日供水规模达 27.75 万立方米。将全省具有生活供水功能的 353 个水库取水口和 706 个河道取水口纳入监测范围，系统排查，动态监测。对东江流域枯水期取水按总量 10%进行压减，汕头、汕尾、揭阳实行限供轮供措施，限制高耗水行业用水，调整灌溉用水。

【农村水利水电】2021 年，广东新增、恢复及改善有效灌溉面积 41.5 万亩，实现农业生产能力大幅提升；围绕乡村防洪减灾，推动重点区域排涝能力建设，实施珠海白蕉联围、阳江四围、练江流域等涝区整治工程，村排涝能力明显提升。以小水电分类整改为契机，围绕乡村生态宜居，全面推动农村水电转型升级绿色发展，完成 12 宗绿色小水电示范电站创建，关停或退出存在问题的小水电站 107 宗。水库移民美丽家园建设、风村镇驻镇帮镇扶村工作扎实推进，群众生活质量不断提高。

【农村饮水安全】2021 年，广东全力开展农村集中供水全覆盖攻坚行动，省直有关部门通力协作，各级党委政府攻坚克难，全年共投入 107 亿元，建设供水设施 4678 宗，全省有攻坚任务的 13 个地级市、65 个县（市、区）的 525 万农村人口实现集中供水，并同步提升了 180 余万已覆盖农村人口的供水保障能力，实际受益农村人口超过 700 万人。茂名、湛江市分别完成 123、100 万，新增供水人口最多；潮州、江门市提前 3 个月完成攻坚任务，速度最快。至此，全省已基本实现农村集中供水全覆盖，农村人口自来水普及率达到 99%以上。根据省卫健委农村生活饮用水末梢水水质监测结果，水质合格率为 90.5%，全省农村饮用水水质合格率持续改善。农村人口集中供水全覆盖攻坚行动，成为我省入选中共中央宣传部党史学习教育“我为群众办实事”的典型案例之一。

【万里碧道】我省万里碧道建设坚持治污先

行、安全为重、生态优先，截至2021年底，全省已累计建成2939公里碧道（其中2021年度建成碧道2075公里），河段水质明显改善，优于Ⅲ类水（含Ⅲ类）的河段长度增幅为13.4%；Ⅴ类和劣Ⅴ类水的河段降幅为48%，全面消除了碧道河段黑臭水体，实现碧水畅流；碧道建成后堤防全部达到规划确定的防洪标准，新增防洪（潮）排涝达标和提升防洪标准河长642公里，增幅为28%；河湖水生态环境得到有效保护和修复，新增生态岸线长度1169公里（按河道单侧计算），生态岸线所占比例由建设前的35.7%增加至建成后的55.6%，两岸新增绿化面积12万亩。新建慢行道2178公里、串联特色资源点1424个。广州碧道获世界景观建筑大奖等3个国际奖项，深圳葵涌河流域碧道获2021年美国IDA国际设计奖，肇庆封开贺江碧道画廊入选国家体育总局2021中国体育旅游精品景区。

【水土保持】2021年，在2016–2020年全国水土保持规划实施情况综合评估中，我省取得"优秀"等次。福田河综合整治工程、深圳抽水蓄能电站共2宗生产建设项目入选2021年国家水土保持示范工程。广东全年共审批生产建设项目水土保持方案6207宗，接受生产建设项目水土保持设施验收报备3113宗。印发《广东省水利厅关于企业投资生产建设项目水土保持方案检查办法（试行）》，为监管承诺制审批的方案提供了强有力的制度保障；印发《广东省水土保持生态治理设计指南（试行）》，对水土流失治理设计提供了较为全面的参考，为项目前期工作提供了技术支撑。编制卫星遥感监管规范流程和标准，全年开展了三期卫星遥感监管，对6198个疑似违法违规图斑进行复核，对依法认定的1288个违法违规项目全部完成查处。开展水土流失动态监测，定量掌握全省各级行政区、重点区域的水土流失面积、强度和变化。2021年全省新增水土流失治理面积808.34平方公里，水土保持率为90.27%；全面完成8宗国家水土保持重点工程建设，新增生态清洁小流域12个。

5-1 各市灌溉面积

(2021年) 单位：千公顷

市别	灌溉面积	耕地灌溉面积(有效灌溉面积)	林地灌溉面积	园地灌溉面积
全省	2066.17	1776.46	62.90	226.81
广州市	96.60	73.18	3.29	20.13
深圳市	18.28	2.13	15.86	0.29
珠海市	12.82	9.43	0.21	3.18
汕头市	47.83	41.66	0.23	5.94
佛山市	45.23	32.73	10.14	2.36
韶关市	129.28	125.57	0.48	3.23
河源市	116.37	107.51	0.35	8.51
梅州市	145.78	127.64	3.73	14.41
惠州市	120.05	109.18	1.71	9.16
汕尾市	80.31	72.24	3.25	4.82
东莞市	15.03	13.15		1.88
中山市	24.33	15.54	0.73	8.06
江门市	139.29	127.02	4.07	8.20
阳江市	94.44	85.68	1.88	6.88
湛江市	272.86	231.74	4.33	36.79
茂名市	188.75	154.14	2.51	32.10
肇庆市	132.63	116.76		15.87
清远市	149.36	140.49	2.39	6.48
潮州市	53.15	35.82	5.47	11.86
揭阳市	94.03	81.28	2.27	10.48
云浮市	89.75	73.57		16.18

注：本表数据尚未与第三次全国国土调查数据复核衔接。

5-2 各市2000亩以上灌区

(2021年)

市 别	灌区数量(处)						
	合计	50万亩以上	30～50万亩	10～30万亩	5～10万亩	1～5万亩	0.2～1万亩
全 省	1856	2	1	25	45	318	1465
广州市	104		1		1	11	91
深圳市	1						1
珠海市	14					4	10
汕头市	30				2	12	16
佛山市	33					1	32
韶关市	206			1	1	24	180
河源市	138					21	117
梅州市	112			1	2	18	91
惠州市	98			2	3	16	77
汕尾市	71			2	3	17	49
东莞市	18						18
中山市							
江门市	141			4	3	24	110
阳江市	95			2	3	21	69
湛江市	144	1		6	4	28	105
茂名市	94	1		3	10	22	58
肇庆市	171				3	23	145
清远市	172				3	32	137
潮州市	37				1	12	24
揭阳市	76			4	2	20	50
云浮市	101				4	12	85

5-2 续表

(2021年)

市 别	灌区耕地有效灌溉面积(千公顷)						
	合计	50万亩以上	30～50万亩	10～30万亩	5～10万亩	1～5万亩	0.2～1万亩
全 省	1086.81	71.74	4.60	207.39	145.64	339.82	317.62
广州市	39.55		4.60		1.53	10.52	22.90
深圳市							
珠海市	5.93					3.93	2.00
汕头市	23.92				8.65	11.27	4.00
佛山市	5.73					1.88	3.85
韶关市	78.18			8.51	3.83	28.25	37.59
河源市	47.31					19.52	27.80
梅州市	48.15			9.11	5.01	17.70	16.34
惠州市	72.19			15.60	12.62	23.09	20.88
汕尾市	58.38			19.47	6.87	20.98	11.07
东莞市	3.62						3.62
中山市							
江门市	99.83			31.17	10.98	24.53	33.15
阳江市	51.36			14.47	8.41	16.96	11.52
湛江市	182.98	38.37		72.41	15.24	36.39	20.57
茂名市	90.44	33.37		13.88	19.86	13.60	9.72
肇庆市	60.09				10.66	19.67	29.76
清远市	68.68				9.26	27.32	32.11
潮州市	37.66			8.63	7.00	17.85	4.18
揭阳市	70.35			14.14	9.35	35.99	10.87
云浮市	42.45				16.37	10.39	15.70

5-3 各市已建堤防长度

(2021年)

市别	堤防长度(公里)						
	合计	按等级分					
		1级堤防	2级堤防	3级堤防	4级堤防	5级堤防	5级以下堤防
全　省	31910.76	776.86	1952.54	4800.36	8625.42	8481.48	7274.10
广州市	6709.60	502.28	462.83	245.16	2160.12	2490.05	849.16
深圳市	55.03	51.44	3.59				
珠海市	391.43	44.15	173.42	83.39	51.90	38.57	
汕头市	912.46	72.28	108.65	291.10	140.98	95.93	203.52
佛山市	1145.13	45.17	295.12	206.88	540.45	57.16	0.35
韶关市	939.02		122.09	113.84	233.33	166.29	303.47
河源市	1695.93		15.75	168.51	282.00	812.74	416.93
梅州市	2563.89		34.57	92.54	668.16	705.40	1063.22
惠州市	1339.06		18.93	272.28	330.87	254.05	462.93
汕尾市	1655.99			620.96	579.61	174.02	281.40
东莞市	1126.36	22.67	182.82	567.98	242.87	109.78	0.24
中山市	383.50	11.48	93.04	236.24	42.74		
江门市	2560.52		116.81	311.19	641.09	242.24	1249.19
阳江市	694.68			229.07	154.89	209.71	101.01
湛江市	1314.91			215.21	641.88	290.51	167.31
茂名市	3052.30		55.00	396.38	245.19	1189.57	1166.16
肇庆市	1402.53	8.21	105.93	107.54	268.49	462.67	449.69
清远市	1038.23	19.18	78.07	191.17	184.02	441.58	124.21
潮州市	890.66		38.43	169.71	354.90	273.39	54.23
揭阳市	1377.78		39.49	178.65	664.09	306.56	188.99
云浮市	661.75		8.00	102.56	197.84	161.26	192.09

5-3 续表

(2021年)

市别	达标堤防长度(公里)					
	合计	按等级分				
		1级堤防	2级堤防	3级堤防	4级堤防	5级堤防
全　省	14933.60	721.51	1868.94	3438.43	5645.04	3259.68
广州市	4423.93	484.44	438.50	169.16	1996.77	1335.06
深圳市	32.80	32.80				
珠海市	384.30	44.15	166.29	83.39	51.90	38.57
汕头市	545.57	72.28	90.39	270.66	71.27	40.97
佛山市	1074.97	45.17	293.12	205.42	499.36	31.90
韶关市	635.55		122.09	113.84	233.33	166.29
河源市	392.32		15.75	130.78	58.01	187.78
梅州市	663.70		34.57	67.41	337.45	224.27
惠州市	401.80		18.55	140.54	205.84	36.87
汕尾市	214.70			118.27	94.40	2.03
东莞市	836.35	15.28	175.36	436.84	192.29	16.58
中山市	351.66		89.14	221.57	40.95	
江门市	930.01		116.81	310.24	339.73	163.23
阳江市	412.44			198.27	46.34	167.83
湛江市	532.65			136.20	325.04	71.41
茂名市	319.52		55.00	194.30	19.90	50.32
肇庆市	744.03	8.21	104.93	106.60	232.77	291.52
清远市	676.60	19.18	75.02	181.07	138.81	262.52
潮州市	323.38		38.43	94.31	117.56	73.08
揭阳市	804.58		26.99	162.00	537.74	77.85
云浮市	232.74		8.00	97.56	105.58	21.60

5-4 各市河道治理及除涝面积

(2021年)

市别	河道治理(公里)			除涝面积(千公顷)			
	有防洪任务河段长度	已治理河段长度	治理达标河段长度		3～5年一遇标准	5～10年一遇标准	10年以上一遇标准
全省	19269.87	9719.32	5622.25	552.74	63.11	106.88	382.75
广州市	1037.39	655.04	477.79	54.82	3.44	5.82	45.56
深圳市	98.50	103.32	88.51	6.25	1.04		5.21
珠海市	154.92	110.32	90.44	17.33	1.76	15.57	
汕头市	206.59	158.46	148.94	44.80	3.72	12.32	28.76
佛山市	531.93	531.93	525.10	59.98		8.90	51.08
韶关市	2360.54	1079.64	780.84	20.12	3.83	10.74	5.55
河源市	1518.59	758.51	229.13	0.84	0.15	0.52	0.17
梅州市	1691.47	1096.99	455.91	10.58	1.93	2.01	6.64
惠州市	916.85	485.66	226.21	35.03	3.97	1.22	29.84
汕尾市	259.51	25.00	25.00	21.44	3.72	1.86	15.86
东莞市	477.33	387.99	306.48	17.89			17.89
中山市	191.91	191.91	191.91	30.73			30.73
江门市	1134.24	1324.64	496.13	51.17	14.01	7.44	29.72
阳江市	860.93	205.73	196.21	8.52	0.20	1.87	6.45
湛江市	986.59	379.35	264.57	31.77	5.69	11.82	14.26
茂名市	1550.45	505.48	75.14	15.74	7.82	7.59	0.33
肇庆市	663.83	306.94	104.14	45.01	1.52	6.83	36.66
清远市	2259.89	1011.39	579.96	27.45	5.25	2.69	19.51
潮州市	458.30	177.43	177.43	23.29	3.86	4.45	14.98
揭阳市	712.53	124.91	95.39	26.70	0.90	4.49	21.31
云浮市	1197.58	98.68	87.02	3.28	0.30	0.74	2.24

5-5 各市本年新增水土流失综合治理面积

(2021年)

单位：千公顷

市 别	合计	梯田	水土保持林	经济林	种草	封禁治理	其他措施
全 省	80.830	0.005	28.389	4.467	1.175	45.466	1.328
广州市	1.608		1.268			0.340	
深圳市	0.600		0.317		0.126	0.157	
珠海市	1.055		0.066	0.024		0.965	
汕头市	0.821		0.821				
佛山市	0.890		0.880		0.010		
韶关市	5.765		3.501	0.253	0.488	1.523	
河源市	9.112		5.096			4.004	0.012
梅州市	15.750		1.022		0.002	14.726	
惠州市	6.127		1.144	0.945	0.001	3.941	0.096
汕尾市	3.600		0.002		0.007	3.591	
东莞市	0.810		0.135	0.004	0.211	0.458	0.002
中山市	1.063		0.078			0.985	
江门市	4.395		1.075	0.112	0.013	2.897	0.298
阳江市	1.633	0.005	0.997	0.394		0.237	
湛江市	1.010		0.608	0.004	0.012	0.158	0.228
茂名市	3.322		1.362		0.259	1.701	
肇庆市	8.806		4.089	0.136		4.350	0.231
清远市	3.564		1.862	0.427	0.046	0.786	0.443
潮州市	1.060		1.060				
揭阳市	1.820		1.776			0.039	0.005
云浮市	8.019		1.230	2.168		4.608	0.013

5-6 各市已建水库、水电站数量

(2021年)

市别	水库数量(座)						水库总库容(万立方米)		
	合计	大(1)型	大(2)型	中型	小(1)型	小(2)型	合计	大(1)型	大(2)型
全省	7763	7	33	337	1551	5835	4500709.61	2253450.00	687389.00
广州市	297		1	16	70	210	103260.83		37820.00
深圳市	150		2	14	56	78	92570.19		32452.00
珠海市	63			4	22	37	15273.09		
汕头市	206			8	33	165	31387.29		
佛山市	114			3	19	92	11768.90		
韶关市	615	1	5	33	94	482	372136.70	128050.00	103159.00
河源市	780	2		19	93	666	1657296.87	1583600.00	
梅州市	707		4	18	138	547	163332.44		58512.00
惠州市	461	1	3	24	120	313	292477.87	122000.00	50005.00
汕尾市	407		2	18	61	326	125520.44		43659.00
东莞市	119			8	48	63	41778.60		
中山市	32			1	16	15	8765.56		
江门市	553		4	30	161	358	250333.77		108210.00
阳江市	219		2	19	74	124	121770.09		45920.00
湛江市	681	1	2	23	113	542	258420.70	114400.00	27335.00
茂名市	527	1	1	12	73	440	190858.96	115000.00	11375.00
肇庆市	437			25	78	334	119348.17		
清远市	484	1	4	24	101	354	396691.69	190400.00	104500.00
潮州市	197		1	7	30	159	71470.47		38100.00
揭阳市	478		2	19	98	359	114551.02		26342.00
云浮市	236			12	53	171	61695.96		

5-6 续表

(2021年)

市　别	水库总库容(万立方米)			水电站数量(座)					
	中型	小(1)型	小(2)型	合计	大(1)型	大(2)型	中型	小(1)型	小(2)型
全　省	929907.82	454419.27	175543.52	9735	2	1	7	89	9636
广州市	37512.45	21113.21	6815.17	162	1			1	160
深圳市	39692.32	17274.37	3151.50	13					13
珠海市	8126.00	5947.45	1199.64						
汕头市	18913.00	7760.50	4713.79	18					18
佛山市	3603.00	4698.76	3467.14	1					1
韶关市	100266.26	26911.08	13750.36	2087			3	16	2068
河源市	36228.40	22905.54	14562.93	823		1	1	9	812
梅州市	55984.00	32261.11	16575.33	1631			3	15	1613
惠州市	72775.99	36325.27	11371.61	315	1			3	311
汕尾市	54333.60	18697.20	8830.64	143				1	142
东莞市	21922.14	16759.56	3096.90	1					1
中山市	5040.00	3209.20	516.36						
江门市	77171.00	51175.81	13776.96	230				1	229
阳江市	49235.50	22659.72	3954.87	499				2	497
湛江市	63331.00	38863.63	14491.07	52					52
茂名市	29636.50	22183.28	12664.18	561				2	559
肇庆市	89248.00	20452.22	9647.95	709				16	693
清远市	54404.66	34759.37	12627.66	1511				12	1499
潮州市	19695.00	9432.20	4243.27	214				3	211
揭阳市	50170.00	27689.83	10349.19	353				8	345
云浮市	42619.00	13339.96	5737.00	412					412

5-7 各市已建泵站、水闸数量

(2021年)

市别	泵站数量(处)						水闸数量(座)					
	合计	大(1)型	大(2)型	中型	小(1)型	小(2)型	合计	大(1)型	大(2)型	中型	小(1)型	小(2)型
全 省	15459	3	33	506	2372	12545	15959	15	133	766	2768	12277
广州市	1123		2	48	358	715	1168	1	10	71	398	688
深圳市	179			41	95	43	191			28	58	105
珠海市	259		2	10	68	179	232		1	27	181	23
汕头市	410			9	119	282	1011	2	6	39	185	779
佛山市	1483		8	137	299	1039	575		5	39	205	326
韶关市	852				11	841	133	3	13	23	18	76
河源市	492				18	474	42	1		1	1	39
梅州市	430		1	10	122	297	1057			17	35	1005
惠州市	717		6	36	86	589	679	2	8	43	119	507
汕尾市	402			1	47	354	1488		5	67	259	1157
东莞市	370	2	2	93	190	83	474		3	57	228	186
中山市	460	1	2	24	109	324	388		4	20	114	250
江门市	1997		1	17	276	1703	1992		11	40	278	1663
阳江市	374			2	46	326	640		2	30	78	530
湛江市	1106			1	25	1080	1494		11	55	118	1310
茂名市	1663		1	12	79	1571	1236		27	66	157	986
肇庆市	720		5	29	207	479	531		3	13	74	441
清远市	896		1	19	60	816	693	3	6	41	54	589
潮州市	469			3	36	430	520	2	6	15	43	454
揭阳市	635		1	11	91	532	1055	1	9	39	156	850
云浮市	422		1	3	30	388	360		3	35	9	313

5−8 各市已建农村集中式供水工程、机电井数量

(2021年)

市别	农村集中式供水工程数量(处)					机电井数量(眼)					
	合计	城镇管网延伸工程	万人工程	千人工程	千人以下工程	合计	规模以上机电井	浅层地下水机电井	深层地下水机电井	规模以下机电井	浅层地下水机电井
全　省	26558	654	916	5300	19688	1233599	12381	10664	1717	1221218	1221218
广州市	444	5	19	6	414	31729	1285	1278	7	30444	30444
深圳市						3126	2247	2247		879	879
珠海市	1	1				753	46	46		707	707
汕头市	139	47	17	74	1	2197	48	48		2149	2149
佛山市	258	11	2	133	112	1134	67	63	4	1067	1067
韶关市	3323	35	104	1227	1957	38891	118	118		38773	38773
河源市	1267	12	50	633	572	40789	81	75	6	40708	40708
梅州市	2229	32	74	514	1609	26336	112	112		26224	26224
惠州市	468	7	69	52	340	84502	314	314		84188	84188
汕尾市	158	5	44	76	33	45969	51	51		45918	45918
东莞市						1886	56	56		1830	1830
中山市	22	21	1			2705	24	24		2681	2681
江门市	646	6	39	34	567	11787	230	218	12	11557	11557
阳江市	377	50	63	56	208	93143	54	54		93089	93089
湛江市	6801	119	100	1362	5220	238503	6046	4363	1683	232457	232457
茂名市	1661	123	120	179	1239	353123	940	940		352183	352183
肇庆市	3024	26	47	199	2752	29355	332	330	2	29023	29023
清远市	3794	37	56	467	3234	109641	207	206	1	109434	109434
潮州市	314	13	20	132	149	20686	19	18	1	20667	20667
揭阳市	108	35	45	23	5	61898	27	27		61871	61871
云浮市	1524	69	46	133	1276	35446	77	76	1	35369	35369

5-9 各县(市、区)灌溉面积

(2021年) 单位：千公顷

地　区	灌溉面积	耕地灌溉面积(有效灌溉面积)	林地灌溉面积	园地灌溉面积
全　省	**2066.17**	**1776.46**	**62.90**	**226.81**
广州市	**96.60**	**73.18**	**3.29**	**20.13**
荔湾区	0.28	0.28		
越秀区				
海珠区	1.17	0.88	0.29	
天河区	0.32	0.22		0.10
白云区	9.84	9.79	0.01	0.04
黄埔区	2.76	2.29	0.10	0.37
番禺区	9.66	2.07	1.85	5.74
花都区	14.19	10.77	0.87	2.55
南沙区	18.09	17.70	0.17	0.22
增城市	25.33	19.81		5.52
从化市	14.96	9.37		5.59
深圳市	**18.28**	**2.13**	**15.86**	**0.29**
罗湖区	0.31	0.02	0.29	
福田区	0.15			0.15
南山区	2.73	0.10	2.63	
宝安区	9.95	1.11	8.70	0.14
龙岗区	4.94	0.89	4.05	
盐田区	0.20	0.01	0.19	
光明区				
坪山区				
龙华区				
大鹏新区				
深汕特别合作区				
珠海市	**12.82**	**9.43**	**0.21**	**3.18**
香洲区	0.93	0.51		0.42
斗门区	7.30	5.80		1.50
金湾区	4.59	3.12	0.21	1.26
汕头市	**47.83**	**41.66**	**0.23**	**5.94**
龙湖区	2.54	2.54		
金平区	1.16	1.03	0.06	0.07
濠江区	1.72	1.53	0.04	0.15
潮阳区	15.83	12.84		2.99
潮南区	13.99	13.49		0.50
澄海区	11.95	9.85		2.10
南澳县	0.64	0.38	0.13	0.13
佛山市	**45.23**	**32.73**	**10.14**	**2.36**
禅城区	1.36	0.47		0.89
南海区	16.30	11.73	4.57	
顺德区	4.70	1.21	2.02	1.47
三水区	10.66	8.86	1.80	
高明区	12.21	10.46	1.75	
韶关市	**129.28**	**125.57**	**0.48**	**3.23**
武江区	4.57	3.54		1.03
浈江区	6.47	5.49		0.98
曲江区	9.41	9.38		0.03
始兴县	13.55	13.55		
仁化县	12.74	12.31		0.43

注：本表数据尚未与第三次全国国土调查数据复核衔接。

5-9 续表 1

(2021年)　　单位：千公顷

地 区	灌溉面积	耕地灌溉面积（有效灌溉面积）	林地灌溉面积	园地灌溉面积
翁源县	17.96	17.44		0.52
乳源瑶族自治县	10.83	10.54	0.29	
新丰县	7.18	7.18		
乐昌市	23.81	23.81		
南雄市	22.76	22.33	0.19	0.24
河源市	**116.37**	**107.51**	**0.35**	**8.51**
源城区	2.40	2.31		0.09
紫金县	30.96	27.09		3.87
龙川县	29.53	28.03		1.50
连平县	15.21	13.82	0.35	1.04
和平县	18.41	16.40		2.01
东源县	19.86	19.86		
梅州市	**145.78**	**127.64**	**3.73**	**14.41**
梅江区	5.98	5.25	0.27	0.46
梅县区	30.34	23.09	1.64	5.61
大埔县	13.39	11.32	0.83	1.24
丰顺县	18.15	14.77	0.77	2.61
五华县	26.80	24.30		2.50
平远县	10.43	8.94	0.22	1.27
蕉岭县	8.51	7.79		0.72
兴宁市	32.18	32.18		
惠州市	**120.05**	**109.18**	**1.71**	**9.16**
惠城区	19.36	18.03	1.33	
惠阳区	11.36	10.79		0.57
博罗县	37.01	32.20		4.81
惠东县	33.35	32.97	0.38	
龙门县	18.97	15.19		3.78
汕尾市	**80.31**	**72.24**	**3.25**	**4.82**
汕尾市	0.02			0.02
城区	5.12	4.84	0.13	0.15
海丰县	32.72	26.46	2.73	3.53
陆河县	9.17	8.68		0.49
陆丰市	33.28	32.26	0.39	0.63
东莞市	**15.03**	**13.15**		**1.88**
中山市	**24.33**	**15.54**	**0.73**	**8.06**
江门市	**139.29**	**127.02**	**4.07**	**8.20**
蓬江区	1.83	1.78		0.05
江海区	1.86	1.60		0.26
新会区	19.78	16.20	1.53	2.05
台山市	49.06	45.35	0.83	2.88
开平市	26.57	24.54	0.68	1.35
鹤山市	14.96	12.62	1.03	1.31
恩平市	25.23	24.93		0.30
阳江市	**94.44**	**85.68**	**1.88**	**6.88**
江城区	12.19	11.19		1.00
阳西县	15.69	13.34	1.88	0.47
阳东区	16.70	16.70		
阳春市	49.86	44.45		5.41

5-9 续表 2

(2021年) 单位：千公顷

地　　区	灌溉面积	耕地灌溉面积（有效灌溉面积）	林地灌溉面积	园地灌溉面积
湛江市	**272.86**	**231.74**	**4.33**	**36.79**
赤坎区	0.36	0.33	0.01	0.02
霞山区	1.48	1.35	0.05	0.08
坡头区	8.79	8.34	0.45	
麻章区	17.18	12.95	1.21	3.02
遂溪县	46.95	45.69	0.76	0.50
徐闻县	44.41	41.37	0.49	2.55
廉江市	55.54	53.37	1.36	0.81
雷州市	73.25	45.74		27.51
吴川市	24.90	22.60		2.30
茂名市	**188.75**	**154.14**	**2.51**	**32.10**
茂南区	13.69	13.23		0.46
电白区	44.69	38.48	0.25	5.96
高州市	55.62	36.41	0.93	18.28
化州市	46.84	39.49	1.33	6.02
信宜市	27.91	26.53		1.38
肇庆市	**132.63**	**116.76**		**15.87**
端州区	0.48	0.37		0.11
鼎湖区	4.86	4.26		0.60
广宁县	14.38	13.33		1.05
怀集县	27.24	24.00		3.24
封开县	18.90	16.54		2.36
德庆县	17.07	13.86		3.21
高要区	31.24	28.62		2.62
四会市	18.46	15.78		2.68
清远市	**149.36**	**140.49**	**2.39**	**6.48**
清城区	18.72	17.99		0.73
佛冈县	10.71	9.68	0.99	0.04
阳山县	19.22	18.28	0.55	0.39
连山壮族瑶族自治县	6.79	6.68	0.10	0.01
连南瑶族自治县	5.11	5.06	0.05	
清新区	23.48	20.48		3.00
英德市	47.96	45.53	0.12	2.31
连州市	17.37	16.79	0.58	
潮州市	**53.15**	**35.82**	**5.47**	**11.86**
湘桥区	4.93	3.85	0.04	1.04
潮安区	17.66	12.12	3.66	1.88
饶平县	30.56	19.85	1.77	8.94
揭阳市	**94.03**	**81.28**	**2.27**	**10.48**
榕城区	1.78	1.46		0.32
揭东区	16.98	14.18		2.80
揭西县	17.47	15.53	0.66	1.28
普宁市	30.64	27.38		3.26
惠来县	20.36	16.12	1.61	2.63
空港经济区	6.80	6.61		0.19
云浮市	**89.75**	**73.57**		**16.18**
云城区	6.56	5.85		0.71
新兴县	16.7	15.9		0.8
郁南县	18.95	15.64		3.31
云安区	18.82	8.09		10.73
罗定市	28.72	28.09		0.63

5-10 各县(市、区)2000亩以上灌区

(2021年)

地区	灌区数量(处)						
	合计	50万亩以上	30～50万亩	10～30万亩	5～10万亩	1～5万亩	0.2～1万亩
全　省	**1856**	**2**	**1**	**25**	**45**	**318**	**1465**
广州市	**104**		**1**		**1**	**11**	**91**
荔湾区							
越秀区							
海珠区							
天河区							
白云区	8					1	7
黄埔区	6						6
番禺区							
花都区	19					6	13
南沙区							
增城市	52					1	51
从化市	19		1		1	3	14
深圳市	**1**						**1**
罗湖区							
福田区							
南山区	1						1
宝安区							
龙岗区							
盐田区							
光明区							
坪山区							
龙华区							
大鹏新区							
深汕特别合作区							
珠海市	**14**					**4**	**10**
香洲区							
斗门区	12					4	8
金湾区	2						2
汕头市	**30**				**2**	**12**	**16**
龙湖区	1						1
金平区	1						1
濠江区	3						3
潮阳区	12					10	2
潮南区	13				2	2	9
澄海区							
南澳县							
佛山市	**33**					**1**	**32**
禅城区							
南海区	12						12
顺德区							
三水区	12					1	11
高明区	9						9
韶关市	**206**			**1**	**1**	**24**	**180**
武江区	15						15
浈江区	11					1	10
曲江区	9					2	7
始兴县	10				1	2	7
仁化县	26					3	23
翁源县	15					4	11

5-10 续表 1

(2021年)

地　　区	灌区数量(处)						
	合计	50万亩以上	30～50万亩	10～30万亩	5～10万亩	1～5万亩	0.2～1万亩
乳源瑶族自治县	22					2	20
新丰县	24						24
乐昌市	56					2	54
南雄市	18			1		8	9
河源市	**138**					**21**	**117**
源城区	3					1	2
紫金县	74					4	70
龙川县	9					5	4
连平县	16					3	13
和平县	17					5	12
东源县	19					3	16
梅州市	**112**			**1**	**2**	**18**	**91**
梅江区	14					1	13
梅县区	35					4	31
大埔县	2						2
丰顺县	7					3	4
五华县	8				1	2	5
平远县	4					2	2
蕉岭县	7				1	2	4
兴宁市	35			1		4	30
惠州市	**98**			**2**	**3**	**16**	**77**
惠城区	27					4	23
惠阳区	9					2	7
博罗县	31			1	1	6	23
惠东县	16			1	1	1	13
龙门县	15				1	3	11
汕尾市	**71**			**2**	**3**	**17**	**49**
汕尾市城区	8					2	6
海丰县	32			1	2	5	24
陆河县	9					2	7
陆丰市	22			1	1	8	12
东莞市	**18**						**18**
中山市							
江门市	**141**			**4**	**3**	**24**	**110**
蓬江区	4						4
江海区							
新会区	14					4	10
台山市	65			2	1	8	54
开平市	22			1	1	3	17
鹤山市	15					6	9
恩平市	21			1	1	3	16
阳江市	**95**			**2**	**3**	**21**	**69**
江城区	13			1		4	8
阳西县	19				1	8	10
阳东区	17			1		6	10
阳春市	46				2	3	41

5-10 续表 2

(2021年)

地　　区	灌区数量(处)						
	合计	50万亩以上	30～50万亩	10～30万亩	5～10万亩	1～5万亩	0.2～1万亩
湛江市	**144**	**1**		**6**	**4**	**28**	**105**
赤坎区							
霞山区							
坡头区	2					1	1
麻章区	27					2	25
遂溪县	35	1				6	28
徐闻县	24			1	1	5	17
廉江市	7			2	1	1	3
雷州市	36			3	2	9	22
吴川市	13					4	9
茂名市	**94**	**1**		**3**	**10**	**22**	**58**
茂南区	4					1	3
电白区	24			2	2	9	11
高州市	43	1		1	2	7	32
化州市	19				5	3	11
信宜市	4				1	2	1
肇庆市	**171**				**3**	**23**	**145**
端州区	1						1
鼎湖区	5					2	3
广宁县							
怀集县	29				2	4	23
封开县	20					4	16
德庆县	30					6	24
高要区	57					3	54
四会市	29				1	4	24
清远市	**172**				**3**	**32**	**137**
清城区	20				1	2	17
佛冈县	29					1	28
阳山县	20					5	15
连山壮族瑶族自治县	3						3
连南瑶族自治县	8					3	5
清新区	18				1	3	14
英德市	56					12	44
连州市	18				1	6	11
潮州市	**37**				**1**	**12**	**24**
湘桥区	7					3	4
潮安区	8					1	7
饶平县	22				1	8	13
揭阳市	**76**			**4**	**2**	**20**	**50**
榕城区	1			1			
揭东区	9			2		2	5
揭西县	14				1	4	9
普宁市	29			1		5	23
惠来县	22				1	8	13
空港经济区	1					1	
云浮市	**101**				**4**	**12**	**85**
云城区	25					4	21
新兴县	18				1	2	15
郁南县	11					2	9
云安区	21					3	18
罗定市	26				3	1	22

5-10 续表 3

(2021年)

地　区	灌区耕地有效灌溉面积(千公顷)						
	合计	50万亩以上	30～50万亩	10～30万亩	5～10万亩	1～5万亩	0.2～1万亩
全　省	**1086.81**	**71.74**	**4.60**	**207.39**	**145.64**	**339.82**	**317.62**
广州市	**39.55**		**4.60**		**1.53**	**10.52**	**22.90**
荔湾区							
越秀区							
海珠区							
天河区							
白云区	5.39		4.07			0.13	1.19
黄埔区	1.20						1.20
番禺区							
花都区	8.64					5.92	2.72
南沙区							
增城市	16.34					2.14	14.20
从化市	7.98		0.53		1.53	2.33	3.59
深圳市							
罗湖区							
福田区							
南山区							
宝安区							
龙岗区							
盐田区							
光明区							
坪山区							
龙华区							
大鹏新区							
深汕特别合作区							
珠海市	**5.93**					**3.93**	**2.00**
香洲区							
斗门区	5.76					3.93	1.83
金湾区	0.17						0.17
汕头市	**23.92**				**8.65**	**11.27**	**4.00**
龙湖区	0.50						0.50
金平区	0.19						0.19
濠江区	1.17						1.17
潮阳区	12.80				3.65	8.72	0.43
潮南区	9.26				5.00	2.55	1.72
澄海区							
南澳县							
佛山市	**5.73**					**1.88**	**3.85**
禅城区							
南海区	1.93						1.93
顺德区							
三水区	2.68					1.88	0.80
高明区	1.12						1.12
韶关市	**78.18**			**8.51**	**3.83**	**28.25**	**37.59**
武江区	3.24						3.24
浈江区	3.12					1.43	1.69
曲江区	3.95					2.49	1.46
始兴县	6.63				3.83	1.83	0.97
仁化县	9.00					3.90	5.10
翁源县	4.82					3.00	1.82

5-10 续表 4

(2021年)

地　　区	灌区耕地有效灌溉面积(千公顷)						
	合计	50万亩以上	30～50万亩	10～30万亩	5～10万亩	1～5万亩	0.2～1万亩
乳源瑶族自治县	6.26					2.67	3.59
新丰县	6.29						6.29
乐昌市	15.82					4.16	11.66
南雄市	19.05			8.51		8.77	1.77
河源市	**47.31**					**19.52**	**27.80**
源城区	1.49					1.14	0.35
紫金县	21.93					3.93	18.00
龙川县	5.64					4.77	0.87
连平县	5.36					1.90	3.46
和平县	5.89					3.91	1.98
东源县	7.00					3.87	3.14
梅州市	**48.15**			**9.11**	**5.01**	**17.70**	**16.34**
梅江区	2.74					0.63	2.11
梅县区	9.78					5.56	4.22
大埔县	0.35						0.35
丰顺县	3.13					2.18	0.95
五华县	3.89				1.80	0.77	1.32
平远县	3.42					2.77	0.65
蕉岭县	5.63				3.21	1.42	1.01
兴宁市	19.21			9.11		4.37	5.73
惠州市	**72.19**			**15.60**	**12.62**	**23.09**	**20.88**
惠城区	8.04					3.27	4.77
惠阳区	5.33				1.00	2.09	2.24
博罗县	40.74			11.60	5.50	13.37	10.27
惠东县	9.31			4.00	2.16	1.21	1.94
龙门县	8.77				3.96	3.15	1.66
汕尾市	**58.38**			**19.47**	**6.87**	**20.98**	**11.07**
汕尾市城区	3.79					2.85	0.95
海丰县	26.35			8.47	3.00	9.40	5.48
陆河县	3.04					1.15	1.89
陆丰市	25.20			11.00	3.87	7.58	2.75
东莞市	**3.62**						**3.62**
中山市							
江门市	**99.83**			**31.17**	**10.98**	**24.53**	**33.15**
蓬江区	0.92						0.92
江海区							
新会区	6.49					3.07	3.42
台山市	47.09			14.80	3.40	9.53	19.36
开平市	20.25			8.37	4.05	3.93	3.89
鹤山市	7.67					5.47	2.21
恩平市	17.41			8.00	3.53	2.53	3.35
阳江市	**51.36**			**14.47**	**8.41**	**16.96**	**11.52**
江城区	9.69			5.53		3.06	1.10
阳西县	4.12				0.41	2.13	1.58
阳东区	16.42			8.94		6.34	1.14
阳春市	21.14				8.00	5.43	7.71

5-10 续表 5

(2021年)

地　区	灌区耕地有效灌溉面积(千公顷)						
	合计	50万亩以上	30～50万亩	10～30万亩	5～10万亩	1～5万亩	0.2～1万亩
湛江市	**182.98**	**38.37**		**72.41**	**15.24**	**36.39**	**20.57**
赤坎区	0.10	0.10					
霞山区	0.30	0.30					
坡头区	2.97	0.90				1.87	0.20
麻章区	9.87	2.01				4.15	3.71
遂溪县	30.26	22.13				3.29	4.84
徐闻县	25.10			12.41	1.51	6.88	4.30
廉江市	45.88			36.30	6.03	2.00	1.55
雷州市	49.44			23.70	7.70	13.80	4.24
吴川市	19.06	12.93				4.40	1.73
茂名市	**90.44**	**33.37**		**13.88**	**19.86**	**13.60**	**9.72**
茂南区	10.89	9.87				0.39	0.63
电白区	28.63			13.33	5.78	6.20	3.32
高州市	22.10	11.93		0.55	2.98	2.73	3.91
化州市	24.03	11.57			8.31	2.43	1.73
信宜市	4.78				2.79	1.86	0.13
肇庆市	**60.09**				**10.66**	**19.67**	**29.76**
端州区	0.08						0.08
鼎湖区	2.81					2.64	0.17
广宁县							
怀集县	14.24				7.11	2.06	5.07
封开县	7.87					4.15	3.72
德庆县	9.47					4.50	4.97
高要区	13.97					2.86	11.11
四会市	11.65				3.55	3.46	4.64
清远市	**68.68**				**9.26**	**27.32**	**32.11**
清城区	8.58				3.73	1.70	3.15
佛冈县	5.83					0.83	5.00
阳山县	8.27					5.10	3.17
连山壮族瑶族自治县	0.48						0.48
连南瑶族自治县	4.72					2.71	2.01
清新区	13.75				5.54	4.36	3.86
英德市	20.76					8.07	12.68
连州市	6.30					4.55	1.75
潮州市	**37.66**			**8.63**	**7.00**	**17.85**	**4.18**
湘桥区	5.52			0.10		4.82	0.60
潮安区	11.86			8.53		2.26	1.07
饶平县	20.28				7.00	10.77	2.51
揭阳市	**70.35**			**14.14**	**9.35**	**35.99**	**10.87**
榕城区	1.12			1.12			
揭东区	7.02					5.63	1.39
揭西县	11.44				3.35	6.71	1.38
普宁市	22.21			6.60		10.36	5.25
惠来县	21.23				6.00	12.38	2.85
空港经济区	7.33			6.42		0.91	
云浮市	**42.45**				**16.37**	**10.39**	**15.70**
云城区	4.80					2.75	2.06
新兴县	8.23				2.49	1.43	4.31
郁南县	3.72					2.17	1.55
云安区	6.69					2.65	4.04
罗定市	19.01				13.88	1.39	3.74

5-11　各县(市、区)已建堤防长度

(2021年)

地　　区	堤防长度(公里)						
	合计	按等级分					
		1级堤防	2级堤防	3级堤防	4级堤防	5级堤防	5级以下堤防
全　省	**31910.76**	**776.86**	**1952.54**	**4800.36**	**8625.42**	**8481.48**	**7274.10**
广州市	**6709.60**	**502.28**	**462.83**	**245.16**	**2160.12**	**2490.05**	**849.16**
荔湾区	186.01	31.33	29.14		124.19		1.35
越秀区	37.50	13.30			24.20		
海珠区	263.02	43.08			219.94		
天河区	165.55	12.70			141.50	11.35	
白云区	1300.76	18.64	76.86		52.90	1152.36	
黄埔区	753.57	52.73			280.37		420.47
番禺区	1147.55	171.12	64.90		815.62	95.91	
花都区	889.00		24.33	27.28	285.29	179.46	372.64
南沙区	1504.92	159.38	228.70	88.76	54.02	974.06	
增城市	317.26		38.90	50.89	133.78	38.99	54.70
从化市	144.46			78.23	28.31	37.92	
深圳市	**55.03**	**51.44**	**3.59**				
罗湖区							
福田区							
南山区							
宝安区	48.88	48.88					
龙岗区	6.15	2.56	3.59				
盐田区							
光明区							
坪山区							
龙华区							
大鹏新区							
深汕特别合作区							
珠海市	**391.43**	**44.15**	**173.42**	**83.39**	**51.90**	**38.57**	
香洲区	75.44	44.15	6.62	7.63	17.04		
斗门区	211.83		121.95	75.76		14.12	
金湾区	104.16		44.85		34.86	24.45	
汕头市	**912.46**	**72.28**	**108.65**	**291.10**	**140.98**	**95.93**	**203.52**
龙湖区	67.77	8.04	23.09	36.64			
金平区	74.63	64.24		8.19		2.20	
濠江区	39.17			36.37	2.80		
潮阳区	258.38		60.89	78.37	50.01	69.11	
潮南区	311.42			33.92	70.87	4.21	202.42
澄海区	154.21		24.67	94.88	16.10	18.56	
南澳县	6.88			2.73	1.20	1.85	1.10
佛山市	**1145.13**	**45.17**	**295.12**	**206.88**	**540.45**	**57.16**	**0.35**
禅城区	89.95		18.38	68.62	2.95		
南海区	337.14	6.11	82.34		248.34		0.35
顺德区	353.43		163.62	138.26	51.55		
三水区	271.99	39.06	30.78		144.99	57.16	
高明区	92.62				92.62		
韶关市	**939.02**		**122.09**	**113.84**	**233.33**	**166.29**	**303.47**
武江区	24.01		13.92	2.33	1.50	6.26	
浈江区	51.45		51.45				
曲江区	69.07		42.62			26.45	
始兴县	91.98		14.10		56.80	21.08	
仁化县	245.17				62.26	55.71	127.20

5-11 续表 1

(2021年)

地　　区	堤防长度(公里)						
	合计	按等级分					
		1级堤防	2级堤防	3级堤防	4级堤防	5级堤防	5级以下堤防
翁源县	232.05			22.02	22.93	10.83	176.27
乳源瑶族自治县	30.00			18.31	4.75	6.94	
新丰县	38.63			23.05	6.44	9.14	
乐昌市	75.35			19.24	54.76	1.35	
南雄市	81.31			28.89	23.89	28.53	
河源市	**1695.93**		**15.75**	**168.51**	**282.00**	**812.74**	**416.93**
源城区	86.74			72.33		3.93	10.48
紫金县	300.03				45.63	156.67	97.73
龙川县	437.78			40.25	187.10	94.33	116.10
连平县	57.42			31.54	13.42	0.80	11.66
和平县	593.12			24.39	21.32	547.41	
东源县	220.84		15.75		14.53	9.60	180.96
梅州市	**2563.89**		**34.57**	**92.54**	**668.16**	**705.40**	**1063.22**
梅江区	100.35		28.57	20.00	6.22	7.52	38.04
梅县区	235.25		6.00		62.71	149.34	17.20
大埔县	47.65			17.47	25.83	4.35	
丰顺县	183.96			32.40	111.63	39.93	
五华县	519.60				241.49	278.11	
平远县	57.53			13.63	38.50	5.40	
蕉岭县	113.55			9.04	66.38	6.75	31.38
兴宁市	1306.00				115.40	214.00	976.60
惠州市	**1339.06**		**18.93**	**272.28**	**330.87**	**254.05**	**462.93**
惠城区	331.67		18.93	124.60	117.34	30.50	40.30
惠阳区	75.05			29.79	10.24	22.48	12.54
博罗县	248.04			88.54	138.50	19.72	1.28
惠东县	529.30				42.30	94.74	392.26
龙门县	155.00			29.35	22.49	86.61	16.55
汕尾市	**1655.99**			**620.96**	**579.61**	**174.02**	**281.40**
城区	203.30			18.40	184.90		
海丰县	734.04			356.00	222.73	155.31	
陆河县	317.02			23.00	26.72		267.30
陆丰市	401.63			223.56	145.26	18.71	14.10
东莞市	**1126.36**	**22.67**	**182.82**	**567.98**	**242.87**	**109.78**	**0.24**
中山市	**383.50**	**11.48**	**93.04**	**236.24**	**42.74**		
江门市	**2560.52**		**116.81**	**311.19**	**641.09**	**242.24**	**1249.19**
蓬江区	126.10		21.56	36.88		67.66	
江海区	43.02		13.68	29.34			
新会区	975.31		59.17	171.14	213.56	83.97	447.47
台山市	787.92			21.00	69.38	26.48	671.06
开平市	338.07			39.83	167.58		130.66
鹤山市	133.02		22.40		99.23	11.39	
恩平市	157.08			13.00	91.34	52.74	
阳江市	**694.68**			**229.07**	**154.89**	**209.71**	**101.01**
江城区	111.82			72.50	12.21	27.11	
阳西县	190.02			112.90	61.62	15.50	
阳东区	210.77			43.67		167.10	
阳春市	182.07				81.06		101.01

5-11 续表 2

(2021年)

地　　区	堤防长度(公里)						
	合计	按等级分					
		1级堤防	2级堤防	3级堤防	4级堤防	5级堤防	5级以下堤防
湛江市	**1314.91**			**215.21**	**641.88**	**290.51**	**167.31**
赤坎区	2.16					2.16	
霞山区	28.71				24.07		4.64
坡头区	128.13			66.45	1.80		59.88
麻章区	101.23			4.18	90.42	6.63	
遂溪县	217.05			26.53	98.94	70.72	20.86
徐闻县	94.39				19.63	74.76	
廉江市	294.82				220.16	74.66	
雷州市	188.49			30.25	102.04	56.20	
吴川市	259.93			87.80	84.82	5.38	81.93
茂名市	**3052.30**		**55.00**	**396.38**	**245.19**	**1189.57**	**1166.16**
茂南区	253.23			75.74			177.49
电白区	845.93			28.97		769.16	47.80
高州市	252.80			220.95	31.85		
化州市	1504.74		55.00		210.84	367.75	871.15
信宜市	195.60			70.72	2.50	52.66	69.72
肇庆市	**1402.53**	**8.21**	**105.93**	**107.54**	**268.49**	**462.67**	**449.69**
端州区	16.70		16.70				
鼎湖区	107.20		32.80	18.20	40.20	16.00	
广宁县	23.07			23.07			
怀集县	358.86				3.06	247.80	108.00
封开县	80.80	8.21		20.93	18.37	23.79	9.50
德庆县	426.25			7.80	41.96	44.30	332.19
高要区	115.45		23.73		46.28	45.44	
四会市	274.20		32.70	37.54	118.62	85.34	
清远市	**1038.23**	**19.18**	**78.07**	**191.17**	**184.02**	**441.58**	**124.21**
清城区	191.80	19.18	40.82	38.62	52.55	30.23	10.40
佛冈县	99.71				9.94	3.44	86.33
阳山县	212.30			36.43	7.59	156.48	11.80
连山壮族瑶族自治县	49.41			14.95	6.44	17.71	10.31
连南瑶族自治县	61.88			17.50	17.58	26.80	
清新区	127.01		37.25		19.73	70.03	
英德市	102.36			34.64	21.75	45.97	
连州市	193.76			49.03	48.44	90.92	5.37
潮州市	**890.66**		**38.43**	**169.71**	**354.90**	**273.39**	**54.23**
湘桥区	102.79		8.07	26.99	48.54	5.39	13.80
潮安区	132.94		30.36	9.50	43.64	9.01	40.43
饶平县	654.93			133.22	262.72	258.99	
揭阳市	**1377.78**		**39.49**	**178.65**	**664.09**	**306.56**	**188.99**
榕城区	30.20		12.50		13.70	4.00	
揭东区	48.06		11.99		28.07	8.00	
揭西县	393.85			50.80	257.17	85.50	0.38
普宁市	442.95		15.00	110.20	305.75	12.00	
惠来县	403.32			17.65		197.06	188.61
空港经济区	59.40				59.40		
云浮市	**661.75**		**8.00**	**102.56**	**197.84**	**161.26**	**192.09**
云城区	95.03			47.16	8.47		39.40
新兴县	358.92			37.80	77.21	161.26	82.65
郁南县	91.36			7.80	83.56		
云安区	108.44			9.80	28.60		70.04
罗定市	8.00		8.00				

5-11 续表 3

(2021年)

地　区	达标堤防长度(公里)					
	合计	按等级分				
		1级堤防	2级堤防	3级堤防	4级堤防	5级堤防
全　省	**14933.60**	**721.51**	**1868.94**	**3438.43**	**5645.04**	**3259.68**
广州市	**4423.93**	**484.44**	**438.50**	**169.16**	**1996.77**	**1335.06**
荔湾区	184.66	31.33	29.14		124.19	
越秀区	37.50	13.30			24.20	
海珠区	263.02	43.08			219.94	
天河区	165.55	12.70			141.50	11.35
白云区	1300.76	18.64	76.86		52.90	1152.36
黄埔区	333.10	52.73			280.37	
番禺区	1147.55	171.12	64.90		815.62	95.91
花都区	220.99			27.28	188.19	5.52
南沙区	383.00	141.54	228.70	12.76		
增城市	243.34		38.90	50.89	121.55	32.00
从化市	144.46			78.23	28.31	37.92
深圳市	**32.80**	**32.80**				
罗湖区						
福田区						
南山区						
宝安区	30.24	30.24				
龙岗区	2.56	2.56				
盐田区						
光明区						
坪山区						
龙华区						
大鹏新区						
深汕特别合作区						
珠海市	**384.30**	**44.15**	**166.29**	**83.39**	**51.90**	**38.57**
香洲区	74.48	44.15	5.66	7.63	17.04	
斗门区	211.83		121.95	75.76		14.12
金湾区	97.99		38.68		34.86	24.45
汕头市	**545.57**	**72.28**	**90.39**	**270.66**	**71.27**	**40.97**
龙湖区	51.78	8.04	7.10	36.64		
金平区	64.24	64.24				
濠江区	32.07			32.07		
潮阳区	146.80		58.62	71.18		17.00
潮南区	108.69			33.61	70.87	4.21
澄海区	138.11		24.67	94.88		18.56
南澳县	3.88			2.28	0.40	1.20
佛山市	**1074.97**	**45.17**	**293.12**	**205.42**	**499.36**	**31.90**
禅城区	89.95		18.38	68.62	2.95	
南海区	336.79	6.11	82.34		248.34	
顺德区	349.97		161.62	136.80	51.55	
三水区	246.73	39.06	30.78		144.99	31.90
高明区	51.53				51.53	
韶关市	**635.55**		**122.09**	**113.84**	**233.33**	**166.29**
武江区	24.01		13.92	2.33	1.50	6.26
浈江区	51.45		51.45			
曲江区	69.07		42.62			26.45
始兴县	91.98		14.10		56.80	21.08
仁化县	117.97				62.26	55.71

5-11 续表 4

(2021年)

地区	达标堤防长度(公里)					
	合计	按等级分				
		1级堤防	2级堤防	3级堤防	4级堤防	5级堤防
翁源县	55.78			22.02	22.93	10.83
乳源瑶族自治县	30.00			18.31	4.75	6.94
新丰县	38.63			23.05	6.44	9.14
乐昌市	75.35			19.24	54.76	1.35
南雄市	81.31			28.89	23.89	28.53
河源市	**392.32**		**15.75**	**130.78**	**58.01**	**187.78**
源城区	76.26			72.33		3.93
紫金县	131.78				15.70	116.08
龙川县	39.86			4.52	16.85	18.49
连平县	35.60			31.54	3.26	0.80
和平县	68.94			22.39	7.67	38.88
东源县	39.88		15.75		14.53	9.60
梅州市	**663.70**		**34.57**	**67.41**	**337.45**	**224.27**
梅江区	34.79		28.57		6.22	
梅县区	199.64		6.00		56.41	137.23
大埔县	47.65			17.47	25.83	4.35
丰顺县	47.36			32.40	14.96	
五华县	183.69				109.56	74.13
平远县	17.31			8.50	8.40	0.41
蕉岭县	82.17			9.04	66.38	6.75
兴宁市	51.09				49.69	1.40
惠州市	**401.80**		**18.55**	**140.54**	**205.84**	**36.87**
惠城区	201.73		18.55	72.55	85.16	25.47
惠阳区	21.87			11.63	10.24	
博罗县	121.53			39.65	81.88	
惠东县	39.56				28.56	11.00
龙门县	17.11			16.71		0.40
汕尾市	**214.70**			**118.27**	**94.40**	**2.03**
城区	74.54			10.72	63.82	
海丰县	34.16			29.77	2.51	1.88
陆河县	49.72			23.00	26.72	
陆丰市	56.28			54.78	1.35	0.15
东莞市	**836.35**	**15.28**	**175.36**	**436.84**	**192.29**	**16.58**
中山市	**351.66**		**89.14**	**221.57**	**40.95**	
江门市	**930.01**		**116.81**	**310.24**	**339.73**	**163.23**
蓬江区	123.72		21.56	35.93		66.23
江海区	43.02		13.68	29.34		
新会区	438.09		59.17	171.14	125.54	82.24
台山市	54.70			21.00	33.70	
开平市	109.65			39.83	69.82	
鹤山市	127.98		22.40		94.19	11.39
恩平市	32.85			13.00	16.48	3.37
阳江市	**412.44**			**198.27**	**46.34**	**167.83**
江城区	81.57			54.15	12.21	15.21
阳西县	149.45			103.15	30.80	15.50
阳东区	178.09			40.97		137.12
阳春市	3.33				3.33	

5-11 续表 5

(2021年)

地　　区	达标堤防长度(公里)					
	合计	按等级分				
		1级堤防	2级堤防	3级堤防	4级堤防	5级堤防
湛江市	**532.65**			**136.20**	**325.04**	**71.41**
赤坎区	1.22					1.22
霞山区	24.07				24.07	
坡头区	59.95			58.15	1.80	
麻章区	37.00				37.00	
遂溪县	43.93			5.60	37.84	0.49
徐闻县	80.78				19.63	61.15
廉江市	144.80				142.25	2.55
雷州市	93.45			30.25	57.65	5.55
吴川市	47.45			42.20	4.80	0.45
茂名市	**319.52**		**55.00**	**194.30**	**19.90**	**50.32**
茂南区	15.41			15.41		
电白区	65.57			28.89		36.68
高州市	97.68			79.28	18.40	
化州市	56.50		55.00		1.50	
信宜市	84.36			70.72		13.64
肇庆市	**744.03**	**8.21**	**104.93**	**106.60**	**232.77**	**291.52**
端州区	16.70		16.70			
鼎湖区	107.20		32.80	18.20	40.20	16.00
广宁县	23.05			23.05		
怀集县	142.36				3.06	139.30
封开县	51.95	8.21		20.01	13.08	10.65
德庆县	66.81			7.80	32.62	26.39
高要区	115.45		23.73		46.28	45.44
四会市	220.51		31.70	37.54	97.53	53.74
清远市	**676.60**	**19.18**	**75.02**	**181.07**	**138.81**	**262.52**
清城区	178.35	19.18	37.77	38.62	52.55	30.23
佛冈县	13.38				9.94	3.44
阳山县	184.66			28.49	7.59	148.58
连山壮族瑶族自治县	35.51			14.70	6.44	14.37
连南瑶族自治县	22.13			17.50	4.00	0.63
清新区	47.59		37.25		6.65	3.69
英德市	77.11			34.57	8.37	34.17
连州市	117.87			47.19	43.27	27.41
潮州市	**323.38**		**38.43**	**94.31**	**117.56**	**73.08**
湘桥区	88.12		8.07	26.99	47.67	5.39
潮安区	92.51		30.36	9.50	43.64	9.01
饶平县	142.75			57.82	26.25	58.68
揭阳市	**804.58**		**26.99**	**162.00**	**537.74**	**77.85**
榕城区						
揭东区	26.81		11.99		11.47	3.35
揭西县	266.22			50.80	161.12	54.30
普宁市	436.15		15.00	110.20	305.75	5.20
惠来县	16.00			1.00		15.00
空港经济区	59.40				59.40	
云浮市	**232.74**		**8.00**	**97.56**	**105.58**	**21.60**
云城区	55.62			47.16	8.46	
新兴县	69.81			34.80	13.41	21.60
郁南县	86.31			7.80	78.51	
云安区	13.00			7.80	5.20	
罗定市	8.00		8.00			

5-12 各县(市、区)河道治理及除涝面积

(2021年)

地 区	河道治理(公里)			除涝面积(千公顷)			
	有防洪任务河段长度	已治理河段长度	治理达标河段长度		3~5年一遇标准	5~10年一遇标准	10年以上一遇标准
全 省	**19269.87**	**9719.32**	**5622.25**	**552.74**	**63.11**	**106.88**	**382.75**
广州市	**1037.39**	**655.04**	**477.79**	**54.82**	**3.44**	**5.82**	**45.56**
荔湾区	24.87	24.87	24.87	1.46		0.43	1.03
越秀区							
海珠区	18.49	18.49	18.49	0.80		0.13	0.67
天河区				0.75		0.07	0.68
白云区	57.78	52.22	52.22	6.81			6.81
黄埔区	70.41	70.41	66.54	0.64			0.64
番禺区	192.33	192.33	192.33	22.29	2.20	1.82	18.27
花都区	66.35	63.84	63.84	5.49			5.49
南沙区	111.00	111.00		0.98	0.39	0.06	0.53
增城市	283.27	61.74	2.50	13.25	0.10	2.86	10.29
从化市	212.89	60.14	57.00	2.35	0.75	0.45	1.15
深圳市	**98.50**	**103.32**	**88.51**	**6.25**	**1.04**		**5.21**
罗湖区	9.76	9.76	4.35				
福田区	9.40	9.40		0.01	0.01		
南山区							
宝安区	59.44	59.44	59.44	6.23	1.02		5.21
龙岗区	19.90	19.90	19.90	0.01	0.01		
盐田区							
光明区							
坪山区		4.82	4.82				
龙华区							
大鹏新区							
深汕特别合作区							
珠海市	**154.92**	**110.32**	**90.44**	**17.33**	**1.76**	**15.57**	
香洲区	27.20	27.20	27.20	0.50	0.33	0.17	
斗门区	107.34	80.92	61.04	13.45		13.45	
金湾区	20.38	2.20	2.20	3.38	1.43	1.95	
汕头市	**206.59**	**158.46**	**148.94**	**44.80**	**3.72**	**12.32**	**28.76**
龙湖区	30.84	30.84	30.84	4.23	0.08	0.38	3.77
金平区	17.45	17.45	17.45	2.56	0.49	0.70	1.37
濠江区	23.34	15.50	15.50	8.59	0.39	8.00	0.20
潮阳区	27.03			10.80	1.73	2.10	6.97
潮南区	54.75	54.75	54.75	7.03	1.03	0.51	5.49
澄海区	53.18	39.92	30.40	11.52		0.63	10.89
南澳县				0.07			0.07
佛山市	**531.93**	**531.93**	**525.10**	**59.98**		**8.90**	**51.08**
禅城区	34.44	34.44	34.44	2.20			2.20
南海区	159.97	159.97	159.97	27.59		3.25	24.34
顺德区	176.17	176.17	176.17	12.15			12.15
三水区	103.28	103.28	96.45	10.01		2.80	7.21
高明区	58.07	58.07	58.07	8.03		2.85	5.18
韶关市	**2360.54**	**1079.64**	**780.84**	**20.12**	**3.83**	**10.74**	**5.55**
武江区	104.53	40.27	14.63	0.17	0.17		
浈江区	92.20	44.82	44.82	0.65	0.62	0.03	
曲江区	192.17	60.26	51.39	2.26	1.53	0.73	
始兴县	192.41	294.80	294.80	0.12		0.12	
仁化县	420.40	123.21	71.82				

5-12 续表 1

(2021年)

地　　区	河道治理(公里)			除涝面积(千公顷)			
	有防洪任务河段长度	已治理河段长度	治理达标河段长度		3～5年一遇标准	5～10年一遇标准	10年以上一遇标准
翁源县	145.00	208.51	35.78	1.76		1.76	
乳源瑶族自治县	153.91	121.96	121.96	10.80		5.77	5.03
新丰县	295.50	28.03	28.03	0.93	0.41		0.52
乐昌市	441.63	68.02	68.02				
南雄市	322.79	89.76	49.59	3.43	1.10	2.33	
河源市	**1518.59**	**758.51**	**229.13**	**0.84**	**0.15**	**0.52**	**0.17**
源城区	36.99	42.19	24.40				
紫金县	315.30	278.65	58.88				
龙川县	344.56	107.48	28.82	0.46	0.04	0.28	0.14
连平县	314.96	105.64	25.68				
和平县	387.91	138.24	65.14	0.38	0.11	0.24	0.03
东源县	118.87	86.31	26.21				
梅州市	**1691.47**	**1096.99**	**455.91**	**10.58**	**1.93**	**2.01**	**6.64**
梅江区	50.26	69.26	27.23	0.12			0.12
梅县区	201.27	126.59	84.80	1.23	0.06	0.73	0.44
大埔县	85.59	94.29	94.29	0.62	0.12		0.50
丰顺县	482.01	182.57	62.56	0.95	0.22	0.13	0.60
五华县	384.18	152.20	38.00	3.37	0.14	0.40	2.83
平远县	268.98	82.14	82.14	1.31	1.03	0.28	
蕉岭县	62.87	89.98	41.34	1.05	0.01	0.19	0.85
兴宁市	156.31	299.96	25.55	1.93	0.35	0.28	1.30
惠州市	**916.85**	**485.66**	**226.21**	**35.03**	**3.97**	**1.22**	**29.84**
惠城区	156.81	190.34	50.53	14.13			14.13
惠阳区	137.56	27.56	27.56	2.13	1.93	0.20	
博罗县	403.51	225.86	112.92	13.91		0.08	13.83
惠东县	58.14	16.20	10.20	3.24	2.04	0.49	0.71
龙门县	160.83	25.70	25.00	1.62		0.45	1.17
汕尾市	**259.51**	**25.00**	**25.00**	**21.44**	**3.72**	**1.86**	**15.86**
城区				1.05	0.27	0.17	0.61
海丰县	221.05	12.00	12.00	16.33	1.80	1.69	12.84
陆河县				0.05	0.05		
陆丰市	38.46	13.00	13.00	4.01	1.60		2.41
东莞市	**477.33**	**387.99**	**306.48**	**17.89**			**17.89**
中山市	**191.91**	**191.91**	**191.91**	**30.73**			**30.73**
江门市	**1134.24**	**1324.64**	**496.13**	**51.17**	**14.01**	**7.44**	**29.72**
蓬江区	61.24	57.22	49.22	1.91			1.91
江海区	19.34	41.34	39.35	4.73			4.73
新会区	204.67	116.27	92.80	15.46			15.46
台山市	342.66	604.16	147.04	14.14	9.47	4.67	
开平市	258.37	273.23		6.61	4.54	2.07	
鹤山市	163.68	157.70	157.70	3.75			3.75
恩平市	84.28	74.72	10.02	4.57		0.70	3.87
阳江市	**860.93**	**205.73**	**196.21**	**8.52**	**0.20**	**1.87**	**6.45**
江城区	40.12	39.02	29.50	1.66		0.33	1.33
阳西县	116.53	22.50	22.50				
阳东区	122.93	122.93	122.93	3.59	0.20	0.62	2.77
阳春市	581.35	21.28	21.28	3.27		0.92	2.35

5-12 续表 2

(2021年)

地　　区	河道治理(公里) 有防洪任务河段长度	已治理河段长度	治理达标河段长度	除涝面积(千公顷)	3～5年一遇标准	5～10年一遇标准	10年以上一遇标准
湛江市	**986.59**	**379.35**	**264.57**	**31.77**	**5.69**	**11.82**	**14.26**
赤坎区	27.53	15.82	15.82	0.08	0.04	0.04	
霞山区							
坡头区	11.00	11.00	2.80	0.67		0.67	
麻章区				2.01	0.01	1.14	0.86
遂溪县	271.89	87.29	23.90	1.16	0.35	0.38	0.43
徐闻县	26.50	26.08	21.40	1.87	0.17	0.77	0.93
廉江市	425.81	138.10	138.10	8.47	0.33	4.95	3.19
雷州市	68.00	41.40	26.40	6.38	2.72	2.16	1.50
吴川市	155.86	59.66	36.15	11.13	2.07	1.71	7.35
茂名市	**1550.45**	**505.48**	**75.14**	**15.74**	**7.82**	**7.59**	**0.33**
茂南区	81.54	14.32	0.52	3.63		3.63	
电白区	243.76	300.14	16.90	4.36	1.33	3.03	
高州市	519.33	59.57	6.58	2.87	2.58	0.29	
化州市	291.73	23.54	23.54	3.91	3.91		
信宜市	414.09	107.91	27.60	0.97		0.64	0.33
肇庆市	**663.83**	**306.94**	**104.14**	**45.01**	**1.52**	**6.83**	**36.66**
端州区				2.29		0.32	1.97
鼎湖区	32.80	32.80	32.80	10.80		0.01	10.79
广宁县	26.47	23.05		2.00		0.90	1.10
怀集县	181.60	58.50	31.50				
封开县	156.31	16.11	16.11	1.24	0.33	0.67	0.24
德庆县	59.30	59.30		1.81	1.19	0.27	0.35
高要区	53.68	23.73	23.73	16.84		4.33	12.51
四会市	153.67	93.45		10.03		0.33	9.70
清远市	**2259.89**	**1011.39**	**579.96**	**27.45**	**5.25**	**2.69**	**19.51**
清城区	168.71	107.57	105.40	7.27		0.43	6.84
佛冈县	203.44	159.25	128.65	1.71		0.69	1.02
阳山县	350.32	40.82	15.30	1.40	1.00	0.40	
连山壮族瑶族自治县	104.62	94.26	88.14				
连南瑶族自治县	132.84	86.00	86.00				
清新区	380.83	383.48	44.76	12.03		0.61	11.42
英德市	411.95	9.48	9.48	3.83	3.60		0.23
连州市	507.18	130.53	102.23	1.21	0.65	0.56	
潮州市	**458.30**	**177.43**	**177.43**	**23.29**	**3.86**	**4.45**	**14.98**
湘桥区	62.13	52.47	52.47	4.50	3.73	0.77	
潮安区	146.04	69.06	69.06	13.80	0.13	2.26	11.41
饶平县	250.13	55.90	55.90	4.99		1.42	3.57
揭阳市	**712.53**	**124.91**	**95.39**	**26.70**	**0.90**	**4.49**	**21.31**
榕城区	48.89	45.87	23.31	0.87		0.09	0.78
揭东区	75.39	6.96		9.79	0.23	1.10	8.46
揭西县	210.07	72.08	72.08	2.64	0.30	0.37	1.97
普宁市	232.12			5.92		2.70	3.22
惠来县	146.06			6.13	0.34	0.06	5.73
空港经济区				1.35	0.03	0.17	1.15
云浮市	**1197.58**	**98.68**	**87.02**	**3.28**	**0.30**	**0.74**	**2.24**
云城区	76.51	31.21	31.21	0.63		0.08	0.55
新兴县	115.11	12.10	12.10	0.60			0.60
郁南县	365.36	20.00	20.00	1.15	0.30	0.55	0.30
云安区	199.20	15.16	8.16	0.90		0.11	0.79
罗定市	441.40	20.21	15.55				

5-13 各县(市、区)本年新增水土流失综合治理面积

(2021年)

单位：千公顷

地　　区	合计	梯田	水土保持林	经济林	种草	封禁治理	其他
全　省	**80.830**	**0.005**	**28.389**	**4.467**	**1.175**	**45.466**	**1.328**
广州市	**1.608**		**1.268**			**0.340**	
荔湾区							
越秀区							
海珠区							
天河区							
白云区	0.146		0.146				
黄埔区							
番禺区							
花都区	0.393		0.053			0.340	
南沙区							
增城市	0.760		0.760				
从化市	0.309		0.309				
深圳市	**0.600**		**0.317**		**0.126**	**0.157**	
罗湖区	0.082		0.082				
福田区							
南山区							
宝安区	0.179				0.022	0.157	
龙岗区	0.029				0.029		
盐田区							
光明区	0.070				0.070		
坪山区	0.161		0.156		0.005		
龙华区	0.079		0.079				
大鹏新区							
深汕特别合作区							
珠海市	**1.055**		**0.066**	**0.024**		**0.965**	
香洲区	0.361		0.066	0.024		0.271	
斗门区	0.391					0.391	
金湾区	0.303					0.303	
汕头市	**0.821**		**0.821**				
龙湖区							
金平区							
濠江区	0.065		0.065				
潮阳区	0.311		0.311				
潮南区	0.303		0.303				
澄海区							
南澳县	0.142		0.142				
佛山市	**0.890**		**0.880**		**0.010**		
禅城区	0.008				0.008		
南海区							
顺德区	0.004		0.004				
三水区	0.002				0.002		
高明区	0.876		0.876				
韶关市	**5.765**		**3.501**	**0.253**	**0.488**	**1.523**	
武江区	0.132		0.081			0.051	
浈江区	0.197		0.197				
曲江区	0.155		0.155				
始兴县	0.601		0.601				

5-13 续表 1

(2021年) 单位：千公顷

地　　区	合计	梯田	水土保持林	经济林	种草	封禁治理	其他
仁化县	0.167		0.167				
翁源县	0.779		0.779				
乳源瑶族自治县	0.817		0.398		0.074	0.345	
新丰县	0.359		0.033		0.249	0.077	
乐昌市	1.841		0.538	0.253		1.050	
南雄市	0.717		0.552		0.165		
河源市	**9.112**		**5.096**			**4.004**	**0.012**
源城区	0.119		0.039			0.080	
紫金县	1.400		1.326			0.074	
龙川县	2.080		1.065			1.007	0.008
连平县	2.997		0.960			2.037	
和平县	1.242		0.493			0.745	0.004
东源县	1.274		1.213			0.061	
梅州市	**15.750**		**1.022**		**0.002**	**14.726**	
梅江区							
梅县区	2.506				0.001	2.505	
大埔县	5.300		0.001			5.299	
丰顺县	4.201		1.001		0.001	3.199	
五华县	3.644		0.020			3.624	
平远县							
蕉岭县	0.099					0.099	
兴宁市							
惠州市	**6.127**		**1.144**	**0.945**	**0.001**	**3.941**	**0.096**
惠城区	0.056		0.030	0.025	0.001		
惠阳区	0.559		0.125			0.434	
博罗县	0.524		0.126	0.302			0.096
惠东县	4.171		0.667	0.008		3.496	
龙门县	0.817		0.196	0.610		0.011	
汕尾市	**3.600**		**0.002**		**0.007**	**3.591**	
城区							
海丰县	2.400				0.002	2.398	
陆河县	1.200		0.002		0.005	1.193	
陆丰市							
东莞市	**0.810**		**0.135**	**0.004**	**0.211**	**0.458**	**0.002**
中山市	**1.063**		**0.078**			**0.985**	
江门市	**4.395**		**1.075**	**0.112**	**0.013**	**2.897**	**0.298**
蓬江区	0.078						0.078
江海区	0.030				0.003	0.027	
新会区	0.395		0.276	0.099	0.010		0.010
台山市	0.923		0.076			0.847	
开平市	2.219		0.071			2.016	0.132
鹤山市	0.318		0.227	0.013			0.078
恩平市	0.432		0.425			0.007	
阳江市	**1.633**	**0.005**	**0.997**	**0.394**		**0.237**	
江城区	0.053		0.053				
阳西县	0.373	0.005	0.368				
阳东区	0.476		0.213	0.026		0.237	
阳春市	0.731		0.363	0.368			
湛江市	**1.010**		**0.608**	**0.004**	**0.012**	**0.158**	**0.228**
赤坎区							

5-13 续表 2

(2021年) 单位：千公顷

地区	合计	梯田	水土保持林	经济林	种草	封禁治理	其他
霞山区	0.045		0.045				
坡头区	0.246		0.234		0.012		
麻章区	0.042		0.042				
遂溪县	0.048		0.048				
徐闻县	0.044		0.044				
廉江市	0.468		0.082			0.158	0.228
雷州市	0.059		0.059				
吴川市	0.058		0.054	0.004			
茂名市	**3.322**		**1.362**		**0.259**	**1.701**	
茂南区							
电白区	0.746		0.387			0.359	
高州市	0.335		0.335				
化州市	0.250				0.250		
信宜市	1.991		0.640		0.009	1.342	
肇庆市	**8.806**		**4.089**	**0.136**		**4.350**	**0.231**
端州区							
鼎湖区	0.143		0.039	0.053		0.051	
广宁县	1.236		1.196				0.040
怀集县	3.263		0.974			2.199	0.090
封开县	0.509		0.492			0.017	
德庆县	1.879		0.608	0.083		1.140	0.048
高要区	1.723		0.780			0.943	
四会市	0.053						0.053
清远市	**3.564**		**1.862**	**0.427**	**0.046**	**0.786**	**0.443**
清城区	0.067		0.010		0.046		0.011
佛冈县	0.158		0.032			0.098	0.028
阳山县	1.074		0.888			0.186	
连山壮族瑶族自治县	0.282			0.282			
连南瑶族自治县	0.482		0.020	0.145		0.283	0.034
清新区	0.386		0.167			0.219	
英德市	0.312		0.133				0.179
连州市	0.803		0.612				0.191
潮州市	**1.060**		**1.060**				
湘桥区	0.068		0.068				
潮安区	0.397		0.397				
饶平县	0.595		0.595				
揭阳市	**1.820**		**1.776**			**0.039**	**0.005**
榕城区	0.035		0.030				0.005
揭东区	0.167		0.167				
揭西县	0.736		0.697			0.039	
普宁市	0.537		0.537				
惠来县	0.345		0.345				
云浮市	**8.019**		**1.230**	**2.168**		**4.608**	**0.013**
云城区	0.635		0.157	0.465			0.013
新兴县	0.324		0.324				
郁南县	1.351		0.346	1.005			
云安区	2.175		0.241	0.513		1.421	
罗定市	3.534		0.162	0.185		3.187	

5-14 各县(市、区)已建水库、水电站数量

(2021年)

地区	水库数量(座)						水库总库容(万立方米)		
	合计	大(1)型	大(2)型	中型	小(1)型	小(2)型	合计	大(1)型	大(2)型
全　省	**7763**	**7**	**33**	**337**	**1551**	**5835**	**4500709.61**	**2253450.00**	**687389.00**
广州市	**297**		**1**	**16**	**70**	**210**	**103260.83**		**37820.00**
荔湾区									
越秀区									
海珠区									
天河区	5				1	4	365.33		
白云区	36			1	10	25	5488.60		
黄埔区	19			2	5	12	5106.91		
番禺区	5				1	4	322.18		
花都区	51			4	13	34	15205.42		
南沙区	3					3	131.04		
增城市	96			4	17	75	14195.85		
从化市	82		1	5	23	53	62445.50		37820.00
深圳市	**150**		**2**	**14**	**56**	**78**	**92570.19**		**32452.00**
罗湖区	8			1		7	4729.72		
福田区	4			1	1	2	1601.90		
南山区	2			2			4992.81		
宝安区	12			3	6	3	19168.71		
龙岗区	42		1	1	13	27	25751.80		18600.00
盐田区	9				2	7	666.33		
光明区	15		1	1	7	6	17072.28		13852.00
坪山区	17			2	7	8	7065.56		
龙华区	16			1	10	5	4628.24		
大鹏新区	25			2	10	13	6892.84		
深汕特别合作区									
珠海市	**63**			**4**	**22**	**37**	**15273.09**		
香洲区	20			2	9	9	5117.65		
斗门区	26			2	7	17	8125.31		
金湾区	17				6	11	2030.13		
汕头市	**206**			**8**	**33**	**165**	**31387.29**		
龙湖区									
金平区	3					3	188.00		
濠江区	25				5	20	1358.10		
潮阳区	89			1	15	73	8142.07		
潮南区	72			7	9	56	20693.00		
澄海区	7					7	142.00		
南澳县	10				4	6	864.12		
佛山市	**114**			**3**	**19**	**92**	**11768.90**		
禅城区									
南海区	29			1	6	22	3181.32		
顺德区									
三水区	20				6	14	2582.89		
高明区	65			2	7	56	6004.69		
韶关市	**615**	**1**	**5**	**33**	**94**	**482**	**372136.70**	**128050.00**	**103159.00**
武江区	23		1	1	2	19	22700.50		20400.00
浈江区	61			3	2	56	19588.04		
曲江区	36		2	2	3	29	44904.29		29416.00
始兴县	42			3	12	27	12401.14		
仁化县	53		1	4	6	42	33167.70		18943.00
翁源县	95			5	14	76	13602.73		

5-14 续表 1

(2021年)

地　　区	水库数量(座)						水库总库容(万立方米)		
	合计	大(1)型	大(2)型	中型	小(1)型	小(2)型	合计	大(1)型	大(2)型
乳源瑶族自治县	52	1		5	12	34	149044.69	128050.00	
新丰县	35			1	15	19	6945.81		
乐昌市	69		1	3	14	51	46611.31		34400.00
南雄市	149			6	14	129	23170.49		
河源市	**780**	**2**		**19**	**93**	**666**	**1657296.87**	**1583600.00**	
源城区	26	1		1	5	19	1393109.81	1389600.00	
紫金县	74			3	11	60	9458.23		
龙川县	154	1		5	11	137	205319.60	194000.00	
连平县	177			1	19	157	12393.75		
和平县	166			2	8	156	8420.60		
东源县	183			7	39	137	28594.88		
江东新区									
梅州市	**707**		**4**	**18**	**138**	**547**	**163332.44**		**58512.00**
梅江区	36			2	7	27	7946.50		
梅县区	139			1	30	108	15724.36		
大埔县	49		1	3	8	37	34965.40		13200.00
丰顺县	64			2	9	53	8452.50		
五华县	191		1	3	29	158	33290.86		16500.00
平远县	41			2	9	30	10858.77		
蕉岭县	49		1	2	7	39	23027.75		17200.00
兴宁市	138		1	3	39	95	29066.30		11612.00
惠州市	**461**	**1**	**3**	**24**	**120**	**313**	**292477.87**	**122000.00**	**50005.00**
惠城区	70			7	18	45	25268.83		
惠阳区	61			4	18	39	14795.30		
博罗县	157		2	8	29	118	69667.50		25705.00
惠东县	103	1		2	32	68	136692.40	122000.00	
龙门县	70		1	3	23	43	46053.84		24300.00
汕尾市	**407**		**2**	**18**	**61**	**326**	**125520.44**		**43659.00**
城区	54			1	16	37	6909.60		
海丰县	88		1	10	13	64	69748.48		33070.00
陆河县	122			2	7	113	14244.26		
陆丰市	143		1	5	25	112	34618.10		10589.00
东莞市	**119**			**8**	**48**	**63**	**41778.60**		
中山市	**32**			**1**	**16**	**15**	**8765.56**		
江门市	**553**		**4**	**30**	**161**	**358**	**250333.77**		**108210.00**
蓬江区	16			1	5	10	3767.09		
江海区									
新会区	81			7	24	50	19495.86		
台山市	179		1	11	59	108	88453.49		29640.00
开平市	118		2	3	36	77	54119.59		36770.00
鹤山市	74			2	18	54	11799.53		
恩平市	85		1	6	19	59	72698.21		41800.00
阳江市	**219**		**2**	**19**	**74**	**124**	**121770.09**		**45920.00**
江城区	21			2	6	13	6779.94		
阳西县	44			4	17	23	17604.57		
阳东区	42		1	7	15	19	38066.58		12700.00
阳春市	112		1	6	36	69	59319.00		33220.00
阳江市属									
湛江市	**681**	**1**	**2**	**23**	**113**	**542**	**258420.70**	**114400.00**	**27335.00**
赤坎区	1				1		575.00		

5-14 续表 2

(2021年)

地　　区	水库数量(座)						水库总库容(万立方米)		
	合计	大(1)型	大(2)型	中型	小(1)型	小(2)型	合计	大(1)型	大(2)型
霞山区	1				1		307.00		
坡头区	21				1	20	1020.50		
麻章区	69			1	9	59	6192.80		
遂溪县	75			1	21	53	10522.11		
徐闻县	119		1	5	32	81	37377.03		12700.00
廉江市	247	1	1	3	11	231	149038.48	114400.00	14635.00
雷州市	111			13	33	65	51452.08		
吴川市	37				4	33	1935.70		
茂名市	**527**	**1**	**1**	**12**	**73**	**440**	**190858.96**	**115000.00**	**11375.00**
茂南区	25			1	6	18	3049.26		
电白区	119		1	4	15	99	31535.80		11375.00
高州市	254	1		2	28	223	130851.19	115000.00	
化州市	78			2	19	57	13458.62		
信宜市	51			3	5	43	11964.09		
高州水库									
肇庆市	**437**			**25**	**78**	**334**	**119348.17**		
端州区	1				1		174.97		
鼎湖区	7			1	1	5	4284.20		
广宁县	23			1	4	18	7449.35		
怀集县	109			6	15	88	36991.32		
封开县	81			7	17	57	31284.00		
德庆县	41			4	11	26	12150.06		
高要区	129			3	19	107	13759.80		
四会市	46			3	10	33	13254.47		
清远市	**484**	**1**	**4**	**24**	**101**	**354**	**396691.69**	**190400.00**	**104500.00**
清城区	54	1		3	17	33	207539.18	190400.00	
佛冈县	29			1	9	19	5429.39		
阳山县	51			3	12	36	10755.81		
连山壮族瑶族自治县	25			2	4	19	7160.58		
连南瑶族自治县	15			1	8	6	6225.80		
清新区	50			4	6	40	15062.10		
英德市	208		3	9	34	162	119471.22		86800.00
连州市	52		1	1	11	39	25047.61		17700.00
潮州市	**197**		**1**	**7**	**30**	**159**	**71470.47**		**38100.00**
湘桥区	17			1	2	14	5401.77		
潮安区	23			2	9	12	12736.23		
饶平县	157		1	4	19	133	53332.47		38100.00
揭阳市	**478**		**2**	**19**	**98**	**359**	**114551.02**		**26342.00**
榕城区	15					15	466.50		
揭东区	54			2	9	43	12296.35		
揭西县	102		1	4	16	81	39253.83		15400.00
普宁市	148			5	38	105	21105.17		
惠来县	149		1	7	35	106	40060.67		10942.00
空港经济区	10			1		9	1368.50		
云浮市	**236**			**12**	**53**	**171**	**61695.96**		
云城区	22			1	7	14	4253.36		
新兴县	42			3	12	27	19900.84		
郁南县	43			3	7	33	15265.60		
云安区	26			1	4	21	3407.00		
罗定市	103			4	23	76	18869.16		

5-14 续表 3

(2021年)

地　　区	水库总库容(万立方米)			水电站数量(座)					
	中型	小(1)型	小(2)型	合计	大(1)型	大(2)型	中型	小(1)型	小(2)型
全　省	**929907.82**	**454419.27**	**175543.52**	**9735**	**2**	**1**	**7**	**89**	**9636**
广州市	**37512.45**	**21113.21**	**6815.17**	**162**	**1**			**1**	**160**
荔湾区									
越秀区									
海珠区									
天河区		251.00	114.33						
白云区	1753.31	2896.50	838.79	2					2
黄埔区	2955.55	1762.46	388.90						
番禺区		123.96	198.22						
花都区	9634.59	4520.56	1050.27	8					8
南沙区			131.04						
增城市	6260.00	5879.45	2056.40	12					12
从化市	16909.00	5679.28	2037.22	140	1			1	138
深圳市	**39692.32**	**17274.37**	**3151.50**	**13**					**13**
罗湖区	4496.56		233.16	1					1
福田区	1369.92	189.51	42.47						
南山区	4992.81								
宝安区	16017.50	2929.95	221.26						
龙岗区	2277.04	3744.72	1130.04						
盐田区		327.06	339.27						
光明区	1466.50	1424.03	329.75						
坪山区	4470.00	2366.29	229.27	1					1
龙华区	1917.00	2465.06	246.18						
大鹏新区	2684.99	3827.75	380.10						
深汕特别合作区				11					11
珠海市	**8126.00**	**5947.45**	**1199.64**						
香洲区	2720.00	2087.00	310.65						
斗门区	5406.00	2176.53	542.78						
金湾区		1683.92	346.21						
汕头市	**18913.00**	**7760.50**	**4713.79**	**18**					**18**
龙湖区				1					1
金平区			188.00						
濠江区		873.30	484.80						
潮阳区	1793.00	4076.20	2272.87	1					1
潮南区	17120.00	2276.00	1297.00	10					10
澄海区			142.00	3					3
南澳县		535.00	329.12	3					3
佛山市	**3603.00**	**4698.76**	**3467.14**	**1**					**1**
禅城区									
南海区	1024.00	1199.66	957.66						
顺德区									
三水区		1935.00	647.89						
高明区	2579.00	1564.10	1861.59	1					1
韶关市	**100266.26**	**26911.08**	**13750.36**	**2087**			**3**	**16**	**2068**
武江区	1086.00	454.00	760.50	91				2	89
浈江区	17617.00	556.28	1414.76	15				2	13
曲江区	13733.00	805.00	950.29	150			1	1	148
始兴县	7247.00	4378.30	775.84	221					221
仁化县	11100.20	1907.00	1217.50	256				3	253
翁源县	8301.00	2870.71	2431.02	192					192

5-14 续表 4

(2021年)

地区	水库总库容(万立方米)			水电站数量(座)					
	中型	小(1)型	小(2)型	合计	大(1)型	大(2)型	中型	小(1)型	小(2)型
乳源瑶族自治县	18246.06	1797.78	950.85	420			2	6	412
新丰县	1250.00	5091.71	604.10	294					294
乐昌市	5088.00	5244.30	1879.01	263				2	261
南雄市	16598.00	3806.00	2766.49	185					185
河源市	**36228.40**	**22905.54**	**14562.93**	**823**		**1**	**1**	**9**	**812**
源城区	1798.00	1202.38	509.43	14		1		1	12
紫金县	4854.00	3107.90	1496.33	154					154
龙川县	5849.00	2795.20	2675.40	192			1	3	188
连平县	3173.00	5804.00	3416.75	241					241
和平县	3885.00	2363.20	2172.40	68				1	67
东源县	16669.40	7632.86	4292.62	150				4	146
江东新区				4					4
梅州市	**55984.00**	**32261.11**	**16575.33**	**1631**			**3**	**15**	**1613**
梅江区	5964.00	1264.50	718.00	29				2	27
梅县区	5100.00	7410.20	3214.16	187				5	182
大埔县	19162.00	1548.30	1055.10	273			1	5	267
丰顺县	5362.00	1658.00	1432.50	286			1	3	282
五华县	4640.00	6745.20	5405.66	337					337
平远县	7618.00	2346.50	894.27	161					161
蕉岭县	3371.00	1604.31	852.44	185			1		184
兴宁市	4767.00	9684.10	3003.20	173					173
惠州市	**72775.99**	**36325.27**	**11371.61**	**315**	**1**			**3**	**311**
惠城区	17653.00	5932.00	1683.83	6					6
惠阳区	7300.00	6205.80	1289.50						
博罗县	29513.99	10284.50	4164.01	63	1			1	61
惠东县	4904.00	7164.00	2624.40	142				1	141
龙门县	13405.00	6738.97	1609.87	104				1	103
汕尾市	**54333.60**	**18697.20**	**8830.64**	**143**				**1**	**142**
城区	1075.00	4233.90	1600.70						
海丰县	29274.60	5289.00	2114.88	27					27
陆河县	9657.00	2487.00	2100.26	96				1	95
陆丰市	14327.00	6687.30	3014.80	20					20
东莞市	**21922.14**	**16759.56**	**3096.90**	**1**					**1**
中山市	**5040.00**	**3209.20**	**516.36**						
江门市	**77171.00**	**51175.81**	**13776.96**	**230**				**1**	**229**
蓬江区	1427.00	1840.00	500.09						
江海区									
新会区	11452.00	6143.90	1899.96	28					28
台山市	32281.00	21459.00	5073.49	45					45
开平市	7240.00	7555.61	2553.98	38					38
鹤山市	4493.00	5763.00	1543.53	18					18
恩平市	20278.00	8414.30	2205.91	101				1	100
阳江市	**49235.50**	**22659.72**	**3954.87**	**499**				**2**	**497**
江城区	4616.10	1793.42	370.42	1					1
阳西县	12042.00	4640.00	922.57	49					49
阳东区	18844.40	5978.30	543.88	58					58
阳春市	13733.00	10248.00	2118.00	384				1	383
阳江市属				7				1	6
湛江市	**63331.00**	**38863.63**	**14491.07**	**52**					**52**
赤坎区		575.00							

5-14 续表 5

(2021年)

地区	水库总库容(万立方米)			水电站数量(座)					
	中型	小(1)型	小(2)型	合计	大(1)型	大(2)型	中型	小(1)型	小(2)型
霞山区		307.00							
坡头区		675.00	345.50						
麻章区	1559.00	2811.60	1822.20						
遂溪县	1626.00	7547.74	1348.37	3					3
徐闻县	11793.00	10598.72	2285.31	10					10
廉江市	11048.00	3247.23	5708.25	21					21
雷州市	37305.00	12084.74	2062.34	15					15
吴川市		1016.60	919.10	3					3
茂名市	**29636.50**	**22183.28**	**12664.18**	**561**				**2**	**559**
茂南区	1192.50	1262.70	594.06	1					1
电白区	14164.00	3010.00	2986.80	39					39
高州市	2238.00	8454.58	5158.61	214					214
化州市	4620.00	7076.00	1762.62	24					24
信宜市	7422.00	2380.00	2162.09	281				1	280
高州水库				2				1	1
肇庆市	**89248.00**	**20452.22**	**9647.95**	**709**				**16**	**693**
端州区		174.97		3					3
鼎湖区	3964.00	120.00	200.20	7					7
广宁县	6300.00	691.00	458.35	174				4	170
怀集县	29888.00	4341.00	2762.32	274				6	268
封开县	25307.00	4409.60	1567.40	117				3	114
德庆县	8738.00	2683.00	729.06	80					80
高要区	5155.00	5807.65	2797.15	29					29
四会市	9896.00	2225.00	1133.47	25				3	22
清远市	**54404.66**	**34759.37**	**12627.66**	**1511**				**12**	**1499**
清城区	11827.00	3675.42	1636.76	21					21
佛冈县	1724.00	2929.00	776.39	69					69
阳山县	5427.00	4067.24	1261.57	244				4	240
连山壮族瑶族自治县	4062.00	2380.69	717.89	258					258
连南瑶族自治县	3792.00	2113.10	320.70	240					240
清新区	12250.80	1641.53	1169.77	144				2	142
英德市	13470.86	13481.94	5718.42	330				4	326
连州市	1851.00	4470.45	1026.16	205				2	203
潮州市	**19695.00**	**9432.20**	**4243.27**	**214**				**3**	**211**
湘桥区	4505.90	473.00	422.87	11					11
潮安区	9365.10	2830.80	540.33	66				3	63
饶平县	5824.00	6128.40	3280.07	137					137
揭阳市	**50170.00**	**27689.83**	**10349.19**	**353**				**8**	**345**
榕城区			466.50						
揭东区	7246.00	3713.00	1337.35	37					37
揭西县	17045.00	5017.25	1791.58	130				8	122
普宁市	9742.00	7651.58	3711.59	145					145
惠来县	14999.00	11308.00	2811.67	40					40
空港经济区	1138.00		230.50	1					1
云浮市	**42619.00**	**13339.96**	**5737.00**	**412**					**412**
云城区	2398.00	1396.00	459.36	38					38
新兴县	15728.00	3180.76	992.08	99					99
郁南县	13251.00	994.00	1020.60	80					80
云安区	1401.00	1458.00	548.00	69					69
罗定市	9841.00	6311.20	2716.96	126					126

5-15 各县(市、区)已建泵站、水闸数量

(2021年)

地区	泵站数量(处)						水闸数量(座)					
	合计	大(1)型	大(2)型	中型	小(1)型	小(2)型	合计	大(1)型	大(2)型	中型	小(1)型	小(2)型
全　省	**15459**	**3**	**33**	**506**	**2372**	**12545**	**15959**	**15**	**133**	**766**	**2768**	**12277**
广州市	**1123**		**2**	**48**	**358**	**715**	**1168**	**1**	**10**	**71**	**398**	**688**
荔湾区	46			3	37	6	63			3	16	44
越秀区	2				2		13			1	2	10
海珠区	17			1	13	3	60			6	24	30
天河区	7			2	2	3	8			3	3	2
白云区	351			6	65	280	160		1	5	26	128
黄埔区	12				8	4	35			4	20	11
番禺区	122			7	53	62	189		1	14	82	92
花都区	61			4	19	38	174			7	16	151
南沙区	379		2	12	82	283	253		1	18	141	93
增城市	109			13	68	28	180	1	2	9	64	104
从化市	17				9	8	33		5	1	4	23
深圳市	**179**			**41**	**95**	**43**	**191**			**28**	**58**	**105**
罗湖区	20			7	9	4	6			4	1	1
福田区	6				5	1	4			3	1	
南山区	6			4	2		8			1	2	5
宝安区	122			20	68	34	144			13	45	86
龙岗区	8			3	4	1	4			2	1	1
盐田区	2					2						
光明区	7			3	3	1	14			1	5	8
坪山区	2			1	1							
龙华区	3			2	1		1			1		
大鹏新区	3			1	2		10			3	3	4
深汕特别合作区												
珠海市	**259**		**2**	**10**	**68**	**179**	**232**		**1**	**27**	**181**	**23**
香洲区	11			3	3	5	23			7	11	5
斗门区	226		2	4	52	168	118		1	9	97	11
金湾区	22			3	13	6	91			11	73	7
汕头市	**410**			**9**	**119**	**282**	**1011**	**2**	**6**	**39**	**185**	**779**
龙湖区	3				2	1	25		1	1	3	20
金平区	14				9	5	116		1	2	13	100
濠江区	6			1	3	2	100			2	7	91
潮阳区	174			3	74	97	218		2	15	80	121
潮南区	116			4	17	95	213			17	59	137
澄海区	97			1	14	82	325	2	2	2	14	305
南澳县							14				9	5
佛山市	**1483**		**8**	**137**	**299**	**1039**	**575**		**5**	**39**	**205**	**326**
禅城区	49			18	18	13	46			5	27	14
南海区	615		1	51	130	433	206		1	23	85	97
顺德区	165		5	47	78	35	202		1	8	75	118
三水区	619		1	12	54	552	65		2	2	15	46
高明区	35		1	9	19	6	56		1	1	3	51
韶关市	**852**				**11**	**841**	**133**	**3**	**13**	**23**	**18**	**76**
武江区	24					24	2	1	1			
浈江区	54				1	53	1			1		
曲江区	12				1	11	5	1				4
始兴县	92				1	91	12		3			9
仁化县	81				5	76	5	1	4			
翁源县	36					36	3		1	1		1

5-15 续表 1

(2021年)

地 区	泵站数量(处)						水闸数量(座)					
	合计	大(1)型	大(2)型	中型	小(1)型	小(2)型	合计	大(1)型	大(2)型	中型	小(1)型	小(2)型
乳源瑶族自治县	6				1	5	63			11	17	35
新丰县	12					12	1		1			
乐昌市	222				2	220	26		1			25
南雄市	313					313	15		2	10	1	2
河源市	**492**				**18**	**474**	**42**	**1**		**1**	**1**	**39**
源城区	17				2	15						
紫金县	157					157	20					20
龙川县	151					151	2	1				1
连平县	14				2	12	7			1		6
和平县	33				1	32	5					5
东源县	120				13	107	8				1	7
江东新区												
梅州市	**430**		**1**	**10**	**122**	**297**	**1057**			**17**	**35**	**1005**
梅江区	31		1	2	13	15	22			1	4	17
梅县区	113			2	17	94	79			2	3	74
大埔县	25			1	9	15	15					15
丰顺县	23				12	11	111				1	110
五华县	123			2	47	74	161				13	148
平远县	13					13	12			2		10
蕉岭县	38			1	16	21	137			7	6	124
兴宁市	64			2	8	54	520			5	8	507
惠州市	**717**		**6**	**36**	**86**	**589**	**679**	**2**	**8**	**43**	**119**	**507**
惠城区	234		5	21	31	177	144			13	40	91
惠阳区	68		1	3	9	55	53				10	43
博罗县	268			10	36	222	176	1	2	12	35	126
惠东县	77			2	5	70	141	1	1	16	24	99
龙门县	70				5	65	165		5	2	10	148
汕尾市	**402**			**1**	**47**	**354**	**1488**		**5**	**67**	**259**	**1157**
城区	13				3	10	307			30	99	178
海丰县	167			1	4	162	561		3	15	47	496
陆河县	30				1	29	214			6	70	138
陆丰市	192				39	153	406		2	16	43	345
东莞市	**370**	**2**	**2**	**93**	**190**	**83**	**474**		**3**	**57**	**228**	**186**
中山市	**460**	**1**	**2**	**24**	**109**	**324**	**388**		**4**	**20**	**114**	**250**
江门市	**1997**		**1**	**17**	**276**	**1703**	**1992**		**11**	**40**	**278**	**1663**
蓬江区	116			5	57	54	80			3	7	70
江海区	33			6	9	18	30			1	20	9
新会区	395			1	68	326	561		1	6	100	454
台山市	416			1	37	378	1000		1	19	117	863
开平市	733			2	49	682	260		1	4	19	236
鹤山市	213		1	2	37	173	15			2	3	10
恩平市	91				19	72	46		8	5	12	21
阳江市	**374**			**2**	**46**	**326**	**640**		**2**	**30**	**78**	**530**
江城区	119			1	6	112	156		1	16	32	107
阳西县	10				2	8	170			5	29	136
阳东区	22				3	19	169		1	7	10	151
阳春市	223			1	35	187	145			2	7	136
阳江市属												

5-15 续表 2

(2021年)

地　区	泵站数量(处)						水闸数量(座)					
	合计	大(1)型	大(2)型	中型	小(1)型	小(2)型	合计	大(1)型	大(2)型	中型	小(1)型	小(2)型
湛江市	**1106**			**1**	**25**	**1080**	**1494**		**11**	**55**	**118**	**1310**
赤坎区	2					2	2					2
霞山区	65					65	17			1		16
坡头区	88				1	87	186			3	7	176
麻章区	19				1	18	300			6	25	269
遂溪县	23			1	5	17	90			2	24	64
徐闻县	15					15	216			3	13	200
廉江市	449					449	279		5	22	13	239
雷州市	129				14	115	120		1	14	9	96
吴川市	316				4	312	284		5	4	27	248
茂名市	**1663**		**1**	**12**	**79**	**1571**	**1236**		**27**	**66**	**157**	**986**
茂南区	271		1	4	21	245	141		3	5	4	129
电白区	299				3	296	390		3	9	84	294
高州市	420			8	16	396	329		5	13	32	279
化州市	615				39	576	148		6	17	30	95
信宜市	58					58	228		10	22	7	189
高州水库												
肇庆市	**720**		**5**	**29**	**207**	**479**	**531**		**3**	**13**	**74**	**441**
端州区	5		1	2	1	1	2				2	
鼎湖区	90			10	21	59	29			2	12	15
广宁县	48				27	21	40			2	11	27
怀集县	52					52	60					60
封开县	11			1	3	7	24			2	3	19
德庆县	49		1		17	31	102			2	6	94
高要区	322		2	11	85	224	238			3	38	197
四会市	143		1	5	53	84	36		3	2	2	29
清远市	**896**		**1**	**19**	**60**	**816**	**693**	**3**	**6**	**41**	**54**	**589**
清城区	278			9	33	236	134	1			25	108
佛冈县	13				2	11	9				1	8
阳山县	44					44	64			8	6	50
连山壮族瑶族自治县	7					7	8			8		
连南瑶族自治县	10				2	8	17			4		13
清新区	364		1	5	11	347	191		2	1	6	182
英德市	85			5	10	70	171	2	4	19	7	139
连州市	95				2	93	99			1	9	89
潮州市	**469**			**3**	**36**	**430**	**520**	**2**	**6**	**15**	**43**	**454**
湘桥区	85			1	12	72	124	1	2	4	10	107
潮安区	276			2	19	255	182	1		1	14	166
饶平县	108				5	103	214		4	10	19	181
揭阳市	**635**		**1**	**11**	**91**	**532**	**1055**	**1**	**9**	**39**	**156**	**850**
榕城区	44			1	4	39	48			3	5	40
揭东区	51		1	4	6	40	90	1	1	6	7	75
揭西县	176			5	10	161	303		4	4	31	264
普宁市	121			1	28	92	305		2	13	48	242
惠来县	186				42	144	231		2	11	54	164
空港经济区	57				1	56	78			2	11	65
云浮市	**422**		**1**	**3**	**30**	**388**	**360**		**3**	**35**	**9**	**313**
云城区	19				2	17	18				4	14
新兴县	119				1	118	212			30	2	180
郁南县	72			2	17	53	47			3		44
云安区	35		1	1	9	24	10			2	3	5
罗定市	177				1	176	73		3			70

5-16 各县(市、区)已建农村集中式供水工程、机电井数量

(2021年)

地区	农村集中式供水工程数量(处)					机电井数量(眼)					
	合计	城镇管网延伸工程	万人工程	千人工程	千人以下工程	合计	规模以上机电井			规模以下机电井	
								浅层地下水机电井	深层承压水机电井		浅层地下水机电井
全　省	**26558**	**654**	**916**	**5300**	**19688**	**1233599**	**12381**	**10664**	**1717**	**1221218**	**1221218**
广州市	**444**	**5**	**19**	**6**	**414**	**31729**	**1285**	**1278**	**7**	**30444**	**30444**
荔湾区						409				409	409
越秀区											
海珠区											
天河区						426	16	16		410	410
白云区	4	1	3			21798	129	126	3	21669	21669
黄埔区	1	1				67	27	27		40	40
番禺区						1438				1438	1438
花都区	87	1	1		85	6502	154	154		6348	6348
南沙区						8				8	8
增城市	206	1	5		200	263	167	167		96	96
从化市	146	1	10	6	129	818	792	788	4	26	26
深圳市						**3126**	**2247**	**2247**		**879**	**879**
罗湖区						22	13	13		9	9
福田区						6	5	5		1	1
南山区						232	206	206		26	26
宝安区						2302	1758	1758		544	544
龙岗区						560	262	262		298	298
盐田区						4	3	3		1	1
光明区											
坪山区											
龙华区											
大鹏新区											
深汕特别合作区											
珠海市	**1**	**1**				**753**	**46**	**46**		**707**	**707**
香洲区						662	19	19		643	643
斗门区						80	16	16		64	64
金湾区	1	1				11	11	11			
汕头市	**139**	**47**	**17**	**74**	**1**	**2197**	**48**	**48**		**2149**	**2149**
龙湖区	2	1	1			2	2	2			
金平区						88				88	88
濠江区						15	5	5		10	10
潮阳区	75	44	4	27							
潮南区	50	1	5	44		2090	39	39		2051	2051
澄海区	7		6	1		2	2	2			
南澳县	5	1	1	2	1						
佛山市	**258**	**11**	**2**	**133**	**112**	**1134**	**67**	**63**	**4**	**1067**	**1067**
禅城区											
南海区	137	2	2	133		398	3	2	1	395	395
顺德区	7	7				612	16	16		596	596
三水区	3	2			1	95	43	40	3	52	52
高明区	111				111	29	5	5		24	24
韶关市	**3323**	**35**	**104**	**1227**	**1957**	**38891**	**118**	**118**		**38773**	**38773**
武江区	42	1	1	3	37	1499	32	32		1467	1467
浈江区	90	1	2	87		7515	11	11		7504	7504
曲江区	190	1	3	15	171	2570	33	33		2537	2537
始兴县	158	3	2	153		10885				10885	10885
仁化县	577	11	20	524	22	439	2	2		437	437
翁源县	398	8	58	330	2	1263	13	13		1250	1250

5-16 续表 1

(2021年)

地　　区	农村集中式供水工程数量(处)					机电井数量(眼)					
	合计	城镇管网延伸工程	万人工程	千人工程	千人以下工程	合计	规模以上机电井	浅层地下水机电井	深层承压水机电井	规模以下机电井	浅层地下水机电井
乳源瑶族自治县	173	1	2	13	157	220	3	3		217	217
新丰县	341	1	2	41	297	3958	24	24		3934	3934
乐昌市	946	7	2	21	916	3005				3005	3005
南雄市	408	1	12	40	355	7537				7537	7537
河源市	**1267**	**12**	**50**	**633**	**572**	**40789**	**81**	**75**	**6**	**40708**	**40708**
源城区	4	4				2	2	2			
紫金县	315	2	5	80	228	24718	33	31	2	24685	24685
龙川县	627	5	15	336	271	6800	15	11	4	6785	6785
连平县	105	1	5	29	70	2	2	2			
和平县	181		5	173	3	2135	24	24		2111	2111
东源县	35		20	15		7132	5	5		7127	7127
江东新区											
梅州市	**2229**	**32**	**74**	**514**	**1609**	**26336**	**112**	**112**		**26224**	**26224**
梅江区	52	1	1	6	44	564	1	1		563	563
梅县区	322	2	12	96	212	4025	40	40		3985	3985
大埔县	717		3	60	654	446	11	11		435	435
丰顺县	474	2	10	119	343	740	12	12		728	728
五华县	119	21	11	83	4	3022	11	11		3011	3011
平远县	293	2	4	19	268	282	12	12		270	270
蕉岭县	74		8	27	39	3349	6	6		3343	3343
兴宁市	178	4	25	104	45	13908	19	19		13889	13889
惠州市	**468**	**7**	**69**	**52**	**340**	**84502**	**314**	**314**		**84188**	**84188**
惠城区	19	2	14	1	2	23523	42	42		23481	23481
惠阳区	14	1	6	5	2	11378	26	26		11352	11352
博罗县	110		20	12	78	24509	91	91		24418	24418
惠东县	45	3	20	15	7	15419	93	93		15326	15326
龙门县	280	1	9	19	251	9673	62	62		9611	9611
汕尾市	**158**	**5**	**44**	**76**	**33**	**45969**	**51**	**51**		**45918**	**45918**
城区	8	1	5	2							
海丰县	63	2	13	25	23	11341	9	9		11332	11332
陆河县	64	1	5	48	10	1751	37	37		1714	1714
陆丰市	23	1	21	1		32877	5	5		32872	32872
东莞市						**1886**	**56**	**56**		**1830**	**1830**
中山市	**22**	**21**	**1**			**2705**	**24**	**24**		**2681**	**2681**
江门市	**646**	**6**	**39**	**34**	**567**	**11787**	**230**	**218**	**12**	**11557**	**11557**
蓬江区						460	2	2		458	458
江海区											
新会区	37			17	20	503	22	19	3	481	481
台山市	343	4	22		317	60	15	12	3	45	45
开平市	171	1	9	5	156	5023	80	80		4943	4943
鹤山市	67		4	11	52	5403	48	42	6	5355	5355
恩平市	28	1	4	1	22	338	63	63		275	275
阳江市	**377**	**50**	**63**	**56**	**208**	**93143**	**54**	**54**		**93089**	**93089**
江城区	56	42		11	3	15714	17	17		15697	15697
阳西县	19	6	13			13806	9	9		13797	13797
阳东区	53		36	15	2	24930	26	26		24904	24904
阳春市	249	2	14	30	203	38693	2	2		38691	38691
阳江市属											

5-16 续表 2

(2021年)

地区	农村集中式供水工程数量(处)					机电井数量(眼)					
	合计	城镇管网延伸工程	万人工程	千人工程	千人以下工程	合计	规模以上机电井	浅层地下水机电井	深层承压水机电井	规模以下机电井	浅层地下水机电井
湛江市	**6801**	**119**	**100**	**1362**	**5220**	**238503**	**6046**	**4363**	**1683**	**232457**	**232457**
赤坎区	6			6		1270	51	16	35	1219	1219
霞山区	2			2		3399	128	68	60	3271	3271
坡头区	435	4	1	68	362	16566	415	394	21	16151	16151
麻章区	172	59		66	47	30697	1524	638	886	29173	29173
遂溪县	1830	19	5	169	1637	33150	1648	1627	21	31502	31502
徐闻县	733	2	10	144	577	76930	654	250	404	76276	76276
廉江市	1413	27	26	323	1037	17050	385	385		16665	16665
雷州市	1993	3	43	387	1560	40415	1067	811	256	39348	39348
吴川市	217	5	15	197		19026	174	174		18852	18852
茂名市	**1661**	**123**	**120**	**179**	**1239**	**353123**	**940**	**940**		**352183**	**352183**
茂南区	10	1	7		2	27623	17	17		27606	27606
电白区	72	36	36			87677	162	162		87515	87515
高州市	991	5	21	6	959	113630	188	188		113442	113442
化州市	175	48	31	23	73	88955	552	552		88403	88403
信宜市	413	33	25	150	205	35238	21	21		35217	35217
高州水库											
肇庆市	**3024**	**26**	**47**	**199**	**2752**	**29355**	**332**	**330**	**2**	**29023**	**29023**
端州区						1	1	1			
鼎湖区	68	1		2	65	2214	64	64		2150	2150
广宁县	2283	16	2	18	2247	2054	26	26		2028	2028
怀集县	137	1	17	111	8	8899	14	13	1	8885	8885
封开县	87	3	3	37	44	2207	4	3	1	2203	2203
德庆县	96	2	11	11	72	92	92	92			
高要区	281	1	8	16	256	284	112	112		172	172
四会市	72	2	6	4	60	13604	19	19		13585	13585
清远市	**3794**	**37**	**56**	**467**	**3234**	**109641**	**207**	**206**	**1**	**109434**	**109434**
清城区	9	9				61085	43	43		61042	61042
佛冈县	66	6	20	36	4	18108	33	33		18075	18075
阳山县	1206	13	2	79	1112	4507	7	7		4500	4500
连山壮族瑶族自治县	359	2		15	342						
连南瑶族自治县	242		2	26	214	23	2	2		21	21
清新区	254	2	10	90	152	19482	14	13	1	19468	19468
英德市	919		17	163	739	5452	108	108		5344	5344
连州市	739	5	5	58	671	984				984	984
潮州市	**314**	**13**	**20**	**132**	**149**	**20686**	**19**	**18**	**1**	**20667**	**20667**
湘桥区	11	1	2	8		4268				4268	4268
潮安区	98	6	10	17	65	11167	5	5		11162	11162
饶平县	205	6	8	107	84	5251	14	13	1	5237	5237
揭阳市	**108**	**35**	**45**	**23**	**5**	**61898**	**27**	**27**		**61871**	**61871**
榕城区	10	9	1								
揭东区	10	1	8	1		36899				36899	36899
揭西县	14	10	4			38				38	38
普宁市	56	10	23	18	5	13584	15	15		13569	13569
惠来县	15	3	8	4		11377	12	12		11365	11365
空港经济区	3	2	1								
云浮市	**1524**	**69**	**46**	**133**	**1276**	**35446**	**77**	**76**	**1**	**35369**	**35369**
云城区	196	2	4	27	163	401	13	13		388	388
新兴县	718		9	39	670	6528	36	36		6492	6492
郁南县	209	9	13	16	171	5704	5	5		5699	5699
云安区	351	48	4	40	259	39	7	7		32	32
罗定市	50	10	16	11	13	22774	16	15	1	22758	22758

六、国民经济概况

6-1 国民经济核算主要指标

指　　标	单位	2000	2015	2017	2018	2019	2020	2021
地区生产总值	亿元	10810.21	74732.44	91648.73	99945.22	107986.92	111151.63	124369.67
第一产业	亿元	986.32	3189.76	3611.44	3836.40	4350.61	4732.74	5003.66
第二产业	亿元	5042.75	33913.76	38536.61	41398.45	43368.21	43868.05	50219.19
第三产业	亿元	4781.15	37628.92	49500.68	54710.37	60268.10	62550.84	69146.82
地区生产总值增长速度	%	11.7	8.0	7.5	6.8	6.2	2.3	8.0
第一产业	%	2.3	3.4	3.6	4.4	3.8	3.7	7.9
第二产业	%	12.3	7.0	6.5	5.9	4.2	1.9	8.7
第三产业	%	13.5	9.6	8.6	7.8	7.9	2.5	7.5
地区生产总值构成	%	100.0	100.0	100.0	100.0	100.0	100.0	100.0
第一产业	%	9.1	4.3	3.9	3.8	4.0	4.3	4.0
第二产业	%	46.7	45.4	42.1	41.4	40.2	39.5	40.4
第三产业	%	44.2	50.3	54.0	54.8	55.8	56.3	55.6
地区生产总值贡献率	%	100.0	100.0	100.0	100.0	100.0	100.0	100.0
第一产业	%	1.9	1.7	2.0	2.5	2.4	6.1	4.2
第二产业	%	59.7	42.7	39.0	38.2	30.4	36.1	43.0
第三产业	%	38.4	55.6	59.0	59.2	67.2	57.8	52.8
地区生产总值拉动率	%	11.7	8.0	7.5	6.8	6.2	2.3	8.0
第一产业	%	0.2	0.1	0.1	0.2	0.1	0.2	0.4
第二产业	%	7.0	3.4	2.9	2.6	1.9	0.8	3.4
第三产业	%	4.5	4.5	4.4	4.0	4.1	1.3	4.2
人均地区生产总值	元	44669	64516	76218	81625	86956	88521	98285
人均地区生产总值增长速度	%	9.5	6.1	5.4	4.9	4.7	1.1	7.1

注：1.国民经济核算数据绝对数按当年价格计算，增长速度按不变价格计算。
2.2020年地区生产总值数据为初步核算数。
3.2020年，根据全国第七次人口普查结果，对2010年后的人均生产总值有关数据进行了修订。

6-2 地区生产总值

单位：亿元

年份	地区生产总值	第一产业	第二产业	第三产业
1978	185.85	55.31	86.62	43.92
1979	209.34	66.62	91.65	51.06
1980	249.65	82.97	102.53	64.14
1981	290.36	94.30	120.34	75.71
1982	339.92	118.17	135.37	86.39
1983	368.75	121.24	152.27	95.24
1984	458.74	145.25	187.55	125.93
1985	577.38	171.87	229.82	175.69
1986	667.53	188.37	255.88	223.28
1987	846.69	232.14	330.35	284.20
1988	1155.37	306.50	460.17	388.70
1989	1381.39	351.73	554.13	475.53
1990	1559.03	384.59	615.86	558.58
1991	1893.30	416.00	782.67	694.63
1992	2447.54	465.83	1098.75	882.96
1993	3469.28	558.70	1702.46	1208.12
1994	4619.02	692.25	2249.99	1676.77
1995	5940.34	864.49	2901.99	2173.86
1996	6848.22	935.23	3313.55	2599.44
1997	7792.97	978.32	3713.92	3100.73
1998	8555.33	994.55	4080.96	3479.82
1999	9289.64	1009.01	4384.22	3896.41
2000	10810.21	986.32	5042.75	4781.15
2001	12126.59	988.84	5564.66	5573.09
2002	13601.89	1015.08	6209.06	6377.76
2003	15979.77	1072.92	7684.41	7222.44
2004	18658.34	1219.83	9191.71	8246.80
2005	21962.99	1395.23	11049.21	9518.55
2006	25961.24	1494.69	13158.01	11308.54
2007	31742.61	1663.49	16022.56	14056.56
2008	36704.16	1920.80	18519.40	16263.96
2009	39464.69	1945.95	19439.71	18079.03
2010	45944.62	2199.60	22917.43	20827.59
2011	53072.79	2553.17	26161.08	24358.54
2012	57007.74	2711.32	27346.12	26950.30
2013	62503.41	2876.42	29342.97	30284.02
2014	68173.03	3038.71	31930.37	33203.95
2015	74732.44	3189.76	33913.76	37628.92
2016	82163.22	3500.49	35499.24	43163.49
2017	91648.73	3611.44	38536.61	49500.68
2018	99945.22	3836.40	41398.45	54710.37
2019	107986.92	4350.61	43368.21	60268.10
2020	111151.63	4732.74	43868.05	62550.84
2021	124369.67	5003.66	50219.19	69146.82

注：1.2004年及以前年份第一产业不包括农林牧渔服务业，交通运输仓储和邮政业包括电信业，但不包括城市公共交通业，批发与零售业包括餐饮业(以下相关表同)。
2.2013年起，三次产业分类依据国家统计局2012年制定的《三次产业划分规定》执行(以下相关表同)。

6-3 地区生产总值指数

年份	地区生产总值(上年=100)	第一产业	第二产业	第三产业	地区生产总值(1978年=100)	第一产业	第二产业	第三产业
1978	101.0	105.2	98.0	102.1	100.0	100.0	100.0	100.0
1979	108.5	106.6	104.7	118.1	108.5	106.6	104.7	118.1
1980	116.6	112.4	116.6	121.7	126.5	119.8	122.1	143.7
1981	109.0	104.6	112.3	109.4	137.9	125.3	137.1	157.2
1982	112.0	112.0	111.5	112.6	154.4	140.4	152.9	177.0
1983	107.3	103.2	109.6	108.5	165.6	144.9	167.7	192.0
1984	115.6	112.0	118.3	115.2	191.4	162.3	198.4	221.2
1985	118.0	105.7	120.2	128.1	225.7	171.5	238.4	283.5
1986	112.7	106.2	108.6	125.4	254.5	182.2	259.0	355.4
1987	119.6	108.6	126.2	119.4	304.5	197.8	326.9	424.5
1988	115.8	105.3	123.4	112.4	352.5	208.2	403.3	477.0
1989	107.2	107.0	108.3	105.5	377.9	222.9	437.0	503.1
1990	111.6	107.1	112.5	113.2	421.6	238.7	491.4	569.3
1991	117.7	105.5	123.7	119.4	496.1	251.8	608.0	679.7
1992	122.1	105.6	133.6	119.0	605.8	266.0	812.3	809.2
1993	123.0	102.6	136.4	116.8	745.1	272.9	1108.1	945.0
1994	119.7	103.2	125.8	118.5	891.9	281.5	1393.9	1119.5
1995	115.7	105.4	119.0	114.7	1031.9	296.8	1658.4	1284.3
1996	111.3	104.9	112.7	111.5	1148.9	311.3	1869.5	1432.3
1997	111.2	104.7	113.0	110.7	1278.1	325.9	2111.8	1585.8
1998	110.9	103.8	112.5	110.4	1416.9	338.3	2376.1	1751.2
1999	110.3	103.9	110.8	111.3	1562.4	351.5	2633.4	1949.3
2000	111.7	102.3	112.3	113.5	1745.4	359.7	2956.2	2213.4
2001	110.5	102.2	110.8	112.0	1929.2	367.7	3274.5	2478.9
2002	112.4	104.3	113.7	112.5	2167.8	383.5	3722.3	2789.5
2003	114.8	102.2	120.2	111.3	2488.6	392.1	4474.4	3104.6
2004	113.2	103.8	116.8	110.5	2816.2	407.1	5227.8	3429.6
2005	114.2	104.8	115.3	114.3	3215.4	426.5	6026.3	3919.2
2006	114.9	103.9	117.2	113.8	3693.6	443.2	7060.6	4460.8
2007	115.0	103.1	117.3	113.9	4247.7	456.9	8280.0	5080.1
2008	110.5	103.8	111.6	110.0	4693.4	474.2	9238.0	5587.0
2009	109.9	105.1	109.1	111.4	5156.0	498.6	10077.6	6221.5
2010	112.5	104.5	114.5	110.9	5800.4	521.2	11541.2	6898.3
2011	110.2	104.3	110.4	110.7	6392.9	543.8	12736.5	7635.2
2012	108.3	103.9	107.3	109.8	6920.7	564.8	13661.5	8382.1
2013	108.5	102.4	108.0	109.7	7511.9	578.5	14750.3	9197.8
2014	107.8	103.3	108.0	108.0	8098.3	597.6	15924.1	9937.5
2015	108.0	103.4	107.0	109.6	8749.5	617.8	17033.6	10888.2
2016	107.5	103.1	106.1	109.2	9407.4	637.2	18073.6	11885.9
2017	107.5	103.6	106.5	108.6	10112.3	660.0	19254.1	12914.0
2018	106.8	104.4	105.9	107.8	10801.1	688.9	20383.9	13922.2
2019	106.2	103.8	104.2	107.9	11465.5	715.4	21249.5	15025.9
2020	102.3	103.7	101.9	102.5	11723.4	741.6	21648.6	15394.4
2021	108.0	107.9	108.7	107.5	12655.5	800.4	23523.1	16542.1

6-4 地区生产总值产业构成

单位：%

年份	地区生产总值	第一产业	第二产业	第三产业
1978	100.0	29.8	46.6	23.6
1979	100.0	31.8	43.8	24.4
1980	100.0	33.2	41.1	25.7
1981	100.0	32.5	41.4	26.1
1982	100.0	34.8	39.8	25.4
1983	100.0	32.9	41.3	25.8
1984	100.0	31.7	40.9	27.4
1985	100.0	29.8	39.8	30.4
1986	100.0	28.2	38.3	33.5
1987	100.0	27.4	39.0	33.6
1988	100.0	26.5	39.8	33.7
1989	100.0	25.5	40.1	34.4
1990	100.0	24.7	39.5	35.8
1991	100.0	22.0	41.3	36.7
1992	100.0	19.0	44.9	36.1
1993	100.0	16.1	49.1	34.8
1994	100.0	15.0	48.7	36.3
1995	100.0	14.6	48.8	36.6
1996	100.0	13.6	48.4	38.0
1997	100.0	12.5	47.7	39.8
1998	100.0	11.6	47.7	40.7
1999	100.0	10.9	47.2	41.9
2000	100.0	9.1	46.7	44.2
2001	100.0	8.1	45.9	46.0
2002	100.0	7.5	45.6	46.9
2003	100.0	6.7	48.1	45.2
2004	100.0	6.5	49.3	44.2
2005	100.0	6.4	50.3	43.3
2006	100.0	5.7	50.7	43.6
2007	100.0	5.2	50.5	44.3
2008	100.0	5.2	50.5	44.3
2009	100.0	4.9	49.3	45.8
2010	100.0	4.8	49.9	45.3
2011	100.0	4.8	49.3	45.9
2012	100.0	4.7	48.0	47.3
2013	100.0	4.6	46.9	48.5
2014	100.0	4.5	46.8	48.7
2015	100.0	4.3	45.4	50.3
2016	100.0	4.3	43.2	52.5
2017	100.0	3.9	42.1	54.0
2018	100.0	3.8	41.4	54.8
2019	100.0	4.0	40.2	55.8
2020	100.0	4.2	39.5	56.3
2021	100.0	4.0	40.4	55.6

6-5 三次产业贡献率及三次产业对地区生产总值增长的拉动

年份	三次产业贡献率(%)				三次产业对地区生产总值增长的拉动(百分点)			
	地区生产总值	第一产业	第二产业	第三产业	地区生产总值	第一产业	第二产业	第三产业
1979	100.0	23.9	25.7	50.4	8.5	2.0	2.2	4.3
1980	100.0	22.4	44.2	33.5	16.6	3.7	7.3	5.6
1981	100.0	17.0	56.2	26.8	9.0	1.5	5.1	2.4
1982	100.0	32.1	40.8	27.1	12.0	3.8	4.9	3.2
1983	100.0	14.1	55.7	30.2	7.3	1.0	4.1	2.2
1984	100.0	23.7	50.7	25.6	15.6	3.7	7.9	4.0
1985	100.0	9.5	49.6	41.0	18.0	1.7	8.9	7.4
1986	100.0	13.0	30.4	56.6	12.7	1.7	3.9	7.2
1987	100.0	11.0	57.8	31.2	19.6	2.2	11.4	6.1
1988	100.0	7.6	67.7	24.7	15.8	1.2	10.7	3.9
1989	100.0	20.3	56.5	23.3	7.2	1.5	4.1	1.7
1990	100.0	12.7	53.0	34.3	11.6	1.5	6.1	4.0
1991	100.0	7.6	53.0	39.3	17.7	1.4	9.4	7.0
1992	100.0	5.6	63.0	31.4	22.1	1.2	13.9	6.9
1993	100.0	2.2	71.9	25.9	23.0	0.5	16.5	6.0
1994	100.0	2.6	65.9	31.6	19.7	0.5	13.0	6.2
1995	100.0	4.8	63.9	31.3	15.7	0.7	10.0	4.9
1996	100.0	5.4	61.0	33.6	11.3	0.6	6.9	3.8
1997	100.0	4.9	63.5	31.6	11.2	0.6	7.1	3.5
1998	100.0	3.9	64.4	31.7	10.9	0.4	7.0	3.4
1999	100.0	4.0	59.8	36.2	10.3	0.4	6.1	3.7
2000	100.0	1.9	59.7	38.4	11.7	0.2	7.0	4.5
2001	100.0	1.9	47.7	50.4	10.5	0.2	5.0	5.3
2002	100.0	2.9	51.7	45.4	12.4	0.4	6.4	5.6
2003	100.0	1.2	64.6	34.3	14.8	0.2	9.6	5.1
2004	100.0	2.0	63.4	34.6	13.2	0.3	8.3	4.6
2005	100.0	2.1	55.1	42.8	14.2	0.3	7.8	6.1
2006	100.0	1.7	58.1	40.3	14.9	0.2	8.6	6.0
2007	100.0	1.2	59.1	39.7	15.0	0.2	8.9	6.0
2008	100.0	1.9	57.7	40.4	10.5	0.2	6.1	4.2
2009	100.0	2.5	48.7	48.8	9.9	0.2	4.8	4.8
2010	100.0	1.7	61.0	37.3	12.5	0.2	7.6	4.7
2011	100.0	2.0	50.6	47.4	10.2	0.2	5.2	4.8
2012	100.0	2.1	43.9	53.9	8.3	0.2	3.6	4.5
2013	100.0	1.2	46.2	52.6	8.5	0.1	3.9	4.5
2014	100.0	1.7	50.2	48.1	7.8	0.1	3.9	3.8
2015	100.0	1.7	42.7	55.6	8.0	0.1	3.4	4.5
2016	100.0	1.8	36.8	61.4	7.5	0.1	2.8	4.6
2017	100.0	2.0	39.0	59.0	7.5	0.1	2.9	4.4
2018	100.0	2.5	38.2	59.2	6.8	0.2	2.6	4.0
2019	100.0	2.4	30.4	67.2	6.2	0.1	1.9	4.1
2020	100.0	6.1	36.1	57.8	2.3	0.2	0.8	1.3
2021	100.0	4.2	43.0	52.8	8.0	0.4	3.4	4.2

注：1.三次产业贡献率指各产业增加值增量与GDP增量之比。
2.三次产业拉动指GDP增长速度与各产业贡献率之乘积。

6-6 人均地区生产总值及人均消费水平

年份	人均地区生产总值		人均消费水平					
			全体居民		农村居民		城镇居民	
	绝对数(元)	增长速度(%)	绝对数(元)	增长速度(%)	绝对数(元)	增长速度(%)	绝对数(元)	增长速度(%)
1978	370		222		171		466	
1979	410	6.9	252	8.3	196	9.8	507	2.6
1980	481	14.8	302	14.9	228	14.1	620	12.7
1981	550	7.1	332	7.9	260	13.3	627	-1.9
1982	633	10.0	377	10.3	298	10.4	696	8.3
1983	675	5.6	403	7.2	310	5.1	764	8.5
1984	827	13.8	453	10.3	334	7.8	878	9.7
1985	1026	16.2	529	5.7	372	-2.6	1038	10.2
1986	1164	10.6	609	9.5	430	6.3	1146	8.4
1987	1443	17.0	754	6.4	515	4.9	1382	1.1
1988	1926	13.2	944	-3.5	651	0.5	1716	-6.8
1989	2251	4.8	1212	19.7	831	23.1	2188	15.0
1990	2484	9.1	1287	9.3	896	12.9	2263	4.7
1991	2941	14.7	1434	8.3	906	0.2	2712	14.8
1992	3699	18.8	1690	14.7	1023	9.7	3210	15.7
1993	5085	19.3	2308	20.5	1347	17.6	4280	17.0
1994	6530	15.5	3234	17.8	1831	14.3	5870	15.7
1995	8139	12.1	3991	10.1	2206	8.4	7091	7.6
1996	9157	8.7	4470	6.9	2547	11.6	7660	2.3
1997	10154	8.4	4612	-2.1	2597	-0.4	7807	-4.8
1998	10850	7.9	4796	4.2	2681	5.8	8054	2.2
1999	11463	7.3	5025	4.5	2661	0.8	8598	5.9
2000	12817	7.3	5305	0.2	2680	-1.3	9189	0.2
2001	13952	7.3	5445	1.9	2759	3.0	9312	0.3
2002	15478	11.1	6199	13.2	2904	5.7	10358	10.2
2003	17950	13.3	7342	17.0	3032	3.4	11136	6.4
2004	20647	11.5	8800	15.9	3386	8.2	12409	7.9
2005	23997	12.7	9799	10.0	3915	13.2	13609	8.6
2006	27861	12.8	10619	7.4	4010	2.2	14695	6.9
2007	33236	12.2	12336	12.9	4401	5.0	16982	12.6
2008	37543	7.9	13911	7.1	4975	5.6	19101	7.1
2009	39418	7.3	15243	10.9	5533	6.9	20852	11.3
2010	44669	9.5	17211	9.3	6255	9.4	23159	7.5
2011	50076	7.0	19186	5.8	7722	12.2	24943	2.9
2012	52308	5.3	21123	6.9	8663	6.7	27218	6.3
2013	56029	6.0	21208	10.0	10543	10.9	26206	9.6
2014	59909	5.7	23446	7.6	12206	12.3	28586	6.3
2015	64516	6.1	25138	6.8	12980	8.5	30472	5.6
2016	69671	5.6	27156	5.6	14356	6.8	32602	4.8
2017	76218	5.4	29364	5.4	15473	7.6	35110	4.5
2018	81625	4.9	31837	5.7	18241	15.2	37175	3.1
2019	86956	4.7	33885	5.6	19797	4.7	39188	5.1
2020	88521	1.1	33348	-3.9	20273	-1.6	37906	-5.3
2021	98285	7.1						

注：2006—2009 年根据2010年全国人口普查快速汇总数据进行平滑调整，本表人均地区生产总值是人口平滑后的数据(以下相关表同)。

6-7 人均地区生产总值及人均消费水平指数

<table>
<tr><th rowspan="3">年份</th><th colspan="2" rowspan="2">人均地区生产总值</th><th colspan="6">人均消费水平</th></tr>
<tr><th colspan="2">全体居民</th><th colspan="2">农村居民</th><th colspan="2">城镇居民</th></tr>
<tr><th>绝对数(元)</th><th>1978年为100(%)</th><th>绝对数(元)</th><th>1978年为100(%)</th><th>绝对数(元)</th><th>1978年为100(%)</th><th>绝对数(元)</th><th>1978年为100(%)</th></tr>
<tr><td>1978</td><td>370</td><td>100.0</td><td>222</td><td>100.0</td><td>171</td><td>100.0</td><td>466</td><td>100.0</td></tr>
<tr><td>1979</td><td>410</td><td>106.9</td><td>252</td><td>108.3</td><td>196</td><td>109.8</td><td>507</td><td>102.6</td></tr>
<tr><td>1980</td><td>481</td><td>122.6</td><td>302</td><td>124.4</td><td>228</td><td>125.2</td><td>620</td><td>115.6</td></tr>
<tr><td>1981</td><td>550</td><td>131.3</td><td>332</td><td>134.2</td><td>260</td><td>141.9</td><td>627</td><td>113.4</td></tr>
<tr><td>1982</td><td>633</td><td>144.4</td><td>377</td><td>148.1</td><td>298</td><td>156.7</td><td>696</td><td>122.8</td></tr>
<tr><td>1983</td><td>675</td><td>152.4</td><td>403</td><td>158.7</td><td>310</td><td>164.8</td><td>764</td><td>133.3</td></tr>
<tr><td>1984</td><td>827</td><td>173.5</td><td>453</td><td>175.0</td><td>334</td><td>177.6</td><td>878</td><td>146.3</td></tr>
<tr><td>1985</td><td>1026</td><td>201.6</td><td>529</td><td>184.9</td><td>372</td><td>172.9</td><td>1038</td><td>161.2</td></tr>
<tr><td>1986</td><td>1164</td><td>223.1</td><td>609</td><td>202.5</td><td>430</td><td>183.7</td><td>1146</td><td>174.7</td></tr>
<tr><td>1987</td><td>1443</td><td>260.9</td><td>754</td><td>215.6</td><td>515</td><td>192.6</td><td>1382</td><td>176.6</td></tr>
<tr><td>1988</td><td>1926</td><td>295.4</td><td>944</td><td>208.1</td><td>651</td><td>193.6</td><td>1716</td><td>164.6</td></tr>
<tr><td>1989</td><td>2251</td><td>309.6</td><td>1212</td><td>249.0</td><td>831</td><td>238.2</td><td>2188</td><td>189.3</td></tr>
<tr><td>1990</td><td>2484</td><td>337.7</td><td>1287</td><td>272.1</td><td>896</td><td>269.0</td><td>2263</td><td>198.2</td></tr>
<tr><td>1991</td><td>2941</td><td>387.4</td><td>1434</td><td>294.7</td><td>906</td><td>269.5</td><td>2712</td><td>227.5</td></tr>
<tr><td>1992</td><td>3699</td><td>460.3</td><td>1690</td><td>338.1</td><td>1023</td><td>295.7</td><td>3210</td><td>263.2</td></tr>
<tr><td>1993</td><td>5085</td><td>549.0</td><td>2308</td><td>407.5</td><td>1347</td><td>347.8</td><td>4280</td><td>308.1</td></tr>
<tr><td>1994</td><td>6530</td><td>633.9</td><td>3234</td><td>480.2</td><td>1831</td><td>397.6</td><td>5870</td><td>356.5</td></tr>
<tr><td>1995</td><td>8139</td><td>710.7</td><td>3991</td><td>528.9</td><td>2206</td><td>430.8</td><td>7091</td><td>383.5</td></tr>
<tr><td>1996</td><td>9157</td><td>772.3</td><td>4470</td><td>565.4</td><td>2547</td><td>480.6</td><td>7660</td><td>392.3</td></tr>
<tr><td>1997</td><td>10154</td><td>837.2</td><td>4612</td><td>553.4</td><td>2597</td><td>478.6</td><td>7807</td><td>373.4</td></tr>
<tr><td>1998</td><td>10850</td><td>903.3</td><td>4796</td><td>576.9</td><td>2681</td><td>506.5</td><td>8054</td><td>381.6</td></tr>
<tr><td>1999</td><td>11463</td><td>969.2</td><td>5025</td><td>602.6</td><td>2661</td><td>510.6</td><td>8598</td><td>404.2</td></tr>
<tr><td>2000</td><td>12817</td><td>1040.3</td><td>5305</td><td>603.5</td><td>2680</td><td>503.8</td><td>9189</td><td>405.0</td></tr>
<tr><td>2001</td><td>13952</td><td>1115.8</td><td>5445</td><td>615.2</td><td>2759</td><td>519.0</td><td>9312</td><td>406.3</td></tr>
<tr><td>2002</td><td>15478</td><td>1240.1</td><td>6199</td><td>696.1</td><td>2904</td><td>548.8</td><td>10358</td><td>447.6</td></tr>
<tr><td>2003</td><td>17950</td><td>1405.3</td><td>7342</td><td>814.5</td><td>3032</td><td>567.2</td><td>11136</td><td>476.2</td></tr>
<tr><td>2004</td><td>20647</td><td>1566.6</td><td>8800</td><td>944.4</td><td>3386</td><td>613.6</td><td>12409</td><td>513.8</td></tr>
<tr><td>2005</td><td>23997</td><td>1766.1</td><td>9799</td><td>1039.2</td><td>3915</td><td>694.5</td><td>13609</td><td>557.8</td></tr>
<tr><td>2006</td><td>27861</td><td>1992.7</td><td>10619</td><td>1116.5</td><td>4010</td><td>709.8</td><td>14695</td><td>596.5</td></tr>
<tr><td>2007</td><td>33236</td><td>2235.7</td><td>12336</td><td>1260.3</td><td>4401</td><td>745.1</td><td>16982</td><td>671.5</td></tr>
<tr><td>2008</td><td>37543</td><td>2413.3</td><td>13911</td><td>1350.1</td><td>4975</td><td>787.1</td><td>19101</td><td>719.3</td></tr>
<tr><td>2009</td><td>39418</td><td>2588.9</td><td>15243</td><td>1496.8</td><td>5533</td><td>841.2</td><td>20852</td><td>800.5</td></tr>
<tr><td>2010</td><td>44669</td><td>2834.9</td><td>17211</td><td>1636.4</td><td>6255</td><td>920.5</td><td>23159</td><td>860.4</td></tr>
<tr><td>2011</td><td>50076</td><td>3032.2</td><td>19186</td><td>1730.9</td><td>7722</td><td>1033.1</td><td>24943</td><td>885.0</td></tr>
<tr><td>2012</td><td>52308</td><td>3192.2</td><td>21123</td><td>1850.9</td><td>8663</td><td>1101.9</td><td>27218</td><td>940.9</td></tr>
<tr><td>2013</td><td>56029</td><td>3385.1</td><td>21208</td><td>2035.2</td><td>10543</td><td>1222.5</td><td>26206</td><td>1031.1</td></tr>
<tr><td>2014</td><td>59909</td><td>3577.5</td><td>23446</td><td>2190.0</td><td>12206</td><td>1372.6</td><td>28586</td><td>1095.8</td></tr>
<tr><td>2015</td><td>64516</td><td>3797.1</td><td>25138</td><td>2338.3</td><td>12980</td><td>1489.9</td><td>30472</td><td>1157.7</td></tr>
<tr><td>2016</td><td>69671</td><td>4010.1</td><td>27156</td><td>2469.4</td><td>14356</td><td>1591.5</td><td>32602</td><td>1213.6</td></tr>
<tr><td>2017</td><td>76218</td><td>4227.6</td><td>29364</td><td>2602.2</td><td>15473</td><td>1711.8</td><td>35110</td><td>1268.1</td></tr>
<tr><td>2018</td><td>81625</td><td>4434.4</td><td>31837</td><td>2750.1</td><td>18241</td><td>1971.7</td><td>37175</td><td>1307.9</td></tr>
<tr><td>2019</td><td>86956</td><td>4641.2</td><td>33885</td><td>2903.7</td><td>19797</td><td>2063.7</td><td>39188</td><td>1375.3</td></tr>
<tr><td>2020</td><td>88521</td><td>4693.5</td><td>33348</td><td>2790.0</td><td>20273</td><td>2029.6</td><td>37906</td><td>1302.6</td></tr>
<tr><td>2021</td><td>98285</td><td>5027.6</td><td></td><td></td><td></td><td></td><td></td><td></td></tr>
</table>

6-8　各市地区生产总值及增长速度

(2021年)

市　别	地区生产总值(亿元)	第一产业	第二产业	第三产业	地区生产总值增长速度(%)	第一产业	第二产业	第三产业
广　州	28231.97	306.41	7722.67	20202.89	8.1	5.5	8.5	8.0
深　圳	30664.85	26.59	11338.59	19299.67	6.7	5.1	4.9	7.8
珠　海	3881.75	55.02	1627.47	2199.27	6.9	7.1	6.5	7.2
汕　头	2929.87	125.05	1412.56	1392.25	6.1	2.1	4.3	8.5
佛　山	12156.54	210.55	6806.95	5139.04	8.3	9.5	9.3	7.0
韶　关	1553.93	215.33	572.94	765.67	8.6	13.1	8.9	7.2
河　源	1273.99	153.81	463.15	657.02	8.0	8.0	11.1	6.1
梅　州	1308.01	251.35	409.13	647.53	5.5	5.9	2.6	7.3
惠　州	4977.36	232.54	2652.76	2092.06	10.1	10.2	14.4	5.3
汕　尾	1288.04	175.08	498.96	614.00	12.7	11.4	16.8	10.0
东　莞	10855.35	34.66	6319.41	4501.28	8.2	11.8	10.5	5.1
中　山	3566.17	90.81	1761.78	1713.58	8.2	20.4	11.0	5.0
江　门	3601.28	294.89	1640.66	1665.73	8.4	9.8	11.1	5.7
阳　江	1515.86	249.00	592.51	674.35	8.3	2.8	14.4	5.9
湛　江	3559.93	640.94	1373.18	1545.81	8.5	7.8	11.3	6.7
茂　名	3698.10	648.85	1319.24	1730.01	7.6	6.8	7.8	7.9
肇　庆	2649.99	458.46	1101.48	1090.04	10.5	7.6	15.3	7.5
清　远	2007.45	303.81	794.26	909.37	8.1	9.2	10.5	5.8
潮　州	1244.85	115.04	602.08	527.73	9.3	7.4	10.6	8.4
揭　阳	2265.43	205.50	831.53	1228.41	6.1	4.4	3.1	8.6
云　浮	1138.97	209.96	377.90	551.11	8.1	9.7	8.3	7.4
按经济区域分								
珠三角	100585.25	1709.93	40971.75	57903.57	7.9	8.8	8.6	7.3
东　翼	7728.20	620.68	3345.13	3762.39	7.7	6.3	6.8	8.7
西　翼	8773.89	1538.80	3284.93	3950.17	8.1	6.5	10.4	7.1
山　区	7282.33	1134.26	2617.38	3530.70	7.7	9.1	8.6	6.7

6-9 各市地区生产总值产业构成

(2021年) 单位：%

市别	地区生产总值	第一产业	第二产业	第三产业
广州	100.0	1.1	27.4	71.6
深圳	100.0	0.1	37.0	62.9
珠海	100.0	1.4	41.9	56.7
汕头	100.0	4.3	48.2	47.5
佛山	100.0	1.7	56.0	42.3
韶关	100.0	13.9	36.9	49.3
河源	100.0	12.1	36.4	51.6
梅州	100.0	19.2	31.3	49.5
惠州	100.0	4.7	53.3	42.0
汕尾	100.0	13.6	38.7	47.7
东莞	100.0	0.3	58.2	41.5
中山	100.0	2.5	49.4	48.1
江门	100.0	8.2	45.6	46.3
阳江	100.0	16.4	39.1	44.5
湛江	100.0	18.0	38.6	43.4
茂名	100.0	17.5	35.7	46.8
肇庆	100.0	17.3	41.6	41.1
清远	100.0	15.1	39.6	45.3
潮州	100.0	9.2	48.4	42.4
揭阳	100.0	9.1	36.7	54.2
云浮	100.0	18.4	33.2	48.4
按经济区域分				
珠三角	100.0	1.7	40.7	57.6
东翼	100.0	8.0	43.3	48.7
西翼	100.0	17.5	37.4	45.0
山区	100.0	15.6	35.9	48.5

6-10 各县(市、区)三次产业地区生产总值

地区	地区生产总值(亿元)		第一产业(亿元)		第二产业(亿元)		第三产业(亿元)		人均地区生产总值(元)	
	2020	2021	2020	2021	2020	2021	2020	2021	2020	2021
广州市										
越秀区	3318.94	3629.48			135.95	147.92	3182.99	3481.55	320670	348051
海珠区	2090.73	2405.16	1.66	1.37	343.31	423.68	1745.76	1980.11	115366	132093
荔湾区	1076.61	1209.79	4.87	5.09	296.52	330.49	775.21	874.20	87636	102040
天河区	5323.30	6012.20	2.04	2.00	395.66	447.81	4925.60	5562.39	239696	267828
白云区	2251.26	2551.00	35.06	34.03	503.21	592.44	1712.99	1924.54	60611	68500
黄埔区	3710.41	4158.37	3.95	4.70	2195.56	2468.16	1510.90	1685.50	295780	337106
花都区	1667.50	1800.41	45.91	49.63	731.53	801.67	890.05	949.10	102761	107161
番禺区	2298.40	2653.91	34.70	41.85	781.43	964.43	1482.27	1647.63	87521	96666
南沙区	1878.47	2131.61	66.07	69.96	780.43	885.96	1031.97	1175.70	223680	243696
从化区	387.96	413.39	30.92	32.53	126.53	135.92	230.52	244.93	54386	57129
增城区	1065.18	1266.66	61.09	65.25	426.03	524.19	578.06	677.22	73012	84447
深圳市										
福田区	4777.37	5318.19	1.55	1.60	357.02	472.08	4418.79	4844.50	309575	341303
罗湖区	2360.56	2571.67	0.66	0.42	159.44	176.99	2200.45	2394.25	208752	224042
盐田区	650.63	760.49	0.14	0.51	91.71	126.97	558.78	633.00	302758	353962
南山区	6527.40	7630.59	1.47	1.17	1784.02	2188.40	4741.91	5441.02	368655	421778
宝安区	3847.04	4421.83	0.70	0.92	1873.71	2230.47	1972.63	2190.44	85848	98548
龙岗区	5110.62	4866.80	2.22	2.25	3551.59	3199.55	1556.82	1665.00	125293	116841
龙华区	2491.01	2828.45	0.52	0.59	1267.92	1446.99	1222.57	1380.87	100236	111394
坪山区	805.67	910.60	1.01	1.13	515.39	593.40	289.27	316.07	148909	162491
光明区	1127.32	1285.33	2.23	2.38	757.41	875.45	367.68	407.50	106567	115837
珠海市										
香洲区	2371.79	2598.63	2.90	3.21	766.82	850.76	1602.07	1744.66	174596	186275
金湾区	707.80	815.09	9.74	11.46	493.98	556.39	204.08	247.25	163294	181052
斗门区	438.67	468.03	38.36	40.35	202.36	220.32	197.95	207.36	73258	76363
汕头市										
金平区	545.77	591.20	2.53	2.78	218.48	234.86	324.77	353.56	69993	76136
龙湖区	550.48	600.26	7.48	7.90	205.55	214.58	337.45	377.79	87726	94232
澄海区	450.70	486.68	40.41	41.80	234.54	254.39	175.75	190.50	51580	55545
濠江区	169.45	184.71	7.41	7.71	95.68	97.90	66.37	79.11	62888	68476
潮阳区	490.21	529.32	31.84	32.32	282.22	305.05	176.14	191.95	29685	31922
潮南区	465.91	502.96	20.88	20.58	281.67	300.19	163.37	182.19	37811	40730
南澳县	32.22	34.73	11.96	11.97	4.40	5.59	15.86	17.17	50071	53797
佛山市										
禅城区	1911.52	2148.90	0.52	0.65	640.61	748.81	1270.38	1399.43	144108	160713
南海区	3119.78	3560.89	51.07	60.88	1642.64	1907.77	1426.07	1592.23	85362	96277
顺德区	3614.09	4064.38	71.78	72.66	2079.72	2411.33	1462.60	1580.39	112048	124962
高明区	880.50	977.10	29.48	32.41	656.29	728.78	194.73	215.91	188141	207651
三水区	1232.48	1405.19	37.07	43.95	868.53	1010.25	326.87	351.00	153983	174136
韶关市										
浈江区	208.35	229.21	8.41	8.77	57.92	67.42	142.01	153.02	57097	63104
武江区	278.82	306.72	8.53	8.61	105.05	119.19	165.24	178.93	75315	81378
曲江区	187.43	222.49	19.18	21.03	104.68	131.74	63.57	69.72	64320	76612
乐昌市	124.30	137.71	29.16	31.50	25.27	30.89	69.87	75.32	32369	35947
南雄市	121.01	131.90	36.02	36.55	28.22	32.90	56.77	62.45	34274	37220
仁化县	98.68	111.43	22.84	23.70	37.03	45.35	38.80	42.38	53038	59965
始兴县	83.75	98.16	24.22	25.54	23.47	32.76	36.06	39.86	42255	49554
翁源县	109.34	128.27	28.71	34.55	27.42	35.23	53.21	58.49	33908	39765
新丰县	72.64	80.52	14.18	15.96	22.60	25.12	35.86	39.44	37073	41181
乳源县	90.86	107.52	8.64	9.12	42.70	52.34	39.52	46.06	48639	57287

6-10 续表 1

地　区	地区生产总值(亿元)		第一产业(亿元)		第二产业(亿元)		第三产业(亿元)		人均地区生产总值(元)	
	2020	2021	2020	2021	2020	2021	2020	2021	2020	2021
河源市										
源城区	446.08	522.74	3.36	3.47	195.33	245.81	247.38	273.46	65450	74063
东源县	139.51	167.19	22.68	29.22	49.50	62.80	67.33	75.17	39214	47837
和平县	118.86	127.87	22.94	25.50	34.21	32.68	61.71	69.69	33563	36153
龙川县	158.68	170.25	33.04	33.85	38.61	39.23	87.02	97.17	26251	28644
紫金县	163.84	188.11	32.66	39.36	47.21	56.01	83.97	92.74	29307	34209
连平县	87.34	97.82	18.84	22.42	23.48	26.61	45.03	48.79	30434	34324
梅州市										
梅江区	272.61	287.12	8.21	8.70	118.39	121.48	146.01	156.94	62504	65733
梅县区	220.44	237.71	55.19	59.52	75.37	79.34	89.87	98.85	39686	42677
兴宁市	179.60	196.32	50.28	52.37	29.12	33.50	100.20	110.45	22755	25232
平远县	79.42	85.66	14.77	15.73	23.11	23.39	41.54	46.54	41406	45168
蕉岭县	101.94	106.40	17.32	17.85	47.32	47.42	37.30	41.14	55027	57890
大埔县	92.19	100.27	26.15	28.30	19.32	21.54	46.72	50.44	27736	30408
丰顺县	114.50	118.68	25.72	25.84	43.98	43.90	44.80	48.94	23898	24748
五华县	166.58	175.84	41.02	43.04	39.74	38.57	85.82	94.23	17991	19127
惠州市										
惠城区	1519.36	1781.04	33.56	34.72	683.79	851.65	802.02	894.68	72591	84886
惠阳区	1358.97	1556.12	22.36	22.72	862.26	1053.99	474.36	479.40	98220	110062
惠东县	612.84	710.87	60.98	65.60	212.48	269.60	339.38	375.67	50856	69772
博罗县	625.11	741.46	68.65	76.74	310.15	393.99	246.31	270.73	61654	61205
龙门县	167.45	187.87	31.43	32.76	68.93	83.53	67.09	71.58	52466	58837
汕尾市										
市城区	320.24	357.24	32.06	37.10	101.01	112.03	187.17	208.11	70841	79078
陆丰市	358.26	423.90	71.75	78.86	133.34	171.46	153.17	173.58	28863	34249
海丰县	346.38	406.14	37.91	42.79	154.63	186.95	153.84	176.40	47018	54906
陆河县	87.75	100.77	15.44	16.33	22.66	28.52	49.65	55.92	35248	40470
东莞市	**9756.77**	**10855.35**	**30.40**	**34.66**	**5534.57**	**6319.41**	**4191.80**	**4501.28**	**93194**	**103284**
中山市	**3189.15**	**3566.17**	**71.01**	**90.81**	**1525.97**	**1761.78**	**1592.17**	**1713.58**	**72329**	**80157**
江门市										
蓬江区	731.68	831.73	5.41	6.40	268.89	321.48	457.38	503.85	86553	96657
江海区	245.08	285.32	5.34	6.25	141.39	170.86	98.35	108.22	68390	76978
新会区	807.08	896.14	50.67	57.23	402.24	461.81	354.17	377.09	89043	98191
台山市	454.65	503.23	102.50	108.74	174.22	201.71	177.94	192.77	49995	55504
开平市	392.22	438.45	47.84	52.26	176.18	205.21	168.20	180.98	52527	58448
鹤山市	383.46	440.69	30.76	31.90	185.55	222.76	167.15	186.03	72549	82396
恩平市	188.80	205.72	30.39	32.11	52.22	56.82	106.19	116.79	39017	42491
阳江市										
江城区	488.04	561.40	53.42	52.60	164.66	218.08	269.96	290.71	60170	68547
阳东区	316.31	343.60	59.86	57.66	159.11	179.25	97.35	106.69	66285	71561
阳春市	339.49	366.77	73.98	73.61	98.24	112.79	167.26	180.37	38790	41736
阳西县	205.69	244.09	67.48	65.13	51.80	82.39	86.41	96.58	47295	56067

6-10 续表 2

地　区	地区生产总值(亿元)		第一产业(亿元)		第二产业(亿元)		第三产业(亿元)		人均地区生产总值(元)	
	2020	2021	2020	2021	2020	2021	2020	2021	2020	2021
湛江市										
赤坎区	328.42	358.08	0.84	1.31	73.09	77.28	254.50	279.48	80171	85226
霞山区	400.23	430.67	2.42	2.56	185.27	194.89	212.54	233.23	61916	65412
麻章区	397.56	635.94	45.98	48.08	241.80	465.09	109.78	122.76	75705	119808
坡头区	320.38	331.47	23.70	24.26	216.94	220.06	79.74	87.15	94858	97606
雷州市	322.33	354.12	137.61	145.28	35.83	40.79	148.89	168.05	24355	26773
廉江市	483.07	516.16	131.59	134.07	157.46	166.39	194.01	215.69	35404	37816
吴川市	278.51	304.41	36.22	37.56	87.00	96.30	155.29	170.55	30629	33502
遂溪县	375.42	415.48	129.30	141.55	82.83	91.08	163.29	182.86	45332	50301
徐闻县	197.40	213.59	100.87	106.27	18.24	21.29	78.29	86.03	31014	33676
茂名市										
茂南区	927.71	1096.52	39.82	36.14	506.74	638.72	381.15	421.67	90126	104955
电白区	673.68	766.83	153.69	156.84	207.68	270.01	312.31	339.99	44815	50826
信宜市	488.09	522.23	143.14	142.54	82.12	87.50	262.82	292.19	48417	51237
高州市	633.58	687.16	170.43	165.87	142.96	169.47	320.19	351.83	47776	51670
化州市	562.39	625.35	141.58	147.47	121.81	154.47	299.00	323.42	43784	48206
肇庆市										
端州区	424.84	477.27	0.18	0.20	121.69	144.62	302.97	332.45	71186	78556
鼎湖区	131.09	146.62	11.92	11.38	50.64	61.57	68.53	73.67	63638	69720
高要区	435.62	507.44	98.31	106.16	214.27	266.00	123.03	135.28	58681	68420
四会市	615.89	725.22	72.43	69.45	301.41	384.26	242.05	271.50	96663	112542
广宁县	159.06	176.80	51.83	57.01	48.85	55.59	58.38	64.20	38913	43343
德庆县	157.03	175.65	37.24	40.25	63.98	73.66	55.81	61.74	47319	52979
封开县	145.42	164.32	54.61	61.79	46.41	52.63	44.40	49.89	38707	43870
怀集县	244.30	276.67	105.47	112.21	48.44	63.15	90.38	101.31	30308	34350
清远市										
清城区	667.52	712.39	27.82	28.00	280.75	312.65	358.95	371.74	60083	63227
清新区	275.91	302.76	54.17	55.93	118.44	133.41	103.30	113.43	44338	49013
英德市	348.47	403.67	71.43	79.97	134.53	166.39	142.51	157.31	37027	42835
连州市	159.82	181.43	45.98	46.76	39.22	52.07	74.62	82.60	42359	48049
佛冈县	133.50	158.52	20.11	22.71	60.11	76.99	53.28	58.82	42315	50154
阳山县	124.40	139.06	47.60	47.18	16.72	26.32	60.08	65.56	33869	37836
连山县	37.44	42.12	10.43	11.03	5.49	7.18	21.52	23.90	39352	44187
连南县	57.30	67.50	11.31	12.24	14.43	19.25	31.56	36.01	42527	49974
潮州市										
湘桥区	267.68	301.84	9.33	9.31	74.43	90.56	183.91	201.97	46387	52084
潮安区	549.90	618.58	26.20	27.44	351.53	401.49	172.17	189.65	46705	52574
饶平县	285.30	324.44	73.40	78.30	90.18	110.03	121.72	136.11	34780	39684
揭阳市										
榕城区	550.70	592.35	14.02	13.38	234.22	243.67	302.46	335.30	58880	63326
揭东区	469.05	509.54	42.37	42.99	219.55	235.46	207.13	231.09	50166	54534
普宁市	558.95	607.58	43.07	44.24	165.32	177.63	350.55	385.71	27838	30251
揭西县	241.57	262.01	46.93	47.64	70.75	77.03	123.90	137.35	35432	38872
惠来县	267.72	293.95	57.01	57.26	85.78	97.73	124.92	138.96	25580	28116
云浮市										
云城区	226.00	249.43	17.02	19.28	69.78	80.13	139.21	150.02	55809	60947
云安区	116.19	130.25	15.14	16.93	62.20	70.51	38.85	42.81	49192	55191
罗定市	287.18	312.19	56.66	64.04	84.55	86.82	145.97	161.33	30596	33224
新兴县	278.00	308.91	72.69	75.80	91.27	107.60	114.04	125.50	64487	71614
郁南县	126.24	138.20	30.18	33.92	30.10	32.83	65.96	71.45	33877	37125

6-11 各县(市、区)三次产业地区生产总值指数

单位：%

地　区	地区生产总值增长速度		第一产业增长速度		第二产业增长速度		第三产业增长速度		人均地区生产总值增长速度	
	2020	2021	2020	2021	2020	2021	2020	2021	2020	2021
广州市										
越秀区	2.7	6.1			-4.9	1.1	3.0	6.4	2.1	5.3
海珠区	2.8	9.3	9.0	-24.1	5.1	13.0	2.1	8.6	2.2	8.8
荔湾区	-2.8	8.5	10.1	8.5	1.6	6.6	-4.8	9.3	-5.5	12.5
天河区	2.7	8.2	-21.4	0.2	-0.2	5.5	3.0	8.5	0.4	7.1
白云区	0.2	8.1	10.8	-5.2	19.7	11.1	-5.6	7.4	-1.7	7.8
黄埔区	4.1	8.2	9.3	19.3	4.2	7.2	3.8	9.6	2.3	10.0
花都区	3.5	6.6	10.5	9.9	0.5	6.4	6.5	6.6	0.3	2.9
番禺区	4.1	9.0	10.0	7.2	7.6	14.6	1.4	6.1	0.9	4.3
南沙区	7.1	9.6	9.7	6.0	4.8	8.3	9.0	10.7	4.4	5.2
从化区	2.2	3.5	14.4	8.8	-3.2	-1.2	4.8	5.3	0.6	2.0
增城区	5.1	10.8	11.9	4.8	-0.2	10.4	9.5	11.8	3.3	7.8
深圳市										
福田区	3.6	8.6	-28.9	3.5	-7.3	26.6	4.6	7.2	2.8	7.6
罗湖区	1.3	8.0	-36.0	-23.7	-6.6	7.9	2.1	8.0	-1.2	6.4
盐田区	5.4	11.1	-25.2	259.5	-1.1	25.7	6.5	8.6	6.4	11.1
南山区	5.1	9.1	50.1	-5.9	4.1	10.2	5.7	8.6	2.2	6.7
宝安区	2.0	11.3	-23.8	24.4	2.1	13.8	1.9	8.8	1.3	11.1
龙岗区	1.1	-6.5	28.8	6.2	0.1	-11.3	3.7	4.3	-3.0	-8.5
龙华区	3.0	10.2	55.5	13.8	3.3	11.8	2.7	8.7	-1.1	7.9
坪山区	4.6	11.7	14.8	9.9	6.2	13.9	1.1	7.7	1.0	7.8
光明区	6.0	12.9	-11.4	-3.6	5.9	15.0	6.3	8.8	-2.3	7.7
珠海市										
香洲区	3.1	7.2	-27.6	7.5	1.5	6.3	4.2	7.6	-1.8	4.4
金湾区	2.9	7.7	3.5	13.9	2.9	7.6	3.1	7.8	-4.3	3.7
斗门区	2.6	4.1	4.1	5.3	1.4	4.3	4.0	3.7	-1.7	1.8
汕头市										
金平区	3.0	6.1	-11.7	2.7	6.3	4.2	1.0	7.4	4.0	6.6
龙湖区	3.6	6.3	-4.6	6.3	5.5	1.5	2.7	9.2	2.1	4.7
澄海区	-2.8	5.8	1.5	2.1	-9.5	5.3	6.9	7.4	-3.1	5.6
濠江区	3.8	6.7	0.4	3.3	7.8	-0.7	-0.5	17.8	3.9	6.6
潮阳区	1.8	5.8	-1.2	0.6	4.2	5.6	-1.4	7.2	1.4	5.4
潮南区	2.8	6.4	-2.0	3.5	5.0	5.8	-0.4	7.9	3.2	6.2
南澳县	1.8	5.6	0.6	0.2	9.4	19.1	0.9	5.9	1.4	5.3
佛山市										
禅城区	0.0	8.2	97.2	14.2	-3.5	10.3	2.5	7.1	-0.7	7.3
南海区	0.4	8.8	-0.4	7.9	-0.4	9.5	1.7	8.1	-1.6	7.5
顺德区	3.8	8.2	6.7	4.8	5.0	9.8	1.5	6.1	2.7	7.3
高明区	0.9	7.0	1.1	10.1	0.6	6.3	2.4	9.0	0.2	6.5
三水区	0.1	8.6	-13.8	20.7	-0.9	9.5	4.4	4.8	-1.2	7.7
韶关市										
浈江区	2.9	6.1	3.0	14.7	7.6	6.0	1.4	5.6	3.3	6.5
武江区	1.3	5.2	1.9	10.3	-3.4	2.8	4.6	6.4	-1.5	3.3
曲江区	3.5	11.6	6.9	17.4	6.5	12.7	-1.4	7.8	4.7	11.9
乐昌市	3.3	9.5	3.1	17.2	9.4	10.6	1.5	5.8	3.7	9.7
南雄市	3.2	7.0	2.9	6.0	8.2	5.7	1.6	8.2	2.3	6.6
仁化县	2.9	8.1	5.4	5.4	5.0	10.5	-0.4	7.3	3.2	8.2
始兴县	3.0	13.1	3.4	8.1	3.6	25.8	2.4	8.1	3.6	13.1
翁源县	6.1	13.5	9.2	22.5	15.4	15.3	1.1	7.6	6.1	13.4
新丰县	5.6	7.0	4.2	17.6	12.5	-1.1	2.8	7.9	6.8	7.2
乳源县	2.3	12.2	17.0	15.0	7.8	10.2	-5.0	13.7	1.8	11.7

6−11 续表 1

单位：%

地 区	地区生产总值增长速度		第一产业增长速度		第二产业增长速度		第三产业增长速度		人均地区生产总值增长速度	
	2020	2021	2020	2021	2020	2021	2020	2021	2020	2021
河源市										
源城区	2.7	10.3	5.3	2.9	0.5	17.5	5.0	4.7	-3.7	6.5
东源县	4.5	12.6	10.0	16.3	8.6	17.9	-0.7	7.5	9.6	14.6
和平县	-5.3	2.1	5.3	4.2	-17.4	-12.0	-0.7	9.1	-5.2	2.2
龙川县	-2.6	2.9	5.6	1.5	-8.1	-5.7	-2.8	7.2	0.9	4.6
紫金县	4.2	8.7	4.9	11.4	22.8	10.0	-4.5	6.9	6.3	10.5
连平县	1.3	5.5	4.7	9.2	1.0	6.2	0.2	3.7	2.3	6.3
梅州市										
梅江区	-0.8	4.3	-12.4	6.1	-1.6	3.2	0.7	5.1	-1.0	4.1
梅县区	3.5	6.2	1.4	5.7	7.6	5.6	1.3	6.9	3.1	5.9
兴宁市	0.4	8.8	1.3	6.2	-8.8	15.3	4.1	8.2	2.8	10.3
平远县	1.9	5.9	2.4	3.6	5.2	0.8	-0.6	9.5	4.1	7.1
蕉岭县	5.1	5.0	5.1	8.4	8.9	0.5	1.3	9.0	6.5	5.8
大埔县	1.7	6.7	3.4	5.1	3.5	10.5	0.0	6.0	3.2	7.5
丰顺县	0.4	2.3	0.9	1.7	-1.3	-3.8	1.9	8.6	0.6	2.2
五华县	2.3	5.1	1.0	8.6	4.2	-6.9	1.9	8.9	3.9	5.8
惠州市										
惠城区	0.3	11.3	-3.3	6.6	-0.7	15.2	1.4	8.2	-0.5	11.0
惠阳区	2.2	7.3	12.3	3.9	0.8	12.4	4.7	-1.9	-2.5	5.0
惠东县	1.5	11.2	5.7	13.5	1.8	15.9	0.6	7.8	0.3	12.0
博罗县	2.2	12.6	3.9	12.7	1.4	17.4	2.9	6.6	1.0	10.6
龙门县	2.1	8.7	1.2	6.9	1.9	14.1	2.7	4.1	1.9	8.7
汕尾市										
市城区	4.5	11.0	4.1	17.2	3.0	12.8	5.8	8.9	5.3	11.1
陆丰市	4.6	13.9	3.6	9.3	4.8	20.6	5.0	10.2	5.7	14.3
海丰县	5.1	13.5	4.0	11.4	5.2	16.3	5.3	11.2	5.0	13.1
陆河县	2.9	10.9	4.0	9.4	-2.2	15.3	6.2	9.4	3.7	10.9
东莞市	**1.1**	**8.2**	**5.9**	**11.8**	**-0.8**	**10.5**	**3.4**	**5.1**	**0.9**	**7.8**
中山市	**1.5**	**8.2**	**17.5**	**20.4**	**1.4**	**11.0**	**1.1**	**5.0**	**-0.1**	**7.2**
江门市										
蓬江区	2.2	9.1	5.5	9.9	3.4	13.8	1.5	6.3	0.0	7.1
江海区	3.5	9.9	3.2	10.6	5.4	13.0	1.0	5.5	-1.3	6.3
新会区	2.8	8.9	2.4	9.4	4.2	12.3	1.0	4.9	1.8	8.1
台山市	2.5	8.5	4.5	11.0	1.9	11.0	2.3	4.7	3.0	8.9
开平市	1.8	8.3	4.4	10.3	2.9	10.3	0.2	5.6	1.0	7.8
鹤山市	3.2	9.7	-2.9	6.3	5.1	14.2	2.0	5.3	2.1	8.4
恩平市	1.0	7.1	5.6	10.8	1.0	1.9	0.1	8.5	1.1	7.0
阳江市										
江城区	8.3	10.3	-0.5	0.4	19.7	22.0	-0.4	5.1	6.6	9.2
阳东区	1.3	7.9	1.8	2.4	0.5	10.7	3.1	6.6	0.6	7.2
阳春市	0.5	5.7	2.0	7.5	1.4	5.2	-0.8	5.1	0.2	5.2
阳西县	4.3	8.5	1.8	-0.1	10.2	18.4	1.2	9.3	4.7	8.4

6-11 续表 2

单位：%

地　区	地区生产总值增长速度		第一产业增长速度		第二产业增长速度		第三产业增长速度		人均地区生产总值增长速度	
	2020	2021	2020	2021	2020	2021	2020	2021	2020	2021
湛江市										
赤坎区	3.4	7.1	-39.6	115.7	-2.9	0.6	5.6	8.6	0.7	4.4
霞山区	2.9	3.0	-2.0	-1.6	5.6	-0.6	0.5	6.2	0.3	1.1
麻章区	11.3	35.1	-9.4	6.7	20.1	52.7	3.8	8.0	10.8	33.6
坡头区	7.3	1.2	16.6	8.8	2.6	-1.2	19.9	5.4	7.2	0.6
雷州市	0.2	7.5	0.7	5.9	7.8	8.0	-2.4	8.9	0.7	7.6
廉江市	0.2	7.1	-0.3	8.6	-3.4	4.5	3.5	8.1	0.5	7.0
吴川市	2.5	7.2	6.1	6.8	-7.5	9.2	9.4	6.1	3.1	7.2
遂溪县	2.3	8.8	1.7	10.0	9.3	9.3	-0.3	7.6	3.3	9.1
徐闻县	0.7	6.8	0.7	6.3	4.8	11.1	-0.5	6.4	1.8	7.1
茂名市										
茂南区	4.2	6.0	5.1	0.7	5.6	4.0	2.0	9.1	2.5	4.4
电白区	1.9	8.9	4.8	7.3	6.9	11.8	-2.1	7.7	1.8	8.5
信宜市	0.9	7.1	5.6	6.4	-2.8	1.7	0.4	9.2	-0.8	6.0
高州市	0.5	7.8	6.5	7.1	-8.9	7.3	2.9	8.4	0.0	7.5
化州市	1.6	8.4	4.9	10.1	2.5	10.0	0.0	6.9	0.0	7.3
肇庆市										
端州区	3.1	7.9	6.1	7.0	2.8	11.5	3.2	6.5	0.7	6.0
鼎湖区	2.5	7.7	-9.5	-0.6	-0.8	13.7	7.9	4.7	-1.9	5.5
高要区	3.1	11.5	3.3	8.5	3.5	15.9	2.2	6.4	3.3	11.7
四会市	4.1	14.0	7.0	7.5	3.7	19.6	4.1	8.9	2.3	12.7
广宁县	0.2	8.3	8.9	10.9	-7.7	7.0	1.5	7.1	0.6	8.5
德庆县	4.6	7.7	6.0	4.8	5.2	9.3	3.1	8.0	4.9	7.8
封开县	0.1	7.8	5.3	7.9	-9.3	6.2	4.7	9.5	0.8	8.2
怀集县	2.8	10.7	6.1	7.1	-1.1	21.7	1.6	9.1	3.0	10.8
清远市										
清城区	3.3	5.4	1.1	3.1	8.9	9.6	0.4	2.4	0.6	4.0
清新区	3.4	5.3	4.3	5.9	4.5	3.0	1.8	7.8	5.1	6.1
英德市	5.2	11.0	8.3	15.5	5.7	10.4	3.4	9.4	5.2	10.9
连州市	3.3	9.1	3.1	8.1	5.5	15.5	2.1	6.5	3.3	9.1
佛冈县	3.9	12.8	4.8	16.1	4.7	15.8	2.7	8.3	3.8	12.6
阳山县	3.4	9.7	4.0	6.3	7.6	35.3	1.6	5.4	3.4	9.7
连山县	3.5	7.6	7.4	8.5	-0.4	6.5	3.0	7.5	3.3	7.5
连南县	4.1	9.8	4.1	6.2	10.9	12.9	1.6	9.7	3.9	9.6
潮州市										
湘桥区	1.6	9.1	2.9	3.1	-0.6	13.0	2.5	7.7	1.9	9.0
潮安区	0.9	8.0	3.2	4.3	1.7	8.3	-1.1	8.0	1.2	8.0
饶平县	1.8	11.8	5.1	9.1	2.6	16.5	-0.2	9.8	2.4	12.1
揭阳市										
榕城区	-1.9	5.2	-0.4	-0.7	-3.1	1.2	-0.7	8.5	-1.6	5.2
揭东区	2.0	5.8	5.0	3.6	1.8	3.6	1.5	8.5	2.2	5.9
普宁市	0.1	6.3	1.5	5.3	-1.0	2.7	0.9	8.1	0.6	6.3
揭西县	1.6	6.8	5.1	7.1	1.5	4.9	0.5	7.8	4.0	8.0
惠来县	-3.5	7.3	4.8	3.7	-11.0	4.8	0.1	10.7	-2.7	7.5
云浮市										
云城区	2.5	8.1	9.1	11.6	-1.2	11.9	4.2	5.8	0.9	7.0
云安区	5.3	9.2	5.4	9.4	5.7	10.1	4.5	7.7	6.2	9.3
罗定市	3.5	6.0	7.4	7.7	4.8	-0.2	1.3	8.8	3.6	5.8
新兴县	6.5	9.9	6.6	9.0	14.1	13.0	0.6	8.0	6.5	9.8
郁南县	2.9	8.1	7.6	14.3	1.3	5.6	1.8	6.4	3.4	8.2

七、农村经济综合

7-1 历年农林牧渔业总产值及增加值

单位：亿元

年份	农林牧渔业总产值	农业	林业	牧业	渔业	农林牧渔专业及辅助性活动	农林牧渔业增加值
1978	85.94	59.56	4.98	15.98	5.42		55.31
1979	91.53	67.19	7.67	13.58	3.09		66.62
1980	126.25	97.15	6.83	17.75	4.52		82.97
1981	133.85	99.33	7.81	21.62	5.09		94.30
1982	135.52	98.33	8.33	21.73	7.13		118.17
1983	169.96	120.06	10.72	28.57	10.61		121.24
1984	200.07	141.22	12.13	33.81	12.91		145.25
1985	245.21	149.09	21.09	54.68	20.35		171.87
1986	279.15	168.68	24.38	60.74	25.35		188.37
1987	348.61	214.47	16.74	78.26	39.14		232.14
1988	473.78	277.38	27.66	114.28	54.46		306.50
1989	548.60	323.15	28.00	134.60	62.85		351.73
1990	600.71	359.39	28.46	143.68	69.18		384.59
1991	654.82	388.90	29.64	156.08	80.20		416.00
1992	737.11	428.99	32.86	175.36	99.90		471.85
1993	899.03	486.46	35.51	223.16	153.90		566.76
1994	1151.38	628.17	41.07	279.98	202.16		702.18
1995	1445.48	777.72	46.12	349.11	272.53		876.14
1996	1577.89	825.60	49.64	398.12	304.53		948.19
1997	1656.46	851.35	52.10	425.67	327.34		993.23
1998	1705.44	861.97	54.65	441.61	347.21		1010.79
1999	1745.02	859.66	58.77	457.51	369.08		1027.07
2000	1701.18	807.94	59.64	450.18	383.42		1005.14
2001	1722.35	817.95	56.78	457.56	390.06		1010.58
2002	1781.06	841.77	57.09	465.91	416.29		1037.93
2003	1908.66	851.72	55.72	482.83	432.74	85.65	1097.28
2004	2154.79	959.97	61.72	571.09	466.45	95.56	1248.59
2005	2447.57	1109.18	66.25	638.61	523.79	109.74	1428.27
2006	2536.27	1235.40	67.60	623.34	519.03	90.90	1532.17
2007	2810.45	1268.70	116.96	781.97	540.58	102.24	1705.69
2008	3276.02	1398.82	125.23	983.84	650.23	117.89	1969.46
2009	3301.86	1442.40	139.95	939.67	657.65	122.18	1996.38
2010	3697.18	1668.66	180.20	978.33	737.01	132.97	2254.49
2011	4301.86	1910.21	213.71	1193.73	835.41	148.80	2614.59
2012	4550.29	2060.91	228.75	1189.80	908.12	162.71	2778.48
2013	4802.01	2229.64	256.99	1168.73	968.42	178.23	2949.99
2014	5053.72	2357.16	289.66	1145.87	1068.00	193.03	3118.39
2015	5303.63	2490.20	308.72	1195.97	1102.12	206.62	3275.05
2016	5817.55	2763.79	330.04	1318.89	1179.15	225.68	3593.64
2017	5969.87	2889.97	356.14	1202.30	1276.11	245.34	3712.71
2018	6318.12	3089.57	390.62	1184.72	1383.81	269.39	3948.88
2019	7175.89	3530.21	408.48	1404.13	1524.78	308.30	4478.28
2020	7901.92	3769.26	414.29	1778.18	1581.54	358.64	4880.83
2021	8305.84	3951.14	495.44	1707.82	1747.34	404.10	5169.53

注：1.本表按当年价格计算。
2.从2010年起，农业产值、林业产值统计范围作了调整，原农业中的野生植物采集归入林业，原林业中板栗、桂皮等归入农业。
3.1991年及以前的农林牧渔业增加值不包括农林牧渔专业及辅助性活动。

7-2 主要年份农林牧渔业总产值及增加值指数(1949年=100)

单位：%

年份	农林牧渔业总产值	农业	林业	牧业	渔业	农林牧渔专业及辅助性活动	农林牧渔业增加值
1949	100.0	100.0	100.0	100.0	100.0		100.0
2005	1554.5	1046.3	16475.0	2630.0	6748.0	120.5	976.1
2006	1616.7	1083.5	15652.7	2710.7	7153.1	132.3	1017.1
2007	1669.8	1113.2	16116.9	2792.4	7446.1	143.1	1050.1
2008	1736.7	1133.3	16160.1	2990.0	7796.6	155.0	1091.1
2009	1823.4	1196.3	17312.7	3103.4	8195.6	163.2	1147.2
2010	1901.2	1253.8	18089.6	3201.4	8562.8	171.4	1199.4
2011	1975.7	1324.3	19569.0	3168.4	9017.2	180.8	1251.7
2012	2049.5	1375.5	20792.7	3230.9	9463.6	191.1	1300.6
2013	2095.6	1417.6	21943.9	3173.1	9857.1	203.1	1333.4
2014	2158.6	1481.0	23032.7	3140.0	10214.1	213.5	1378.0
2015	2225.5	1542.1	24391.5	3128.5	10560.5	224.6	1425.3
2016	2290.6	1601.6	26038.2	3097.1	10923.1	238.3	1470.5
2017	2367.1	1675.9	27318.7	3073.2	11328.8	255.2	1525.5
2018	2465.6	1761.1	29088.2	3108.4	11742.5	274.2	1593.3
2019	2551.4	1864.1	30569.3	2946.4	12185.2	303.5	1657.9
2020	2653.9	1968.9	30945.3	2852.7	12883.8	344.8	1721.8
2021	2843.0	2061.1	31183.2	3283.7	13475.3	385.5	1860.6

注：指数按可比价格计算。

7-3 农林牧渔业总产值及增加值指数（上年=100）

单位：%

年份	农林牧渔业总产值	农业	林业	牧业	渔业	农林牧渔专业及辅助性活动	农林牧渔业增加值
1979	99.2	99.4	85.1	104.6	93.7		106.6
1980	111.1	112.5	127.3	99.8	109.7		112.4
1981	102.4	98.7	110.4	117.6	108.9		104.6
1982	116.3	115.5	111.5	120.9	120.6		112.0
1983	102.6	99.9	105.2	107.6	121.7		103.2
1984	109.3	109.2	105.1	109.8	112.9		112.0
1985	107.3	104.8	104.9	115.2	116.5		105.7
1986	106.1	103.8	112.0	108.6	118.9		106.2
1987	109.6	109.8	96.3	108.2	121.9		108.6
1988	107.7	104.6	133.7	109.0	111.8		105.3
1989	107.8	107.8	104.1	107.8	111.3		107.0
1990	107.4	107.8	92.9	109.6	110.1		107.1
1991	106.2	105.1	99.1	108.6	109.5		105.5
1992	106.0	103.9	102.4	107.6	114.1		105.7
1993	103.8	97.0	101.7	111.5	120.1		102.7
1994	104.4	102.7	102.2	104.1	111.1		103.2
1995	108.3	108.0	105.3	106.8	111.7		105.4
1996	106.0	103.3	102.9	109.6	110.3		104.8
1997	106.8	107.6	101.1	104.8	108.0		104.7
1998	104.8	103.4	103.6	105.2	108.4		103.9
1999	105.5	105.2	105.3	105.2	106.6		104.0
2000	102.7	100.6	103.5	102.8	107.5		102.3
2001	102.8	102.4	104.5	102.2	103.8		102.4
2002	106.5	109.4	97.2	101.5	106.5		104.3
2003	102.8	102.5	97.2	102.2	104.3		102.3
2004	104.5	105.7	103.4	101.8	104.8	107.8	104.1
2005	104.8	103.4	102.9	105.5	105.7	111.8	104.9
2006	104.0	103.6	95.0	103.1	106.0	109.8	104.2
2007	103.3	102.7	103.0	103.0	104.1	108.2	103.2
2008	104.0	101.8	100.3	107.1	104.7	108.3	103.9
2009	105.0	105.6	107.1	103.8	105.1	105.3	105.1
2010	104.3	104.8	104.5	103.2	104.5	105.0	104.5
2011	103.9	105.6	108.2	99.0	105.3	105.5	104.4
2012	103.7	103.9	106.3	102.0	105.0	105.7	103.9
2013	102.3	103.1	105.5	98.2	104.2	106.3	102.5
2014	103.0	104.5	105.0	99.0	103.6	105.1	103.3
2015	103.1	104.1	105.9	99.6	103.4	105.2	103.4
2016	102.9	103.9	106.8	99.0	103.4	106.1	103.2
2017	103.3	104.6	104.9	99.2	103.7	107.1	103.7
2018	104.2	105.1	106.5	101.1	103.7	107.4	104.4
2019	103.5	105.8	105.1	94.8	103.8	110.7	104.1
2020	104.0	105.6	101.2	96.8	105.7	113.6	103.9
2021	107.1	104.7	100.8	115.1	104.6	111.8	108.1

注：本表按可比价格计算。

7-4 农林牧渔业总产值

项目	按现行价格计算(亿元)		2021比2020
	2020年	2021年	增长(%)
甲	1	2	3
农林牧渔业总产值	7901.92	8305.84	7.1
一、农业产值	3769.26	3951.14	4.7
(一)谷物及其他作物	768.96	783.80	-0.1
1.谷　物	375.02	390.66	
稻　谷	349.76	363.79	
2.薯　类	98.20	98.32	
3.油　料	105.44	110.10	
4.豆　类	9.13	9.33	
大　豆	6.97	7.02	
5.生　麻	2.27	2.02	
6.糖　料	84.14	82.02	
7.烟　草	9.70	9.59	
8.其他农作物	85.07	81.75	
(二)蔬菜、食用菌及花卉盆景园艺产品	1682.44	1834.07	5.6
1.蔬菜(含菜用瓜)	1420.62	1525.50	
2.食用菌	44.18	48.69	
3.花卉	143.57	183.63	
4.盆景及园艺产品	74.06	76.25	
(三)水果、坚果、茶、饮料和香料	1194.48	1208.42	6.8
1.水果	1075.38	1045.34	
2.坚果	8.81	12.18	
3.茶及饮料原料	102.89	141.91	
4.香料原料	7.40	8.99	
(四)中草药材	123.38	124.85	1.2
二、林业产值	414.29	495.44	0.8
(一)林木的培育和种植	35.14	32.49	-23.4
(二)竹木采运	134.76	165.29	12.7
(三)林产品	244.38	297.67	-2.3
三、牧业产值	1778.18	1707.82	15.1
(一)牲畜饲养	54.97	56.49	6.2
1.牛的饲养	23.99	24.57	
2.羊的饲养	12.99	14.10	
3.奶产品	17.99	17.82	
(二)猪的饲养	1000.35	940.13	31.5
(三)家禽饲养	632.64	633.00	-5.7
1.肉禽	584.07	584.64	
2.禽蛋	48.57	48.36	
(四)狩猎和捕捉动物			
(五)其他畜牧业	90.22	78.19	-15.0
四、渔业产值	1581.54	1747.34	4.6
(一)海水产品	793.73	909.96	7.0
其中：养殖	525.34	632.71	
(二)淡水产品	787.81	837.38	2.2
其中：养殖	774.88	824.03	
五、农林牧渔专业及辅助性活动产值	358.64	404.10	11.8

注：2021比2020年增长(%)按可比价格计算。

7–5 各市农林牧渔业总产值及增加值

单位：亿元

市别	农林牧渔业总产值	农业	林业	牧业	渔业	农林牧渔专业及辅助性活动	农林牧渔业增加值
广东省	8305.84	3951.14	495.44	1707.82	1747.34	404.10	5169.53
广州市	542.55	296.58	5.80	38.13	123.69	78.35	338.73
深圳市	46.29	15.23	0.71	3.27	25.07	2.01	27.44
珠海市	98.94	15.63	0.02	2.31	71.00	9.98	59.15
汕头市	236.04	116.85	0.63	30.82	72.21	15.52	132.10
佛山市	394.24	135.93	1.78	56.73	170.79	29.01	222.57
韶关市	360.41	192.83	32.86	116.37	14.19	4.18	217.04
河源市	240.56	133.26	41.71	55.14	6.55	3.90	155.45
梅州市	388.60	251.53	19.81	93.84	13.57	9.85	255.38
惠州市	387.46	255.56	11.32	62.74	52.12	5.72	234.88
汕尾市	278.44	107.78	6.81	35.07	114.12	14.65	181.16
东莞市	53.38	39.35	0.44	0.87	11.07	1.65	35.34
中山市	139.84	46.65	0.19	3.36	86.57	3.07	92.13
江门市	542.24	164.88	12.47	121.68	222.09	21.13	303.54
阳江市	407.06	110.68	11.80	84.82	187.68	12.08	253.88
湛江市	1043.24	553.58	19.85	171.09	254.81	43.91	659.07
茂名市	1042.75	525.44	83.41	281.41	119.60	32.89	661.39
肇庆市	721.75	321.42	107.04	168.99	91.42	32.89	471.87
清远市	508.27	249.10	43.99	159.19	22.42	33.58	317.67
潮州市	196.27	114.08	3.35	23.33	44.53	10.98	119.52
揭阳市	331.04	188.95	36.74	54.97	29.05	21.33	214.19
云浮市	346.47	115.83	54.70	143.71	14.81	17.42	217.03

注：本表产值按现行价格计算。

7-6 各县(市、区)农林牧渔业总产值

单位：万元

地　区	合计	农业	林业	牧业	渔业	农林牧渔专业及辅助性活动
广州市	**5425505**	**2965751**	**58041**	**381303**	**1236872**	**783537**
海珠区	20824	7595	0	0	11502	1728
荔湾区	79303	67978	0	0	7089	4235
天河区	96907	3163	907	0	34952	57885
白云区	639388	416944	3446	26607	41259	151132
黄埔区	84914	49970	4579	0	10599	19765
番禺区	673501	214134	1091	30869	375273	52135
花都区	869677	543784	6643	62025	157870	99355
南沙区	1226562	546233	818	35809	517786	125916
从化区	592087	376430	17982	117196	13087	67392
增城区	1142341	739520	22575	108798	67454	203994
深圳市	**462885**	**152265**	**7068**	**32715**	**250748**	**20089**
福田区	41067		24		41042	
罗湖区	7219	236	477		6507	
盐田区	2715	65	314		2336	
南山区	29547	12941	123		16075	408
宝安区	20522	9169	142		11211	
龙岗区	43961	22317	2649		18859	136
龙华区	9686	9676	10			
坪山区	20601	19927	674			
光明区	44601	37571	203	6827		
深汕合作区	242966	40363	2453	25888	154718	19545
珠海市	**989371**	**156322**	**227**	**23051**	**709990**	**99781**
香洲区	56070	8025	173	0	42302	5570
金湾区	182337	72500	27	1829	96495	11486
斗门区	750961	75794	27	21222	571193	82725
汕头市	**2360362**	**1168543**	**6304**	**308172**	**722124**	**155219**
金平区	55059	26136	98	22	21530	7273
龙湖区	157755	91078	135	32971	15710	17861
澄海区	817101	423756	1076	142346	173908	76014
濠江区	144396	35450	156	12193	91900	4697
潮阳区	582284	322536	2081	61607	171459	24602
潮南区	367520	258805	1002	54614	39126	13972
南澳县	236246	10781	1757	4418	208491	10800
佛山市	**3942416**	**1359323**	**17839**	**567251**	**1707886**	**290117**
禅城区	13485	1360	0	0	10378	1747
南海区	1126573	472361	1451	72875	488228	91657
顺德区	1312633	471077	115	32630	740372	68439
高明区	594472	190811	15010	138688	196813	53150
三水区	895253	223714	1262	323058	272095	75124
韶关市	**3604133**	**1928262**	**328582**	**1163658**	**141853**	**41778**
浈江区	146805	61164	16646	44738	17501	6756
武江区	156494	69347	12513	68088	4957	1588
曲江区	372245	165964	17596	156400	28906	3379
乐昌市	531556	329217	30148	149999	8984	13207
南雄市	615905	329388	55290	194696	30941	5591
仁化县	384536	213862	60582	90065	16003	4024
始兴县	418564	253998	41713	108731	11388	2734
翁源县	566703	292368	34855	224323	11993	3164
新丰县	258819	149603	19280	82956	6224	756
乳源县	152506	63351	39959	43663	4955	579

7-6 续表 1

单位：万元

地 区	合计	农业	林业	牧业	渔业	农林牧渔专业及辅助性活动
河源市	**2405575**	**1332609**	**417148**	**551362**	**65469**	**38987**
源城区	59881	33862	871	23347	1619	182
东源县	458052	245481	68888	114648	18334	10701
和平县	417136	191847	109515	104524	6282	4968
龙川县	493817	251965	100490	117561	16722	7079
紫金县	657637	398169	106051	125860	12526	15031
连平县	319052	211286	31332	65422	9986	1026
梅州市	**3886029**	**2515315**	**198073**	**938422**	**135724**	**98496**
梅江区	128891	94548	5675	16169	9799	2700
梅县区	901960	678457	12903	146186	49833	14581
兴宁市	828255	563081	14087	220559	18908	11620
平远县	239560	147603	19328	49608	11258	11763
蕉岭县	274927	132823	55169	75000	6849	5086
大埔县	431772	333135	12326	70098	7108	9105
丰顺县	419418	210893	31075	151297	12922	13232
五华县	661245	354779	47510	209499	19048	30409
惠州市	**3874587**	**2555551**	**113247**	**627381**	**521188**	**57220**
惠城区	595048	373853	7741	87622	121914	3917
惠阳区	368987	304659	2707	9543	49923	2155
惠东县	1099682	649488	53531	149450	227029	20185
博罗县	1284179	826212	28591	309042	105927	14407
龙门县	526693	401338	20678	71725	16396	16556
汕尾市	**2784400**	**1077829**	**68129**	**350692**	**1141229**	**146521**
市城区	588944	61696	1415	24861	498811	2161
陆丰市	1239013	502156	11039	181273	476197	68348
海丰县	698976	352757	25809	92038	162118	66254
陆河县	257466	161219	29867	52517	4105	9758
东莞市	**533753**	**393464**	**4375**	**8700**	**110695**	**16519**
中山市	**1398351**	**466473**	**1910**	**33618**	**865689**	**30660**
江门市	**5422445**	**1648773**	**124725**	**1216763**	**2220850**	**211334**
蓬江区	131981	37900	1481	8426	64313	19861
江海区	107503	32488	16	241	72923	1835
新会区	1070418	306233	11086	214173	482829	56096
台山市	1912205	459952	37352	201014	1190408	23479
开平市	1021613	350872	29310	412131	160273	69027
鹤山市	607525	224981	24887	174881	148404	34372
恩平市	571206	236348	20594	205900	101700	6664
阳江市	**4070574**	**1106819**	**118009**	**848189**	**1876772**	**120785**
江城区	860232	92999	2647	61504	666205	36877
阳东区	992590	221342	40508	191108	514140	25492
阳春市	1202553	604499	42718	464818	43349	47169
阳西县	1015199	187978	32134	130760	653081	11247

7-6 续表 2

单位：万元

地　区	合计	农业	林业	牧业	渔业	农林牧渔专业及辅助性活动
湛江市	**10432428**	**5535825**	**198465**	**1710905**	**2548101**	**439132**
赤坎区	21685	10469	87	396	10254	479
霞山区	48352	14166		1229	32077	881
麻章区	801828	213904	1663	88624	464106	33530
坡头区	389842	106138	1333	92426	178706	11239
雷州市	2316949	1454681	56379	232498	489146	84245
廉江市	2191400	1156310	79987	539700	310943	104460
吴川市	675240	211917	7345	183366	204218	68393
遂溪县	2303768	1095786	43092	475716	614970	74204
徐闻县	1683363	1272453	8579	96952	243678	61701
茂名市	**10427536**	**5254436**	**834116**	**2814120**	**1195959**	**328905**
茂南区	600199	281785	2206	259027	33530	23650
电白区	2614285	892447	134335	524027	941644	121831
信宜市	2170644	1267069	197628	653280	32673	19994
高州市	2705029	1685284	179500	674135	74869	91240
化州市	2337379	1127850	320447	703651	113242	72190
肇庆市	**7217506**	**3214166**	**1070416**	**1689879**	**914167**	**328879**
端州区	3669	2941	518		206	4
鼎湖区	232606	91388	3676	38987	89191	9363
高要区	1714702	763077	101518	462647	328711	58749
四会市	1148001	356892	63562	297100	354706	75741
广宁县	813805	321970	235844	222531	11132	22329
德庆县	655966	435678	91335	73169	21389	34395
封开县	973351	538321	188439	163848	56932	25810
怀集县	1675408	703900	385524	431596	51899	102488
清远市	**5082694**	**2491014**	**439874**	**1591885**	**224155**	**335766**
清城区	514627	156220	23633	230447	64134	40192
清新区	900325	467360	64347	247786	87825	33007
英德市	1448948	534661	160117	551567	41249	161354
连州市	769498	478582	50292	160310	10455	69859
佛冈县	353729	228855	23152	81811	7756	12155
阳山县	747203	411388	61679	255531	7700	10905
连山县	166366	98482	26916	34512	2695	3760
连南县	181999	115466	29738	29920	2341	4534
潮州市	**1962742**	**1140838**	**33473**	**233314**	**445288**	**109830**
湘桥区	148598	110579	1123	27528	7359	2010
潮安区	465916	350714	8525	39643	24463	42571
饶平县	1348226	679545	23825	166142	413465	65249
揭阳市	**3310396**	**1889495**	**367414**	**549672**	**290534**	**213280**
榕城区	211025	140511	14931	16397	21058	18127
揭东区	673017	443400	60139	97238	34670	37570
普宁市	655252	456998	57211	102676	11650	26718
揭西县	826707	420162	107441	196209	26771	76125
惠来县	944394	428424	127692	137153	196385	54740
云浮市	**3464681**	**1158306**	**546958**	**1437125**	**148132**	**174160**
云城区	310478	121341	38389	131179	14244	5325
云安区	261482	119657	35712	90279	11582	4251
罗定市	994289	319733	309993	280599	50951	33012
新兴县	1360763	336057	136774	712571	57496	117865
郁南县	537668	261519	26087	222497	13858	13707

7-7 各市农林牧渔业总产值及增加值发展速度

单位：%

市 别	农林牧渔业总产值	农业	林业	牧业	渔业	农林牧渔专业及辅助性活动	农林牧渔业增加值
广东省	107.1	104.7	100.8	115.1	104.6	111.8	108.1
广州市	107.2	108.1	128.4	99.6	102.2	115.8	106.4
深圳市	101.4	102.6	49.3	127.5	101.3	89.8	104.6
珠海市	107.1	104.0	81.3	186.6	106.5	103.0	106.9
汕头市	101.2	100.7	97.5	103.0	100.6	103.8	102.2
佛山市	105.9	99.8	113.4	146.0	99.5	105.1	109.5
韶关市	113.1	103.6	111.9	131.3	99.9	109.3	113.0
河源市	107.4	102.7	97.2	123.1	103.5	113.7	108.1
梅州市	103.2	102.5	89.5	107.8	96.7	107.1	105.9
惠州市	111.3	103.1	118.4	126.0	151.3	115.0	110.3
汕尾市	110.4	104.0	94.5	144.6	107.5	111.0	111.4
东莞市	113.1	113.5	133.0	136.1	110.1	107.8	111.7
中山市	113.2	130.1	247.7	94.3	105.8	118.1	120.5
江门市	111.0	104.8	126.8	115.9	111.2	117.5	110.0
阳江市	101.8	103.0	72.4	106.3	100.2	108.2	102.9
湛江市	107.4	104.7	92.0	117.9	105.6	110.7	107.8
茂名市	106.1	104.8	102.6	108.1	106.6	113.6	106.9
肇庆市	107.6	104.4	107.5	114.2	102.6	118.7	107.9
清远市	108.0	105.0	97.1	116.1	102.7	107.7	109.2
潮州市	108.4	111.1	74.6	109.1	102.5	116.8	107.7
揭阳市	105.4	105.1	102.9	103.8	106.3	116.1	104.8
云浮市	107.9	98.3	102.2	119.6	96.5	108.1	109.6

注：发展速度按可比价格计算。

7-8 农村居民消费价格分类指数

(2021年) (上年=100)

项目	指数	项目	指数
居民消费价格指数	**100.1**	**生活用品及服务**	**100.6**
非食品烟酒价格指数	**101.6**	家具及室内装饰品	99.8
服务价格指数	**100.4**	家具	99.8
消费品价格指数	**100.0**	室内装饰品	99.5
扣除鲜菜鲜果价格指数	**100.1**	家用器具	102.0
食品烟酒	**97.3**	家用纺织品	100.7
食品	95.6	家庭日用杂品	99.9
粮食	101.4	个人护理用品	99.3
#大米	100.8	家庭服务	103.9
粮食制品	102.4	**交通通信**	**104.6**
薯类	101.8	交通	106.5
豆类	101.4	交通工具	98.3
食用油	108.5	交通工具用燃料	117.1
菜及食用菌	100.0	交通工具使用和维修	100.5
#鲜 菜	100.1	交通费	101.4
畜肉类	77.8	通信	100.3
猪 肉	69.9	通信工具	102.8
禽肉类	97.3	通信服务	99.7
水产品	104.2	邮递服务	99.0
蛋类	110.1	**教育文化娱乐**	**101.3**
奶类	100.0	教育	102.1
干鲜瓜果类	101.6	教育用品	99.8
#鲜 果	101.9	教育服务	102.2
糖果糕点类	101.0	#学前教育	105.1
调味品	101.7	小学初中教育	103.5
其他食品类	102.1	高中中职教育	99.9
茶及饮料	99.8	文化娱乐	99.5
烟酒	102.5	文娱耐用消费品	102.4
卷烟	102.6	其他文娱用品	96.9
酒类	102.1	文化娱乐服务	102.8
在外餐饮	101.6	旅游	95.9
衣着	**99.6**	**医疗保健**	**99.5**
服装	99.7	药品及医疗器具	98.7
衣着材料及配件	104.3	中药	100.7
衣着服务费	100.9	西药	98.3
鞋类	99.6	滋补保健品	98.8
鞋类服务	101.3	医疗卫生器具	94.9
居住	**101.8**	保健器具	98.8
租赁房房租	101.8	医疗服务	99.6
住房保养维修及管理	101.8	**其他用品及服务**	**100.2**
水电燃料	107.1	其他用品	99.2
自有住房	99.5	其他服务	101.2

7-9 农产品生产者价格指数

(上年=100)

项　目	2016	2017	2018	2019	2020	2021
农产品生产者价格指数	**106.5**	**99.4**	**101.3**	**107.3**	**104.7**	**98.8**
农业产品	**107.9**	**100.9**	**100.1**	**103.5**	**99.8**	**100.8**
谷物	98.7	100.5	101.0	98.3	100.5	104.1
#稻谷	98.7	100.5	101.0	98.3	100.5	104.1
薯类	108.6	107.6	106.3	103.1	99.4	95.5
油料	102.9	98.8	102.2	103.8	106.2	100.9
豆类	104.5	96.4	102.2	99.4	102.3	106.6
糖料	110.2	114.4	91.4	93.6	105.0	101.0
未加工烟草	101.6	99.4	97.5	102.8	101.8	104.9
蔬菜及食用菌	114.8	95.6	101.1	102.3	100.4	103.3
#叶菜类蔬菜	112.0	90.9	103.1	103.2	99.0	102.8
白菜类蔬菜	124.0	90.3	100.6	102.3	101.0	102.6
芥菜类蔬菜	118.0	95.1	99.2	100.7	101.3	106.5
甘蓝类蔬菜	116.4	85.9	100.7	98.6	102.8	103.6
根茎类蔬菜	132.1	93.9	104.9	92.8	98.5	102.7
瓜菜类蔬菜	104.0	104.8	98.6	104.8	101.5	100.4
豆类蔬菜	100.5	102.8	99.2	105.6	97.7	108.8
茄果类蔬菜	113.0	101.7	103.0	113.1	94.3	102.7
莴苣及菊苣类蔬菜	122.4	94.5	102.9	101.3	108.7	100.0
葱蒜类蔬菜	102.2	98.9	102.1	97.1	101.7	106.9
花卉	105.6	104.4	101.6	94.5	102.3	96.0
盆景及园艺产品	102.0	94.7	99.2	94.1	93.2	98.8
水果及坚果	110.5	106.1	95.0	124.0	96.7	93.7
茶及饮料原料	105.5	103.7	104.6	102.2	99.8	101.6
林业产品	**98.4**	**102.0**	**99.4**	**98.0**	**99.5**	**109.3**
育种和育苗	97.1	93.5	100.1	98.2	103.9	102.0
木材采伐产品	99.0	100.5	101.2	99.9	98.4	108.0
竹材采伐产品	97.2	99.8	100.5	100.1	96.1	102.5
林产品	99.2	117.1	93.2	91.2	99.4	127.1
饲养动物及其产品	**109.2**	**92.0**	**101.6**	**121.0**	**119.5**	**88.2**
活牲畜	122.5	89.1	89.7	140.5	157.9	69.1
#猪	122.5	89.1	89.7	140.5	157.9	69.1
活家禽	99.5	96.7	107.5	109.3	89.0	103.1
#鸡	97.4	98.6	103.9	108.8	92.0	103.2
鸭	101.3	99.7	111.9	107.5	89.3	107.0
畜禽产品	96.2	87.6	120.3	95.7	88.7	104.3
#鸡蛋	99.5	81.2	112.9	99.7	94.7	100.4
鸭蛋	88.0	103.1	138.4	85.9	74.0	113.9
渔业产品	**104.2**	**103.9**	**103.6**	**102.1**	**99.2**	**105.0**
海水养殖产品	105.4	104.9	103.2	103.5	97.3	102.4
#海水养殖鱼	103.4	104.8	104.6	105.1	99.3	101.3
海水养殖虾	103.9	103.1	100.3	99.1	99.6	101.5
海水捕捞产品	104.0	104.7	105.6	105.2	101.2	106.0
#海水捕捞鲜鱼	103.6	104.3	106.3	105.7	100.5	101.4
海水捕捞虾	110.1	107.4	103.4	105.0	105.8	105.8
淡水养殖产品	101.8	103.0	101.9	100.4	98.5	104.3
#养殖淡水鱼	100.9	103.2	102.0	99.4	101.5	105.2
淡水养殖虾	105.9	102.0	101.3	104.0	87.1	100.6
淡水捕捞产品	109.9	102.8	109.9	100.2	106.2	110.1
#捕捞淡水鱼	116.8	101.7	112.4	100.0	107.0	102.3
淡水捕捞鲜虾	113.5	105.9	106.7	100.1	102.5	110.1

八、种植业

2021 年 5 月 20 日中国荔枝产业大会在茂名召开

2021 年 12 月 3 日中国（中山）花木产业大会

2021年江门市台山市斗山镇水稻丰收场景

种植业

【概况】2021年，全省粮食播种面积3319.55万亩，增长0.4%；产量1279.87万吨，增长1.0%。蔬菜及食用菌种植面积2088.37万亩，增长2.1%；蔬菜产量3855.73万吨，增长4.0%。园林水果种植面积1576.14万亩，增长1.9%；园林水果产量1826.73万吨，增长4.0%。茶叶种植面积133.90万亩，增长14.2%；产量13.95万吨，增长8.8%。油料作物种植面积536.26万亩，增长0.6%；产量117.32万吨，增长3.3%。糖蔗种植面积192.58万亩，增长-6.1%；糖蔗产量1118.08万吨，增长-4.9%。中草药材种植面积88.78万亩，同比增长11.5%。花卉种植面积110万亩，同比减少6万亩。桑园种植面积48.6万亩，同比增长3.8%。

【粮食生产实现“三增”】2021年，我省坚决贯彻落实粮食安全党政同责，大力推动撂荒耕地复耕复种，粮食作物播种面积、单产、总产实现“三增”，超额完成国家下达我省粮食播种面积3307.5万亩（约束性指标）、产量1268万吨的粮食生产考核目标任务，全省粮食总产量为近9年(2013年以来)最高水平，是唯一获农业农村部通报表扬的早稻增产成效突出的粮食主销区省份。

【发展“一村一品、一镇一业”富民兴村产业】2021年，我省扶持粤东西北及珠三角惠州、江门、肇庆部分农业大县1002个村发展农业特色产业，在全省范围认定956个省级“一村一品、一镇一业”专业村和100个专业镇，新增24个全国“一村一品”示范村镇（数量全国第一），新增全国名特优新农产品125个（数量居全国前列）。省级专业村、专业镇主导产业产值188.2亿元、252.69亿元，产业规模与效益不断提高。

【推进撂荒耕地复耕复种】率先利用卫星遥感等技术对全省连片15亩以上撂荒耕地进行数据分析、实地核查、精准识别和动态监测，摸清全省连片15亩以上耕地撂荒现状。各地出台复耕撂荒地的硬招、实招，推进撂荒地经营权流转和开展社会化托管服务，加大财政奖补投入，全省完成复耕复种撂荒耕地85.89万亩，为夺取粮食增产奠定了良好基础。

【推进特色产业高质量发展】成功举办2021年中国荔枝产业大会、2021中国（中山）花木产业大会，促进产业、科技、品牌、文化融合发展。印发实施《广东荔枝产业高质量发展三年行动计划（2021-2023年）》，推进高标准“五化”果园建设，创建了32个省级荔枝高标准“五化”果园、2个万亩生态防控示范区和2个千亩绿色生态循环示范基地。生态茶园建设走在全国前列，37家茶园通过创建认定，生态茶园总数达到122家，辐射带动茶园面积超20万亩，启动区域生态茶园建设。

8-1 主要年份农作物播种面积及构成

年　份	农作物播种面积	一、粮食作物	稻谷	薯类	大豆	二、经济作物
一、绝对数(千公顷)						
1949	5285.95	4782.80	4126.20	495.80	92.58	410.57
1952	5608.83	4942.60	4053.60	665.60	93.81	572.42
1957	6326.93	5386.67	4040.93	817.45	95.87	844.39
1962	5687.57	4767.53	3655.80	787.50	77.33	842.71
1965	5799.75	4589.60	3609.07	655.65	75.33	1134.82
1970	6254.66	4638.80	3771.79	601.62	77.63	1538.23
1975	6836.83	5037.54	3914.25	612.29	131.73	1667.56
1978	6641.64	5068.98	3860.66	582.01	109.14	1463.52
1980	5969.89	4605.35	3730.73	533.78	132.12	1232.43
1985	5357.88	3833.84	3210.54	487.22	116.81	1407.23
1990	5671.56	3881.37	3175.78	501.13	114.96	1675.23
1995	5304.80	3368.16	2701.42	515.01	103.90	1832.74
2000	5156.90	3099.89	2412.70	426.76	96.97	1960.04
2005	4815.37	2786.50	2137.60	386.50	83.80	2028.87
2010	4262.77	2386.33	1918.14	261.77	48.44	1876.45
2015	4194.55	2193.30	1804.76	213.19	34.47	2001.26
2017	4227.51	2169.73	1805.42	200.02	31.16	2057.78
2018	4279.36	2151.04	1787.39	199.81	31.79	2128.32
2019	4357.38	2160.64	1793.67	202.49	32.57	2196.74
2020	4451.81	2204.69	1834.44	202.89	32.61	2247.12
2021	4498.36	2213.04	1827.42	211.39	32.63	2285.32
二、构成(%)						
1949	100.0	90.5	78.1	9.4	1.8	7.8
1952	100.0	88.1	72.3	11.9	1.7	10.2
1957	100.0	85.1	63.9	12.9	1.5	13.3
1962	100.0	83.8	64.3	13.8	1.4	14.8
1965	100.0	79.1	62.2	11.3	1.3	19.6
1970	100.0	74.2	60.3	9.6	1.2	24.6
1975	100.0	73.7	57.3	9.0	1.9	24.4
1978	100.0	76.3	58.1	8.8	1.7	22.0
1980	100.0	77.1	62.5	8.9	2.2	20.6
1985	100.0	71.6	59.9	9.1	2.2	26.3
1990	100.0	68.5	56.0	8.8	2.0	29.5
1995	100.0	63.5	50.9	9.7	2.0	34.5
2000	100.0	60.1	46.8	8.3	1.9	38.0
2005	100.0	57.9	44.4	8.0	1.7	42.1
2010	100.0	56.0	45.0	6.1	1.1	44.0
2015	100.0	52.3	43.0	5.1	0.8	47.7
2017	100.0	51.3	42.7	4.7	0.7	48.7
2018	100.0	50.3	41.8	4.7	0.7	49.7
2019	100.0	49.6	41.2	4.6	0.7	50.4
2020	100.0	49.5	41.2	4.6	0.7	50.5
2021	100.0	49.2	40.3	4.7	0.7	50.8

注：2007年起经济作物播种面积为甘蔗、油料作物、麻类、烟叶、药材、蔬菜、瓜果类、其他农作物面积之和，2005年起大豆统计在粮食作物分类中，下表同。

8-1 续表

年份	经济作物				
	糖蔗	花生	黄红麻	红(土)烟	黄(烤)烟
一、绝对数(千公顷)					
1949	28.93	75.33	3.72	5.00	3.00
1952	59.93	133.58	8.07	10.87	4.82
1957	96.95	201.69	22.50	16.07	6.69
1962	61.49	195.95	12.89	15.54	4.13
1965	148.55	287.89	17.31	15.07	5.12
1970	170.03	310.05	23.09	14.09	7.67
1975	184.28	316.87	46.21	22.85	15.35
1978	172.64	324.41	63.29	18.17	27.96
1980	145.71	368.83	28.03	14.58	11.17
1985	295.22	363.85	38.87	19.13	17.71
1990	279.82	323.97	4.84	14.59	31.11
1995	213.45	330.07	2.70	5.62	23.93
2000	159.74	331.07	1.03	5.32	25.78
2005	125.39	309.41	0.53	5.10	26.54
2010	136.72	307.38	0.19	2.12	19.57
2015	143.57	316.58	0.10	1.97	16.30
2017	146.24	319.10	0.08	1.80	15.61
2018	148.78	332.48	0.07	2.05	15.42
2019	147.06	340.52	0.07	1.99	14.74
2020	136.79	347.57	0.06	1.93	14.56
2021	128.40	349.68	0.06	1.78	14.06
二、构成(%)					
1949	0.5	1.4	0.1	0.1	0.1
1952	1.1	2.4	0.1	0.2	0.1
1957	1.5	3.2	0.4	0.3	0.1
1962	1.1	3.4	0.2	0.3	0.1
1965	2.6	5.0	0.3	0.3	0.1
1970	2.7	5.0	0.4	0.2	0.1
1975	2.7	4.6	0.7	0.3	0.2
1978	2.6	4.9	1.0	0.3	0.4
1980	2.4	6.2	0.5	0.2	0.2
1985	5.5	6.8	0.7	0.4	0.3
1990	4.9	5.7	0.1	0.3	0.5
1995	4.0	6.3	0.1	0.2	0.5
2000	3.1	6.4	...	0.1	0.5
2005	2.6	6.4	...	0.1	0.6
2010	3.2	7.2	...	...	0.5
2015	3.4	7.5	...	...	0.4
2017	3.5	7.5	...	...	0.4
2018	3.5	7.8	...	...	0.4
2019	3.4	7.8	...	...	0.3
2020	3.1	7.8	...	...	0.3
2021	2.9	7.8	...	...	0.3

8-2 主要年份农作物产量及指数

年 份	粮食			大豆	糖蔗	花生	黄红麻	红(土)烟	黄(烤)烟
		稻谷	薯类						
一、绝对数(万吨)									
1949	685.85	621.35	55.85	4.62	66.91	6.63	0.48	0.58	0.23
1952	797.40	707.15	76.50	5.41	265.47	13.20	1.44	1.29	0.34
1957	1007.15	849.10	130.15	4.39	429.72	16.86	3.98	1.63	0.49
1962	929.60	820.25	89.15	3.84	180.60	15.60	2.22	1.15	0.26
1965	1227.65	1098.60	106.90	4.74	637.93	25.97	3.99	1.49	0.59
1970	1283.82	1157.04	103.10	5.79	656.93	32.16	6.24	1.60	0.70
1975	1464.58	1301.35	122.27	9.13	711.61	31.84	13.77	2.52	1.54
1978	1509.51	1328.56	121.04	7.99	835.42	35.17	18.07	1.97	2.76
1980	1681.91	1523.92	123.68	11.47	734.73	50.00	10.18	1.68	1.04
1985	1604.37	1454.29	131.88	11.32	1831.40	57.07	11.30	2.60	2.29
1990	1896.29	1687.00	167.05	13.87	2093.46	57.95	1.04	2.44	4.64
1995	1803.33	1553.90	209.40	16.50	1472.21	69.98	0.79	1.08	3.96
2000	1822.33	1528.53	199.05	18.73	1137.59	77.68	0.27	1.26	4.95
2005	1394.97	1116.99	185.48	18.87	946.03	75.86	0.14	1.24	5.06
2010	1249.15	1041.80	129.01	11.20	1064.09	81.59	0.03	0.56	4.44
2015	1211.66	1040.82	102.34	9.03	1093.58	94.48	0.02	0.39	3.95
2017	1208.56	1046.34	95.43	8.48	1144.14	98.42	0.02	0.52	3.74
2018	1193.49	1032.07	94.67	8.71	1207.97	104.40	0.02	0.58	3.75
2019	1240.80	1075.05	97.41	9.04	1241.64	108.69	0.02	0.57	3.60
2020	1267.56	1099.58	97.29	9.10	1176.25	112.05	0.02	0.55	3.57
2021	1279.87	1104.41	102.72	8.64	1118.20	115.87	0.02	0.48	3.39
二、指数									
1949	100.0	100.0	100.0	100.0	100.0	100.0	100.0	100.0	100.0
1952	116.3	113.8	137.0	117.1	396.8	199.1	300.0	222.4	147.8
1957	146.8	136.7	233.0	95.0	642.2	254.3	829.2	281.0	213.0
1962	135.5	132.0	159.6	83.1	269.9	235.3	462.5	198.3	113.0
1965	179.0	176.8	191.4	102.6	953.4	391.7	831.3	256.9	256.5
1970	187.2	186.2	184.6	125.3	981.8	485.1	1300.0	275.9	304.3
1975	213.5	209.4	218.9	197.6	1063.5	480.2	2868.8	434.5	669.6
1978	220.1	213.8	216.7	172.9	1248.6	530.5	3764.6	339.7	1200.0
1980	245.2	245.3	221.5	248.3	1247.5	754.1	2120.8	289.7	452.2
1985	233.9	234.1	236.1	245.0	2737.1	860.8	2354.2	448.3	995.7
1990	276.5	271.5	299.1	300.2	3128.8	874.1	216.7	420.7	2017.4
1995	262.9	250.1	374.9	357.1	2100.3	955.5	164.6	186.2	1721.7
2000	265.7	246.0	356.4	405.4	1700.2	1171.6	56.3	217.2	2152.2
2005	203.4	179.8	332.1	408.4	1413.9	1144.2	29.2	213.8	2200.0
2010	182.1	167.7	231.0	242.4	1590.3	1230.6	6.5	95.9	1930.8
2015	176.7	167.5	183.2	195.5	1634.4	1425.1	3.4	66.4	1715.7
2017	176.2	168.4	170.9	183.5	1710.0	1484.4	4.3	90.3	1625.1
2018	174.0	166.1	169.5	188.5	1805.4	1574.7	4.0	100.1	1631.1
2019	180.9	173.0	174.4	195.7	1855.7	1639.3	3.9	97.7	1565.0
2020	184.8	177.0	174.2	197.0	1758.0	1690.1	4.2	94.0	1553.8
2021	186.6	177.7	183.9	187.0	1671.2	1747.7	4.1	83.3	1476.0

8-3 主要农作物播种面积、单产及总产量

单位：千公顷、千克、万吨

项目	2019年			2020年			2021年		
	面积	亩产	总产量	面积	亩产	总产量	面积	亩产	总产量
农作物总播种面积	**4357.38**			**4451.81**			**4498.36**		
一、粮食作物	**2160.64**	**383**	**1240.80**	**2204.69**	**383**	**1267.56**	**2213.04**	**386**	**1279.87**
1.稻谷	1793.67	400	1075.05	1834.44	400	1099.58	1827.42	403	1104.41
早稻	834.66	390	488.28	869.14	398	518.52	858.56	407	524.15
晚稻	959.01	408	586.77	965.30	401	581.06	968.86	399	580.26
2.小麦	0.42	238	0.15	0.38	244	0.14	0.25	243	0.09
3.玉米	120.15	308	55.59	123.14	315	58.15	129.79	312	60.80
4.薯类(五折一)	202.49	321	97.41	202.89	320	97.29	211.39	324	102.72
番薯	152.35	319	72.91	154.71	317	73.65	164.87	327	80.86
马铃薯	50.14	326	24.50	48.17	327	23.64	46.52	313	21.86
5.大豆	32.57	185	9.04	32.61	186	9.10	32.63	177	8.64
二、经济作物	**2196.74**			**2247.12**			**2285.32**		
1.甘蔗	169.68	5637	1434.65	158.92	5734	1366.81	150.11	5803	1306.60
糖蔗	147.06	5629	1241.64	136.79	5733	1176.25	128.40	5806	1118.20
果蔗	22.61	5690	193.01	22.14	5739	190.55	21.71	5786	188.39
2.油料作物	348.28	211	110.22	355.29	213	113.52	357.44	219	117.30
其中：花生	340.52	213	108.69	347.57	215	112.05	349.68	221	115.87
芝麻	3.20	125	0.60	3.24	128	0.62	3.22	131	0.63
油菜籽	4.39	135	0.89	4.36	123	0.81	4.42	115	0.76
3.麻类	0.07	193	0.02	0.06	206	0.02	0.06	212	0.02
其中：黄红麻	0.07	193	0.02	0.06	206	0.02	0.05	219	0.02
4.烟叶	16.73	166	4.17	16.49	167	4.12	15.85	163	3.88
烤烟	14.74	163	3.60	14.56	164	3.57	14.06	161	3.39
红烟	1.99	190	0.57	1.93	188	0.55	1.78	181	0.48
5.药材	48.79			53.07			56.38		
6.蔬菜(含菜用瓜)	1320.52	1781	3527.96	1363.55	1812	3706.85	1392.25	1846	3855.73
7.瓜果类	42.28	1959	124.24	42.38	1988	126.41	43.13	2026	131.06
8.其他农作物	250.39			257.36			270.11		
木薯	65.55	1408	138.43	63.97	1416	135.83	63.61	1429	136.33

8-4 各市粮食作物播种面积和产量

(2021年) 单位：公顷、千克、吨

市 别	粮食作物			#稻谷			#晚稻		
	播种面积	亩产	总产量	播种面积	亩产	总产量	播种面积	亩产	总产量
全 省	2213036	386	12798747	1827420	403	11044147	968860	399	5802639
广州市	29228	344	150769	22984	357	122909	11620	353	61443
深圳市	1304	290	5680	777	304	3536	576	302	2610
珠海市	4972	383	28528	4392	392	25836	2137	361	11575
汕头市	68648	446	459378	45859	468	321783	23234	490	170606
佛山市	9239	351	48614	6636	373	37095	2878	372	16074
韶关市	120462	417	754222	103997	438	683329	64155	446	429026
河源市	133013	407	811542	122174	422	773607	63410	425	404603
梅州市	183425	413	1136898	161741	436	1058587	82627	434	537427
惠州市	112090	362	609069	84729	374	474675	48395	372	270337
汕尾市	81733	353	433270	69008	364	377195	35676	386	206351
东莞市	1886	336	9508	1378	367	7590	700	368	3862
中山市	2835	345	14655	2221	356	11857	1028	342	5277
江门市	186163	353	986611	168841	363	919329	86134	350	452206
阳江市	120673	349	631472	105759	362	574293	57418	360	309805
湛江市	281074	360	1518008	226263	373	1266192	126964	361	686555
茂名市	250747	407	1530140	210305	425	1341722	114844	415	714879
肇庆市	199561	409	1224288	167788	429	1080450	85032	432	550775
清远市	150472	325	733604	121840	349	638090	59902	342	307237
潮州市	42297	425	269670	31590	462	218721	15646	451	105748
揭阳市	130585	409	801659	81168	427	520246	42164	413	261078
云浮市	102631	417	641162	87971	445	587105	44320	444	295165

8-4 续表

(2021年) 单位：公顷、千克、吨

市 别	小麦			薯类			大豆		
	播种面积	亩产	总产量	播种面积	亩产	总产量	播种面积	亩产	总产量
全 省	249	244	912	211388	324	1027214	32630	177	86379
广州市	14	251	54	2762	289	11959	367	170	936
深圳市				440	268	1771	22	12	4
珠海市	7	30	3	207	275	850	49	170	124
汕头市				19973	399	119574	409	179	1096
佛山市				1517	280	6366	70	191	200
韶关市				4194	332	20868	2983	175	7826
河源市				3721	232	12928	2536	181	6873
梅州市	4	155	9	8755	267	35011	3886	174	10133
惠州市				10698	312	50057	1261	165	3128
汕尾市	7	204	21	8060	302	36496	1279	183	3511
东莞市				275	268	1104	67	154	154
中山市				345	287	1486	30	192	86
江门市				10356	256	39782	2091	170	5342
阳江市				5478	265	21762	3172	172	8198
湛江市	3	240	12	30327	324	147148	1669	180	4515
茂名市	163	261	639	22833	310	106245	2603	172	6730
肇庆市				19493	314	91819	2250	177	5968
清远市				7332	218	23980	3295	186	9171
潮州市				6698	309	31026	633	174	1649
揭阳市				42418	392	249190	2566	181	6947
云浮市	51	229	174	5509	215	17792	1394	181	3788

8-5 各市农作物播种面积和产量

(2021年) 单位：公顷、千克、吨

市 别	甘蔗			糖蔗			油料		
	播种面积	亩产	总产量	播种面积	亩产	总产量	播种面积	亩产	总产量
全 省	150105	5803	13065967	128398	5806	11182045	357441	219	1172974
广州市	4300	8293	534916				3801	189	10796
深圳市	26	3497	1357	5	838	57	339	111	564
珠海市	8	6000	750				195	270	788
汕头市	92	7905	10925				1347	176	3561
佛山市	24	2822	1030				781	212	2487
韶关市	2626	7469	294164	338	5615	28508	39657	241	143617
河源市	606	5108	46430	370	5032	27918	24308	216	78869
梅州市	1450	2344	50989	193	1887	5472	12882	191	36996
惠州市	1032	6958	107762	628	7367	69406	17740	195	51803
汕尾市	329	4270	21049	69	4819	4964	14215	171	36392
东莞市	38	4871	2752				51	213	163
中山市	28	4111	1710	3	3040	152	14	351	74
江门市	2634	5366	212001	826	6442	79775	12636	176	33378
阳江市	1181	2877	50985	220	4521	14914	20343	158	48317
湛江市	122303	5780	10603227	117089	5802	10189707	65971	253	249939
茂名市	7395	4953	549501	6642	5036	501722	47237	229	162198
肇庆市	1511	4807	108957	146	5103	11176	27662	214	88876
清远市	3542	7540	400628	1869	8857	248274	39313	218	128551
潮州市	122	7164	13111				1994	179	5360
揭阳市	587	4604	40565				8534	273	34926
云浮市	269	3262	13158				18419	200	55319

8-5 续表 1

(2021年) 单位：公顷、千克、吨

市 别	花生			麻类		
	播种面积	亩产	总产量	播种面积	亩产	总产量
全 省	349679	221	1158706	62	212	197
广州市	3795	190	10793			
深圳市	273	128	523			
珠海市	188	275	777			
汕头市	1347	176	3561			
佛山市	780	212	2486			
韶关市	36865	252	139576			
河源市	24217	217	78680			
梅州市	12431	192	35728	3	238	10
惠州市	17733	195	51795			
汕尾市	12958	175	33974			
东莞市	51	213	163			
中山市	14	354	73			
江门市	12546	176	33206			
阳江市	20285	159	48234			
湛江市	64503	255	246794			
茂名市	47023	229	161621	20	163	50
肇庆市	27634	214	88848	13	135	26
清远市	38792	219	127720			
潮州市	1896	179	5084			
揭阳市	8242	278	34348	26	285	111
云浮市	18106	201	54722			

8-5 续表 2

(2021年)　　单位：公顷、千克、吨

市 别	烟叶			药材面积	蔬菜		
	播种面积	亩产	总产量		播种面积	亩产	总产量
全 省	15846	163	38782	56379	1392249	1846	38557342
广州市				337	146644	1836	4038410
深圳市				48	8916	1259	168334
珠海市					7125	1295	138400
汕头市				42	45760	2574	1766741
佛山市	…	600	3	350	33769	1683	852604
韶关市	8478	158	20122	2609	58114	1633	1423362
河源市				1279	39331	1352	797646
梅州市	4464	159	10632	5216	71694	2283	2454867
惠州市				770	124269	1823	3398609
汕尾市				65	54925	1748	1439765
东莞市				55	19664	1399	412653
中山市				2	15398	1592	367652
江门市	1	125	2	2364	74868	1613	1811739
阳江市	6	193	16	4344	55780	1141	954640
湛江市	292	193	847	5589	160912	1822	4397706
茂名市	927	193	2685	12840	124102	1995	3713452
肇庆市	1027	181	2790	7107	91888	2268	3125666
清远市	646	172	1668	2892	158952	1638	3906297
潮州市				448	16011	2303	553169
揭阳市	4	262	17	920	56990	2570	2196937
云浮市				9103	27135	1569	638693

8-5 续表 3

(2021年)　　单位：公顷、千克、吨

市 别	瓜类			其他农作物	木薯			青饲料	绿 肥
	播种面积	亩产	总产量	面 积	播种面积	亩产	总产量	面 积	面 积
全 省	43132	2026	1310628	270108	63607	1429	1363294	45622	33469
广州市	255	1236	4725	23674	42	1439	901	325	655
深圳市	126	817	1548	127	9	2500	320	67	7
珠海市	249	930	3474	2529	4	1077	70	375	28
汕头市	692	2293	23811	1188	20	3420	1026	426	226
佛山市	2165	1514	49178	16184	18	1313	348	4499	56
韶关市	5222	2089	163633	17308	642	1717	16525	3289	10515
河源市	557	1492	12476	5112	2134	990	31684	857	1782
梅州市	3567	1972	105518	25883	6476	1116	108390	10422	4398
惠州市	1831	1796	49318	2736	62	1634	1510	644	97
汕尾市	2622	2226	87553	2382	1665	2308	57656	368	113
东莞市	77	895	1033	2072				53	
中山市	212	1054	3345	16519	1	1625	26	11	
江门市	1483	1593	35430	33233	2249	1594	53780	3444	91
阳江市	2234	1616	54160	4757	3342	1069	53590	67	39
湛江市	8450	2138	271000	22820	9699	1877	273101	967	16
茂名市	840	1014	12780	11633	5287	1391	110288	1868	1640
肇庆市	7347	2661	293287	34264	15165	1338	304395	6108	3699
清远市	3116	1997	93333	25277	6734	1272	128530	7723	7846
潮州市	131	1739	3419	2470	155	1201	2791	1184	1
揭阳市	292	2393	10470	4297	562	1592	13427	1251	200
云浮市	1662	1249	31137	15643	9341	1463	204936	1675	2058

8-6 各县(市、区)粮食作物播种面积和产量

(2021年)

单位：公顷、千克、吨

地 区	粮食作物			稻谷			薯类(五折一)		
	播种面积	亩产	总产量	播种面积	亩产	总产量	播种面积	亩产	总产量
广州市	**29228**	**344**	**150769**	**22984**	**357**	**122909**	**2762**	**289**	**11959**
越秀区									
海珠区									
荔湾区									
天河区									
白云区	565	368	3120	189	393	1114	142	411	876
黄埔区	537	330	2658	269	350	1412	146	277	605
番禺区	185	252	698	80	264	315	57	239	206
花都区	2332	318	11120	611	378	3464	502	267	2011
南沙区	1368	343	7032	713	368	3933	168	249	626
从化区	14074	344	72686	12352	354	65622	1064	281	4490
增城区	10166	351	53455	8770	358	47049	683	307	3145
深圳市	**1304**	**290**	**5680**	**777**	**304**	**3536**	**440**	**268**	**1771**
福田区									
罗湖区									
盐田区									
南山区									
宝安区									
龙岗区	33	305	151	5	429	30	23	236	81
龙华区									
坪山区									
光明区	76	128	146	52	175	135	3		
深汕合作区	1195	300	5383	721	312	3371	414	272	1690
珠海市	**4972**	**383**	**28528**	**4392**	**392**	**25836**	**207**	**275**	**850**
香洲区	23	351	120	6	410	34	14	283	58
金湾区	375	371	2087	229	385	1322	22	178	59
斗门区	4574	384	26321	4157	393	24480	171	286	733
汕头市	**68648**	**446**	**459378**	**45859**	**468**	**321783**	**19973**	**399**	**119574**
金平区	1517	473	10759	1480	475	10536	37	398	223
龙湖区	2800	488	20477	2020	511	15495	425	401	2561
澄海区	12533	486	91333	9692	494	71880	1132	490	8316
濠江区	2344	429	15068	1187	476	8474	1074	391	6292
潮阳区	24965	431	161414	15563	457	106659	9141	383	52507
潮南区	23976	435	156544	15649	455	106879	7925	402	47819
南澳县	513	492	3783	268	463	1860	237	522	1856
佛山市	**9239**	**351**	**48614**	**6636**	**373**	**37095**	**1517**	**280**	**6366**
禅城区									
南海区	682	370	3787	328	396	1946	172	258	666
顺德区	40	282	168				13	161	32
高明区	6671	352	35263	5446	370	30226	855	266	3417
三水区	1846	339	9396	862	381	4923	476	315	2251
韶关市	**120462**	**417**	**754222**	**103997**	**438**	**683329**	**4194**	**332**	**20868**
浈江区	3013	433	19569.8	2692	446	18010	69	296	307.8
武江区	3908	419	24558.6	3526	435	22990	84	324	409.6
曲江区	11757	431	75931.2	10655	441	70483	242	394	1429.2
乐昌市	14319	419	89940.2	10452	466	73007	537	434	3493.2
南雄市	34845	397	207244.8	29857	424	189913	1941	258	7504.8
仁化县	9956	464	69342.8	9246	472	65520	177	439	1163.8
始兴县	10586	467	74068.4	9682	476	69076	175	406	1063.4
翁源县	15564	408	95260.2	14127	416	88235	422	387	2451.2
新丰县	9081	400	54414	7938	410	48855	204	413	1263
乳源县	7435	394	43892	5823	426	37240	344	346	1782

8-6 续表 1

(2021年) 单位：公顷、千克、吨

地区	粮食作物			稻谷			薯类(五折一)		
	播种面积	亩产	总产量	播种面积	亩产	总产量	播种面积	亩产	总产量
河源市	**133013**	**407**	**811542**	**122174**	**422**	**773607**	**3721**	**232**	**12928**
源城区	1900	398	11345	1756	409	10768	41	227	139
东源县	25389	404	153825	23397	419	146892	897	231	3107
和平县	21089	373	117956	19534	384	112392	504	221	1667
龙川县	35220	452	238790	31591	480	227484	818	229	2812
紫金县	33497	397	199654	31294	406	190611	1012	236	3588
连平县	15918	377	89973	14602	390	85460	449	240	1616
梅州市	**183425**	**413**	**1136898**	**161741**	**436**	**1058587**	**8755**	**267**	**35011**
梅江区	3832	396	22739	2641	440	17441	356	277	1480
梅县区	25784	454	175410	22832	478	163600	1062	310	4931
兴宁市	43050	455	293526	40292	470	283956	928	292	4067
平远县	13954	373	78016	11419	387	66192	539	463	3743
蕉岭县	10519	419	66032	9143	448	61411	534	245	1963
大埔县	7290	334	36556	5524	376	31154	882	204	2700
丰顺县	22927	347	119428	18189	376	102558	3127	242	11371
五华县	56069	410	345191	51702	429	332275	1328	239	4756
惠州市	**112090**	**362**	**609069**	**84729**	**374**	**474675**	**10698**	**312**	**50057**
惠城区	16672	381	95331	11569	398	69037	601	357	3217
惠阳区	7977	368	44055	4275	391	25070	953	289	4134
惠东县	38065	354	202061	27214	371	151259	7385	313	34648
博罗县	28910	359	155743	22703	365	124403	933	293	4104
龙门县	20466	364	111879	18969	369	104906	828	319	3954
汕尾市	**81733**	**353**	**433270**	**69008**	**364**	**377195**	**8060**	**302**	**36496**
市城区	4799	341	24509	3945	345	20396	763	332	3805
陆丰市	35604	341	181848	29055	357	155759	4349	273	17778
海丰县	30546	371	169959	26995	373	151180	1981	361	10728
陆河县	10783	352	56954	9014	369	49860	967	289	4185
东莞市	**1886**	**336**	**9508**	**1378**	**367**	**7590**	**275**	**268**	**1104**
中山市	**2835**	**345**	**14655**	**2221**	**356**	**11857**	**345**	**287**	**1486**
江门市	**186163**	**353**	**986611**	**168841**	**363**	**919329**	**10356**	**256**	**39782**
蓬江区	486	316	2301	263	345	1360	84	229	290
江海区	82	343	422	69	358	371	4	236	13
新会区	28644	325	139659	23100	348	120442	3374	210	10633
台山市	73574	365	402672	68840	371	383356	2829	288	12226
开平市	43725	355	232916	39955	363	217791	1924	266	7684
鹤山市	11465	371	63717	9929	381	56692	913	303	4147
恩平市	28188	343	144924	26685	348	139317	1228	260	4789
阳江市	**120673**	**349**	**631472**	**105759**	**362**	**574293**	**5478**	**265**	**21762**
江城区	17055	320	81951	15983	326	78169	624	233	2186
阳东区	26687	340	136075	23117	353	122435	1136	243	4144
阳春市	51187	358	274587	43687	376	246322	2735	265	10882
阳西县	23751	362	129043	21095	373	117997	878	315	4154

8-6 续表 2

(2021年)

单位：公顷、千克、吨

地区	粮食作物			稻谷			薯类(五折一)		
	播种面积	亩产	总产量	播种面积	亩产	总产量	播种面积	亩产	总产量
湛江市	**281074**	**360**	**1518008**	**226263**	**373**	**1266192**	**30327**	**324**	**147148**
赤坎区	360	356	1923	290	378	1645	70	263	277
霞山区	801	368	4412	738	376	4158	38	276	158
麻章区	16087	350	84495	13399	366	73592	1103	257	4247
坡头区	12974	337	65539	10497	356	56080	2148	259	8330
雷州市	67419	373	376768	59282	379	336904	5699	333	28447
廉江市	78891	365	432309	63460	379	360371	10831	326	52973
吴川市	31082	366	170454	28435	368	156852	1621	377	9170
遂溪县	46773	352	246828	36710	361	198736	7546	331	37490
徐闻县	26688	338	135280	13454	386	77854	1270	318	6056
茂名市	**250747**	**407**	**1530140**	**210305**	**425**	**1341722**	**22833**	**310**	**106245**
茂南区	24291	373	136017	21239	376	119902	1222	379	6950
电白区	50323	396	298717	43859	404	265681	4393	374	24642
信宜市	55577	413	344538	38668	450	261217	7841	320	37638
高州市	60429	447	405023	55845	463	387814	2863	234	10030
化州市	60128	384	345845	50694	404	307108	6515	276	26985
肇庆市	**199561**	**409**	**1224288**	**167788**	**429**	**1080450**	**19493**	**314**	**91819**
端州区									
鼎湖区	6157	385	35536	4823	416	30063	530	261	2078
高要区	37483	423	237818	32892	435	214495	3522	369	19475
四会市	20609	395	122210	14088	432	91334	4556	332	22666
广宁县	28764	418	180182	22901	446	153322	3966	308	18333
德庆县	23969	385	138480	21443	400	128591	1509	232	5244
封开县	33503	432	216852	28952	447	194003	2543	338	12881
怀集县	49076	398	293210	42688	420	268642	2868	259	11142
清远市	**150472**	**325**	**733604**	**121840**	**349**	**638090**	**7332**	**218**	**23980**
清城区	15768	292	69123	14876	298	66420	329	192	947
清新区	25613	339	130403	22732	356	121458	1123	239	4031
英德市	38886	329	192018	32559	350	170705	1353	202	4100
连州市	20931	348	109172	16515	382	94645	1194	212	3801
佛冈县	11749	326	57405	11046	333	55179	350	221	1158
阳山县	22179	304	101267	13299	355	70797	1740	213	5560
连山县	7519	359	40490	6744	372	37665	253	253	959
连南县	7827	287	33726	4070	348	21221	990	231	3424
潮州市	**42297**	**425**	**269670**	**31590**	**462**	**218721**	**6698**	**309**	**31026**
湘桥区	3738	440	24679	2833	466	19811	443	377	2503
潮安区	14441	445	96335	10620	472	75197	2067	363	11262
饶平县	24119	411	148656	18137	455	123713	4188	275	17261
揭阳市	**130585**	**409**	**801659**	**81168**	**427**	**520246**	**42418**	**392**	**249190**
榕城区	9697	488	71036	7666	492	56557	1708	499	12771
揭东区	25248	475	179852	14937	497	111414	7479	490	54991
普宁市	33152	394	195992	21447	411	132154	10866	371	60499
揭西县	29791	395	176498	19821	402	119522	8486	371	47229
惠来县	32698	364	178281	17297	388	100599	13879	354	73700
云浮市	**102631**	**417**	**641162**	**87971**	**445**	**587105**	**5509**	**215**	**17792**
云城区	7957	416	49628	6864	441	45349	512	222	1708
云安区	12299	383	70681	8533	443	56747	1434	230	4954
罗定市	39501	418	247899	34523	447	231388	1289	165	3186
新兴县	20931	445	139847	19316	460	133372	891	241	3216
郁南县	21944	404	133107	18736	428	120249	1383	228	4728

8-7 各县(市、区)农作物播种面积和产量

(2021年)

单位：公顷、千克、吨

地 区	糖蔗			花生			蔬菜			瓜类		
	播种面积	亩产	总产量	播种面积	亩产	总产量	播种面积	亩产	总产量	播种面积	亩产	总产量
广州市				**3795**	**190**	**10793**	**146644**	**1836**	**4038410**	**255**	**1236**	**4725**
越秀区												
海珠区							573	1439	12359			
荔湾区							193	1017	2945			
天河区							486	863	6298	7	390	41
白云区				162	144	351	34261	1556	799689	56	1350	1134
黄埔区				25	168	64	3641	1171	63937	3	1422	64
番禺区				6	379	36	8005	1553	186433	35	767	401
花都区				354	191	1014	21269	1692	539884	110	1423	2341
南沙区				11	289	46	21469	2205	710086	8	1008	122
从化区				2429	189	6897	13792	1540	318674	9	659	87
增城区				807	197	2385	42956	2170	1398105	28	1295	535
深圳市	**5**	**838**	**57**	**273**	**128**	**523**	**8916**	**1259**	**168334**	**126**	**817**	**1548**
福田区												
罗湖区							16	396	95	3	444	20
盐田区												
南山区							15	693	160	2	917	22
宝安区							1479	1032	22887	11	941	160
龙岗区	5	838	57	15	206	46	984	1536	22674	82	719	883
龙华区							553	1082	8975	7	725	74
坪山区							1739	1435	37436	11	1102	184
光明区							2764	997	41332	11	1289	205
深汕合作区				258	123	477	1366	1697	34775			
珠海市				**188**	**275**	**777**	**7125**	**1295**	**138400**	**249**	**930**	**3474**
香洲区							272	1140	4652	5	1729	121
金湾区				55	296	242	1310	1231	24204	150	750	1688
斗门区				130	267	523	4167	1407	87920	48	1401	1006
汕头市				**1347**	**176**	**3561**	**45760**	**2574**	**1766741**	**692**	**2293**	**23811**
金平区							1293	2371	46001			
龙湖区				89	272	362	5140	2750	211994	1	2429	51
澄海区				93	265	370	18207	2609	712591	528	2335	18511
濠江区				287	164	705	1668	2479	62005	15	2465	562
潮阳区				104	209	328	9456	2461	349139	42	1354	846
潮南区				745	151	1688	9731	2554	372733	88	2437	3229
南澳县				29	251	108	265	3085	12278	17	2372	612
佛山市				**780**	**212**	**2486**	**33769**	**1683**	**852604**	**2165**	**1514**	**49178**
禅城区							132	1581	3131			
南海区							12667	1563	296959	161	1156	2801
顺德区							4799	1207	86864	13	704	140
高明区				494	212	1572	7928	1489	177006	293	1810	7952
三水区				287	213	914	8244	2334	288644	1697	1504	38285
韶关市	**338**	**5615**	**28508**	**36865**	**252**	**139576**	**58114**	**1633**	**1423362**	**5222**	**2089**	**163633**
浈江区				1547	281	6527	2122	2285	72720	234	2246	7885
武江区				1159	227	3944	2680	2171	87267	275	1995	8224
曲江区				3070	279	12869	3431	2190	112717	165	2549	6319
乐昌市	3	4000	204	3691	299	16548	12226	1404	257452	515	2027	15660
南雄市				7616	233	26646	9618	1639	236472	631	1928	18243
仁化县				6393	267	25621	3856	1781	103052	1761	2317	61191
始兴县	5	5240	393	3582	247	13272	5373	2128	171465	1276	1901	36394
翁源县	314	5791	27241	4610	273	18880	7128	1287	137586	61	1143	1047
新丰县	16	2713	670	3297	200	9892	8619	1429	184699	125	2472	4643
乳源县				1900	189	5377	3061	1305	59932	179	1502	4027

8-7 续表 1

(2021年)　　单位：公顷、千克、吨

地 区	糖蔗			花生			蔬菜			瓜类		
	播种面积	亩产	总产量	播种面积	亩产	总产量	播种面积	亩产	总产量	播种面积	亩产	总产量
河源市	**370**	**5032**	**27918**	**24217**	**217**	**78680**	**39331**	**1352**	**797646**	**557**	**1492**	**12476**
源城区	10	5931	860	609	233	2129	2115	1333	42314	16	3408	794
东源县	360	5008	27058	6620	228	22690	6564	1235	121623	193	1402	4048
和平县				2384	213	7603	6095	1536	140439			
龙川县				4807	180	12976	8094	1286	156107	81	1684	2046
紫金县				4779	231	16586	9885	1499	222244	191	1563	4476
连平县				5018	222	16696	6578	1165	114919	77	957	1112
梅州市	**193**	**1887**	**5472**	**12431**	**192**	**35728**	**71694**	**2283**	**2454867**	**3567**	**1972**	**105518**
梅江区				354	196	1041	4824	1583	114513	95	1373	1955
梅县区				2375	228	8139	11157	2993	500888	1286	2217	42767
兴宁市				1886	162	4585	17936	3027	814266	232	1734	6043
平远县				965	163	2353	4069	1152	70323	463	1499	10402
蕉岭县	193	1887	5472	1887	163	4609	5705	1519	129990	274	1831	7523
大埔县				597	166	1485	8538	1614	206683	889	2071	27629
丰顺县				1538	216	4984	6748	2199	222547	159	2011	4783
五华县				2829	201	8532	12718	2074	395657	170	1733	4416
惠州市	**628**	**7367**	**69406**	**17733**	**195**	**51795**	**124269**	**1823**	**3398609**	**1831**	**1796**	**49318**
惠城区	36	5317	2898	3119	203	9495	14387	1978	426933	80	1305	1562
惠阳区	8	7000	840	1493	186	4172	18919	1759	499152	50	1933	1436
惠东县				5054	211	15965	33158	1811	900606	1451	1802	39224
博罗县	546	7406	60611	6085	179	16358	39894	1779	1064751	170	2040	5197
龙门县	38	8841	5057	1889	191	5421	11937	1894	339122	81	1568	1899
汕尾市	**69**	**4819**	**4964**	**12958**	**175**	**33974**	**54925**	**1748**	**1439765**	**2622**	**2226**	**87553**
市城区				518	158	1226	2376	1490	53116	23	3101	1048
陆丰市				7951	171	20417	29100	1634	713357	900	2204	29772
海丰县	69	4819	4964	2446	164	6001	16883	2073	525000	1546	2270	52643
陆河县				1519	221	5023	5051	1457	110391	153	1781	4090
东莞市				**51**	**213**	**163**	**19664**	**1399**	**412653**	**77**	**895**	**1033**
中山市	**3**	**3040**	**152**	**14**	**354**	**73**	**15398**	**1592**	**367652**	**212**	**1054**	**3345**
江门市	**826**	**6442**	**79775**	**12546**	**176**	**33206**	**74868**	**1613**	**1811739**	**1483**	**1593**	**35430**
蓬江区				85	211	270	3076	1752	80821	59	2346	2062
江海区				2	588	20	2169	1545	50274	189	1494	4238
新会区	38	5224	2967	297	204	909	7732	1646	190858	137	1160	2381
台山市				4657	195	13606	23504	1592	561167	821	1713	21109
开平市				3536	159	8412	17068	1568	401326	90	919	1244
鹤山市				1141	164	2811	13351	1573	315079	180	1559	4204
恩平市	788	6500	76808	2828	169	7178	7968	1776	212214	7	1778	192
阳江市	**220**	**4521**	**14914**	**20285**	**159**	**48234**	**55780**	**1141**	**954640**	**2234**	**1616**	**54160**
江城区				829	215	2672	4495	1123	75702	20	1258	371
阳东区	104	3948	6170	4846	154	11200	11399	1253	214213	157	1268	2980
阳春市	116	5037	8744	11569	157	27286	27305	1056	432713	100	1677	2527
阳西县				2483	149	5538	11162	1255	210038	1957	1644	48282

8-7 续表 2

(2021年) 单位：公顷、千克、吨

地区	糖蔗			花生			蔬菜			瓜类		
	播种面积	亩产	总产量	播种面积	亩产	总产量	播种面积	亩产	总产量	播种面积	亩产	总产量
湛江市	**117089**	**5802**	**10189707**	**64503**	**255**	**246794**	**160912**	**1822**	**4397706**	**8450**	**2138**	**271000**
赤坎区	14	4212	876	70	188	199	997	1390	20781			
霞山区				142	261	555	966	1219	17665	4	1103	64
麻章区	3470	5670	295073	1630	209	5101	4112	1346	83026	133	1523	3048
坡头区	214	4264	13665	3437	228	11739	4290	1564	100653	100	3127	4671
雷州市	51462	5489	4237285	15089	265	60035	38210	1759	1008314	5006	2123	159460
廉江市	4600	4714	325232	16455	244	60328	41169	1744	1077001	246	2376	8751
吴川市	504	5304	40058	6311	263	24926	7027	1588	167395	121	1627	2947
遂溪县	43631	6533	4275670	14318	284	61031	27628	2396	992890	2318	2296	79846
徐闻县	13180	5061	1000693	6240	220	20601	33793	1767	895739	156	2082	4875
茂名市	**6642**	**5036**	**501722**	**47023**	**229**	**161621**	**124102**	**1995**	**3713452**	**840**	**1014**	**12780**
茂南区	283	3783	16042	4447	230	15351	12863	2053	396124	12	1092	202
电白区	48	6482	4680	15634	216	50717	35167	1913	1009028	54	1147	928
信宜市				6631	228	22676	20069	1981	596206	580	902	7849
高州市	212	3202	10167	8018	274	32920	26767	2392	960452	49	1821	1333
化州市	6100	5146	470833	12293	217	39957	29236	1714	751642	144	1139	2468
肇庆市	**146**	**5103**	**11176**	**27634**	**214**	**88848**	**91888**	**2268**	**3125666**	**7347**	**2661**	**293287**
端州区							160	2107	5061			
鼎湖区				372	220	1229	4250	1914	122002	237	2545	9030
高要区				3418	232	11921	34283	2125	1092704	2646	2541	100851
四会市				5671	208	17683	10689	2017	323411	309	1565	7243
广宁县				3318	191	9500	9364	2019	283512	1032	1977	30608
德庆县				4032	233	14094	8262	2350	291282	125	2809	5247
封开县	143	5109	10985	6234	232	21692	9932	2440	363459	871	3564	46545
怀集县	3	4775	191	4587	185	12729	14933	2875	643981	2127	2938	93746
清远市	**1869**	**8857**	**248274**	**38792**	**219**	**127720**	**158952**	**1638**	**3906297**	**3116**	**1997**	**93333**
清城区	43	9478	6123	3559	237	12635	9803	1863	273880	139	1057	2196
清新区				6291	189	17815	24130	1930	698394	284	1843	7854
英德市	1817	8872	241781	10877	210	34278	29078	1975	861391	697	1849	19325
连州市	3	2255	115	4695	221	15586	32593	1705	833486	1475	2409	53295
佛冈县				2938	225	9894	12191	1321	241505	11	926	150
阳山县	6	3072	255	6556	203	20006	35881	1303	701085	395	1199	7106
连山县				1588	263	6277	7049	1404	148435	105	1853	2915
连南县				2289	327	11229	8226	1200	148121	11	2982	492
潮州市				**1896**	**179**	**5084**	**16011**	**2303**	**553169**	**131**	**1739**	**3419**
湘桥区				168	188	475	1982	2383	70845	1	1111	10
潮安区				430	176	1134	5178	2283	177326	47	1533	1076
饶平县				1298	178	3475	8751	2309	303099	84	1859	2333
揭阳市				**8242**	**278**	**34348**	**56990**	**2570**	**2196937**	**292**	**2393**	**10470**
榕城区							455	2028	13852			
揭东区				1821	361	9854	19179	2327	669322	1	800	8
普宁市				983	216	3180	12932	2429	471236	24	3240	1160
揭西县				1979	329	9756	8554	2970	381104	35	1226	651
惠来县				3352	218	10980	10697	2933	470561	213	2484	7923
云浮市				**18106**	**201**	**54722**	**27135**	**1569**	**638693**	**1662**	**1249**	**31137**
云城区				830	184	2292	1597	1486	35603	96	1620	2326
云安区				3087	180	8316	3514	1230	64851	411	1484	9138
罗定市				7217	179	19365	8105	994	120796	289	1363	5902
新兴县				2969	292	12982	11188	2242	376190	22	1448	485
郁南县				4003	196	11767	2732	1007	41253	845	1049	13286

8-8　主要年份茶叶、桑叶、水果面积及产量

项　　目	单位	1990	1995	2000	2005	2010	2015	2019	2020	2021	2021年比上年增长(%)
一、茶叶年末实有面积	**千公顷**	**42.95**	**45.83**	**43.2**	**36.03**	**50.88**	**52.05**	**72.22**	**78.19**	**89.27**	**14.2**
茶叶总产量	万吨	2.59	3.96	4.21	4.45	5.38	8.07	11.08	12.82	13.95	8.8
二、桑叶年末实有面积	**千公顷**	**19.81**	**25.17**	**17.93**	**29.67**	**31.82**	**34.17**	**25.84**	**26.41**	**20.67**	**-21.8**
桑叶总产量	万吨			51.25	81.34	94.35	113.54	101.82	105.62	87.77	-16.9
三、水果年末实有面积	**千公顷**	**644.74**	**735.64**	**1001.6**	**996.91**	**1007.07**	**968.47**	**1007.00**	**1031.31**	**1050.76**	**1.9**
水果总产量	万吨	328.58	414.51	643.52	831.69	1049.21	1298.52	1644.38	1756.16	1826.73	4.0
#柑桔橙年末实有面积	千公顷	192.66	113.23	82.23	166.02	217.88	197.75	192.02	194.98	191.97	-1.5
柑桔橙总产量	万吨	151.42	107.43	81.06	143.02	259.34	317.53	362.16	388.20	399.72	3.0
香(大)蕉年末实有面积	千公顷	68.73	87.61	101.01	128.39	114.57	108.15	111.33	111.26	111.42	0.1
香(大)蕉总产量	万吨	105.39	157.6	235.3	330.23	334.13	357.83	464.83	478.73	483.30	1.0
菠萝年末实有面积	千公顷	34.10	25.74	29.72	27.13	25.88	29.72	35.64	38.96	39.25	0.7
菠萝总产量	万吨	21.47	26.30	47.53	52.10	63.21	83.76	110.99	121.02	125.98	4.1
荔枝年末实有面积	千公顷	119.33	196.11	316.56	278.14	260.66	247.88	248.70	254.14	262.65	3.3
荔枝总产量	万吨	9.73	26.91	64.75	86.21	96.53	116.18	109.22	135.09	151.62	12.2

8-9　水果、桑叶和茶叶生产情况

(2021年)　　单位：千公顷、万吨

项　　目	年末实有面积	总产量	项　　目	年末实有面积	总产量
一、水果	**1050.76**	**1826.73**	12.青梅	18.85	10.24
1.柑桔橙	191.97	399.72	13.火龙果	16.10	37.87
2.香(大)蕉	111.42	483.30	14.黄皮	12.04	14.23
3.菠萝	39.25	125.98	15.杨桃	7.23	13.69
4.荔枝	262.65	151.62	16.其他杂果	122.73	195.64
5.龙眼	114.93	104.23	**二、桑叶**	**20.67**	**87.77**
6.梨	8.74	12.45	**三、茶叶**	**89.27**	**13.95**
7.柿子	11.15	13.24	1.绿茶		5.59
8.李子	55.65	80.63	2.青茶(乌龙茶)		6.44
9.番石榴	13.90	48.84	3.红茶		1.28
10.芒果	12.34	18.26	4.黄茶		0.10
11.柚子	51.80	116.78	5.其他茶		0.55

8-10 各市水果、桑叶和茶叶生产情况

(2021年) 单位：公顷、吨

市别	一、水果合计		1.柑、桔、橙		2.香(大)蕉	
	年末实有面积	总产量	年末实有面积	总产量	年末实有面积	总产量
全省	1050758	18267302	191967	3997203	111417	4833025
广州市	70713	819400	4043	86625	5576	279157
深圳市	3448	43013	291	6408	121	2812
珠海市	5651	103615	48	741	652	29851
汕头市	14037	302080	886	26788	2061	60553
佛山市	1960	47269	91	2697	791	33602
韶关市	47001	672395	23024	347736	465	6227
河源市	37516	448420	8971	127498	807	10457
梅州市	82188	1554790	7517	167164	3760	81830
惠州市	64426	960979	17926	282739	9800	386820
汕尾市	36249	323860	986	39553	2337	43055
东莞市	14111	75045	18	147	1729	40244
中山市	3348	103790	159	2674	836	41011
江门市	23677	401275	8318	181987	3016	92026
阳江市	49806	413908	4586	93330	4763	99059
湛江市	109967	3178391	6229	89746	28903	1358379
茂名市	238705	4436500	8449	146754	29145	1853040
肇庆市	79800	2091555	55673	1652727	6662	170311
清远市	50847	803965	24915	399237	1413	40785
潮州市	17297	298615	1797	36864	625	30498
揭阳市	56123	667961	4470	79604	4445	111290
云浮市	43888	520476	13570	226184	3510	62018

8-10 续表 1

(2021年) 单位：公顷、吨

市别	3.菠萝		4.荔枝		5.龙眼	
	年末实有面积	总产量	年末实有面积	总产量	年末实有面积	总产量
全省	39249	1259776	262654	1516150	114930	1042347
广州市	27	781	36739	125899	8156	49060
深圳市	110	1377	1802	13940	511	4331
珠海市	24	1136	2797	8263	604	3388
汕头市	6	61	3328	11357	399	5585
佛山市	6	494	158	865	498	1237
韶关市			4	88	153	1394
河源市			3555	9233	1147	7184
梅州市	159	1340	3015	19902	3483	32358
惠州市	371	6098	20129	105952	8357	65299
汕尾市	1400	9990	16482	115957	2420	27456
东莞市	1	3	10644	24024	1187	3801
中山市	242	5512	709	7661	469	8350
江门市	36	1017	5425	28019	3791	20625
阳江市	20	190	21786	85044	10054	64775
湛江市	32106	1138828	21232	204886	4617	46831
茂名市	71	1006	89793	581406	52332	541742
肇庆市	473	5753	1843	28137	2194	24347
清远市	7	57	1571	10045	959	8258
潮州市	404	7675	1927	27674	3450	56652
揭阳市	3668	76317	12023	72625	5693	36033
云浮市	119	2141	7693	35173	4456	33641

8-10 续表 2

(2021年) 单位：公顷、吨

市 别	6.梨		7.柿子(鲜)		8.李子	
	年末实有面积	总产量	年末实有面积	总产量	年末实有面积	总产量
全 省	8743	124508	11154	132357	55650	806311
广州市	34	13	1589	13711	2529	19861
深圳市	40	115	22	170	62	2612
珠海市					…	2
汕头市	21	40	220	2458	34	655
佛山市	3	23	1	2		4
韶关市	631	8055	232	1509	9054	144092
河源市	237	3130	1922	19240	7467	110663
梅州市	1055	7816	3342	37286	5895	93528
惠州市	32	410	210	2731	768	6379
汕尾市	180	1009	948	6566	1484	15067
东莞市	…	2			3	
中山市			…	6	…	2
江门市	1	24	3	44	17	85
阳江市	155	459	164	928	1273	6847
湛江市			4	96	28	323
茂名市	438	5653	666	12342	20456	306472
肇庆市	777	18821	862	24404	1856	32465
清远市	4464	74039	420	4961	1836	22493
潮州市	59	307	157	1884	48	736
揭阳市	501	3257	177	1752	2240	36311
云浮市	115	1335	215	2267	601	7714

8-10 续表 3

(2021年) 单位：公顷、吨

市 别	9.其他		二、桑叶		三、茶叶	
	年末实有面积	总产量	年末实有面积	总产量	年末实有面积	总产量
全 省	254995	4555625	20668	877740	89269	139454
广州市	12018	244293			195	139
深圳市	489	11248			361	155
珠海市	1526	60234			14	1
汕头市	7084	194583			739	749
佛山市	411	8345	3	7	40	40
韶关市	13439	163294	2146	42089	5441	7734
河源市	13410	161015	17	511	9683	8185
梅州市	53961	1113566	104	435	21818	25579
惠州市	6833	104551	7	56	4046	2285
汕尾市	10012	65207			1677	4238
东莞市	529	6824			133	5
中山市	933	38574			23	12
江门市	3070	77448	3	81	1486	1471
阳江市	7005	63276	744	21193	237	491
湛江市	16849	339302	2104	98730	2713	9840
茂名市	37355	988085	6772	437424	1342	1681
肇庆市	9460	134590	557	17706	2616	7233
清远市	15263	244090	3736	91485	9921	10558
潮州市	8832	136325			15028	26728
揭阳市	22906	250772			9808	28836
云浮市	13610	150003	4473	168023	1947	3494

8-11 各县(市、区)水果、桑叶和茶叶生产情况

(2021年) 单位：公顷、吨

地 区	一、水果合计		1.柑、桔、橙		2.香(大)蕉		3.菠萝	
	年末实有面积	总产量	年末实有面积	总产量	年末实有面积	总产量	年末实有面积	总产量
广州市	**70713**	**819400**	**4043**	**86625**	**5576**	**279157**	**27**	**781**
越秀区								
海珠区	338	3993			4	296		
荔湾区								
天河区	69	367			0	3		
白云区	1377	13151	15	190	34	1359	1	10
黄埔区	2578	16568	32	1080	127	1097	4	19
番禺区	354	8251	0	6	72	2332		
花都区	3739	28802	13	39	119	4126		
南沙区	6288	261600	47	963	3523	175331		
从化区	32675	147862	2502	29174	351	3920		
增城区	23294	338806	1434	55173	1346	90693	22	752
深圳市	**3448**	**43013**	**291**	**6408**	**121**	**2812**	**110**	**1377**
福田区								
罗湖区	86	64						
盐田区	77	2						
南山区	693	11812						
宝安区	573	1104	10	18				
龙岗区	84	547			4	18	2	2
龙华区								
坪山区	233	669	2					
光明区	77	856	1				3	10
深汕合作区	1625	27959	278	6390	117	2794	106	1365
珠海市	**5651**	**103615**	**48**	**741**	**652**	**29851**	**24**	**1136**
香洲区	497	5944	3		12	145	2	2
金湾区	3001	76506	19	272	377	22600	18	1035
斗门区	2154	21165	26	469	263	7106	3	99
汕头市	**14037**	**302080**	**886**	**26788**	**2061**	**60553**	**6**	**61**
金平区	37	1074						
龙湖区	12	204	4	116				
澄海区	2356	112503	62	4766	245	11896		
濠江区	50	769	2	27	4	157		
潮阳区	5859	148002	301	10689	1293	38039	6	61
潮南区	5327	34388	360	8894	447	8868		
南澳县	397	5140	157	2296	72	1593		
佛山市	**1960**	**47269**	**91**	**2697**	**791**	**33602**	**6**	**494**
禅城区								
南海区	83	3538			26	1720		
顺德区	225	8486			203	8261		
高明区	779	11302	90	2645	159	4287	6	494
三水区	873	23943	1	52	403	19334		
韶关市	**47001**	**672395**	**23024**	**347736**	**465**	**6227**		
浈江区	903	19957	390	10529	36	644		
武江区	855	12152	439	5731	25	515		
曲江区	3523	38769	2288	29414	84	529		
乐昌市	8040	175325	3214	88575	42	997		
南雄市	4658	59131	2060	28303	77	1164		
仁化县	11082	141803	8398	117524	55	1292		
始兴县	7041	103359	2888	40189	24	312		
翁源县	3894	71434	390	7318	12	129		
新丰县	5181	36878	1858	12226	100	560		
乳源县	1825	13587	1099	7927	9	85		

8-11 续表 1

(2021年) 单位：公顷、吨

地　区	一、水果合计		1.柑、桔、橙		2.香(大)蕉		3.菠萝	
	年末实有面积	总产量	年末实有面积	总产量	年末实有面积	总产量	年末实有面积	总产量
河源市	**37516**	**448420**	**8971**	**127498**	**807**	**10457**		
源城区	766	5092	33	1384	9	86		
东源县	4259	39906	852	10409	134	1253		
和平县	5360	42021	548	6010	12	486		
龙川县	6105	83878	2051	32380	124	1945		
紫金县	13852	157568	3918	45928	524	6647		
连平县	7174	119955	1569	31387	4	40		
梅州市	**82188**	**1554790**	**7517**	**167164**	**3760**	**81830**	**159**	**1340**
梅江区	2543	43898	377	4266	55	1810		
梅县区	25740	800564	2293	63804	912	25232		
兴宁市	5882	178617	440	23957	164	12134		
平远县	5404	93633	2334	46093	292	4021		
蕉岭县	3067	58149	276	5927	263	5615		
大埔县	14551	223418	190	3619	746	11936	54	783
丰顺县	7122	65473	257	4553	723	12861	47	429
五华县	17878	91038	1350	14945	604	8221	58	128
惠州市	**64426**	**960979**	**17926**	**282739**	**9800**	**386820**	**371**	**6098**
惠城区	5652	47856	204	1835	573	13093	5	84
惠阳区	9801	45515	117	997	269	8786	7	24
惠东县	12437	124395	1434	20628	626	9158	325	5705
博罗县	14051	241662	2566	45647	2403	103863	31	261
龙门县	22485	501551	13605	213632	5929	251920	3	24
汕尾市	**36249**	**323860**	**986**	**39553**	**2337**	**43055**	**1400**	**9990**
市城区	1117	14222	1		38	404	1	10
陆丰市	12985	116675	190	1603	527	9205	1105	7353
海丰县	7889	70152	299	9761	688	13413	49	757
陆河县	14258	122811	496	28189	1084	20033	245	1870
东莞市	**14111**	**75045**	**18**	**147**	**1729**	**40244**	**1**	**3**
中山市	**3348**	**103790**	**159**	**2674**	**836**	**41011**	**242**	**5512**
江门市	**23677**	**401275**	**8318**	**181987**	**3016**	**92026**	**36**	**1017**
蓬江区	104	2914	40	597	31	1353	…	
江海区	231	7786	73	2204	62	2253		
新会区	6357	171329	4471	124977	774	27943	7	274
台山市	6279	82375	751	13652	650	18433	13	560
开平市	4427	57061	1341	13807	792	19024	5	9
鹤山市	1745	22346	327	4389	158	6129	9	149
恩平市	4536	57464	1316	22361	549	16891	1	25
阳江市	**49806**	**413908**	**4586**	**93330**	**4763**	**99059**	**20**	**190**
江城区	2358	14278	29	268	346	3712		
阳东区	16550	70747	1415	18892	919	10709		
阳春市	21612	282494	3058	72953	3282	79933		
阳西县	9285	46389	83	1217	217	4705	20	190

8-11 续表 2

(2021年) 单位：公顷、吨

地　区	一、水果合计		1.柑、桔、橙		2.香(大)蕉		3.菠萝	
	年末实有面积	总产量	年末实有面积	总产量	年末实有面积	总产量	年末实有面积	总产量
湛江市	**109967**	**3178391**	**6229**	**89746**	**28903**	**1358379**	**32106**	**1138828**
赤坎区	8	297	…	1	2	91	1	8
霞山区	27	445	5	36	3	190	…	
麻章区	2620	91554	6	60	1801	77115		45
坡头区	952	22030	7	170	205	15322		25
雷州市	24851	836567	166	1994	8848	398849	10957	372397
廉江市	33105	486953	5720	79125	2135	97703	38	793
吴川市	2662	81614	169	5406	1250	57325		
遂溪县	13625	450055	140	2862	6566	314843	320	8980
徐闻县	32117	1208876	17	92	8091	396941	20789	756580
茂名市	**238705**	**4436500**	**8449**	**146754**	**29145**	**1853040**	**71**	**1006**
茂南区	5415	51266	23	392	60	2687		
电白区	38315	435268	830	10174	1945	97899	3	90
信宜市	57661	1202669	5135	120153	5676	328792		
高州市	85933	1954681	289	1901	16787	1144991		
化州市	51383	792616	2173	14134	4676	278671	68	916
肇庆市	**79800**	**2091555**	**55673**	**1652727**	**6662**	**170311**	**473**	**5753**
端州区	63	864			3	63		
鼎湖区	1007	25563	125	1051	733	22555		
高要区	10538	210637	5085	110939	1317	37033	424	5420
四会市	10473	183222	7035	117103	2155	47124		
广宁县	11787	180856	8734	134942	298	6800	11	104
德庆县	18782	494007	15875	474062	295	6236	14	169
封开县	15467	477216	10421	360563	1402	38156	24	60
怀集县	11682	519190	8398	454067	459	12344		
清远市	**50847**	**803965**	**24915**	**399237**	**1413**	**40785**	**7**	**57**
清城区	1453	37559	257	5329	87	1790	1	16
清新区	11000	279760	7955	179427	632	27125		
英德市	6230	63971	4243	54383	362	3040		
连州市	10779	144015	3090	38983	1			
佛冈县	10545	125530	3892	41011	308	8430	6	41
阳山县	7542	90012	4349	62940	18	354		
连山县	2079	38605	963	14150	6	46		
连南县	1221	24513	165	3014				
潮州市	**17297**	**298615**	**1797**	**36864**	**625**	**30498**	**404**	**7675**
湘桥区	1990	82731	154	5321	201	10398	1	30
潮安区	4733	52845	433	8366	284	10990	267	5692
饶平县	10575	163039	1210	23177	141	9110	136	1953
揭阳市	**56123**	**667961**	**4470**	**79604**	**4445**	**111290**	**3668**	**76317**
榕城区	2205	40398	104	1490	924	33481	61	1826
揭东区	4005	40656	104	1620	409	9975	123	2078
普宁市	25905	266697	2996	55793	1774	27608	1451	16069
揭西县	9992	175098	1141	18776	930	31112	119	3108
惠来县	14015	145112	125	1925	408	9114	1914	53236
云浮市	**43888**	**520476**	**13570**	**226184**	**3510**	**62018**	**119**	**2141**
云城区	3273	39279	1991	23164	185	1306	24	479
云安区	4742	65897	2270	44226	346	5882	12	134
罗定市	7599	77479	1780	21499	508	9632	45	980
新兴县	7208	130761	331	15679	1261	30264	13	246
郁南县	21066	207060	7198	121616	1210	14934	25	302

8-11 续表 3

(2021年)　　单位：公顷、吨

地　区	4.荔枝		5.龙眼		6.梨		7.柿子(鲜)	
	年末实有面积	总产量	年末实有面积	总产量	年末实有面积	总产量	年末实有面积	总产量
广州市	**36739**	**125899**	**8156**	**49060**	**34**	**13**	**1589**	**13711**
越秀区								
海珠区	14	206	105	1271				
荔湾区								
天河区	24	157	19	100				
白云区	519	4870	449	3759				
黄埔区	1503	8292	537	3952			…	4
番禺区	29	147	76	1086				
花都区	1560	9005	1582	10205	5	5	3	15
南沙区	942	5148	141	822				
从化区	19413	49900	2434	10709	26	8	1351	8935
增城区	12737	48174	2814	17156	3		234	4757
深圳市	**1802**	**13940**	**511**	**4331**	**40**	**115**	**22**	**170**
福田区								
罗湖区	79	47	7	17				
盐田区	64	1	13	1				
南山区	505	9262	189	2550				
宝安区	479	736	83	340				
龙岗区	42	148	10	101				
龙华区								
坪山区	109	8	90	1				
光明区	57	115	10	31				
深汕合作区	468	3623	109	1290	40	115	22	170
珠海市	**2797**	**8263**	**604**	**3388**				
香洲区	297	1833	126	1103				
金湾区	1123	1495	317	1320				
斗门区	1377	4935	161	965				
汕头市	**3328**	**11357**	**399**	**5585**	**21**	**40**	**220**	**2458**
金平区								
龙湖区								
澄海区	130	1552	110	2657			2	22
濠江区	8	70	2	30				
潮阳区	123	1164	26	243			166	2071
潮南区	3039	8421	179	2185	18	23	48	319
南澳县	28	150	81	470	3	17	3	46
佛山市	**158**	**865**	**498**	**1237**	**3**	**23**	**1**	**2**
禅城区								
南海区								
顺德区			5	78				
高明区	109	495	192	670	3	23	1	2
三水区	50	370	301	489				
韶关市	**4**	**88**	**153**	**1394**	**631**	**8055**	**232**	**1509**
浈江区			…	6				
武江区			…	4	3		4	145
曲江区	3	56	8	106	19	222	6	60
乐昌市			5	34	239	2590	4	100
南雄市					98	1363	2	28
仁化县					2	13	…	4
始兴县					56	1133	6	76
翁源县	1	32	131	1237	97	1285	25	336
新丰县			7	7	52	725	170	569
乳源县			…		64	724	16	191

8-11 续表 4

(2021年)　　单位：公顷、吨

地区	4.荔枝		5.龙眼		6.梨		7.柿子(鲜)	
	年末实有面积	总产量	年末实有面积	总产量	年末实有面积	总产量	年末实有面积	总产量
河源市	**3555**	**9233**	**1147**	**7184**	**237**	**3130**	**1922**	**19240**
源城区	344	1142	258	1036				
东源县	93	380	161	668	91	1008	372	5309
和平县					38	570	56	704
龙川县	17	310	125	887	62	1223	1447	12710
紫金县	3102	7401	602	4593	35	195	3	29
连平县					12	134	45	488
梅州市	**3015**	**19902**	**3483**	**32358**	**1055**	**7816**	**3342**	**37286**
梅江区			76	680	16	127	82	2038
梅县区	135	2733	434	7210	78	1715	387	10465
兴宁市	169	2167	1531	7223	52	555	249	4075
平远县			8	120	19	130	304	3597
蕉岭县	49	632	419	4544	6	151	67	1302
大埔县	98	1056	70	661	72	984	375	4865
丰顺县	702	6553	626	9210	15	166	56	643
五华县	1862	6761	319	2710	798	3988	1822	10301
惠州市	**20129**	**105952**	**8357**	**65299**	**32**	**410**	**210**	**2731**
惠城区	2882	10557	1150	7594			8	102
惠阳区	6745	13749	2077	6724			16	186
惠东县	5336	36628	1821	23693			147	2059
博罗县	4616	42874	2524	20480	18	11	5	48
龙门县	550	2144	786	6808	15	399	34	336
汕尾市	**16482**	**115957**	**2420**	**27456**	**180**	**1009**	**948**	**6566**
市城区	890	11753	95	1162			34	329
陆丰市	8986	74615	1169	13135	36	71	2	56
海丰县	4764	17860	433	4373	8	47	21	125
陆河县	1842	11729	723	8786	135	891	891	6056
东莞市	**10644**	**24024**	**1187**	**3801**	**…**	**2**		
中山市	**709**	**7661**	**469**	**8350**			**…**	**6**
江门市	**5425**	**28019**	**3791**	**20625**	**1**	**24**	**3**	**44**
蓬江区	5	84	8	52				
江海区			1	20				
新会区	582	6284	250	3049	1	24	…	2
台山市	3124	9378	884	4979				
开平市	702	2216	602	1445				
鹤山市	342	4310	266	1042	…		3	42
恩平市	670	5747	1781	10038				
阳江市	**21786**	**85044**	**10054**	**64775**	**155**	**459**	**164**	**928**
江城区	1019	6084	793	2086				
阳东区	9587	26780	3239	10211				
阳春市	3742	30135	4826	45912	155	459	164	928
阳西县	7437	22045	1196	6566				

8-11 续表 5

(2021年)　　单位：公顷、吨

地　区	4.荔枝		5.龙眼		6.梨		7.柿子(鲜)	
	年末实有面积	总产量	年末实有面积	总产量	年末实有面积	总产量	年末实有面积	总产量
湛江市	**21232**	**204886**	**4617**	**46831**			**4**	**96**
赤坎区	1	49	…	8				
霞山区	3	2	6	41				
麻章区	119	1656	7	106				
坡头区	563	2738	59	420				
雷州市	856	8954	495	4009			4	96
廉江市	16413	159446	2977	33001				
吴川市	293	3585	493	3689				
遂溪县	1960	22442	496	4925				
徐闻县	1023	6014	85	632				
茂名市	**89793**	**581406**	**52332**	**541742**	**438**	**5653**	**666**	**12342**
茂南区	3642	23035	1284	16737				
电白区	23324	187150	6677	62426				
信宜市	9082	75074	9016	110125	438	5653	651	12257
高州市	37203	227362	21339	201842			15	85
化州市	16541	68785	14015	150612				
肇庆市	**1843**	**28137**	**2194**	**24347**	**777**	**18821**	**862**	**24404**
端州区								
鼎湖区	32	295	52	553	10	115	3	66
高要区	950	19071	746	11423			72	907
四会市	152	2382	336	3164			12	359
广宁县	39	506	18	149	85	1411	95	1584
德庆县	547	3511	480	1872	83	565	51	1067
封开县	122	2363	507	6571	505	14186	495	16163
怀集县	1	9	54	615	94	2544	134	4258
清远市	**1571**	**10045**	**959**	**8258**	**4464**	**74039**	**420**	**4961**
清城区	104	1215	196	2166			16	98
清新区	12	70	75	458	20	16	67	953
英德市			78	599	34	55	13	83
连州市					3422	68724	169	1876
佛冈县	1455	8760	610	5035	354	1512	107	935
阳山县					542	2096	…	8
连山县					17	57	4	11
连南县					74	1579	43	997
潮州市	**1927**	**27674**	**3450**	**56652**	**59**	**307**	**157**	**1884**
湘桥区	57	2045	128	1860			6	173
潮安区	213	4739	194	1784	16	95	57	298
饶平县	1657	20890	3127	53008	43	212	94	1413
揭阳市	**12023**	**72625**	**5693**	**36033**	**501**	**3257**	**177**	**1752**
榕城区	207	1699	764	1068	35	46	5	40
揭东区	600	5918	1987	12755	18	127	7	83
普宁市	2495	22146	1274	7435	436	2987	112	817
揭西县	1098	6866	748	4932	10	94	50	783
惠来县	7623	35996	920	9843	1	3	3	29
云浮市	**7693**	**35173**	**4456**	**33641**	**115**	**1335**	**215**	**2267**
云城区	96	892	158	1048	…	1	6	101
云安区	539	3549	563	3279	16	127	57	513
罗定市	1598	7073	1578	13388	78	683	76	1157
新兴县	1670	13972	1299	11551	13	476	30	265
郁南县	3790	9687	858	4375	9	48	45	231

8-11 续表 6

(2021年) 单位：公顷、吨

地 区	8.李子		9.其他		二、桑叶		三、茶叶	
	年末实有面积	总产量	年末实有面积	总产量	年末实有面积	总产量	年末实有面积	总产量
广州市	**2529**	**19861**	**12018**	**244293**			**195**	**139**
越秀区								
海珠区			215	2220				
荔湾区								
天河区			25	107				
白云区			358	2963				
黄埔区			375	2124			17	5
番禺区			177	4680				
花都区	3	13	455	5394				
南沙区	1	21	1635	79315				
从化区	2457	18573	4142	26643			162	134
增城区	68	1254	4637	120847			17	
深圳市	**62**	**2612**	**489**	**11248**			**361**	**155**
福田区								
罗湖区			0					
盐田区							5	…
南山区								
宝安区			1	10				
龙岗区	…	5	27	273			2	1
龙华区								
坪山区			32	660				
光明区			6	700				
深汕合作区	61	2607	424	9605			354	154
珠海市	**…**	**2**	**1526**	**60234**			**14**	**1**
香洲区			56	2861				
金湾区			1147	49784				
斗门区	…	2	323	7589			14	1
汕头市	**34**	**655**	**7084**	**194583**			**739**	**749**
金平区			37	1074				
龙湖区			8	88				
澄海区	…	20	1807	91590				
濠江区			34	485				
潮阳区	10	255	3933	95480				
潮南区	21	360	1215	5318			550	549
南澳县	2	20	51	548			189	200
佛山市		**4**	**411**	**8345**	**3**	**7**	**40**	**40**
禅城区								
南海区			57	1818				
顺德区			17	147				
高明区		4	220	2682	3	7	40	40
三水区			118	3698				
韶关市	**9054**	**144092**	**13439**	**163294**	**2146**	**42089**	**5441**	**7734**
浈江区	29	412	448	8366	1	20		
武江区	77	1924	307	3833	4	47	8	35
曲江区	192	2112	923	6270			735	410
乐昌市	2598	61501	1938	21528			1474	1530
南雄市	1485	20391	935	7882	29	144	482	716
仁化县	167	2653	2459	20317			983	1525
始兴县	1244	29989	2823	31660	678	10644	368	1115
翁源县	1009	4776	2229	56321	1434	31234	316	119
新丰县	2091	18521	903	4270			530	1777
乳源县	162	1813	475	2847			545	507

8-11 续表 7

(2021年) 单位：公顷、吨

地区	8.李子		9.其他		二、桑叶		三、茶叶	
	年末实有面积	总产量	年末实有面积	总产量	年末实有面积	总产量	年末实有面积	总产量
河源市	**7467**	**110663**	**13410**	**161015**	**17**	**511**	**9683**	**8185**
源城区	32	356	90	1088			65	22
东源县	1066	10510	1490	10369			3101	2150
和平县	271	5477	4436	28774			1343	943
龙川县	1534	21347	746	13076			1265	1260
紫金县	3195	54761	2474	38014			2665	3179
连平县	1370	18212	4175	69694	17	511	1244	631
梅州市	**5895**	**93528**	**53961**	**1113566**	**104**	**435**	**21818**	**25579**
梅江区	134	3479	1802	31498			1696	2635
梅县区	1643	40755	19859	648650			1400	1449
兴宁市	1040	18193	2238	110313	56	231	1897	2794
平远县	1142	18873	1304	20799			1025	967
蕉岭县	289	3607	1698	36371			864	2934
大埔县	585	5024	12360	194490			3885	6385
丰顺县	23	203	4673	30855			6530	4087
五华县	1039	3394	10026	40590	48	204	4521	4328
惠州市	**768**	**6379**	**6833**	**104551**	**7**	**56**	**4046**	**2285**
惠城区	68	535	761	14056			27	12
惠阳区	135	750	436	14299			55	10
惠东县	295	1904	2453	24620			1569	603
博罗县	201	2608	1688	25870			2173	1480
龙门县	69	582	1495	25706	7	56	222	180
汕尾市	**1484**	**15067**	**10012**	**65207**			**1677**	**4238**
市城区	9	210	51	354				
陆丰市	181	1236	788	9401			213	251
海丰县	684	10340	942	13476			730	910
陆河县	611	3281	8231	41976			734	3077
东莞市	**3**		**529**	**6824**			**133**	**5**
中山市	**0**	**2**	**933**	**38574**			**23**	**12**
江门市	**17**	**85**	**3070**	**77448**	**3**	**81**	**1486**	**1471**
蓬江区			20	828			3	
江海区			95	3309				
新会区	…	4	271	8772			13	35
台山市			857	35373			299	231
开平市	8	29	977	20531			586	550
鹤山市	9	52	631	6233	3	81	455	516
恩平市			219	2402			130	139
阳江市	**1273**	**6847**	**7005**	**63276**	**744**	**21193**	**237**	**491**
江城区			171	2128				
阳东区	3	12	1386	4143	14	151		
阳春市	1258	6607	5127	45567	729	21042	157	473
阳西县	12	228	321	11438			80	18

8-11 续表 8

(2021年) 单位：公顷、吨

地 区	8.李子		9.其他		二、桑叶		三、茶叶	
	年末实有面积	总产量	年末实有面积	总产量	年末实有面积	总产量	年末实有面积	总产量
湛江市	**28**	**323**	**16849**	**339302**	**2104**	**98730**	**2713**	**9840**
赤坎区			3	140				
霞山区			9	176				
麻章区			687	12572			15	22
坡头区		8	117	3347				
雷州市	3	53	3523	50215	235	5870	23	76
廉江市	24	262	5798	116623	281	12241	2429	9542
吴川市			456	11609				
遂溪县			4143	96003	486	32906	6	86
徐闻县			2113	48617	1103	47713	239	114
茂名市	**20456**	**306472**	**37355**	**988085**	**6772**	**437424**	**1342**	**1681**
茂南区			405	8415				
电白区			5535	77529				
信宜市	20336	305445	7326	245170			644	878
高州市	47	470	10252	378030	233	3582	210	500
化州市	73	557	13837	278941	6539	433842	489	303
肇庆市	**1856**	**32465**	**9460**	**134590**	**557**	**17706**	**2616**	**7233**
端州区			60	801				
鼎湖区	7	60	44	868			17	20
高要区	61	1653	1882	24191			174	601
四会市	1	45	783	13045	1	42	162	339
广宁县	164	2067	2344	33293	24	3533	470	1952
德庆县	269	1888	1167	4637	529	14106	223	328
封开县	880	17716	1111	21438	3	25	525	1382
怀集县	474	9036	2068	36317			1045	2611
清远市	**1836**	**22493**	**15263**	**244090**	**3736**	**91485**	**9921**	**10558**
清城区	7	132	785	26813			291	87
清新区	120	3716	2119	67995	23	310	1636	1071
英德市	116	190	1382	5621	2467	68110	4732	7679
连州市	245	2490	3852	31942			805	164
佛冈县	280	3851	3533	55955				
阳山县	793	3446	1839	21168	519	8991	632	113
连山县	181	5366	907	18975			396	530
连南县	93	3302	846	15621	728	14074	1429	914
潮州市	**48**	**736**	**8832**	**136325**			**15028**	**26728**
湘桥区	6	360	1437	62544			589	1858
潮安区	6	78	3263	20803			6026	8670
饶平县	35	298	4132	52978			8412	16200
揭阳市	**2240**	**36311**	**22906**	**250772**			**9808**	**28836**
榕城区	3	110	101	638			19	118
揭东区	51	1002	706	7098			3932	6018
普宁市	897	11924	14471	121918			1182	2475
揭西县	609	8942	5287	100485			4367	18490
惠来县	680	14333	2342	20633			309	1735
云浮市	**601**	**7714**	**13610**	**150003**	**4473**	**168023**	**1947**	**3494**
云城区	65	410	748	11878	1	17	80	103
云安区	104	715	836	7472	315	11461	218	207
罗定市	223	2979	1713	20088	3209	142818	1208	2558
新兴县	57	853	2534	57455	43	1835	288	273
郁南县	152	2757	7779	53110	904	11892	152	353

8-12 全省水稻品种种植面积

(2021年) 单位：万亩

品种	面积(早稻)	品种	面积(晚稻)
总面积	**1287.8**	**总面积**	**1453.3**
1.常规稻	591.1	1.常规稻	635.5
其中：美香占2号	79.5	其中：美香占2号	86.4
粤禾丝苗	37.2	粤禾丝苗	25.6
粤农丝苗	24.7	粤农丝苗	20.0
五山丝苗	24.3	五山丝苗	19.9
金农丝苗	19.8	19香	19.5
华航31号	18.4	金农丝苗	16.6
19香	15.8	华航31号	14.9
粤香占	15.7	粤晶丝苗2号	12.9
华航48号	14.2	特籼占25	12.7
黄广油占	12.0	合美占	12.5
2.杂交稻	696.7	2.杂交稻	817.8
其中：广8优金占	24.0	其中：吉丰优1002	70.5
深优9516	17.6	广8优165	32.2
广8优2168	15.7	广8优169	17.3
Y两优3088	15.2	野香优9号	17.0
五优308	13.4	粤禾优1002	16.6
Y两优1173	13.3	泰丰优208	15.5
Y两优3089	13.3	深两优5814	15.4
软华优1179	13.1	广8优金占	13.7
恒丰优387	12.2	泰优1002	12.5
裕优黄占	11.6	Y两优1173	12.0
3.优质稻(含国标、省标优质、部标优质三级，以及外观一级以上品种)	931.4	3.优质稻(含国标、省标优质、部标优质三级，以及外观一级以上品种)	997.1
其中：美香占2号	79.5	其中：美香占2号	86.4
粤禾丝苗	37.2	粤禾丝苗	25.6
粤农丝苗	24.7	粤农丝苗	20.0
五山丝苗	24.3	五山丝苗	19.9
广8优金占	24.0	广8优169	17.3
金农丝苗	19.8	野香优9号	17.0
华航31号	18.4	金农丝苗	16.6
深优9516	17.6	粤禾优1002	16.6
粤香占	15.7	泰丰优208	15.5
广8优2168	15.7	深两优5814	15.4

8-13 主要农作物病虫草鼠螺发生、防治面积及挽回损失

(2021年) 单位：万亩次；吨

项目	发生面积	防治面积	挽回损失	实际损失	发生程度
生物灾害总计	**27914.29**	**34625.39**	**8249317.86**	**1248507.91**	**4**
一、病虫害合计	**20484.93**	**26385.77**	**6610930.86**	**1009406.77**	**4**
1.病害小计	5963.14	8022.52	2265565.39	355151.49	4
2.虫害小计	14521.79	18363.25	4345365.48	654255.29	4
二、农田草害合计	**4476.18**	**4924.80**	**1035936.26**	**112916.40**	**4**
三、农田鼠害合计	**2131.72**	**2433.36**	**468890.13**	**113114.73**	**3**
四、农田螺害合计	**821.36**	**881.44**	**133510.61**	**13065.00**	**3**

注：发生程度：1——轻发生；2——中偏轻；3——中等；4——中等偏重；5——大发生，下同。

8-14 各市农作物病虫草鼠螺发生面积、防治面积及挽回损失

(2021年)

市别	病虫草鼠螺总计					病虫害合计				
	发生面积(万亩次)	防治面积(万亩次)	挽回损失(吨)	实际损失(吨)	发生程度	发生面积(万亩次)	防治面积(万亩次)	挽回损失(吨)	实际损失(吨)	发生程度
全省	27914.29	34625.39	8249317.86	1248507.91	4	20484.93	26385.77	6610930.86	1009406.77	4
广州	977.31	1177.14	172102.10	30344.40		542.19	753.26	124745.75	23387.47	
韶关	1964.41	2420.80	789427.09	102831.68		1525.10	1852.64	604387.08	71893.44	
深圳	19.52	51.53	1206.23	46.54		19.52	51.53	1206.23	46.54	
珠海	31.80	49.62	58308.20	5263.75		27.12	42.80	57228.20	5066.75	
汕头	430.01	919.51	89726.61	8142.20		328.31	761.09	68428.67	5199.41	
佛山	464.25	603.07	114205.37	17718.22		364.42	508.14	93701.37	14499.91	
江门	1814.56	2231.28	471620.43	60371.66		1118.99	1506.45	406463.57	46795.55	
湛江	3835.81	5083.78	1677536.61	268065.45		2782.88	3835.47	1397659.44	218425.27	
茂名	2907.98	2905.16	692861.68	128565.14		2143.17	2169.64	575793.81	105366.82	
肇庆	1493.14	2205.05	448018.18	42825.25		1118.75	1717.63	374748.22	37726.69	
惠州	2086.89	2518.98	532658.23	105719.38		1566.69	1946.66	456882.83	93989.81	
梅州	1427.80	1719.45	449690.81	39891.18		1141.95	1425.33	402481.33	35711.02	
汕尾	1388.11	1939.54	342025.98	61002.00		950.05	1367.35	229630.19	46655.00	
河源	1977.73	2325.20	584059.88	70988.62		1557.91	1838.47	474235.63	60454.65	
阳江	1458.63	1579.52	283530.88	60414.30		1089.07	1202.70	203071.19	42949.15	
清远	2679.98	3109.26	840229.47	66359.65		2011.06	2395.19	598775.46	50798.22	
东莞	303.24	374.37	4355.76	911.76		245.93	299.87	2493.29	313.27	
中山	53.02	52.69	28155.72	9420.20		31.32	30.98	15957.72	5354.20	
潮州	407.30	490.59	193806.55	102635.95		264.93	366.96	146860.85	91982.80	
揭阳	1371.17	1859.89	357690.26	45469.20		1030.59	1477.64	283412.40	37536.06	
云浮	821.64	1008.99	118101.81	21521.39		624.99	835.99	92767.64	15254.74	

8-14 续表 1

市别	病害合计					虫害合计				
	发生面积(万亩次)	防治面积(万亩次)	挽回损失(吨)	实际损失(吨)	发生程度	发生面积(万亩次)	防治面积(万亩次)	挽回损失(吨)	实际损失(吨)	发生程度
全省	5963.14	8022.52	2265565.39	355151.49	4	14521.79	18363.25	4345365.48	654255.29	4
广州	142.73	204.60	35286.04	6690.91		399.45	548.66	89459.71	16696.56	
韶关	467.59	641.15	166589.62	22105.94		1057.51	1211.49	437797.46	49787.50	
深圳	1.81	4.91	446.63	11.95		17.71	46.62	759.60	34.59	
珠海	7.29	10.90	8149.60	672.50		19.83	31.91	49078.60	4394.25	
汕头	74.76	189.88	17036.75	1606.66		253.55	571.21	51391.92	3592.75	
佛山	78.53	109.02	21344.85	5637.93		285.89	399.12	72356.52	8861.98	
江门	329.42	449.02	102841.97	12260.91		789.57	1057.43	303621.60	34534.64	
湛江	794.44	1128.92	636972.68	107993.96		1988.44	2706.55	760686.75	110431.31	
茂名	649.01	660.10	238754.74	52257.98		1494.16	1509.54	337039.07	53108.85	
肇庆	385.41	615.31	134842.54	11485.01		733.34	1102.32	239905.69	26241.68	
惠州	438.20	571.87	157890.05	27423.65		1128.49	1374.78	298992.79	66566.16	
梅州	370.38	474.68	112215.21	13135.77		771.58	950.65	290266.12	22575.26	
汕尾	318.18	472.12	71182.61	15784.82		631.87	895.23	158447.59	30870.18	
河源	571.90	682.53	167298.38	22638.01		986.01	1155.95	306937.26	37816.65	
阳江	278.21	302.98	49445.16	8459.46		810.87	899.73	153626.04	34489.69	
清远	511.02	633.78	204481.01	19905.90		1500.05	1761.41	394294.44	30892.32	
东莞	50.78	62.41	511.21	65.87		195.15	237.46	1982.08	247.40	
中山	7.67	7.60	4245.75	1421.85		23.65	23.38	11711.97	3932.35	
潮州	55.33	83.71	24175.55	10528.35		209.60	283.25	122685.30	81454.45	
揭阳	269.96	407.28	89347.95	11160.95		760.63	1070.36	194064.45	26375.11	
云浮	160.54	309.76	22507.11	3903.11		464.45	526.23	70260.53	11351.63	

8-14 续表 2

市别	农田草害合计					农田鼠害合计				
	发生面积（万亩次）	防治面积（万亩次）	挽回损失（吨）	实际损失（吨）	发生程度	发生面积（万亩次）	防治面积（万亩次）	挽回损失（吨）	实际损失（吨）	发生程度
全省	4476.18	4924.80	1035936.26	112916.40	4	2131.72	2433.36	468890.13	113114.73	3
广州	227.37	202.61	21217.69	3597.69		182.81	194.62	22126.51	3206.69	
韶关	298.73	397.16	127850.14	10060.33		103.90	124.04	54024.83	20729.37	
深圳										
珠海	0.88	1.20	520.00	58.00		3.50	5.20	405.00	134.00	
汕头	35.29	49.62	6841.00	672.60		65.15	106.59	14299.31	2242.50	
佛山	38.17	40.66	6994.00	619.22		58.96	49.57	13210.00	2539.10	
江门	345.98	341.10	28229.16	4616.11		272.00	301.00	19155.70	7454.00	
湛江	423.58	511.47	104772.98	12067.77		494.63	598.64	159299.60	35848.69	
茂名	491.24	473.46	78706.00	14590.00		169.35	159.25	27539.98	7535.11	
肇庆	271.96	346.84	50577.55	3589.13		82.31	108.06	19830.95	1278.72	
惠州	341.08	383.53	44315.39	6599.76		115.06	121.86	20951.31	3304.94	
梅州	202.95	209.02	36317.04	2416.85		33.68	33.58	9617.66	1444.40	
汕尾	308.16	341.54	93090.18	6692.17		109.78	208.81	17313.54	7397.83	
河源	302.71	352.56	73733.50	8630.11		67.58	79.45	30273.50	1119.88	
阳江	245.79	249.75	61197.57	11852.39		56.74	60.74	9011.89	3820.12	
清远	441.62	490.05	183750.75	7695.14		112.25	93.50	15155.08	5297.79	
东莞	42.64	55.43	1385.67	445.91		12.63	16.42	410.50	131.36	
中山	16.89	16.89	10752.00	3584.00		2.51	2.51	753.00	251.00	
潮州	94.04	82.99	41342.70	7789.25		41.69	32.76	4888.00	2689.70	
揭阳	233.95	270.74	56521.20	5743.60		86.39	88.59	15183.20	2088.54	
云浮	113.18	108.18	7821.74	1596.38		60.82	48.17	15440.58	4601.00	

8-14 续表 3

市别	农田螺害合计					水稻病虫害合计				
	发生面积（万亩次）	防治面积（万亩次）	挽回损失（吨）	实际损失（吨）	发生程度	发生面积（万亩次）	防治面积（万亩次）	挽回损失（吨）	实际损失（吨）	发生程度
全省	821.36	881.44	133510.61	13065.00	3	8137.24	10685.28	1991661.23	254763.60	3
广州	24.95	26.65	4012.15	152.55		58.70	80.65	19030.51	2131.45	
韶关	36.58	46.94	3115.05	143.55		481.38	731.20	120679.78	13120.18	
深圳										
珠海	0.30	0.42	155.00	5.00		13.01	17.15	11164.70	435.55	
汕头	1.26	2.21	157.63	27.69		170.00	404.54	28756.50	1982.76	
佛山	2.70	4.70	300.00	60.00		50.75	80.45	13215.50	903.50	
江门	77.60	82.72	17772.00	1506.00		686.33	1005.39	173473.72	20421.64	
湛江	134.72	138.20	15804.60	1723.72		1016.04	1181.73	329677.41	52724.43	
茂名	104.22	102.81	10821.90	1073.20		872.53	959.77	290636.97	36013.72	
肇庆	20.13	32.52	2861.46	230.72		454.15	716.78	87644.68	7119.08	
惠州	64.06	66.94	10508.70	1824.87		429.84	532.47	115785.99	25415.82	
梅州	49.22	51.52	1274.77	318.91		573.00	715.80	193871.96	16258.24	
汕尾	20.12	21.84	1992.08	257.00		380.46	454.61	52353.60	8204.77	
河源	49.54	54.72	5817.25	783.97		743.20	898.34	157701.44	20330.36	
阳江	67.03	66.33	10250.23	1792.64		392.56	416.78	88114.19	8063.91	
清远	115.05	130.52	42548.18	2568.50		777.95	948.05	123220.30	9248.53	
东莞	2.04	2.65	66.30	21.22		9.79	12.73	1428.00	183.59	
中山	2.31	2.31	693.00	231.00		16.50	16.17	4851.00	1650.00	
潮州	6.64	7.88	715.00	174.20		123.02	159.27	16951.90	5766.35	
揭阳	20.24	22.92	2573.46	101.00		518.07	806.90	125160.35	21413.96	
云浮	22.65	16.65	2071.85	69.27		369.96	546.50	37942.71	3375.77	

8-14 续表 4

市别	水稻病害小计					水稻稻瘟病				
	发生面积（万亩次）	防治面积（万亩次）	挽回损失（吨）	实际损失（吨）	发生程度	发生面积（万亩次）	防治面积（万亩次）	挽回损失（吨）	实际损失（吨）	发生程度
全省	2714.60	3663.21	782725.04	106448.95	3	304.53	512.93	86184.36	12722.71	2
广州	25.16	32.29	5990.49	922.43		0.05	0.10	8.13	1.88	1
韶关	206.03	287.37	38477.35	5733.20		31.89	60.40	10844.18	1913.52	2
深圳										
珠海	4.31	4.87	4025.60	180.20						
汕头	56.06	143.12	10431.40	976.12		0.02	4.80	26.40	1.70	1
佛山	9.35	15.85	2839.70	351.40		3.00	6.00	569.00	65.00	2
江门	214.97	314.35	57411.30	6673.47		8.81	19.48	4354.60	701.40	2
湛江	354.56	418.01	193796.52	29158.39		15.76	39.37	5502.95	1183.72	2
茂名	285.84	306.93	138642.23	21916.81		31.68	46.57	13877.40	2265.02	3
肇庆	190.43	298.85	42529.49	3556.76		30.63	66.70	10628.54	959.23	3
惠州	125.21	161.60	31333.25	6482.00		13.99	31.23	4252.63	598.74	3
梅州	194.69	248.87	53508.73	6483.88		26.76	32.34	5900.60	1381.78	2
汕尾	150.94	194.56	29217.35	3524.68		11.80	15.14	2256.70	184.66	2
河源	278.64	343.69	59073.56	7958.95		78.93	101.61	19254.96	2414.27	3
阳江	119.88	123.18	25592.61	2371.54		8.20	8.92	1550.90	172.58	2
清远	218.31	262.83	31080.92	2347.81		22.05	29.21	2334.63	245.15	2
东莞	2.04	2.65	297.27	38.21						
中山	3.30	3.23	970.20	330.00						
潮州	35.84	44.24	7671.80	753.30		5.74	7.82	938.00	291.50	3
揭阳	134.40	220.32	38550.49	5215.09		3.94	5.46	1317.55	196.04	2
云浮	104.65	236.40	11284.80	1474.72		11.28	37.78	2567.20	146.52	3

8-14 续表 5

市别	水稻纹枯病					水稻白叶枯病				
	发生面积（万亩次）	防治面积（万亩次）	挽回损失（吨）	实际损失（吨）	发生程度	发生面积（万亩次）	防治面积（万亩次）	挽回损失（吨）	实际损失（吨）	发生程度
全省	1990.91	2535.27	532692.28	67439.72	3	89.49	119.14	48297.85	5521.18	3
广州	24.91	31.93	5771.56	873.32	2	0.13	0.15	44.50	7.70	1
韶关	139.81	154.62	22018.03	3068.57	3	0.25	0.30	75.00	30.00	3
深圳										
珠海	4.20	4.60	4005.60	176.90	3	0.11	0.27	20.00	3.30	2
汕头	34.79	73.11	6449.50	446.20	3	5.10	13.50	752.00	75.20	3
佛山	6.35	9.85	2270.70	286.40	4					
江门	200.00	283.90	51082.00	5526.00	3	3.60	7.50	1294.00	296.00	2
湛江	235.37	251.72	102772.55	15387.07	3	27.91	31.50	33504.43	3376.50	2
茂名	215.31	221.71	97053.50	13430.30	4	7.63	7.38	2220.64	428.50	2
肇庆	112.83	150.09	24048.70	1840.40	4	14.57	20.80	1563.53	190.84	3
惠州	103.29	121.79	25739.92	5588.12	4	0.95	1.10	64.10	38.79	2
梅州	137.06	180.81	43110.70	4052.52	4	4.50	5.66	923.50	202.42	2
汕尾	84.85	119.94	22142.56	2603.38	4	12.58	14.22	1229.65	200.06	4
河源	183.34	223.95	37692.60	5220.83	4					
阳江	107.10	108.15	23285.96	2107.57	4	2.03	2.21	326.91	38.90	2
清远	167.40	199.16	24064.06	1596.56	3	3.13	3.56	720.54	108.65	2
东莞	2.04	2.65	297.27	38.21	3					
中山	3.30	3.23	970.20	330.00	2					
潮州	28.70	34.60	6436.00	317.05	2					
揭阳	112.45	182.46	26210.88	3875.32	3	7.01	11.00	5559.05	524.33	1
云浮	87.80	177.00	7270.00	675.00	4	0.11	13.20	50.00	20.00	3

8-14 续表 6

市别	水稻虫害小计					水稻三化螟				
	发生面积（万亩次）	防治面积（万亩次）	挽回损失（吨）	实际损失（吨）	发生程度	发生面积（万亩次）	防治面积（万亩次）	挽回损失（吨）	实际损失（吨）	发生程度
全省	5422.644	7022.076	1208936.192	148314.648	3	208.406	314.965	58911.191	6819.809	3
广州	33.547	48.357	13040.025	1209.022		0.080	0.120	20.000	0.950	1
韶关	275.350	443.830	82202.437	7386.983		4.850	12.700	461.167	81.923	2
深圳										
珠海	8.700	12.280	7139.100	255.350						
汕头	113.940	261.420	18325.100	1006.640		9.370	34.030	688.400	16.640	2
佛山	41.400	64.600	10375.800	552.100						
江门	471.360	691.046	116062.424	13748.166		5.720	10.420	1364.800	222.500	2
湛江	661.481	763.724	135880.893	23566.038		29.170	49.764	13144.390	2400.673	3
茂名	586.692	652.842	151994.744	14096.915		5.946	5.846	449.069	59.871	2
肇庆	263.720	417.930	45115.190	3562.318		25.930	42.210	4224.580	326.090	3
惠州	304.630	370.861	84452.738	18933.824		8.420	10.464	1390.887	608.717	3
梅州	378.310	466.936	140363.230	9774.360		58.100	69.238	17725.790	1388.120	3
汕尾	229.515	260.057	23136.254	4680.085		0.400	0.400	67.000	12.000	1
河源	464.568	554.644	98627.885	12371.409		36.334	41.469	6102.304	782.455	3
阳江	272.680	293.600	62521.580	5692.370		0.300	0.340	80.300	10.500	1
清远	559.639	685.219	92139.385	6900.721		12.160	19.440	11739.415	671.770	3
东莞	7.750	10.080	1130.730	145.380						
中山	13.200	12.936	3880.800	1320.000						
潮州	87.180	115.030	9280.100	5013.050		1.100	1.500	132.000	121.000	1
揭阳	383.672	586.584	86609.868	16198.867		6.326	6.424	906.090	86.600	1
云浮	265.310	310.100	26657.910	1901.050		4.200	10.600	415.000	30.000	2

8-14 续表 7

市别	水稻稻纵卷叶螟					水稻稻飞虱				
	发生面积（万亩次）	防治面积（万亩次）	挽回 损失（吨）	实际损失（吨）	发生程度	发生面积（万亩次）	防治面积（万亩次）	挽回 损失（吨）	实际损失（吨）	发生程度
全省	1893.12	2384.26	398497.55	50568.82	3	2375.52	3000.31	573349.21	67511.37	2
广州	15.59	21.84	5641.75	570.25	2	13.41	17.90	6756.78	487.07	2
韶关	80.64	137.94	27648.81	2604.84	3	137.40	208.73	36138.56	3053.51	2
深圳										
珠海	4.21	6.31	4101.50	97.30	3	4.01	5.21	2860.00	125.35	3
汕头	46.96	106.15	10761.00	460.57	2	31.10	68.09	2913.80	198.53	0
佛山	21.30	31.50	5418.00	264.00	4	17.90	25.10	4739.80	235.60	3
江门	171.80	270.20	42728.00	5892.00	3	187.14	270.14	64661.02	6027.12	0
湛江	271.72	286.12	49847.81	7906.42	3	277.66	284.82	45468.33	8547.11	
茂名	249.25	281.15	75883.67	6444.63	3	248.58	266.18	69003.09	6433.46	2
肇庆	99.88	137.41	17561.11	1328.72	3	100.92	165.67	16238.23	1376.55	1
惠州	103.90	127.77	27198.54	6780.33	4	154.58	188.31	47518.69	9642.21	2
梅州	103.06	138.64	14773.40	1167.46	3	171.26	204.14	95345.01	6100.85	3
汕尾	59.22	60.81	4798.93	1070.35	3	65.55	79.22	10763.46	1780.22	
河源	138.06	162.27	30036.18	3938.69	3	224.85	272.07	48024.80	5405.41	1
阳江	122.36	129.04	28615.60	2301.39	3	140.22	151.22	31346.68	3216.18	
清远	165.55	192.63	15987.89	1285.16	3	215.16	263.81	22261.61	2041.08	2
东莞	2.65	3.45	387.01	49.76	3	4.08	5.30	594.53	76.44	3
中山	4.95	4.85	1455.30	495.00	3	6.60	6.47	1940.40	660.00	
潮州	33.67	41.32	2940.80	2103.20	3	47.61	66.39	5697.50	2484.00	2
揭阳	113.32	145.96	24929.69	5152.53	3	164.81	261.43	43086.56	8456.87	2
云浮	85.03	98.90	7782.56	656.22	4	162.68	190.10	17990.35	1163.83	3

8-14 续表 8

市别	花生病虫害合计					柑桔病虫害合计				
	发生面积（万亩次）	防治面积（万亩次）	挽回损失（吨）	实际损失（吨）	发生程度	发生面积（万亩次）	防治面积（万亩次）	挽回损失（吨）	实际损失（吨）	发生程度
全省	1066.05	1318.57	128623.74	23435.69	3	2206.32	2590.25	659971.70	103013.93	3
广州	8.72	12.86	1501.87	269.65		17.59	30.10	2898.79	926.34	
韶关	97.21	122.33	19851.97	2015.59		475.04	343.68	102621.96	19148.22	
深圳										
珠海	0.30	0.45	194.00	17.50						
汕头	1.61	2.22	185.00	9.60		20.66	45.38	7122.45	129.66	
佛山	2.62	3.96	187.50	88.80						
江门	25.18	26.37	1693.68	157.86		61.78	68.74	42231.28	5325.15	
湛江	175.47	246.70	16732.79	3504.03		91.20	108.40	4578.00	679.00	
茂名	123.60	118.34	15828.44	3469.49		60.50	65.52	8719.00	6043.50	
肇庆	40.18	70.51	4789.42	708.32		266.75	453.53	128728.30	13999.62	
惠州	111.07	134.32	14844.20	3023.44		241.63	274.11	73061.78	9009.29	
梅州	27.26	30.73	2349.46	582.98		272.29	354.00	63694.31	6469.16	
汕尾	54.82	102.99	6784.31	1251.64		7.27	10.19	4876.60	826.38	
河源	112.78	125.60	14347.10	2231.64		167.83	192.36	64829.97	8585.39	
阳江	126.95	137.19	12259.33	3948.97		82.11	105.94	15922.37	5168.32	
清远	113.94	130.21	9084.80	1108.95		298.04	333.18	85865.36	8438.07	
东莞										
中山										
潮州	2.90	2.94	597.00	190.20		31.29	71.63	23650.00	12124.60	
揭阳	24.24	34.82	5285.09	402.70		20.70	25.11	16895.52	3204.12	
云浮	17.22	16.02	2107.78	454.32		91.65	108.38	14276.00	2937.10	

8-14 续表 9

市别	蔬菜病虫害合计				
	发生面积（万亩次）	防治面积（万亩次）	挽回损失（吨）	实际损失（吨）	发生程度
全省	5209.55118	6675.955773	2109165.77	351821.1094	4
广州	312.67782	425.50852	74840.1344	17662.775	
韶关	254.25	376.337	233849.0314	26082.1362	
深圳	13.3824	39.2462	1021.2266	29.21665	
珠海	8.76	15.48	39575	4307	
汕头	111.744	263.86	20468.72	2482.03	
佛山	300.203	409.94	75031.313	12099.867	
江门	269.091	311.438	135043.71	14184.26	
湛江	820.692	1124.607	362579.0269	60590.09199	
茂名	260.35	234.42	66003.423	19105.278	
肇庆	264.27	319.145	128334.66	12519.264	
惠州	518.872	638.089736	141188.2513	27063.90398	
梅州	173.402	219.8700972	102622.4367	9082.200077	
汕尾	139.378	195.748	96138.047	24142.072	
河源	257.407	302.513	114842.6	14276.726	
阳江	335.59	375.679	66124.057	22055.637	
清远	611.63296	724.41522	283371.8029	24832.96171	
东莞	154.59	200.967	293.0000386	37.67980497	
中山	9.875	9.875	7406.1	2468.7	
潮州	48.97	62.285	69683	47328.4	
揭阳	236.852	306.682	60002.65	4331.1	
云浮	107.562	119.85	30747.58	7139.81	

九、林业

陈光荣厅长调研省林业局

广东省关注森林活动组织委员会成立大会暨第一次全体会议

陈俊光调研林草生态综合监测

第三届森林文化周

省政协副主席张少康调研自然保护地建设管理

广东省林业局召开林业产业和乡村振兴座谈会

广东省林业局组织林业企业参展第 14 届中国义乌国际森林产品博览会

贵州林业产业招商引资暨林特产品展销对接会

油茶丰收

森林旅游

林　业

2021 年，全省各级林业部门坚持以习近平新时代中国特色社会主义思想为指导，深入践行绿水青山就是金山银山理念，紧紧围绕省委省政府决策部署，坚持一手抓新冠肺炎疫情防控，一手抓林业重点工作，国土绿化、生态修复、自然保护地建设管理、森林资源保护监管和林业生态惠民等工作取得新成效。截至年末全省森林面积 1056 万公顷，森林覆盖率 58.74%，森林蓄积量 62370 万立方米，林业总产值 8607 亿元。

一、生态建设成效显著

（一）营造林总体情况。

2021 年，全省完成造林 175594 公顷，其中：人工造林 19741 公顷，封山（沙）育林 74212 公顷，退化林修复 40627 公顷，人工更新 41014 公顷。完成中幼龄林抚育 296483 公顷。

人工造林按区域划分：珠三角九市完成人工造林面积 4543 公顷，占全省 23.0%。山区五市完成人工造林面积 9251 公顷，占全省 46.9%。东西两翼完成人工造林面积 5947 公顷，占全省 30.1%。

（二）林业重点工程。

2021 年全省共完成沿海防护林和珠江防护林体系工程造林 7979 公顷。其中人工造林 2796 公顷，退化修复 1418 公顷，人工更新 474 公顷,新封山育林 3104 公顷。森林抚育 6049 公顷。

分工程看，沿海防护林体系工程造林共 7792 公顷，珠江流域防护林体系工程造林共 187 公顷。

人工造林与无林地和疏林地新封山育林共 29290 公顷，按林种功能划分，其中，用材林造林 11077 公顷，占比 37.82%；经济林造林 1869 公顷，占比 6.38%；防护林造林 15284 公顷，占比 52.18%；薪炭林造林 40 公顷，占比 0.14%；特种用途林造林 1020 公顷，占比 3.48%。我省用材林造林和防护林造林仍为主体。

二、林业产业持续发展

2021 年，我省持续实施乡村振兴林业行动，着力发展绿色惠民产业，助力广东脱贫攻坚和全面建成小康社会。以扶持发展林下经济、木本粮油为重点，因地制宜发展花卉苗木、林果、林药、森林旅游等特色产业，推进木材加工等传统优势产业转型升级。

（一）林业产业总产值小幅增长。2021 年全省林业产业总产值达 8607 亿元，增长 4.81%。

从产业结构上看，第一产业产值 1425 亿元，第二产业产值 5440 亿元，第三产业产值 1742 亿元，一、二、三产业占比分别为 16.56%、63.20%、20.24%　，产业结构基本同上年持平。

从行业增速上看，一产增速较快，但二产、三产均有所下降。

分行业看，2021 年，以包括干鲜果品、含油果、茶、中药材以及森林食品等在内的经济林产品、花卉及其他观赏植物种植的第一产业产值为 1425 亿元，增长 12.7%。以家具制造、造纸和纸制品制造、木本油料、果蔬、茶饮料等加工制造的第二产业产值为 5440 亿元，增长 5.1%。而以森林旅游、休闲服务、专业技术服务为主体的第三产业产值为 1742 亿元，下降 1.6%。

分地区看，珠三角地区林业产业产值为 6670 亿元，占全省林业产业产值的 77.5%，同比增长 5.8%；山区韶关、河源、梅州、清远和云浮五市林业产业产值为 938 亿元，占全省林业产业产值的 10.9%，同比增长 2.0%；东西两翼地区林业产业产值为 999 亿元，占全省林业产业产值的 11.6%，同比增长 0.9%。林业产业主要还是集中在珠三角地区，珠三角林业产业增速较快。

2021 年，林业产业产值超过 300 亿元的地市共有 7 个，分别是广州、深圳、佛山、东莞、中山、江门、肇庆，比 2020 年持平。7 市林业产业产值合计 6251 亿元，占全省林业产业总产值的 72.63%。

（二）2021 年全省商品材总产量 1263.7 万立方米，比上年增加 25.06%。其中原木 1122.5 万立方米，增加 26.46%；薪材 141.2 万立方米，增加 14.80%。

（三）2021 年全省大径竹产量为 30907 万根，比上年增长 20.1%。其中毛竹 8021 万根，占比 26.0%；其他竹 22886 万根，占比 74.0%。小杂竹 623 万吨，比上年增长 84.8%。

(四)2021 年全省各类经济林产品总量达到 1258.4 万吨，比上年增加 1.7%。其中水果产量 1170.3 万吨，比上年增加 2.1%；干果产量 8.4 万吨，比上年下降 7.7%；林产饮料产品产量 6.2 万吨，比上年下降 1.6%;林产调料产品产量 6.6 万吨，比上年下降 3.0%;竹笋干、食用菌等森林食品产量 8.7 万吨，比上年下降 1.1%;森林药材产量 11.6 万吨， 比上年下降 1.7%；木本油料产量 19.4 万吨，比上年增加 15.5%;林产工业原料产量 27.1 万吨，比上年下降 10.9%。

（五）2021 年末全省实有油茶林面积 17.2 万公顷，比上年增长 1.8%。当年油茶籽产量 17.8 万吨，比上年增长 9.2%

（六）2021 年全省人造板产量 1046.8 万立方米，比上年下降 1.2%。其中胶合板 307.8 万立方米，纤维板 363.5 万立方米，刨花板 259.5 万立方米，其他人造板 115.9 万立方米。

（七）2021 年全省松香及其深加工产品产量 18.6 万吨，比上年下降 1.6%。

（八）2021 年全省林业旅游与休闲人次达 1.8 亿人次，比上年下降 0.1%；旅游收入 1313.6 亿元，比上年下降 6.6%，直接带动其他产业产值 123.6 亿元。

三、林业投资稳定增长

2021 年全省林业累计完成投资 105.9 亿元，比上年下降了 3.3 亿元，下降 3.02%。

按资金来源分，其中中央财政资金 11.6 亿元，占总资金的 10.95%；地方财政资金 85.6 亿元，占总资金的 80.83%；国内贷款 0.6 亿元，占总资金的 0.57%；自筹资金 3.8 亿元，占总资金 3.59%；利用外资 0.4 亿元，占总资金 0.38 %；其他社会资金 3.8 亿元，占总资金 3.59%。

（二）按资金投入项目分，其中用于生态修复治理方面的投资为 36.1 亿元，占全部林业投资完成额的 34.1%;用于林业服务、保障和公共管理方面的投资为 69.3 亿元，占全部林业投资完成额的 65.4%；用于林业产品加工制造方面的资金为 0.4 亿元，占全部林业投资完成额的 0.4%。

（三）分区域看，2021 年珠三角地区累计完成林业投资 42.41 亿元，占全部林业投资完成额的 40.00%；山区五市林业完成投资 46.96 亿元，占全部林业投资完成额的 44.39%；东西两翼林业完成投资 16.51 亿元，占全部林业投资完成额 15.60%。各区域与上年完成投资额相比，珠三角地区下降 3.47%，山区五市增长 1.36%，东西两翼下降 13.33%。

四、林业系统从业人员情况

截至 2021 年底，全省林业系统各种经济类型单位共计 1221 个，其中企业 55 家、事业单位 1009 家、机关 157 家。

2021 年全省林业系统在岗职工 18285 人，其中高中及高中以下学历 5385 人，中专及大专学历 6458 人，大学本科学历 5665 人，研究生学历 777 人。

2021 年全省林业系统在岗职工年平均工资 122388 元，比上年增长 5.35%。

9-1　主要年份林业主要指标

年份	林业用地面积(千公顷)	有林地面积(千公顷)	活立木总蓄积量(万m3)	森林覆盖率(%)
1965	10855	4214	15186	24.1
1975	10973	5198	16737	29.9
1978	10518	5165	16894	30.2
1980	10518	5165	16894	30.2
1985	10204	4638	14983	27.2
1990	10713	7998	21243	48.4
1995	10848	9083	27313	55.9
2000	10823	9226	31634	56.9
2005	11022	9212	36459	59.1
2010	10981	9532	43936	57.0
2015	10959	9954	56636	58.9
2016	10920	9932	57855	59.0
2017	我省开展第四次森林资源二类调查年，无发布森林资源数据。			
2018	10634	9140	56027	58.59
2019	10594	9144	58264	58.61
2020	10571	9158*	60422*	58.66
2021	10560*	9171*	62370*	58.74*

注：*数据来源于2020年全省森林资源管理“一张图”年度更新结果，最终数据届时将依据国土“三调”成果进行修正。

9-1　续表 1

年份	造林面积(千公顷)	人工造林	飞机造林	迹地更新面积(千公顷)	人工更新
1970	474	279	195	11	7.3
1975	359	288	71	35	34.7
1978	301	301		41	38
1980	371	201	170	46	39
1985	612	353	259	77	64
1990	312	259	53	52	51
1995	21	21		87	83
2000	17	17		106	97
2005	18	18		96	92
2010	95	92		48	48
2015	123	118		81	81
2016	101	101		48	48
2017	81	81		35	35
2018	85	85		22	22
2019	33	22		59	59
2020	43	20		75	75
2021	94	20		41	41

注：本表2019年造林面积特指：人工造林、飞播造林与无林地和疏林地新封山育林三项和。

9-1 续表 2

年份	低效林改造面积（千公顷）	育苗面积（本年新育）（千公顷）	幼林抚育实际面积（千公顷）	幼林抚育作业面积（千公顷）	成林抚育面积（千公顷）
1970	1	1.6	281	339	147
1975	8	2.85	331	390	96
1978	17	2.57	439	506	123
1980	23	1.82	314	367	159
1985	33	3.19	331	403	152
1990	113	5.47	536	652	268
1995	109	1.88	390	453	274
2000	125	1.83	222	294	288
2005	46	1.00	146	175	122
2010	19	0.96	173	207	182
2015	71	7.93			
2016		6.6			
2017	54	3.26			
2018	59	2.88			
2019	70	2.35	—	—	503
2020	64	2.38	—	—	520
2021	41	2.42	—	—	296

注：1.从2002年起，森林资源数据包括红树林。
2.从2006年起，森林覆盖率采用新的计算方法。
3.从2019年起，林业统计制度修订后，打“—”线的项目没有纳入统计指标，没有数据。
4.从2019年起。成林抚育面积数值为中、幼龄林抚育面积

9-1 续表 3

年份	零星植树（万株）	油桐籽（吨）	油茶籽（吨）	棕片（吨）	松脂（吨）	竹笋干（吨）
1970	1120	3001	30649			
1975	5384	1780	17985	327	90654	74
1978	6975	1231	11721	381	96680	55
1980	5425	976	13109	340	119829	125
1985	8252	865	16303	248	95917	249
1990	8834	2622	23736	466	100230	2770
1995	8232	3536	24997	606	114568	9004
2000	6653	3817	26268	663	110877	14132
2005	6201	5193	30470	1640	154593	17825
2010	6923	6050	82417	2536	181141	30291
2015	8066	7500	149374	3463	235109	39805
2016	7108	6904	146833	3541	225805	45118
2017	8180	7469	125195	3871	238825	57503
2018	7800	8701	149194	4433	248015	54779
2019	—	—	161528	—	—	60677
2020	—	—	162656	—	—	55591
2021	—	—	177662	—	—	66153

注：从2019年起，林业统计制度修订后，打“—”线的项目没有纳入统计指标，没有数据。

9−1 续表 4

年份	板栗（吨）	乌桕籽（吨）	木材总产量（万立方米）	原木	薪材
1970	245	108	213.90	173.50	40.40
1975	303	39	252.00	217.10	34.90
1978	400	20	305.80	240.80	65.00
1980	589	68	306.40	259.50	46.90
1985	1614	5	403.90	314.40	89.50
1990	3577	59	211.60	188.00	23.60
1995	5440	70	306.70	275.40	31.30
2005	8637	253	362.15	323.97	38.18
2010	10616	527	654.91	611.56	43.35
2015	21229	900	790.83	711.74	79.09
2016	22556	956	756.01	693.43	62.58
2017	25922	1034	793.67	722.16	71.51
2018	25505	1047	859.91	782.26	77.65
2019	39589	—	945.09	843.41	101.67
2020	46006	—	1010.54	887.59	122.96
2021	55592	—	1263.71	1122.53	141.17

9−1 续表 5

年份	人造板产量（万立方米）	胶合板	纤维板	刨花板	松香类产品（万吨）
1970	1.21	0.73	0.48		7.11
1975	2.70	0.94	1.56	0.20	8.63
1978	4.06	1.05	2.90	0.11	8.97
1980	5.23	1.39	3.53	0.31	10.18
1985	6.10	1.26	4.60	0.24	8.89
1990	21.39	7.80	4.30	9.30	9.42
1995	89.06	24.99	27.09	23.38	11.11
2005	340.05	58.55	261.60	15.69	7.38
2010	784.11	208.53	387.48	94.65	12.91
2015	1815.92	1108.40	552.01	138.30	14.00
2016	1389.18	668.53	501.01	205.42	20.34
2017	1056.88	316.70	513.74	208.89	15.58
2018	1011.40	330.74	479.66	174.91	15.06
2019	1016.44	221.94	540.80	188.53	13.65
2020	1059.46	218.10	501.61	215.12	18.90
2021	1046.80	307.82	363.53	259.54	18.64

9-2 林业主要指标

项　　目	计算单位	1995	2000	2005	2010	2015	2017	2018	2019	2020	2021
一、森林资源											
有林地面积	千公顷	9083	9226	9212	9532	9954	—	9140	9144	9158*	9171*
活立木总蓄积量	万m3	27313	31634	36459	43936	56636	—	56027	58264	60422*	62823*
森林覆盖率	%	55.9	56.9	59.1	57.0	58.9	—	58.59	58.61	58.66	58.74*
二、营林生产											
造林面积	千公顷	21	17	18	95	123			33	260	176
人工造林	千公顷	21	17	18	92	118	81	85	22	20	20
飞播造林	千公顷										
新育苗面积	千公顷	1.9	1.9	1.0	0.96				2.35	2.38	2.42
幼林抚育实际面积	千公顷	390	236	146	173				—	—	—
成林抚育面积	千公顷	274	289	122	182				503	521	296
迹地更新面积	千公顷	87	115	96	48	81	35	22	59	75	41
其中：人工更新	千公顷	83	106	92	48	81	35	22	59	75	41
低效林改造面积	千公顷	109	127	46	19	71	54	59	70	64	41
三、主要林产品产量											
油桐籽	吨	3536	3817	5193	6050	7500	7469	8701	—	—	—
油茶籽	吨	24997	26268	30407	82417	149374	125195	149194	161528	162656	177662
松脂	吨	114568	113118	154593	181141	235109	238825	248015	—	—	—
竹笋干	吨	9004	14132	17825	30291	39805	57503	54779	60677	55591	66153
板栗	吨	3936	5440	8637	10616	21229	25922	25505	39589	46006	55592
四、森工主要产品产量											
木材	万m3	307	275	362	655	791	794	860	945	1011	1264
原木	万m3	275	256	324	612	712	722	782	843	888	1124
薪材	万m3	31	19	38	43	79	72	78	102	123	141
大径竹	万根	7180	6809	11180	13252	12754	20401	22264	23491	25737	30907
毛竹	万根	2451	2889	2669	3478	4094	5986	6063	8191	8530	8021
其它	万根	4729	3921	8510	9774	8660	14415	16201	15300	17203	22886
人造板	万m3	89	145	340	784	1816	1057	1011	1016	1059	1047
胶合板	万m3	25	66	59	209	1108	317	331	222	218	308
纤维板	万m3	27	51	262	387	552	514	480	541	502	364
刨花板	万m3	23	28	16	95	138	209	175	189	215	260
松香类产品	万吨	11	10	7	13	14	16	15	14	19	19
紫胶	吨	395		20	357	1119	702	550	656	636	760
五、林业系统机构人员											
单位个数	个	2062	2002	1871	2159	1810	1699	1593	1686	1333	1221
在岗职工人数	人	79952	52227	37232	35916	30424	25526	24186	23452	21273	18285

注：1.2019年度“造林面积”包括人工造林、飞播造林、无林地和疏林地封山育林面积。
2.2019年度“成林抚育面积”是指“中幼林抚育面积”。
3.数据来源于2020年全省森林资源管理“一张图”年度更新结果，最终数据届时将依据国土“三调”成果进行修正。

9-3 各市全部林业生产情况

(2021年) 单位：公顷

市别	当年造林面积						
	总计	人工造林	当年新封山(沙)育林面积	无林地和疏林地新封	有林地和灌木林地新封	退化林修复	人工更新
全省	259966	19741	74212	9549	52558	40627	41014
广州	7727	344	4325		3008	1122	
深圳	2382	58				507	
珠海	1195	172	13	13		40	16
汕头	2372	797	1211	244	900	791	
佛山	2002	577	762	7	80	400	772
韶关	24405	5073	8036	2892	2412	3066	3367
河源	37350	1325	9170	3392	5778	8265	699
梅州	27247	978	9273	245	6153	1878	1395
惠州	5869	1633	3981	7	3974	2371	1589
汕尾	28916	1815	8133	2161	5122	3244	
东莞	166					554	
中山	838	154				351	
江门	20050	610	2934		2611	3606	13270
阳江	6694	534	1444		1444	366	1663
湛江	3811	1096	3718	166	3148	993	879
茂名	11434	605	4555	42	2165	5888	3008
肇庆	8293	862	2500		2129	1127	3812
清远	28757	1192	6587	100	6487	1427	3496
潮州	9301	456	600		600	1287	
揭阳	12685	644	2935		2935	1372	
云浮	10772	488	1682	280	1372	1637	1337
中林雷州林业公司	3508						4473
省属林场	4174	328	2353		2240	335	1238
国家级保护区	18					282	

9-3 续表 1

(2021年) 单位：公顷

市别	育苗面积	其中：国有育苗面积	中、幼龄林抚育
全省	2422	315..47	296483
广州	263		4800
深圳	129		
珠海	281		1351
汕头	73	2	4661
佛山	75	16	1328
韶关	381	115	47029
河源	62	17	45360
梅州	76	19	47489
惠州	181		12502
汕尾	41	7	16870
东莞	19	1	916
中山	0	0	283
江门	102	60	20352
阳江	29	15	8462
湛江	314		2381
茂名	27	19	12326
肇庆	108	14	2369
清远	64		23360
潮州	21	9	5028
揭阳	48	2	5958
云浮	128	20	7737
中林雷州林业公司			9222
省直属林场			16699
国家级保护区			

9-3 续表 2

(2021年) 单位：吨

市别	2.油茶籽	5.竹笋干	6.板 栗
全 省	177662	66153	55592
广 州	75		
深 圳			
珠 海			
汕 头	270	307	
佛 山			
韶 关	18022	11126	1310
河 源	83751	1748	24150
梅 州	26661	1040	5225
惠 州	2082	13	80
汕 尾	418	204	
东 莞			
中 山			
江 门	10		6
阳 江	2757	260	90
湛 江	62		
茂 名	8999	489	
肇 庆	14476	5891	18467
清 远	17237	34916	2657
潮 州	6		
揭 阳	1643	6658	
云 浮	1187	3501	3607
中林雷州林业公司			
省属林场			
国家级保护区			

9-4 各县(市、区)造林更新低产林改造面积

(2021年)　　单位：公顷

县(市、区)别	人工造林	人工更新	退化林修复	无林地和疏林地封山育林	有林地和灌木林地封山育林
广东省	**19741**	**41014**	**40627**	**9549**	**52558**
广州市	**344**		**1122**		**3008**
市局本部					
荔湾区					
天河区					342
白云区			16		
黄埔区			231		
番禺区					333
花都区					
南沙区					333
增城区	200		333		1067
从化区	144		267		933
流溪河林场			77		
大岭山林场			40		
增城林场			69		
梳脑林场			89		
深圳市	**58**		**507**		
市局本部	58		507		
罗湖区					
福田区					
南山区					
宝安区					
龙岗区					
盐田区					
光明区					
坪山区					
龙华区					
大鹏半岛国家地质公园管理处					
市野生动植物保护管理处					
市野生动物救护中心					
广东内伶仃福田国家级自然保护区管理局					
市梧桐山风景区管理处					
珠海市	**172**	**16**	**40**	**13**	
珠海市自然资源局					
珠海市自然资源局香洲分局					
珠海市自然资源局斗门分局					
珠海市自然资源局金湾分局	1	16			
万山海洋开发实验区					
高新技术产业开发区					
高栏港经济区海洋和农业局					
横琴新区	171		40	13	
广东淇澳-担杆岛自然保护区管理处					
汕头市	**797**		**791**	**244**	**900**
市局本部					
龙湖区					
金平区自然资源分局	5		7		
汕头市濠江区自然资源局	11		60		

9-4 续表 1

(2021年) 单位：公顷

县(市、区)别	人工造林	人工更新	退化林修复	无林地和疏林地封山育林	有林地和灌木林地封山育林
潮阳区	62		114		265
潮南区	53		353		635
澄海区	13		24	244	
南澳县自然资源局	653		233		
市林科所					
佛山市	**577**	**772**	**400**	**7**	**80**
市局本部					
佛山市自然资源局禅城分局					
佛山市自然资源局南海分局			60		
佛山市自然资源局顺德分局		7		7	
自然资源局三水分局三水区			107		80
佛山市自然资源局高明分局	154	488	233		
云勇林场	423	277			
市林科所					
韶关市	**5073**	**3367**	**3066**	**2892**	**2412**
市局本部					
武江区	32		198		406
浈江区	116	51	71		
曲江区自然资源局	151	137	83		503
始兴县林业局	942	529	100	348	
仁化县	1124	331	206		441
翁源县林业局	407	333	591		
乳源瑶族自治县	253	174	688	2500	
新丰县林业局	97	296	173		911
乐昌市	107	166	670		
南雄市	1821	1318	148	44	
韶关林场		7			54
曲江林场	11		20		9
仁化林场	12		57		72
韶关市国有河口林场			61		
九曲水林场		10			
华溪林场		15			16
市林科所					
市公安局森林分局					
市野生动植物和自然保护区办					
韶关市国有林场事务中心					
广东丹霞山国家级自然保护区					
广东曲江罗坑鳄蜥省级自然保护区管理处					
广东仁化高坪省级自然保护区					
广东新丰云髻山省级自然保护区管理处					
广东乳源大峡谷省级自然保护区管理处					
广东乐昌大瑶山省级自然保护区管理处					
广东翁源青云山省级自然保护区管理处					
广东粤北华南虎省级自然保护区管理处					
广东曲江沙溪省级自然保护区管理处					
广东乐昌杨东山十二度水省级自然保护区管理处					
广东始兴南山省级自然保护区管理处					

9-4 续表 2

(2021年) 单位：公顷

县(市、区)别	人工造林	人工更新	退化林修复	无林地和疏林地封山育林	有林地和灌木林地封山育林
广东南雄小流坑–青嶂山省级自然保护区管理处					
广东南雄恐龙化石群省级自然保护区管理处					
河源市	**1325**	**699**	**8265**	**3392**	**5778**
市局本部					
市江东新区					55
源城区			39		87
紫金县林业局	177	466	1707	3392	
龙川县	753	233	2826		872
连平县	182		983		1072
和平县	147		318		556
东源县			1885		2581
新丰江林管局	66		500		555
牛岭水林场					
下石林场					
黎明林场					
桂山林场			7		
红星林场					
坪山林场					
广东河源大桂山省级自然保护区管理处					
广东东源康禾省级自然保护区管理处					
广东河源新港省级自然保护区管理处					
广东连平黄牛石省级自然保护区管理处					
广东和平黄石坳省级自然保护区管理处					
广东紫金白溪省级自然保护区管理处					
广东龙川枫树坝省级自然保护区管理处					
广东河源恐龙化石省级自然保护区管理处					
梅州市	**978**	**1395**	**1878**	**245**	**6153**
市局本部					
梅州市梅江区林业局	27		91	245	
梅县区	138	203	233		1051
大埔县	115	115	324		1400
丰顺县	201	684			1954
五华县林业局	219	158	660		
平远县林业局	75	17	198		470
蕉岭县	17	39	49		430
兴宁市林业局	119	179	187		848
梅南林场					
洲瑞林场					
大埔林场			69		
梅州市国有水口林场	67		67		
七畲径林场					
梅州市农林科学院林业研究所					
广东梅县阴那山省级自然保护区管理处					
广东兴宁铁山渡田河省级自然保护区管理处					
广东蕉岭长潭省级自然保护区管理处					
广东平远龙文–黄田省级自然保护区管理处					
广东大埔丰溪省级自然保护区管理处					

9-4 续表 3

(2021年)　　单位：公顷

县(市、区)别	人工造林	人工更新	退化林修复	无林地和疏林地封山育林	有林地和灌木林地封山育林
广东五华七目嶂省级自然保护区管理处					
惠州市	**1633**	**1589**	**2371**	**7**	**3974**
市局本部	1				
惠城区自然资源局	139	120	167		
惠阳区	13		121		433
大亚湾区					
仲恺区					
博罗县林业事务中心		127	127		300
惠东县	1200	400	1099		2500
龙门县林业局	233	367	857		741
梁化林场		48			
惠州市国有九龙峰林场					
惠州市国有罗浮山林场					
象头山林场		134			
惠州市国有汤泉林场(广东汤泉森林公园管理处)					
平安林场				7	
鸡笼山林场		20			
水东陂林场	47	373			
油田林场					
东江林场					
惠州市林业科学研究所(惠州植物园管理服务中心)					
罗浮山省级自然保护区					
广东龙门南昆山省级自然保护区管理处					
广东古田省级自然保护区管理处					
广东惠东莲花山白盆珠省级自然保护区管理处					
广东大亚湾水产资源省级自然保护区管理处					
汕尾市	**1815**		**3244**	**2161**	**5122**
市局本部					
汕尾市城区自然资源局	110		450		
红海湾开发区	82		238		206
海丰县	177		918	2161	
陆河县林业局	130		268		4312
陆丰市	1316		1345		604
黄羌林场					
吉溪林场					
汕尾市国有红岭林场					
罗经嶂林场			25		
东海岸林场					
湖东林场					
东莞市			**554**		
市局本部			554		
东莞市自然保护地服务中心					
银瓶山森林公园					
大岭山森林公园					
大屏嶂森林公园					
市林科所					
市公安局森林分局					

9-4 续表 4

(2021年) 单位：公顷

县(市、区)别	人工造林	人工更新	退化林修复	无林地和疏林地封山育林	有林地和灌木林地封山育林
中山市自然资源局	154		351		
市局本部	154		351		
广东中山香山省级自然保护区					
江门市	**610**	**13270**	**3606**		**2611**
市局本部					
蓬江区	17	249			
江海区	1				
新会区	84	752	362		62
台山市林业局	130	6713	946		1700
开平市林业局	91	2940	713		552
鹤山市林业局	100	1650	800		150
恩平市林业局	110	834	685		147
古兜山林场	22				
江门市大沙林场		107			
狮山林场		25			
河排林场			100		
江门市西坑林场					
古斗林场	55				
四堡林场					
市林科所					
广东江门古兜山省级自然保护区管理处					
广东台山上川岛猕猴省级自然保护区管理处					
广东恩平七星坑省级自然保护区管理处					
广东江门中华白海豚省级自然保护区管理处					
阳江市	**534**	**1663**	**366**		**1444**
市局本部					
阳江市自然资源局江城分局	40	41			44
阳江市自然资源局海陵分局	23	59			
阳江高新区		13			
阳西县自然资源局	32	187	66		213
阳东区	110	151	300		249
阳春市林业局	269	1014			773
阳江林场	41	136			112
花滩林场	19	62			53
广东阳江森林公园管理处					
河尾山林场					
阳江市公安局森林分局					
阳江市林业有害生物防治检疫管理站					
阳江市野生动植物保护管理站					
广东阳春百涌省级自然保护区管理处					
广东阳春鹅凰嶂省级自然保护区管理处					
湛江市	**1096**	**879**	**993**	**166**	**3148**
市局本部	125	17			
坡头区	160				
麻章区	94	204	192		
开发区农管局	15	21			100
遂溪县	154	27	485		981
徐闻县自然资源局	104		205		322
廉江市自然资源局	191	537	67	166	683

9-4 续表 5

(2021年) 单位：公顷

县(市、区)别	人工造林	人工更新	退化林修复	无林地和疏林地封山育林	有林地和灌木林地封山育林
雷州市自然资源局	187	33	40		725
吴川市	63				315
国营防护林场			4		22
国营东海林场	3	7			
国营吴川林场		33			
市林业良种场					
市林科所					
茂名市	**605**	**3008**	**5888**	**42**	**2165**
市林业局本部					
广东茂名滨海新区管理委员会农业农村局					
茂南区	9				113
茂名高新技术产业开发区管理委员会政法和社会事务局					
高州市	112	883	2046		711
化州市林业局	111	495	1431		
信宜市林业局	100	1356	1905	42	580
电白区	233	175	451		594
八一林场					
厚元林场					
大雾岭林场					
东镇林场					
新田林场					
荷塘林场	40		27		
文楼林场		27			
播扬林场			28		
平定林场					
丽岗林场		72			
电白林场					
河尾山林场					167
茂名市林业科学研究所					
市森林公园管理处					
市野生动物救护中心					
市林业事务中心					
广东云开山国家级自然保护区管理处					
广东茂名林洲顶鳄蜥省级自然保护区管理处					
市辖区					
肇庆市	**862**	**3812**	**1127**		**2129**
市局本部					
肇庆市端州区农业农村局					
肇庆市自然资源局鼎湖分局			26		69
大旺综合经济开发区农林水利管理中心					
广宁县林业局	105	295	349		161
怀集县林业局	279	1350	167		942
封开县林业局	212	1119			388
德庆县	131	357	238		119
肇庆市自然资源局高要分局	62	524			341
四会市林业局	63	45	347		
肇庆市国有北岭山林场		100			109

9-4 续表 6

(2021年) 单位：公顷

县(市、区)别	人工造林	人工更新	退化林修复	无林地和疏林地封山育林	有林地和灌木林地封山育林
清桂林场					
葵洞林场	10				
大南山林场					
肇庆市国有大水口林场		22			
大坑山林场					
新岗林场					
市国有林业总场					
市林科所					
广东怀集三岳省级自然保护区管理处					
广东怀集大稠顶省级自然保护区管理处					
广东封开黑石顶省级自然保护区管理处					
清远市	**1192**	**3496**	**1427**	**100**	**6487**
市局本部					
清城区	123	227	187		423
佛冈县	141	466	282		1013
阳山县林业局	210	465	200		616
连山壮族瑶族自治县	48	177		100	
连南瑶族自治县自然资源局(林业局)	93	292			330
清远市清新区林业局	142	620	33		889
英德市林业局	180	774	332		2007
连州市	196	267	262		1089
清远市银盏林场					
清远市笔架山林场					
清远市天堂山林场					
清远市英德林场		147			
清远市金鸡林场	59	25			
清远市羊角山林场					
清远市小龙林场					
清远市龙坪林场					
清远市杨梅林场		36	131		120
潮州市	**456**		**1287**		**600**
市局本部					
湘桥区	68		14		22
枫溪区					
潮安区自然资源局	147		458		75
饶平县	233		737		406
潮州市国有韩江林场	8		52		97
广东潮安凤凰山省级自然保护区					
市野生动物救护中心					
市林业科技推广中心					
广东饶平海山海滩岩田省级自然保护区					
广东潮安海蚀地貌省级自然保护区			26		
潮州韩江鼋花鳗鲡市级自然保护区					
潮州市国有红山林场					
揭阳市	**644**		**1372**		**2935**
揭阳市					
市局本部					

9-4 续表 7

(2021年) 单位：公顷

县(市、区)别	人工造林	人工更新	退化林修复	无林地和疏林地封山育林	有林地和灌木林地封山育林
榕城区	12		18		
揭东区	83		124		101
揭西县林业局	194		467		807
惠来县自然资源局	167		351		982
普宁市	188		412		1045
空港经济区					
广东揭东桑浦山-双坑省级自然保护区管理处					
云浮市	**488**	**1337**	**1637**	**280**	**1372**
市局本部					
云城区	49		330		198
新兴县林业局	103		442		487
郁南县	123	980	242		242
云浮市云安区林业局	85	271	180	280	
罗定市	110		320		328
大云雾林场	8	8	13		
云浮市国有龙埇林场		50	20		28
飞马林场	5		42		30
云浮市国有同乐林场	5	28	28		31
水台林场			20		28
林科中心					
省属林场	**328**	**1238**	**335**		**2240**
广东省乳阳林场	33		13		667
广东省沙头角林场		15			20
广东省龙眼洞林场					
广东省天井山林场		100			1220
广东省樟木头林场	133				
广东省乐昌林场		68			333
广东省连山林场		7	40		
广东省东江林场	102				
广东省九连山林场	60	48			
广东省西江林场		54			
广东省德庆林场		405			
广东省郁南林场		500	282		
广东省云浮林场		41			
国家级自然保护区					
广东南岭国家级自然保护区管理局					
广东车八岭国家级自然保护区管理局					
广东象头山国家级自然保护区管理局					
广东湛江红树林国家级自然保护区管理局					
广东石门台国家级自然保护区管理局					
广东南澎列岛海洋生态国家级自然保护区管理局					
广东雷州珍稀海洋生物国家级自然保护区管理局					
广东徐闻珊瑚礁国家级自然保护区管理局					
广东珠江口中华白海豚国家级自然保护区管理局					
广东惠东海龟国家级自然保护区管理局					
中林集团雷州林业公司		**4473**			

9–5 主要经济林产品生产情况

单位：吨

项 目	2019	2020	2021
主要经济林产品生产情况	**12101367**	**12365344**	**12583471**
一、水果产量	**11217830**	**11466068**	**11703482**
二、干果产量	**77545**	**91387**	**84410**
其中：板栗	39589	46006	55592
枣(干重)	2832	80	70
三、林产饮料产品(干重)	**89184**	**63346**	**61619**
四、林产调料产品(干重)	**66690**	**67747**	**66268**
五、森林食品(干重)	**114465**	**88013**	**87244**
其中：竹笋干	60677	55591	66153
六、森林药材	**114465**	**117600**	**115672**
七、木本油料	**164802**	**167524**	**193700**
其中：油茶籽	161528	162656	177662
其他木本油料	3274	4868	16038
八、林产工业原料	**286428**	**303659**	**271076**
其中：紫胶(原胶)	656	636	760

注：2019年国家林业统计制度修订后花卉生产情况指标没有列进统计指标，没有相关数据。

9-6 全部林业产业产值

(2021年) 单位：万元

指标	总产值	指标	总产值
林业产业产值	**86074266**	(2)人造板制造	2343101
一、第一产业	**14253605**	(3)木质制品制造	2218275
(一)涉林产业合计	14152170	(4)竹、藤、棕、苇制品制造	491243
1.林木育种和育苗	216645	2.木、竹、藤家具制造	18544262
(1)林木育种	9446	3.木、竹、苇浆造纸和纸制品	23974001
(2)林木育苗	207199	(1)木、竹、苇浆制造	284414
2.营造林	441080	(2)造纸	11717922
3.木材和竹材采运	2081002	(3)纸制品制造	11971665
(1)木材采运	1739368	4.林产化学产品制造	276464
(2)竹材采运	341634	5.木质工艺品和木质文教体育用品制造	197774
4.经济林产品的种植与采集	8787308	6.非木质林产品加工制造业	3172627
(1)水果、坚果、含油果和香料作物种植	5801636	(1)木本油料、果蔬、茶饮料等加工制造	2357168
(2)坚果、含油果和香料作物种植	合并上一项	(2)森林药材加工制造	663816
(3)茶及其他饮料作物的种植	827265	(3)其他	151643
(4)森林药材、食品种植	777546	7.其他	2182170
(5)森林食品种植	合并上一项	(二)林业系统非林产业	19517
(6)林产品采集	1380861	三、第三产业	17418674
5.花卉及其他观赏植物种植	2603423	(一)涉林产业合计	17192076
6.陆生野生动物繁育与利用	22712	1.林业生产服务	244836
(二)林业系统非林产业	101435	2.林业旅游与休闲服务	16444123
二、第二产业	54401987	3.林业生态服务	124071
(一)涉林产业合计	54382470	4.林业专业技术服务	51734
1.木材加工和木、竹、藤、棕、苇制品制造	6035172	5.林业公共管理及其他组织服务	327312
(1)木材加工	982553	(二)林业系统非林产业	226598

注：1.水果种植产值包含了坚果、含油果和香料作物种植产值，统计数值未进一步细分；
2.森林药材种植产值包含了森林食品种植产值，统计数数未进一步细分。

9-7 各市全部林业产业产值

(2021年)　　单位：万元

市别	林业产业产值	第一产业	第二产业	第三产业
全省	86074266	14253605	54401987	17418674
广州	12768800	1270018	8612897	2885885
深圳	11544721	1110357	6079000	4355364
珠海	1326062	13154	132700	1180208
汕头	212742	45012	54810	112920
佛山	9009151	471579	8492252	45320
韶关	2305372	957311	439759	908302
河源	1470086	866457	79922	523707
梅州	2027850	719659	430996	877195
惠州	2804530	551165	1272830	980535
汕尾	821429	206347	462408	152674
东莞	16399036	60247	15636830	701959
中山	3136725	190000	2835193	111532
江门	4746546	493347	3877097	376102
阳江	2196869	340527	1140796	715546
湛江	2725030	1615263	679212	430555
茂名	2261205	1480731	268229	512245
肇庆	4904873	1893904	2694878	316091
清远	2658712	789561	774863	1094288
潮州	483989	211273	23702	249014
揭阳	1025510	217991	329572	477947
云浮	859661	681675	58324	119662
中林雷州林业公司	262730	48657	9298	204775
省属林场	73765	19230	16419	38116
国家级自然保护区	51727	140		51587
省属其他林业单位	25481			25481

注：省属其他林业单位不包括省级自然保护区管护机构。

9-8 各市商品材产量

(2021年) 单位：立方米

市别	商品材总产量		
	合计	原木	薪材
全省	12637072	11225323	1411749
广州	488024	488024	
深圳	8048		8048
珠海			
汕头	8517	5242	3275
佛山	211639	211639	
韶关	1306182	1171800	134382
河源	1200014	1116193	83821
梅州	474386	472424	1962
惠州	757852	624794	133058
汕尾	140374	125224	15150
东莞	15876		15876
中山	16173	16173	
江门	1123331	1123294	37
阳江	528599	487007	41592
湛江	509212	453219	55993
茂名	389256	389080	176
肇庆	2213387	1773669	439718
清远	1701662	1311019	390643
潮州	170518	129356	41162
揭阳	169507	139427	30080
云浮	568605	568605	
中林雷州林业公司	521958	509568	12390
省属林场	113952	109566	4386
国家级保护区			

9-9　各市大径竹生产情况

(2021年)　　单位：根

市　　别	大径竹总产量		
	合　计	毛　竹	其　他
全　　省	309072809	80213021	228859788
广　　州	1555081	1555081	
深　　圳			
珠　　海			
汕　　头	60000	60000	
佛　　山			
韶　　关	37153985	19990586	17163399
河　　源	8018332	6461046	1557286
梅　　州	3059000	3059000	
惠　　州	6713888	4068932	2644956
汕　　尾	596655	569934	26721
东　　莞			
中　　山			
江　　门	860000	100000	760000
阳　　江	7404694	1621521	5783173
湛　　江	827704	700137	127567
茂　　名	98574099	21299755	77274344
肇　　庆	126493258	7920983	118572275
清　　远	9600382	6475621	3124761
潮　　州			
揭　　阳	4513845	2763839	1750006
云　　浮	3641886	3566586	75300
中林雷州林业公司			
省属林场			
国家级保护区			

9-10 林产工业主要产品产量

项目	计量单位	2019	2020	2021
木材加工及竹藤棕草制品				
一、锯材	立方米	1979470	2741757	4043942
1.普通锯材	立方米	1963170	2736857	4043942
2.特种锯材	立方米	16300	4900	
二、人造板	立方米	10164354	10594583	10468017
(一)胶合板	立方米	2219363	2180963	3078240
其中：竹胶合板	立方米	5036	8945	56820
(二)纤维板	立方米	5408046	5016095	3635308
1.木质纤维板	立方米	5402646	4993836	3623233
其中：中密度纤维板	立方米	4198808	2819811	2341588
2.非木质纤维板	立方米	5400	22259	12075
(三)刨花板	立方米	1885253	2151161	2595351
三、木竹地板	平方米	21649066	28260753	37749226
1.实木地板	平方米	6150786	1590130	9211251
2.实木复合木地板	平方米	15498280	14819360	16208004
林产化学产品				
一、松香类产品	吨	136546	188730	186350
1.松香	吨	84664	122125	131176
2.松香油深加工	吨	51882	66605	55174
六、紫胶类产品	吨	656	636	760

9-11 各市林产工业主要产品产量

单位：立方米

市别	锯材	人造板		
		合计	胶合板	纤维板
全省	4043942	10468017	3078240	3635308
广州	41634	523229	70296	253655
深圳	120000	72000	48000	16000
珠海				
汕头				
佛山	23012	524104	378094	99010
韶关	156950	1544130	159852	370345
河源	154083	177863	162620	1600
梅州	71235	191016	100671	56213
惠州	298880	921840	266494	95512
汕尾	319486	184124		83220
东莞		219608	171776	
中山	4000	360393		
江门	760557	909437	326915	533784
阳江	2242	796411	346899	449512
湛江	245685	1547088	893640	158958
茂名	98900	488046	40070	357505
肇庆	322925	1504202	13782	1042719
清远	829048	330440	36675	31275
潮州	22816	28150	23270	
揭阳	29409	34086	34086	
云浮	175158	111850	5100	86000
中林雷州林业公司				

9-11 续表

市别	人造板		木竹地板	松香类产品（吨）	
	刨花板	其它			松香
全省	2595351	1159118	37749226	186350	131176
广州	199278		3317221		
深圳	8000		2760000		
珠海				10	
汕头			6500		
佛山	21000	26000	250612	3569	
韶关	873974	139959	47842	5914	5914
河源	12643	1000	10000	6200	6200
梅州	8242	25890	10440	38	38
惠州	557834	2000	6200	12000	2000
汕尾		100904	22480	414	414
东莞	42302	5530	62495		
中山	360393		19473851		
江门		48738	1142649	1800	1800
阳江			1258047	6978	5889
湛江	421214	73276	430950		
茂名	90471		7664	926	926
肇庆		447701	8880369	101359	60853
清远		262490	17694	3773	3773
潮州		4880			
揭阳			24612		
云浮		20750	19600	43369	43369
中林雷州林业公司					

9-12 各县(市、区)主要林产品产量

县(市、区)别	商品材(立方米)			大径竹(根)			松香类产品(吨)
	合计	原木	薪材	合计	毛竹	其他	
广东省	**12637072**	**11225323**	**1411749**	**309072809**	**80213021**	**228859788**	**186350**
广州市	**488024**	**488024**		**1555081**	**1555081**		
市局本部							
荔湾区							
天河区	8	8					
白云区	43705	43705					
黄埔区	11968	11968					
番禺区	110	110					
花都区	84843	84843					
南沙区							
增城区	161647	161647		500770	500770		
从化区	178723	178723		1054311	1054311		
流溪河林场							
大岭山林场	31	31					
增城林场	6989	6989					
梳脑林场							
深圳市	**8048**		**8048**				
市局本部	8048		8048				
罗湖区							
福田区							
南山区							
宝安区							
龙岗区							
盐田区							
光明区							
坪山区							
龙华区							
大鹏半岛国家地质公园管理处							
市野生动植物保护管理处							
市野生动物救护中心							
广东内伶仃福田国家级自然保护区管理局							
市梧桐山风景区管理处							
珠海市							
珠海市自然资源局							
珠海市自然资源局香洲分局							
珠海市自然资源局斗门分局							
珠海市自然资源局金湾分局							
万山海洋开发实验区							
高新技术产业开发区							
高栏港经济区海洋和农业局							
横琴新区							
广东淇澳-担杆岛自然保护区管理处							
汕头市	**8517**	**5242**	**3275**	**60000**	**60000**		
市局本部							
龙湖区							
金平区自然资源分局							
汕头市濠江区自然资源局							

9-12 续表 1

县(市、区)别	商品材(立方米)			大径竹(根)			松香类产品(吨)
	合计	原木	薪材	合计	毛竹	其他	
潮阳区				60000	60000		
潮南区	675		675				
澄海区	5242	5242					
南澳县自然资源局	2600		2600				
市林科所							
佛山市	**211639**	**211639**					**3569**
市局本部							
佛山市自然资源局禅城分局	10	10					
佛山市自然资源局南海分局	8230	8230					
佛山市自然资源局顺德分局							
自然资源局三水分局三水区	7081	7081					3569
佛山市自然资源局高明分局	196318	196318					
云勇林场							
市林科所							
韶关市	**1306182**	**1171800**	**134382**	**37153985**	**19990586**	**17163399**	**5914**
市局本部							
武江区	109000	109000		700704	700704		680
浈江区	102327	102327		341414	341414		
曲江区自然资源局	175272	175272		1345342	1127467	217875	
始兴县林业局	133535	98827	34708	7477220	2690670	4786550	3674
仁化县	66995	66995		12009639	7853566	4156073	
翁源县林业局	259317	220122	39195	2495230	904581	1590649	
乳源瑶族自治县	113170	113170		52727	40000	12727	
新丰县林业局	178956	133788	45168	206283	114986	91297	
乐昌市	82562	82296	266	1659694	1659694		1560
南雄市	46795	32500	14295	10865732	4557504	6308228	
韶关林场	4954	4954					
曲江林场	11566	11566					
仁化林场	10563	10563					
韶关市国有河口林场	5440	5440					
九曲水林场	5102	4352	750				
华溪林场	628	628					
市林科所							
市公安局森林分局							
市野生动植物和自然保护区办							
韶关市国有林场事务中心							
广东丹霞山国家级自然保护区							
广东曲江罗坑鳄蜥省级自然保护区管理处							
广东仁化高坪省级自然保护区							
广东新丰云髻山省级自然保护区管理处							
广东乳源大峡谷省级自然保护区管理处							
广东乐昌大瑶山省级自然保护区管理处							
广东翁源青云山省级自然保护区管理处							
广东粤北华南虎省级自然保护区管理处							
广东曲江沙溪省级自然保护区管理处							
广东乐昌杨东山十二度水省级自然保护区管理处							
广东始兴南山省级自然保护区管理处							
广东南雄小流坑-青嶂山省级自然保护区管理处							
广东南雄恐龙化石群省级自然保护区管理处							

9-12 续表 2

县(市、区)别	商品材(立方米)			大径竹(根)			松香类产品(吨)
	合计	原木	薪材	合计	毛竹	其他	
河源市	**1200014**	**1116193**	**83821**	**8018332**	**6461046**	**1557286**	**6200**
市局本部							
市江东新区	56000	56000					
源城区	5785	5785		5000	5000		
紫金县林业局	417693	368975	48718	1250430	1250430		6050
龙川县	135165	100062	35103	2071669	940616	1131053	
连平县	64510	64510		626233	500000	126233	150
和平县	75000	75000		3850000	3550000	300000	
东源县	330000	330000		200000	200000		
新丰江林管局	113814	113814					
牛岭水林场				15000	15000		
下石林场							
黎明林场							
桂山林场	1932	1932					
红星林场							
坪山林场	115	115					
广东河源大桂山省级自然保护区管理处							
广东东源康禾省级自然保护区管理处							
广东河源新港省级自然保护区管理处							
广东连平黄牛石省级自然保护区管理处							
广东和平黄石坳省级自然保护区管理处							
广东紫金白溪省级自然保护区管理处							
广东龙川枫树坝省级自然保护区管理处							
广东河源恐龙化石省级自然保护区管理处							
梅州市	**474386**	**472424**	**1962**	**3059000**	**3059000**		**38**
市局本部							
梅州市梅江区林业局	26222	26222					
梅县区	86342	86000	342	477000	477000		
大埔县	105162	105162		80000	80000		
丰顺县	97576	97576					
五华县林业局	103487	103487					
平远县林业局	26771	26771		1792000	1792000		38
蕉岭县	9120	7500	1620	710000	710000		
兴宁市林业局	19706	19706					
梅南林场							
洲瑞林场							
大埔林场							
梅州市国有水口林场							
七畲径林场							
梅州市农林科学院林业研究所							
广东梅县阴那山省级自然保护区管理处							
广东兴宁铁山渡田河省级自然保护区管理处							
广东蕉岭长潭省级自然保护区管理处							
广东平远龙文-黄田省级自然保护区管理处							
广东大埔丰溪省级自然保护区管理处							
广东五华七目嶂省级自然保护区管理处							

9-12 续表 3

县(市、区)别	商品材(立方米)			大径竹(根)			松香类产品(吨)
	合计	原木	薪材	合计	毛竹	其他	
惠州市	**757852**	**624794**	**133058**	**6713888**	**4068932**	**2644956**	**12000**
市局本部							
惠城区自然资源局	49154	49154		142913	129817	13096	
惠阳区	23258	20900	2358				
大亚湾区							
仲恺区	11800	7670	4130				
博罗县林业事务中心	179188	179188		4950000	2605263	2344737	
惠东县	252693	178901	73792	790975	503852	287123	12000
龙门县林业局	224343	171565	52778	830000	830000		
梁化林场	2622	2622					
惠州市国有九龙峰林场							
惠州市国有罗浮山林场							
象头山林场	12590	12590					
惠州市国有汤泉林场(广东汤泉森林公园管理处)							
平安林场							
鸡笼山林场							
水东陂林场	2204	2204					
油田林场							
东江林场							
惠州市林业科学研究所(惠州植物园管理服务中心)							
罗浮山省级自然保护区							
广东龙门南昆山省级自然保护区管理处							
广东古田省级自然保护区管理处							
广东惠东莲花山白盆珠省级自然保护区管理处							
广东大亚湾水产资源省级自然保护区管理处							
汕尾市	**140374**	**125224**	**15150**	**596655**	**569934**	**26721**	**414**
市局本部							
汕尾市城区自然资源局		1722	47838	39364	8474		2270
红海湾开发区							
海丰县	53844	10407					
陆河县林业局	31210	3021	405490	405490		414	
陆丰市	40170		143327	125080	18247		13995
黄羌林场							
吉溪林场							
汕尾市国有红岭林场							
罗经嶂林场							
东海岸林场							
湖东林场							
东莞市		**15876**					
市局本部		15876					
东莞市自然保护地服务中心							
银瓶山森林公园							
大岭山森林公园							
大屏嶂森林公园							
市林科所							
市公安局森林分局							

9-12 续表 4

县(市、区)别	商品材(立方米)			大径竹(根)			松香类产品(吨)
	合计	原木	薪材	合计	毛竹	其他	
中山市	**16173**	**16173**					
市局本部	16173	16173					
广东中山香山省级自然保护区							
江门市	**1123331**	**1123294**	**37**	**860000**	**100000**	**760000**	**1800**
市局本部							
蓬江区	16798	16798					
江海区	37		37				
新会区	118855	118855		100000	100000		
台山市林业局	311270	311270					
开平市林业局	188025	188025		760000		760000	
鹤山市林业局	231358	231358					
恩平市林业局	196904	196904					
古兜山林场							
江门市大沙林场	13220	13220					
狮山林场	2275	2275					1800
河排林场	20538	20538					
江门市西坑林场	12021	12021					
古斗林场							
四堡林场	12030	12030					
市林科所							
广东江门古兜山省级自然保护区管理处							
广东台山上川岛猕猴省级自然保护区管理处							
广东恩平七星坑省级自然保护区管理处							
广东江门中华白海豚省级自然保护区管理处							
阳江市	**528599**	**487007**	**41592**	**7404694**	**1621521**	**5783173**	**6978**
市局本部							
阳江市自然资源局江城分局	1035	1035					637
阳江市自然资源局海陵分局	2955	2955					
阳江高新区	6580	4350	2230				
阳西县自然资源局	51941	51941					3200
阳东区	121803	121803		1406797	1406797		2052
阳春市林业局	231387	231387		5997897	214724	5783173	1089
阳江林场	106383	67021	39362				
花滩林场	6515	6515					
广东阳江森林公园管理处							
河尾山林场							
阳江市公安局森林分局							
阳江市林业有害生物防治检疫管理站							
阳江市野生动植物保护管理站							
广东阳春百涌省级自然保护区管理处							
广东阳春鹅凰嶂省级自然保护区管理处							
湛江市	**509212**	**453219**	**55993**	**827704**	**700137**	**127567**	
市局本部							
坡头区	11885	11885					
麻章区	1300	1300		36000		36000	
开发区农管局	5178	4472	706				
遂溪县	58834	58834		626104	626104		
徐闻县自然资源局	17705	16820	885				
廉江市自然资源局	191820	191820		165600	74033	91567	

9-12 续表 5

县(市、区)别	商品材(立方米)			大径竹(根)			松香类产品(吨)
	合计	原木	薪材	合计	毛竹	其他	
雷州市自然资源局	167630	124170	43460				
吴川市	54860	43918	10942				
国营防护林场							
国营东海林场							
国营吴川林场							
市林业良种场							
市林科所							
茂名市	**389256**	**389080**	**176**	**98574099**	**21299755**	**77274344**	**926**
市林业局本部							
广东茂名滨海新区管理委员会农业农村局							
茂南区	8385	8385					
茂名高新技术产业开发区管理委员会政法和社会事务局	207	154	53				
高州市	76333	76333		6923990	1274020	5649970	
化州市林业局	58350	58350		6977274	6608564	368710	856
信宜市林业局	152010	152010		78342423	7426759	70915664	
电白区	45909	45909		6330412	5990412	340000	
八一林场	1417	1417					
厚元林场							
大雾岭林场							
东镇林场	160	160					
新田林场							
荷塘林场	1868	1868					
文楼林场	10065	10065					
播扬林场	4452	4452					
平定林场	8003	8003					
丽岗林场	1058	1058					
电白林场	953	953					
河尾山林场							
茂名市林业科学研究所							
市森林公园管理处	123		123				
市野生动物救护中心							
市林业事务中心	19963	19963					
广东云开山国家级自然保护区管理处							
广东茂名林洲顶鳄蜥省级自然保护区管理处							
市辖区	12664	12664					
肇庆市	**2213387**	**1773669**	**439718**	**126493258**	**7920983**	**118572275**	**101359**
市局本部							
肇庆市端州区农业农村局	3945	3945					
肇庆市自然资源局鼎湖分局	11146	11146					
大旺综合经济开发区农林水利管理中心	2848	2848					
广宁县林业局	258805	258805		25582839		25582839	
怀集县林业局	836209	455565	380644	68714618	5469664	63244954	35247
封开县林业局	313706	313706		20493197	1515870	18977327	11958
德庆县	274173	247471	26702	2888963	935449	1953514	40460
肇庆市自然资源局高要分局	324044	324044		154216		154216	13694
四会市林业局	145930	114003	31927	8659425		8659425	
肇庆市国有北岭山林场	2225	1780	445				

9−12 续表 6

县(市、区)别	商品材(立方米)			大径竹(根)			松香类产品(吨)
	合计	原木	薪材	合计	毛竹	其他	
清桂林场	3418	3418					
葵洞林场	750	750					
大南山林场	5675	5675					
肇庆市国有大水口林场	8010	8010					
大坑山林场	1753	1753					
新岗林场	20750	20750					
市国有林业总场							
市林科所							
广东怀集三岳省级自然保护区管理处							
广东怀集大稠顶省级自然保护区管理处							
广东封开黑石顶省级自然保护区管理处							
清远市	**1701662**	**1311019**	**390643**	**9600382**	**6475621**	**3124761**	**3773**
市局本部							
清城区	118762	118762		1210732	1210732		
佛冈县	297298	297298		1515498	1407195	108303	119
阳山县林业局	106429	93127	13302	58000	58000		
连山壮族瑶族自治县	72422	72422		194293	194293		3434
连南瑶族自治县自然资源局(林业局)	71770	71770		1201871	1201871		
清远市清新区林业局	260301		260301	1825420	1825420		
英德市林业局	622185	538945	83240	3071568	55110	3016458	220
连州市	124871	93305	31566	523000	523000		
清远市银盏林场							
清远市笔架山林场	745	653	92				
清远市天堂山林场							
清远市英德林场	15402	13277	2125				
清远市金鸡林场	5810	5810					
清远市羊角山林场							
清远市小龙林场	5667	5650	17				
清远市龙坪林场							
清远市杨梅林场							
潮州市	**170518**	**129356**	**41162**				
市局本部							
湘桥区	4997	4997					
枫溪区	350	350					
潮安区自然资源局	29972	21905	8067				
饶平县	120699	87604	33095				
潮州市国有韩江林场	14500	14500					
广东潮安凤凰山省级自然保护区							
市野生动物救护中心							
市林业科技推广中心							
广东饶平海山海滩岩田省级自然保护区							
广东潮安海蚀地貌省级自然保护区							
潮州韩江鼋花鳗鲡市级自然保护区							
潮州市国有红山林场							
揭阳市	**169507**	**139427**	**30080**	**4513845**	**2763839**	**1750006**	
揭阳市							
市局本部							

9-12 续表 7

县(市、区)别	商品材(立方米)			大径竹(根)			松香类产品(吨)
	合计	原木	薪材	合计	毛竹	其他	
榕城区							
揭东区	16715	16715					
揭西县林业局	71619	41539	30080	1774451	28305	1746146	
惠来县自然资源局	34554	34554		2078320	2074460	3860	
普宁市	46619	46619		361874	361874		
空港经济区				299200	299200		
广东揭东桑浦山-双坑省级自然保护区管理处							
云浮市	**568605**	**568605**		**3641886**	**3566586**	**75300**	**43369**
市局本部							
云城区	80209	80209		3150620	3150620		9510
新兴县林业局	131127	131127					
郁南县	147241	147241		438966	403966	35000	11991
云浮市云安区林业局	92405	92405		52300	12000	40300	21688
罗定市	90254	90254					
大云雾林场	800	800					180
云浮市国有龙埇林场	15807	15807					
飞马林场							
云浮市国有同乐林场	2983	2983					
水台林场	7779	7779					
林科中心							
省属林场	**113952**	**109566**	**4386**				
广东省乳阳林场							
广东省沙头角林场							
广东省龙眼洞林场							
广东省天井山林场	400	400					
广东省樟木头林场	5098	5098					
广东省乐昌林场	7686	7686					
广东省连山林场	11537	11537					
广东省东江林场	7510	7510					
广东省九连山林场	469	469					
广东省西江林场	6946	6946					
广东省德庆林场	20054	20054					
广东省郁南林场	35416	31030	4386				
广东省云浮林场	18836	18836					
国家级自然保护区							
广东南岭国家级自然保护区管理局							
广东车八岭国家级自然保护区管理局							
广东象头山国家级自然保护区管理局							
广东湛江红树林国家级自然保护区管理局							
广东石门台国家级自然保护区管理局							
广东南澎列岛海洋生态国家级自然保护区管理局							
广东雷州珍稀海洋生物国家级自然保护区管理局							
广东徐闻珊瑚礁国家级自然保护区管理局							
广东珠江口中华白海豚国家级自然保护区管理局							
广东惠东海龟国家级自然保护区管理局							
中林集团雷州林业局	**521958**	**509568**	**12390**				

9-13 各市生态公益林重点工程建设投资完成情况

(2021年)　　单位:万元

市　别	合　计	沿海防护林工程	珠江流域防护林工程
全　省	9547	8805	742
广　州			
深　圳			
珠　海			
汕　头	105	105	
佛　山			
韶　关			
河　源	20		20
梅　州			
惠　州	5434	5434	
汕　尾	1786	1786	
东　莞			
中　山			
江　门			
阳　江	253	253	
湛　江	137	137	
茂　名			
肇　庆			
清　远			
潮　州	1090	1090	
揭　阳			
云　浮	722		722
中林雷州林业公司			
省属林场			
国家级保护区			

9-14 林业投资完成与资金来源情况

单位：万元

项目	2020年	2021年	2021年比2020年增长(%)
一、本年计划投资			
二、自年初累计完成投资	1091940	1058592	-0.03
1.生态修复治理	541755	361237	-0.33
其中：造林与森林抚育	382898	290113	-0.24
草原保护修复		6	
湿地保护与恢复	10063	6347	-0.37
防沙治沙	2702	575	-0.79
2.林(草)产品加工制造	1694	4390	1.59
3.林业草原服务、保障和公共管理	548491	692965	0.26
其中：林业草原有害生物防治	27164	38849	0.43
林业草原防火	21605	50269	1.33
自然保护地监测管理	18653	26058	0.40
野生动物植物保护	54589	22258	-0.59

9-15 林业系统从业人员与劳动报酬

(2021年)

项目	单位个数(个)	单位从业人员(人)				离岗仍保留劳动关系的职工(人)	年末离退休人员(人)	在岗职工年人均工资(元/人)
		合计	在岗职工		其他从业人员(人)			
			小计	其中：专业技术人员				
总计	1221	21418	18285	3833	777	231	25252	122388
一、企业	55	2230	1935	405	59	86	3636	72119
二、事业	1009	15319	12793	3428	469	135	18330	120409
三、机关	157	3869	3557		249	10	3286	158399

9-16　各市林业系统从业人员与劳动报酬

(2021年)

市别	单位个数(个)	单位从业人员(人)				离岗仍保留劳动关系的职工(人)	年末离退休人员(人)	在岗职工年人均工资(元/人)
		合计	在岗职工		其他从业人员			
			小计	其中：专业技术人员				
全省	1221	21,418	18285	3833	3133	231	25252	122388
广州	55	1,879	1583	63	296		1400	133898
深圳	16	358	231	44	127		38	228624
珠海	22	167	163	33	4		2	233465
汕头	12	79	79	27		11	80	128214
佛山	20	212	205	60	7		196	116956
韶关	146	2,476	2195	554	281	46	2343	97069
河源	103	1,187	1080	272	107	3	1537	72279
梅州	83	948	905	234	43		959	91349
惠州	59	1,319	1220	196	99		1642	126844
汕尾	65	453	429	13	24	13	545	72161
东莞	171	667	229	90	438	1	277	205370
中山	3	66	46	28	20		48	160327
江门	33	804	583	151	221		1153	178232
阳江	21	529	488	73	41	22	902	105500
湛江	69	806	786	72	20		841	81218
茂名	35	1,181	969	152	212		1616	84389
肇庆	99	1,441	1209	301	232	21	1365	112615
清远	97	1,965	1429	247	536		2069	120243
潮州	25	284	256	33	28	98	665	85202
揭阳	25	317	317	32		10	370	78184
云浮	19	494	479	83	15		671	99405
中林雷州林业公司	14	1,188	1188	247			2919	61524
省属林场	15	1608	1346	323	262	6	3059	2734483
国家级保护区	9	287	174	74	113		22	2526635
省局属其他林业单位	6	716	709	442	7		535	2116749

十、畜牧业与饲料工业

畜牧业与饲料工业

【概况】 2021年，广东省畜牧业总产值1707.8亿元，比上年增长15.1%，占农林牧渔业总产值的20.6%；肉类产量457.4万吨，增长14.1%；禽蛋43.7万吨，减少2.2%；牛奶17.3万吨，增长14%。年末生猪存栏2075.5万头,增长17.4%,能繁母猪存栏191.2万头,增长3.5%,出栏生猪3336.6万头，增长31.5%；出栏家禽12.8亿只，减少6.8%；出栏肉牛34.5万头，增长2.6%；出栏肉羊110.1万头，增长1.9%。全省饲料产品总产量3573.3万吨，同比增长18.7%；饲料工业总产值1547.5亿元,同比增长32.7%。

【畜禽稳产保供】

2021年，我省深入贯彻省委、省政府决策部署和省领导的重要指示批示，把生猪稳产保供作为重要政治任务，坚持不懈扎实推进。认真落实“四个政策文件”：生猪规划、生猪家禽产业转型升级意见、生猪和生猪产品质量安全全程监管意见、“猪十条”；组织实施“两项考核”：2019–2020年“菜篮子”市长负责制考核和2020年度全省乡村振兴实绩考核，压实地方政府生猪稳产保供责任。

保持扶持政策稳定。保持现行有效的用地、环保、金融、交通运输等生猪产业长效性支持政策不变，以稳定的政策环境，提振生猪产业长远发展的信心，促进生猪产业持续健康发展。配合开展禁养区排查整改，持续优化环境管理服务。协调落实供港澳生猪配额管理、每日报告制度、生猪及其产品运输“绿色通道”等政策。

建立生猪产业调控机制。省农业农村厅牵头省财政厅等5个省直有关单位，转发农业农村部等6部委《关于促进生猪产业持续健康发展的意见》，印发《关于切实稳定生猪产业健康发展扶持政策的通知》，建立生猪生产跨周期调控机制，稳妥应对猪周期下行阶段，避免过度淘汰生猪基础产能，促进生猪产业持续健康发展。针对生猪价格波动较大的情况，先后召开了两期专题座谈会，分析研判生猪生产供应形势，开展生猪产业宣传推介和促销工作。组织省养猪行业协会发布公开信、倡议书，通过南方日报、南方农村报报等新闻媒体，加强宣传引导。

落实财政资金保障。2019年以来，落实中央和省级财政资金约30亿元，支持标准化养猪场建设、贷款贴息、粪污资源化利用、产业园建设、生猪调出大县奖励、动物疫情处置和扑杀补助等生猪产业建设。统筹利用好涉农资金，加大对生猪产业的扶持，2021年将生猪稳产保供列入省级涉农专项资金考核任务目标，安排中央资金7757万元支持36家规模养殖场，开展转型升级项目建设，项目建成后可新增存栏猪当量57.6万头。

加强金融服务支持。省农业供给侧改革基金联合企业投入93亿元建立8个生猪产业子基金。生猪活体抵押、土地经营权抵押、养殖圈舍抵押、大型养殖机械抵押等四类试点抵押物贷款“全覆盖”。落实政策性生猪养殖保险，提高能繁母猪和育肥猪保险保额，简化赔付流程，及时足额赔付；将能繁母猪、育肥猪保险保额分别提高至1500元/头和1400元/头(国家标准分别为1500元/头、800元/头)。

加强监测调度指导。每月调度生猪复产及新建改扩建项目建设进展情况。加强生猪生产、屠宰、市场各环节监测，做好全产业链数据分析与信息发布。引导农业龙头企业发挥龙头作用和产业链优势，维护生猪生产稳定。组织做好技术指导服务工作，指导养殖场（户）利用下行周期合理调整产能、加快淘汰低产母猪、降本提质增效。

加强畜牧业品牌建设。开展“粤味天下 猪香万家”等主体宣传推介活动，利用线上线下多种媒体、养猪产业大会平等台宣传生猪扶持政策，拍摄制作广东猪肉美食文化宣传片、生猪产业高质量发展宣传片，联合南方日报、南方杂志、南方农村报等新闻媒体，全方位加强我省畜牧业转型省级高质量发展情况、畜禽品牌文化宣传。引导企业加强品牌建设，强化产销对接，延伸产业链，促进“优质优价”，提高核心竞争力和抗风险能力。

【畜牧业转型升级】

大力发展规模养殖。紧紧围绕“四个转型”，积极推动建设畜禽产业集群、产业园，培育种业、养殖、屠宰加工、冷链配送配套发展的全产业链项目，促进全产业链转型升级高质量发展。引导利用猪价下行周期，推进生猪养殖场升级改造，发展标准化、规模化、生态绿色养殖。2021 年支持创建畜牧类省级现代农业产业园 16 家，优化畜禽产业结构布局，推进畜禽养殖标准化、规模化、生态化、工厂化、园区化。

开展标准化示范创建。组织开展 2021 年国家级畜禽养殖标准化示范、省级畜禽养殖标准化示范和现代化美丽牧场创建活动，经企业申报、市县审核、省级审核、公示等程序，全年共创建 8 家国家级畜禽养殖标准化示范场，312 家省级标准化示范场和 15 家广东省现代化美丽牧场，示范带动畜牧业转型升级。

【畜禽粪污资源化利用】

开展 2020 年度延伸绩效考核。组织开展 2020 年度推进畜禽粪污资源化利用延伸绩效管理自评工作，全省畜禽粪污综合利用率、规模养殖场粪污处理设施装备配套率分别达 77.9%、95.1%，大型畜禽规模养殖场粪污处理设施装备配套率达到 100%，超额或达到国家年度考核目标要求。

加快推动实施整县推进项目。狠抓 2018–2020 年共 20 个中央财政和中央预算内投资畜禽粪污资源化利用整县推进项目县实施进展，督促项目县加快未完工主体建设，加快已完工主体验收及资金支付，保质保量完成任务目标。对 2020 年启动的项目县逐一开展现场督导调研，联合当地政府、农业农村、发展改革、财政、生态环境、自然资源等部门，共同交流解决项目开展过程遇到的问题，协助制定项目进展计划。组织各地开展 2022–2025 年中央预算内投资农业建设畜禽粪污资源化利用整县推进项目储备工作，经过项目单位自愿申报、组织行业审查、专家评估、项目单位修改、专家组审核通过等流程，推送从化区、南雄市、仁化县、陆丰市和恩平市等 5 个县（市、区）入库储备。

开展粪污处理设施装备排查整改。组织全省各地开展畜禽养殖场粪污资源化利用情况自查工作，要求全面掌握畜禽规模养殖场、养殖专业户和粪污处理机构粪污资源化利用情况，坚持边自查边整改，对粪污利用不规范、粪污处理设施装备不配套的规模养殖场，建立整改台账，切实加强政策支持和技术指导。成立工作小组开展畜禽粪污集中处理设施运行问题专项整治行动，加强对地方的工作指导，共同研究建立畜禽粪污集中处理设施可持续运行长效机制。组织各地对本行政区域内畜禽粪污集中处理设施运行情况进行全面自查，对发现存在问题深入分析原因、建立整改台账，确定整改时间表和路线图。

【推进奶业振兴】

2021 年奶牛养殖场(户)共 607 家，全省登记在册的生鲜奶收购站 37 个，主要分布在广州、惠州、清远等大中城市。生鲜奶生产收购运输全部实行持证经营和运输车辆准运证管理，百分百实现机械挤奶。2021 年生鲜乳质量安全监测和监督抽查合格率均为 100%，生鲜乳收购站和运输车现场检查达标率为 100%。

【饲料行业监管】

截至 2021 年底，全省共有饲料和饲料添加剂企业 921 家，生产许可证 1148 份。全省共核发饲料和饲料添加剂生产许可证 370 份，其中省级 232 份、市级 138 份；市级核发批准文号 32 个；办理委托生产备案 147 批次，产品 1953 个；办理自由销售证明 194 批次，产品 453 个。

引导企业积极应对国际贸易形势及市场波动，调整产品结构和产业链布局，进一步提升规模化、集约化水平，延伸拓展产业链，推进外延式发展。推进药物饲料添加剂退出工作，推动饲料中玉米豆粕减量替代。

严格饲料和饲料添加剂产品生产许可条件及饲料添加剂产品批准文号审核，加强水产养殖投入品中“微生态制剂”、“水质改良剂”等产品的生产许可管理。加强饲料生产信息月度统计监测及生产形势分析。

深化饲料“放管服”工作，严格规范饲料行政许可委托事项，不断优化政务服务工作。

积极开展省、市两级“双随机、一公开”饲料质量安全监督抽查、省级饲料质量安全风险预警监测、饲料和饲料添加剂生产企业现场检查及饲料标签专项检查等工作。

【强化重大动物疫病防控】

（一）落实落细重大动物疫病防控措施。2021年全省高致病性禽流感等重大动物疫情形势保持平稳，布病、狂犬病、血吸虫病等主要人畜共患病保持有效控制状态。一是毫不松懈抓好非洲猪瘟防控。严格实施定点联系工作机制和网格化包村包场排查机制，实施规模猪场全覆盖入场检测，加大对生猪屠宰厂和无害化处理厂等重点场所的监测力度，落实屠宰环节屠场自检制度和官方兽医驻场检疫监督制度，强化生猪调运监管，及时排查、消除非洲猪瘟发生风险。按照“早快严小”的原则，果断处置1起省外输入性疫情和少数监测阳性病例，及时切断传播途径。加强消毒灭原，推广净化技术，提升生物安全管理水平。二是有效开展禽流感、口蹄疫等重大动物疫病防控工作。组织实施动物疫病强制免疫计划，大力推进强制免疫工作，畜禽群体免疫率和抗体合格率常年保持在95%和75%以上，构筑起“应免尽免”有效保护屏障，连续多年未发生高致病性禽流感疫情。积极推进规模场强制免疫“先打后补”工作，进一步扩大强制免疫财政直补范围，珠三角7个地市的规模养殖场全部实行“先打后补”，非珠三角14个地市每个县选取20个规模养殖场进行试点。组织实施动物疫病监测与流行病学调查计划，全省共监测血清抗体样品32万多份次、病原学样品21万多份次。定期分析预警动物疫病形势，为及时防控重大动物疫病提供科学依据。三是扎实开展布病、狂犬病等人畜共患病防控工作。实施监测、净化、扑杀和调运监管等综合防控措施，加强布病防控，全省未发生人聚集性感染布病病例。积极做好狂犬病免疫指导工作，全省连续多年未发生动物狂犬病疫情，狂犬病人间病例数从2012年的157例下降到2021年的4例，降幅达97.45%，有力保障了人民群众身体健康。四是持续推进“大清洗、大消毒”活动。组织对养殖场户、屠宰场、无害化处理厂等重点场所，进行日常清洗消毒和定期集中清洗消毒，有效杀灭非洲猪瘟病毒等病原微生物，及时消除隐患。全年累计投入各类消毒药品1223.2吨，消毒面积超过5.3亿平方米。

（二）深入推进动物疫病区域化管理。一是深入推进动物疫病分区防控，落实中南区分区防控各项措施，积极推动“运猪”向“运肉”转型，自8月15日起，暂停中南区外的屠宰用肉猪调入我省，鼓励生猪产品调入我省。二是分病种、分区域、分阶段深入推进动物疫病净化计划，开展种畜禽场动物疫病净化工程，从源头上对重点动物疫病实施净化。组织创建省级示范场1个、创建场4家，国家级示范场1个、创建场5个，目前全省共有省级净化场21个、省级创建场12个、国家级净化场4个。三是全力推动无非洲猪瘟小区建设。将推动建设无非洲猪瘟小区列入省委分管领导“我为群众办实事”重点民生项目清单，组织创建了8个国家级非洲猪瘟无疫小区，目前全省共有11个国家级非洲猪瘟无疫小区，数量全国第一。四是深入拓展从化无疫区功能。持续抓好从化无规定马属动物疫病区维护管理，连续12年维持无疫状态。粤港两地政府签署了《粤港马产业发展合作协议》，以从化无疫区为载体，合作发展粤港马产业。粤港马产业合作的发展，已成为粤港澳大湾区合作发展的典型范例之一。

（三）规范开展动物卫生检疫监督工作。一是高效推进屠宰检疫、产地检疫工作。全面实行检疫数据信息化管理，2021年全省累计出具电子检疫证明4927.5万张，日均超13.5万张，出证量全国第一。二是深化“放管服”改革，优化动物产品检疫流程，畅通动物产品市场流通，在全国率先实行动物产品省内分销不换证制度，在为企业优化服务的同时，也减轻了基层检疫工作量，实现了双赢。三是在深圳探索建立养殖、运输、屠宰到产品市场销售、食品生产经营全链条信息化监管模式，开展动物检疫证明无纸化试点，实现了“全程信息化，服务便民化”。四是加强指定通道建设和管理。省政府重新公布省外动物入粤指定道口23个，结合省际公安检查站“升级增效”工作，推动完善3个指定道口检查站设施建设。各指定道口检查站加强监督检查，累计检查生猪运输车辆近7万辆，查验生猪763.95万头。五是加强生猪运输车辆和贩运主体备案管理。全省已备案生猪运输车5272辆，贩运主体2098个，对到期的生猪运输备案车辆进行备案续期，并按照有关规定取消7台生猪运输车辆的备案资格。六是加大监督执法力度。联合交通运输、公安等部门，持续开展打击违法违规调运生猪行动，巩固“百日行动”成果，维护了良好的动物检疫监督工作秩序。开展动物防疫条件审查专项行动，监督规模养殖场落实动物防疫条件，申请取得《动物防疫条件合格证》，提升动物防疫能力。

（四）大力推进动物防疫法制建设。一是修订出台《广东省动物防疫条例》。省人大常委会于12月1日审议通过《广东省动物防疫条例》，自2022年3月1日起施行。新版条例充分立足于我省动物防疫工作实际，着力解决动物防疫工作的短板和弱项，完善了动物防疫监管体系、动物疫病区域化管理制度、生产经营者的主体责任，完善了人畜共患病联防联控制度、动物检疫和调运管理制度，优化了病死动物无害化处理制度，补充了违法行为的法律责任，具有很强的针对性、指导性和操作性，为我省依法防制动物疫病提供了遵循和保障。二是大力宣传贯彻新修订的《动物防疫法》和《生猪屠宰管理条例》。按照《动物防疫法》的新要求，取消了执业兽医注册和跨省引进种用乳用动物及其精液、胚胎、种蛋检疫审批两项行政许可事项。

（五）大力推进动物防疫体系建设。一是强化动物防疫机构队伍建设。印发《广东省签约兽医管理办法（暂行）》，在18个生猪养殖大县实施特聘动物防疫专员计划，充实基层动物防疫力量。二是做好乡村兽医和执业兽医备案管理。落实农业农村部乡村兽医和执业兽医备案管理制度，组织完成6572名乡村兽医和4963名执业兽医的备案工作。举办广东考区2021年全国执业兽医资格考试，全省报考人数为6533人（含香港5名、澳门7名、台湾6名）。三是完善动物防疫相关专家委员会。调整成立省动物防疫、动物卫生风险评估、动物病原微生物实验室生物安全评审管理、动物疫病净化评估四个专家委员会，加强全省兽医工作技术支撑保障。四是开展动物病原微生物实验室生物安全专项检查。全省317个动物病原微生物实验室按要求完成自查，省级组织专家对89个重点实验室开展了抽检工作，督促各单位整改落实抽查中发现的问题。五是强化病死畜禽无害化处理能力建设。怀集县和遂溪县两个生猪养殖大县，纳入农业农村部、财政部和银保监会开展的病死生猪无害化处理与保险联动机制建设试点范围。

【强化兽药行业监管】

一是严格兽药生产经营行政审批。认真贯彻实施《兽药生产质量管理规范(2020年修订)》(新版兽药GMP)和《兽用生物制品经营管理办法》，严格审核兽药生产经营条件，规范生产经营活动。省级共核换发兽药生产许可证60个、GMP证53个，办理新兽药临床试验备案21个，完成1029个兽药产品批准文号资料技术协助审查工作，40家兽药生产企业通过新版兽药GMP验收。二是推进兽用抗菌药物综合治理。组织实施全省动物及动物产品兽药残留监控计划和动物源细菌耐药性监测计划，共完成兽药残留监测样本360批，合格率为100%。开展兽用抗菌药使用减量化试点行动，扎实推进我省兽用抗菌药减量使用工作。三是做好兽药质量安全监管。组织实施全省兽药质量监督抽检和风险监测计划，强化高风险重点产品监管和抽检，生产、经营、使用环节全覆盖。对兽药生产企业开展兽药质量跟踪抽检活动，同时核查产品的生产检验记录和国家兽药产品追溯系统信息上传记录。四是加大日常监督检查和专项检查力度。加大对兽用生物生物制品研制、临床试验等活动的监管力度。开展农资打假专项治理工作，印发宣传挂图、明白纸，严厉打击非洲猪瘟假疫苗等制售行为，指导养殖户规范用药。

【加强畜禽屠宰监管】

一是优化屠宰行业产能布局。持续开展小型屠宰场点清理撤并，东莞、潮州、揭阳等市关停了12家小型生猪屠宰场点，截至2021年底，全省共有生猪定点屠宰厂数量为321家。二是推进生猪屠宰企业标准化建设。组织开展国家级和省级标准化屠宰企业创建工作，制作了生猪屠宰标准化建设指引宣教片，指导18个生猪屠宰企业开展创建工作。2019年以来，全省共创建了7家国家级生猪屠宰标准化示范厂，55家省级生猪屠宰标准化企业，新建大型规模化屠宰项目46个。三是强化屠宰环节质量安全治理。组织开展全省生猪屠宰场季度全覆盖监督检查，全年检查屠宰场1321家次。实施屠宰环节违法添加物质及动物产品品质风险监测，全省共采集猪肝样品500批次、肉类样品611批次，9种β-受体激动剂、2种糖皮质激素、6种类固醇激素检测结果均为阴性，水分含量检测合格率为99.6%。四是做好屠宰信息监测工作。做好全省屠宰生猪及肉品价格日报、周报、月报汇总和数据分析，定期发布全省及各地生猪屠宰数量等动态信息，指导各屠宰场合理安排屠宰产能，保障肉品供应。

10-1　种畜禽场情况

(2021年)

项　　目	单位	场个数(个)	年末存栏	能繁母畜	当年出场种畜禽	当年生产胚胎(枚)	当年生产冻精(万份)
一、种畜禽场总数		**545**	-	-	-	-	
(一)种牛场	头	12	20760	10590	934	2800	
1.种乳牛场	头	8	19662	10072	900	2800	
2.种肉牛场	头	4	1098	518	34		
3.种水牛场	头						
4.种牦牛场	头						
(二)种马场	匹	1	200	6			
(三)种猪场	头	324	2494549	467729	1389839		
(四)种羊场	只	2	3172	1872	2480		
1.种绵羊场	只						
其中：种细毛羊场	只						
2.种山羊	只	2	3172	1872	2480		
其中：种绒山羊场	只						
(五)种禽场		192	-	-	-		
1.种蛋鸡场	套	14	952625	-	-		
其中：祖代蛋鸡场	套	3	152500	-	2500000		
父母代蛋鸡场	套	11	800125	-	-		
2.种肉鸡场	套	114	11240684	-	-		
其中：祖代肉鸡场	套	19	2387269	-	21239184		
父母代肉鸡场	套	95	8853415	-	-		
3.种鸭场	只	10	371878	-	-		
4.种鹅场	只	54	329633	-	-		
(六)种兔场	只	1	10000	-	-	-	-
(七)种蜂场	箱	1	330	-	-	-	-
(八)其它		12	-	-	-	-	-
二、种畜站总数		**3**	-	-	-	-	-
1.种公牛站	头			-	-	-	
2.种公羊站	只			-	-	-	
3.种公猪站	头	3	907	-	-	-	1060

注：1.本表只统计已颁发许可证的种畜场、站；
　　2.凡已颁发许可证且未列入的第一类(一)至(七)项中的种畜场均列入其它，如种鹿场、种鹌场、种鸽场、种犬场、种狐狸场、种貂场、种鸵鸟场等。

10-2 省、市、县畜牧技术机构基本情况

（2021年）

指标名称	计算单位	畜牧站	家畜繁育改良站	草原工作站	饲料监察所
一、省级机构	**个**	**1**			
在编干部职工	人	20			
其中按职称分		-	-	-	-
高级技术	人	10			
中级技术	人	6			
初级技术	人	3			
其中按学历	人	-	-	-	-
研究生	人	13			
大学本科	人	6			
大学专科	人				
中专	人				
离退休人员	人				
二、地（市）级机构	**人**	**6**			**1**
在编干部职工	人	63			9
其中按职称分	人	-	-	-	-
高级技术	人	11			1
中级技术	人	26			4
初级技术	人	12			1
其中按学历		-	-	-	-
研究生	人	8			1
大学本科	人	43			7
大学专科	人	8			1
中专	人	3			
离退休人员	人	34			1
三、县市级机构	**人**	**63**	**7**		**3**
在编干部职工	人	1067	86		40
其中按职称分		-	-	-	-
高级技术	人	37	1		2
中级技术	人	223	50		14
初级技术	人	254	18		17
其中按学历	人	-	-	-	-
研究生		31			2
大学本科	人	267	8		10
大学专科	人	312	17		22
中专	人	205	45		6
离退休人员	人	972	118		45

10−3 乡镇畜牧兽医机构基本情况

(2021年)

项　　目	计算单位	畜牧兽医站	项　　目	计算单位	畜牧兽医站
一、畜牧兽医站站数	**个**	**876**	**四、经营情况**		
二、畜牧兽医站职工总数	**人**	**4794**	**畜牧兽医站盈余站数**	**个**	**42**
畜牧兽医站在编人数	人	3576	畜牧兽医站盈余金额	万元	97.37
畜牧兽医站离退休人员	人	2732	畜牧兽医站亏损站数	个	57
三、技术职称状况			**畜牧兽医站亏损金额**	**万元**	**151.54**
畜牧兽医站高级技术职称	人	66	**五、畜牧兽医站全年总收入**	**万元**	**46819.93**
畜牧兽医站中级技术职称	人	795	其中：畜牧兽医站经营服务收入	万元	135.18
畜牧兽医站初级技术职称	人	1136	**六、畜牧兽医站全年总支出**	**万元**	**46708.73**
畜牧兽医站技术员	人	761	其中：畜牧兽医站工资总额	万元	26567.25

10−4 全省生猪饲养规模情况

(2021年)　　　　计量单位：个、头

项　　目	场(户)数	年出栏数
年出栏数1−−−49头	84069	2223118
年出栏数50−−−99头	18248	1369609
年出栏数100−−−499头	20047	4817358
年出栏数500−−−999头	5594	4480162
年出栏数1000−−−2999头	4222	7971710
年出栏数3000−−−4999头	888	3537395
年出栏数5000−−−9999头	418	3237265
年出栏数10000−−−49999头	237	5147204
年出栏数50000头以上	34	2321787
合　计	**133757**	**35105608**

10−5　全省肉鸡饲养规模情况

(2021年)　　计量单位：个、只

项　　目	场(户)数	年出栏数
年出栏数1————1999只	1802434	147867680
年出栏数2000————9999只	12561	63403792
年出栏数10000~29999只	10414	226535153
年出栏数30000~49999只	5036	196069719
年出栏数50000~99999只	2372	161948197
年出栏数100000~499999只	460	101120444
年出栏数500000~999999只	39	27847345
年出栏数100万只以上	36	102141037
合　计	**1833352**	**1026933367**

10−6　全省蛋鸡饲养规模情况

(2021年)　　计量单位：个、只、吨

项　　目	场(户)数	年存栏数	鸡蛋产量
年存栏数499只以下	362464	2787103	25530
年存栏数500——1999只	582	728977	7490
年存栏数2000——9999只	373	1858957	20841
年存栏数10000——49999只	231	5734579	63728
年存栏数50000——99999只	56	3785352	46358
年存栏数100000——499999只	35	6434778	78805
年存栏数500000只以上	8	8313181	87144
合　计	**363749**	**29642927**	**329896**

10-7 全省奶牛饲养规模情况

(2021年) 计量单位：个、头、吨

项　　目	场(户)数	年存栏数	牛奶产量
年末存栏数1－－49头	318	1806	4696
年末存栏数50－－99头	8	457	953
年末存栏数100－－199头	5	652	1547
年末存栏数200－－499头	4	1715	8048
年末存栏数500－－999头	9	6969	29889
年末存栏数1000－－1999头	11	14748	54554
年末存栏数2000－－4999头	7	20913	92495
年末存栏数5000头以上	1	5000	23000
合　计	**363**	**52260**	**215182**

10-8 全省肉牛饲养规模情况

(2021年) 计量单位：个、头

项　　目	场(户)数	年出栏数
年出栏数1－－－9头	90257	244674
年出栏数10－－－49头	2996	75970
年出栏数50－－－99头	436	32252
年出栏数100－－－499头	99	24301
年出栏数500－－－999头	7	4847
年出栏数1000头以上	5	11210
合　计	**93800**	**393254**

10−9 全省养羊饲养规模情况

(2021年) 计量单位：个、只

项　　　目	场(户)数	年出栏数
年出栏数1−−−29只	10540	183927
年出栏数30−−−99只	2916	200196
年出栏数100~199只	827	120705
年出栏数200~499只	226	82692
年出栏数500~999只	37	28817
年出栏数1000~2999只	21	43297
年出栏数3000只以上	3	11009
合　计	**14570**	**670643**

10−10 主要年份畜牧业生产情况

单位：万头、万只

年份	黄水牛年末存栏头数	奶牛年末存栏头数	山羊年末存栏只数	生猪年末存栏量	能繁殖母猪	三鸟饲养量
1949						
1952	303.42		3.73	477.86	34.45	
1957	331.28		11.98	721.78	50.52	
1962	270.46		14.70	543.22	38.03	
1965	298.61		17.16	161.82	83.57	
1970	314.82	1.21	11.72	1425.24	123.27	773.00
1975	309.90	1.18	13.70	1757.38	143.52	1034.38
1978	295.67	1.51	16.38	1777.39	135.80	7192.70
1980	306.02	1.52	13.38	1704.59	115.70	13337.20
1985	414.58	2.01	10.23	1884.02	154.49	31646.50
1990	473.55	2.95	14.21	2058.89	141.98	53199.88
1995	468.97	2.56	27.30	2183.95	137.25	100729.14
2000	416.92	3.72	29.33	2034.79	143.75	124800.95
2005	367.43	4.83	39.20	2143.50	162.77	127070.31
2010	169.92	5.57	50.52	2332.51	262.65	150315.03
2015	127.13	5.79	83.55	2308.54	242.52	133755.82
2017	114.70	5.98	93.30	2132.82	229.43	141953.53
2018	114.59	5.97	92.96	2024.26	217.98	137498.10
2019	114.61	5.97	93.57	1333.79	131.01	149749.78
2020	115.56	6.84	94.31	1767.27	184.72	162660.75
2021	106.79	6.20	88.64	2075.48	191.18	152443.59

10-11 主要年份畜牧业主要产品产量

单位：万头、万吨

年份	生猪出栏头数	猪肉产量	出售和自宰的肉用牛	牛肉产量	羊肉产量	牛奶产量
1949	196.73	8.09				
1952	282.54	11.62			0.01	
1957	429.63	19.60	22.90	1.75	0.02	
1962	324.57	11.02	7.64	0.59	0.03	
1965	677.66	24.71	8.49	0.64	0.04	
1970	919.55	40.17	6.91	0.51	0.01	1.36
1975	956.00	45.47	5.95	0.43	0.01	1.33
1978	942.70	48.09	3.17	0.34	0.02	1.66
1980	1026.10	62.62	7.41	0.55	0.03	2.18
1985	1285.20	97.59	17.36	1.46	0.09	4.09
1990	1792.85	145.35	28.21	2.88	0.16	5.51
1995	2395.21	188.75	51.85	5.68	0.44	5.49
2000	2954.98	206.85	47.64	5.17	0.43	9.19
2005	3616.74	256.28	67.08	7.21	0.71	11.64
2010	3863.23	285.14	42.41	4.97	1.24	15.00
2015	3959.62	296.31	34.58	4.14	1.83	13.61
2017	3712.00	277.96	33.27	4.08	1.96	13.88
2018	3757.40	281.52	33.25	4.07	1.97	13.89
2019	2940.17	221.93	33.27	4.08	1.97	13.92
2020	2537.36	192.42	33.62	4.22	1.92	15.10
2021	3336.63	263.23	34.49	4.37	1.96	17.23

10-12 主要年份畜禽头数及肉类产量

项　　目	单位	1990	1995	2000	2005	2010
一、黄、水牛年末存栏头数	**万头**	**473.54**	**468.97**	**416.92**	**367.43**	**169.92**
二、奶牛年末存栏头数	**万头**	**2.95**	**2.56**	**3.72**	**4.83**	**5.57**
牛奶产量	万吨	5.51	5.49	9.19	11.64	15.00
三、山羊年末存栏只数	**万只**	**14.21**	**27.30**	**29.33**	**39.20**	**50.52**
四、生猪年末存栏头数	**万头**	**2058.89**	**2183.95**	**2034.79**	**2143.5**	**2332.51**
#能繁殖母猪	万头	141.98	137.25	143.75	162.77	262.65
肉猪出栏头数	万头	1792.85	2395.21	2954.98	3616.74	3863.23
五、肉类产量	**万吨**	**202.45**	**305.06**	**324.48**	**384.31**	**454.86**
猪肉	万吨	145.35	188.75	206.85	256.28	285.14
牛肉	万吨	2.88	5.68	5.17	7.21	4.97
羊肉	万吨	0.15	0.44	0.43	0.71	1.24
禽肉	万吨	54.02	109.94	111.5	113.66	158.04
兔肉	万吨	0.05	0.24	0.53	0.64	0.65
六、三鸟饲养量	**万只**	**53199.88**	**100729.14**	**124800.94**	**127070.31**	**150315.03**
鸡	万只	36964.58	76349.95	92969.13	93681.21	112066.35
鸭	万只	12073.08	19458.22	25682.07	27111.68	30921.04
鹅	万只	4162.22	4920.97	6149.74	6277.42	7327.64
七、禽蛋产量	**万吨**	**18.76**	**31.11**	**33.08**	**33.19**	**35.50**
八、蚕茧产量	**万吨**	**2.55**	**3.32**	**3.09**	**6.52**	**9.14**

10-12 续表

项　　目	单位	2015	2019	2020	2021	2021年比上年增长(%)
一、黄、水牛年末存栏头数	**万头**	**127.13**	**114.61**	**115.56**	**106.79**	**-7.6**
二、奶牛年末存栏头数	**万头**	**5.79**	**5.97**	**6.84**	**6.20**	**-9.4**
牛奶产量	万吨	13.61	13.92	15.10	17.23	14.1
三、山羊年末存栏只数	**万只**	**83.55**	**93.57**	**94.31**	**88.64**	**-6.0**
四、生猪年末存栏头数	**万头**	**2308.54**	**1333.79**	**1767.27**	**2075.48**	**17.4**
#能繁殖母猪	万头	242.52	131.01	184.72	191.18	3.5
肉猪出栏头数	万头	3959.62	2940.17	2537.36	3336.63	31.5
五、肉类产量	**万吨**	**454.71**	**412.12**	**400.99**	**457.42**	**14.1**
猪肉	万吨	296.31	221.93	192.42	263.23	36.8
牛肉	万吨	4.14	4.08	4.22	4.37	3.6
羊肉	万吨	1.83	1.97	1.92	1.96	2.3
禽肉	万吨	145.01	176.24	195.27	182.19	-6.7
兔肉	万吨	0.90	1.08	0.79	0.68	-14.3
六、三鸟饲养量	**万只**	**133755.82**	**149749.78**	**162660.75**	**152443.59**	**-6.3**
鸡	万只	94811.02	106267.53	117638.19	112738.42	-4.2
鸭	万只	30394.60	34182.63	34979.90	29048.37	-17.0
鹅	万只	8550.21	9299.62	10042.66	10656.79	6.1
七、禽蛋产量	**万吨**	**36.40**	**41.48**	**44.63**	**43.66**	**-2.2**
八、蚕茧产量	**万吨**	**11.00**	**12.24**	**11.97**	**9.16**	**-23.5**

10−13　各市畜牧业生产情况

(2021年)　　单位：万头、万只

市　别	一、牛年末存栏头数	(1)役用牛	(2)肉用牛	(3)奶牛	二、山羊年末存栏只数	三、猪年末存栏头数
全　省	112.99	25.24	81.55	6.20	88.64	2075.48
广州市	1.18	0.02	0.29	0.87	0.30	30.84
深圳市	0.24		0.04	0.20	0.02	4.95
珠海市	0.00		0.00		0.03	6.37
汕头市	0.48	0.08	0.34	0.06	0.23	25.19
佛山市	0.45	0.02	0.13	0.29	0.38	62.60
韶关市	3.33	0.53	2.62	0.19	5.12	196.75
河源市	5.79	1.13	4.65	0.01	3.40	75.82
梅州市	9.67	1.87	7.56	0.23	9.17	123.06
惠州市	5.77	1.65	3.34	0.78	1.73	110.94
汕尾市	6.13	1.36	4.38	0.39	1.29	56.10
东莞市	0.01		0.01		0.04	0.86
中山市	0.04		0.04	0.00	0.15	3.18
江门市	1.96	1.01	0.76	0.19	1.69	147.73
阳江市	6.48	1.32	4.94	0.23	4.92	138.71
湛江市	22.45	5.69	16.37	0.39	17.23	245.80
茂名市	16.41	3.77	12.64	0.01	7.13	306.20
肇庆市	16.57	3.81	11.95	0.81	9.27	163.90
清远市	8.06	1.26	5.47	1.32	19.72	158.99
潮州市	0.70	0.04	0.65	0.02	0.24	25.72
揭阳市	4.70	1.18	3.31	0.20	1.85	65.48
云浮市	2.56	0.48	2.08		4.75	126.30

10−13　续表

(2021年)　　单位：万头、万只

市　别	能繁殖母畜	四、家禽年末存栏只数	鸡	鸭	鹅	五、兔年末存栏只数
全　省	191.18	39370.40	28351.19	5608.58	2481.75	144.25
广州市	2.81	1335.74	664.00	29.94	41.19	
深圳市	0.50	34.60	5.99	15.39	1.55	
珠海市	0.67	82.30	67.43	0.57	3.61	
汕头市	2.35	409.55	144.66	41.09	219.83	
佛山市	4.87	1636.49	1029.42	314.45	217.63	0.22
韶关市	17.27	1639.80	1237.48	161.48	23.34	1.49
河源市	8.29	1955.82	1508.56	152.08	40.41	5.97
梅州市	11.09	2578.27	1971.37	335.02	36.31	37.35
惠州市	9.25	1644.36	1325.80	210.60	57.82	0.71
汕尾市	4.88	616.78	430.90	124.79	50.14	2.30
东莞市	0.09	60.75	24.71	0.99	0.24	
中山市	0.31	199.25	92.23	84.17	0.89	0.07
江门市	13.08	3202.19	2068.92	513.38	406.44	1.38
阳江市	15.09	1024.45	802.43	90.64	117.83	0.19
湛江市	22.21	2818.93	2096.10	524.59	143.60	2.28
茂名市	29.08	6659.19	5039.34	936.89	369.84	32.63
肇庆市	15.15	2559.82	1332.59	702.73	362.09	16.59
清远市	15.88	4169.41	3174.31	434.32	230.44	2.06
潮州市	2.36	464.59	278.87	74.61	92.72	0.12
揭阳市	6.19	739.56	566.47	119.33	25.57	10.89
云浮市	9.77	5538.56	4489.63	741.53	40.22	29.99

10-14 各县(市、区)畜牧业生产情况

(2021年)　　单位：头、只

地　区	牛年末存栏头数	山羊年末存栏只数	猪年末存栏头数	能繁殖母畜	家禽年末存栏只数	兔年末存栏只数
广州市	**11838**	**3011**	**308380**	**28138**	**13357355**	
天河区						
白云区	1030		11083	650	982105	
黄埔区						
花都区	82	381	61063	5204	1567725	
从化区	5756	319	93067	9190	4344784	
增城区	4789	1912	95000	8626	5416340	
番禺区	132	283			736204	
南沙区	49	116	48167	4468	310197	
深圳市	**2376**	**150**	**49496**	**5044**	**346020**	
宝安区						
龙岗区						
光明区	1990				116750	
大鹏区						
坪山区						
深汕合作区	386	150	49496	5044	229270	
珠海市	**16**	**335**	**63659**	**6685**	**823028**	
香洲区						
金湾区	16	335			167640	
斗门区			63659	6685	655388	
汕头市	**4814**	**2336**	**251854**	**23454**	**4095506**	
金平区					815	
龙湖区	714	20	1000	105	744976	
澄海区	650	25	71419	5303	2830053	
濠江区	952	56	8600	642	73218	
潮阳区	39	276	65097	5603	186575	
潮南区	1429	1236	101710	11403	146729	
南澳县	1030	723	4028	398	113140	
佛山市	**4487**	**3752**	**626046**	**48715**	**16364855**	**2200**
禅城区						
南海区	50		99476	2225	484700	
顺德区			64613	3070	260683	
高明区	130	414	170387	18277	5322084	2200
三水区	4307	3338	291570	25143	10297388	
韶关市	**33319**	**51191**	**1967524**	**172692**	**16398024**	**14923**
浈江区	873	2825	124321	23753	148352	
武江区	1656	1794	136024	32731	299546	
曲江区	2244	6649	286293	25171	1723758	
南雄市	9472	8416	261013	19024	1356726	
始兴县	2668	2018	112845	8467	600185	
翁源县	4626	3607	421110	14340	7447604	7711
仁化县	2687	6888	106062	9540	908174	194
新丰县	3448	6699	134561	8603	2347881	5518
乳源瑶族自治县	3452	9520	107784	11177	431655	
乐昌市	2193	2775	277511	19886	634143	1500

10−14 续表 1

(2021年) 单位：头、只

地　区	牛年末存栏头数	山羊年末存栏只数	猪年末存栏头数	猪年末能繁殖母畜	家禽年末存栏只数	兔年末存栏只数
河源市	**57944**	**34001**	**758151**	**82866**	**19558175**	**59680**
源城区	634	275	600	2	1999095	
东源县	12245	8656	193062	19110	3345180	2965
和平县	7593	7213	119784	11815	3823836	4482
龙川县	12947	9446	182087	24590	3386407	37169
紫金县	20089	4605	143618	12743	4435078	7680
连平县	4436	3806	119000	14606	2568579	7384
梅州市	**96683**	**91681**	**1230631**	**110922**	**25782721**	**373514**
梅江区	241	219	26014	2888	258896	560
梅县区	8359	18045	209882	11741	2747454	122427
蕉岭县	5024	13540	76870	6628	1019656	25955
大埔县	11875	7893	102222	6915	1275713	44371
丰顺县	16644	7926	118775	12072	6174018	20405
五华县	46854	20402	310992	31619	5379652	80559
兴宁市	4900	15135	305996	30306	8001469	21614
平远县	2786	8521	79880	8753	925863	57623
惠州市	**57677**	**17261**	**1109446**	**92471**	**16443555**	**7050**
惠城区	6906	1323	232417	18699	2689669	
惠东县	25653	9367	350274	25618	2813157	
惠阳区	3880	1532	5312	747	539967	
博罗县	14330	3407	401292	37586	8298271	
龙门县	6908	1632	120151	9821	2102491	7050
汕尾市	**61311**	**12882**	**560957**	**48816**	**6167830**	**23048**
汕尾城区	969	420	22047	1881	143756	
红海湾区	526		1310	170	13531	
海丰县	9841	561	160058	13842	1104183	
陆河县	17222	2221	70029	6042	440431	20771
陆丰市	32753	9680	307513	26881	4465929	2277
东莞市	**110**	**378**	**8630**	**875**	**607465**	
中山市	**362**	**1473**	**31840**	**3074**	**1992505**	**680**
江门市	**19627**	**16944**	**1477291**	**130759**	**32021897**	**13845**
蓬江区	53				196368	
江海区					3215	
新会区	1030	1396	154114	12214	4574649	
台山市	8211	7001	366263	32689	4453329	7985
开平市	2153	4994	305549	29049	14285295	5860
恩平市	7315	1596	345245	31260	3337828	
鹤山市	865	1957	306120	25547	5171213	
阳江市	**64848**	**49201**	**1387109**	**150935**	**10244484**	**1925**
江城区	5763	1952	95695	10595	939776	
阳东区	23681	26842	297954	38086	2444079	
阳西县	13959	5701	190095	18349	3517066	1130
阳春市	18225	14060	800311	83678	3250589	795
海陵区	3220	646	3054	227	92974	
湛江市	**224458**	**172309**	**2458041**	**222058**	**28189272**	**22772**
赤坎区	16	300			36375	
霞山区	383	664			107958	
坡头区	7264	3794	86586	7271	1006766	
麻章区	7387	11806	105072	9173	1345744	135

10−14 续表 2

(2021年) 单位：头、只

地 区	牛年末存栏头数	山羊年末存栏只数	猪年末存栏头数	猪年末能繁殖母畜	家禽年末存栏只数	兔年末存栏只数
吴川市	18057	5108	185920	15387	6201145	7516
徐闻县	15410	30370	225235	25467	1369486	271
雷州市	50546	54176	324360	24676	4368508	2030
遂溪县	47110	38615	653232	59241	7933659	4378
廉江市	78285	27476	877636	80843	5819631	8442
茂名市	**164113**	**71250**	**3061957**	**290781**	**66591915**	**326346**
茂南区	4146	1603	190011	19590	5211725	
电白区	26499	19607	710787	67064	9104800	9920
信宜市	38102	8532	467211	36126	31553828	285163
高州市	48720	1952	842533	82741	12639683	30200
化州市	46646	39556	851415	85260	8081879	1063
肇庆市	**165669**	**92691**	**1638994**	**151509**	**25598167**	**165913**
端州区						
鼎湖区	8463	6109			410524	
高要区	1994	1280	304753	30441	8507180	4350
广宁县	15198	17054	350181	34546	1779007	56856
四会市	12847	14663	210871	20221	8933028	1586
德庆县	12801	2305	25897	2431	1570170	
封开县	29203	30298	176547	10416	1585465	31253
怀集县	85163	20982	570745	53454	2812793	71868
清远市	**80578**	**197166**	**1589866**	**158803**	**41694142**	**20601**
清城区	3171	12879	60793	9585	9939426	7033
英德市	24710	21143	728264	52948	11475650	4800
佛冈县	2759	19439	105501	18675	2293268	
连山自治县	1549	11950	30872	4548	497201	607
连南自治县	4931	6875	13850	2317	697492	1605
连州市	9556	39105	246706	26660	2149881	636
阳山县	26986	69003	244951	23744	4577713	920
清新区	6916	16772	158929	20326	10063511	5000
潮州市	**7015**	**2368**	**257179**	**23642**	**4645892**	**1210**
湘桥区	1015	246	32406	3256	654306	
饶平县	4740	1719	144862	14621	3286823	1210
潮安区	1260	403	79911	5765	704763	
揭阳市	**46994**	**18509**	**654772**	**61854**	**7395637**	**108910**
榕城区	97	165	8519	792	47881	
揭东区	3488	3468	114834	12269	1676699	103350
惠来县	20173	10083	170208	9399	2682772	
普宁市	13511	1493	157811	12698	873990	
揭西县	9725	3300	203400	26696	2114295	5560
云浮市	**25623**	**47522**	**1262960**	**97740**	**55385573**	**299896**
云城区	379	997	172232	10978	2914294	20200
新兴县	1603	17326	403516	37118	34737855	52452
郁南县	684	2208	192937	6366	8512493	
罗定市	16080	23661	347477	31109	7873973	220555
云安区	6877	3330	146798	12169	1346958	6689

10—15 各市畜牧业主要产品产量

(2021年)　　单位：万头、万只、吨

市　别	当年出栏肉猪头数	当年出售和自宰的肉用牛	当年出售和自宰的肉用羊	当年出售和自宰的肉用狗	当年出售和自宰的家禽
全　省	3336.63	34.49	110.08	273.09	128039.56
广州市	61.56	0.32	0.22	2.23	4755.32
深圳市	8.08	0.03		0.24	138.96
珠海市	4.25		0.01		218.08
汕头市	54.65	0.27	0.27		1649.43
佛山市	82.25	0.09	0.42	0.19	5932.28
韶关市	264.84	1.14	5.90	4.69	5498.21
河源市	129.31	1.74	3.61	14.34	5102.57
梅州市	191.94	2.91	12.41	40.78	7621.17
惠州市	135.77	1.56	2.52	6.37	5455.92
汕尾市	89.60	2.84	1.82	10.03	2087.00
东莞市	1.34	0.02	0.09		226.24
中山市	1.90	0.01	0.06		784.85
江门市	207.94	0.42	1.78	11.66	11055.51
阳江市	260.39	2.63	3.77	6.52	2907.36
湛江市	370.24	6.60	19.18	22.51	9181.50
茂名市	572.84	2.73	12.74	47.01	21287.65
肇庆市	306.67	4.28	15.78	47.71	11482.12
清远市	281.39	2.34	20.05	11.11	10804.18
潮州市	40.86	0.83	0.42	0.22	1359.69
揭阳市	118.07	2.83	2.50	9.47	3096.72
云浮市	152.76	0.87	6.51	38.02	17394.79

10—15　续表 1

(2021年)　　单位：万头、万只、吨

市　别	1. 鸡	2. 鸭	3. 鹅	4. 鸽	5. 其他家禽	当年出售和自宰的兔
全　省	84387.23	23439.79	8175.04	10682.74	1354.76	322.35
广州市	1351.49	395.38	196.45	2810.23	1.76	
深圳市	20.18	40.92	5.41	72.46		
珠海市	147.52	2.60	11.07	56.89		
汕头市	668.89	158.63	814.06	7.85		
佛山市	3707.58	1121.61	936.37	162.43	4.30	0.20
韶关市	3870.42	853.07	66.09	703.00	5.62	2.11
河源市	3529.65	810.39	116.91	632.59	13.03	8.81
梅州市	5183.51	1086.18	124.34	1178.16	48.98	83.87
惠州市	4214.46	896.26	269.02	69.58	6.59	0.33
汕尾市	1262.71	521.81	210.58	80.10	11.80	2.99
东莞市	86.26	3.45	0.63	135.90		
中山市	162.87	455.10	2.28	161.10	3.50	0.13
江门市	6872.79	1615.29	1438.61	899.04	229.76	6.92
阳江市	2065.18	358.26	390.73	88.46	4.73	0.22
湛江市	6045.49	2779.94	194.59	113.37	48.12	3.04
茂名市	15308.43	3840.19	546.33	1557.39	35.31	50.60
肇庆市	6022.73	3001.26	1287.70	817.69	352.74	51.43
清远市	8309.25	947.97	897.19	645.57	4.21	2.69
潮州市	582.41	327.67	427.82	21.79		0.22
揭阳市	1999.46	907.80	92.03	81.31	16.12	41.62
云浮市	12975.94	3316.01	146.81	387.84	568.19	67.16

10-15 续表 2

(2021年) 单位：万头、万只、吨

市 别	肉类产量合计	猪肉产量	牛肉产量	羊肉产量	家禽肉产量	兔肉产量
全 省	4574170	2632271	43739	19648	1821888	6774
广州市	98658	46904	412	41	50910	
深圳市	7356	5682	45		1610	
珠海市	5906	3453		1	2452	
汕头市	85014	43574	381	52	41007	
佛山市	150973	65295	121	87	85439	4
韶关市	293130	213594	1493	1056	76413	36
河源市	175426	100976	2149	605	70074	145
梅州市	270422	151225	3661	2517	101716	2080
惠州市	183942	105563	1868	450	74814	5
汕尾市	106358	71041	3750	314	28936	56
东莞市	2629	1074	33	13	1508	
中山市	12801	1459	15	9	11314	3
江门市	320988	164875	486	338	153731	129
阳江市	256394	205407	3279	674	46004	4
湛江市	443139	290988	8220	3493	135695	83
茂名市	763977	449704	3347	2103	301734	979
肇庆市	437611	245777	5628	2739	173245	820
清远市	387588	220631	2963	3384	158808	42
潮州市	63968	32775	1104	78	29061	6
揭阳市	139653	91067	3738	424	41370	680
云浮市	368240	121206	1045	1271	236047	1702

10-15 续表 3

(2021年) 单位：万头、万只、吨

市 别	其他肉产量	奶类产量	蜂蜜产量	蜂蜡产量	禽蛋产量	蚕茧产量
全 省	49852	172975	40404	4380	436626	91577
广州市	391	30422	6874	305	21124	
深圳市	19	7974	51	10	1360	
珠海市					5336	
汕头市		1703	685		4666	
佛山市	28	8355	12	3	4249	
韶关市	538	7364	1443	233	15245	5497
河源市	1476	226	1831	255	13626	16
梅州市	9223	2264	4658	571	36103	22
惠州市	1242	25089	1508	526	21024	
汕尾市	2259	3889	753	106	10552	
东莞市			184	3	5	
中山市		7	51	5	3203	
江门市	1430	4303	88		34011	
阳江市	1026	8601	245	18	8427	6708
湛江市	4660	6807	628	188	40416	16750
茂名市	6110	386	13510	121	101728	28273
肇庆市	9402	18145	2834	767	30330	677
清远市	1761	44509	365	24	29166	18461
潮州市	944	300	547	22	8039	
揭阳市	2373	2631	1705	520	18375	
云浮市	6970		2433	703	29641	15173

10-16 各县(市、区)畜牧业主要产品产量

(2021年) 单位：头、只、吨

地 区	当年出栏肉猪头数	当年出售和自宰的肉用牛	当年出售和自宰的肉用羊	当年出售和自宰的肉用狗	当年出售和自宰的家禽	当年出售和自宰的兔	猪肉产量
广州市	**615594**	**3164**	**2232**	**22322**	**47553152**		**46904**
天河区							
白云区	42683	355			5313459		3133
黄埔区							
花都区	153418	123	743	2533	7326111		11609
从化区	227234	1194	235	16530	5558542		17299
增城区	99950	1434	1047	2779	24038644		7614
番禺区		38	88		3412213		
南沙区	92309	20	119	480	1904183		7250
深圳市	**80771**	**333**		**2375**	**1389632**		**5682**
宝安区							
龙岗区							
光明区					724612		
大鹏区							
坪山区							
合作区	80771	333		2375	665020		5682
珠海市	**42455**		**59**		**2180801**		**3453**
香洲区							
金湾区			59		757269		
斗门区	42455				1423532		3453
汕头市	**546460**	**2729**	**2732**		**16494349**		**43574**
金平区					5018		
龙湖区	7669	788	70		2693268		611
澄海区	147375	575			11286250		11349
濠江区	29320	219	124		569656		2212
潮阳区	152597	22	156		1443338		12725
潮南区	198853	592	1219		270936		15814
南澳县	10646	533	1163		225883		862
佛山市	**822499**	**904**	**4189**	**1860**	**59322841**	**2000**	**65295**
禅城区							
南海区	146631				3144800		11521
顺德区	90724				1776840		7046
高明区	197661	346	569		15726311	2000	16076
三水区	387483	558	3620	1860	38674890		30652
韶关市	**2648400**	**11354**	**59047**	**46934**	**54982086**	**21070**	**213594**
浈江区	141285	874	1919		578863		10704
武江区	161992	710	2973	1361	1029101		13019
曲江区	365478	712	5422	4514	5750392	3240	32225
南雄市	466458	2313	7785	11015	7056062		34759
始兴县	177774	1248	2248	3684	2643082		15339
翁源县	460802	1099	4986	12125	20266873	9674	34781
仁化县	206215	1613	18551	4492	4328219	177	16896
新丰县	128848	1376	5323	5051	10710451	4685	10731
乳源自治县	108882	838	5425	2166	732675	68	8797
乐昌市	430666	571	4415	2526	1886368	3226	36343

10-16 续表 1

(2021年) 单位：头、只、吨

地　区	当年出栏肉猪头数	当年出售和自宰的肉用牛	当年出售和自宰的肉用羊	当年出售和自宰的肉用狗	当年出售和自宰的家禽	当年出售和自宰的兔	猪肉产量
河源市	**1293135**	**17429**	**36113**	**143385**	**51025749**	**88076**	**100976**
源城区	406	342	265	98	6006420		32
东源县	273410	4469	10271	2954	10594390	3683	21731
和平县	244700	2299	9367	11781	10436718	9962	18867
龙川县	333758	3599	9381	84797	7120593	53061	26155
紫金县	246293	4999	2686	41061	12277779	9333	19334
连平县	194568	1721	4143	2694	4589849	12037	14858
梅州市	**1919350**	**29103**	**124129**	**407843**	**76211658**	**838722**	**151225**
梅江区	26160	344	360	3189	941408	2805	2878
梅县区	278374	2675	27632	67056	7580166	238553	24312
蕉岭县	150933	6240	25497	9935	3635227	60158	12466
大埔县	157305	1727	7411	28829	5211335	63041	12395
丰顺县	153182	5418	6124	21985	21430327	84143	13003
五华县	534834	6658	24823	219220	10590866	290066	40581
兴宁市	506511	3281	17985	24379	24701549	32488	36845
平远县	112051	2760	14297	33250	2120780	67468	8745
惠州市	**1357708**	**15631**	**25187**	**63677**	**54559219**	**3325**	**105563**
惠城区	174024	2001	1042	5370	5630255		13048
惠东县	548228	3176	7504	18884	8620949		43551
惠阳区	11902	1954	3326		1403867		874
博罗县	495497	6999	12654	34793	33178944		38012
龙门县	128057	1501	661	4630	5725204	3325	10078
汕尾市	**895990**	**28393**	**18232**	**100274**	**20870004**	**29911**	**71041**
汕尾城区	57540	353	340		1758017		4514
红海湾区	4200	348			142256		343
海丰县	229759	8289	1938	47214	5217372		18165
陆河县	124899	6673	2064	25452	2338874	28363	10062
陆丰市	479592	12730	13890	27608	11413485	1548	37957
东莞市	**13440**	**247**	**860**		**2262353**		**1074**
中山市	**19030**	**126**	**594**		**7848528**	**1311**	**1459**
江门市	**2079432**	**4217**	**17816**	**116582**	**110555050**	**69234**	**164875**
蓬江区			194		3482252		
江海区					34832		
新会区	219259		1596		21594770		18302
台山市	552952	2739	6453		11342620	10021	42257
开平市	484365	732	5935	76582	50251619	59213	39380
恩平市	505783	652	3064	40000	8748339		39977
鹤山市	317073	94	574		15100618		24959
阳江市	**2603850**	**26315**	**37739**	**65222**	**29073621**	**2236**	**205407**
江城区	192117	2188	636	861	2129551		15441
阳东区	567476	4162	17358	30989	7351216		44445
阳西县	357481	10299	3991	4739	8257163	1820	28486
阳春市	1480849	8877	14390	28633	10858955	416	116567
海陵区	5927	789	1364		476736		469
湛江市	**3702421**	**66024**	**191778**	**225085**	**91814985**	**30387**	**290988**
赤坎区		23	13		69691		
霞山区		68	778		259700		
坡头区	240802	2554	5401		3241319		18972
麻章区	209894	2094	10985	11844	4862735	335	16481

10-16 续表 2

(2021年) 单位：头、只、吨

地 区	当年出栏肉猪头数	当年出售和自宰的肉用牛	当年出售和自宰的肉用羊	当年出售和自宰的肉用狗	当年出售和自宰的家禽	当年出售和自宰的兔	猪肉产量
吴川市	326160	3984	5446	5167	18361561	7438	25854
徐闻县	177333	4029	35725	691	5058752	412	14013
雷州市	458720	13260	70644	102851	11342003	4626	36737
遂溪县	942407	10460	28753	43744	28698216	8803	72356
廉江市	1347105	29552	34033	60788	19921008	8773	106575
茂名市	**5728415**	**27333**	**127371**	**470063**	**212876536**	**505967**	**449704**
茂南区	555488	968	2851	42459	28796428	2024	44355
电白区	1270430	4825	20126	64802	34077316	57738	99841
信宜市	913477	6924	84715	165690	77500803	313238	71505
高州市	1318228	7643	10159	146565	49530908	101549	103307
化州市	1670792	6973	9520	50547	22971081	31418	130696
肇庆市	**3066674**	**42810**	**157832**	**477126**	**114821228**	**514300**	**245777**
端州区							
鼎湖区	24599	1082	2973	5021	2504969		1883
高要区	788380	2262	1459	26083	35213376	14551	61820
广宁县	510857	5885	18478	45137	10640324	93743	42436
四会市	387260	4677	10910	27271	34361127	22036	30538
德庆县	102964	2316	1379		6673244		8686
封开县	322919	10179	23321	91582	7730093	66250	27299
怀集县	929695	16409	99312	282032	17698095	317720	73116
清远市	**2813870**	**23440**	**200518**	**111050**	**108041771**	**26857**	**220631**
清城区	194796	1777	11731	3286	28619757	9634	17047
英德市	1040623	7517	15980	5118	26026083	4910	76850
佛冈县	173028	383	8756	1042	3269591		13123
连山自治县	79077	560	14948	20125	1554943	2509	6905
连南自治县	31278	1266	4834	25730	2110707	986	2690
连州市	420318	3612	31295	1280	5975193	664	32681
阳山县	507984	4865	73923	27371	13851277	2654	43120
清新区	366766	3460	39051	27098	26634220	5500	28215
潮州市	**408553**	**8309**	**4192**	**2163**	**13596931**	**2247**	**32775**
湘桥区	44741	1015	31		1305339		3802
饶平县	284086	6208	3034	2163	10157704	2247	22637
潮安区	79726	1086	1127		2133888		6336
揭阳市	**1180657**	**28338**	**25042**	**94709**	**30967196**	**416242**	**91067**
榕城区	43950	223	177		304477		3494
揭东区	212861	854	660	583	5342929	374000	16035
惠来县	258369	12638	11958		10124279		19960
普宁市	270798	4788	956	4506	2590667		20850
揭西县	394679	9835	11291	89620	12604844	42242	30728
云浮市	**1527618**	**8700**	**65113**	**380238**	**173947908**	**671639**	**121206**
云城区	174437	642	681	15849	13056672	101036	14874
新兴县	582458	1435	32364	111678	114855273	89173	46734
郁南县	229452	323	4502	4388	24834727		18718
罗定市	398206	3707	25137	219049	16417563	472605	29418
云安区	143065	2593	2429	29274	4783673	8825	11462

10−16 续表 3

(2021年) 单位：头、只、吨

地　区	牛肉产量	羊肉产量	家禽肉产量	牛奶产量	蜂蜜产量	禽蛋产量
广州市	**412**	**41**	**50910**	**30422**	**6874**	**21124**
天河区						
白云区	42		8025	3390		223
黄埔区						
花都区	15	13	7033		492	181
从化区	157	4	7130	18349	1476	17716
增城区	189	19	20963	8659	4858	1823
番禺区	4	2	4650	3	12	1123
南沙区	4	3	3109	21	36	58
深圳市	**45**		**1610**	**7974**	**51**	**1360**
宝安区						
龙岗区						
光明区			235	7974		
大鹏区						
坪山区						
合作区	45		1375		51	1360
珠海市		**1**	**2452**			**5336**
香洲区						
金湾区		1	674			
斗门区			1778			5336
汕头市	**381**	**52**	**41007**	**1703**	**685**	**4666**
金平区			7			
龙湖区	107	1	7601	88		847
澄海区	95		29020	59		1607
濠江区	29	3	766	1556		599
潮阳区	4	3	2992			654
潮南区	80	19	314		600	871
南澳县	67	26	306		85	90
佛山市	**121**	**87**	**85439**	**8355**	**12**	**4249**
禅城区						
南海区			6035			
顺德区			1741	7		0
高明区	50	10	20209		12	1545
三水区	71	77	57454	8348		2704
韶关市	**1493**	**1056**	**76413**	**7007**	**1443**	**15245**
浈江区	120	35	931		7	140
武江区	90	51	1592	3616	12	863
曲江区	105	96	8443	3391	59	1140
南雄市	320	139	13109		431	3422
始兴县	151	41	4808		344	1608
翁源县	141	82	25365		98	1814
仁化县	184	330	6937		8	1477
新丰县	185	100	11226		400	1365
乳源自治县	111	101	1395		44	1562
乐昌市	87	81	2607		40	1855

10−16 续表 4

(2021年) 单位：头、只、吨

地　区	牛肉产量	羊肉产量	家禽肉产量	牛奶产量	蜂蜜产量	禽蛋产量
河源市	**2149**	**605**	**70074**	**226**	**1831**	**13626**
源城区	43	5	7433		20	43
东源县	546	169	14220		92	6456
和平县	269	147	15107		57	1075
龙川县	428	159	9374	226	162	1519
紫金县	649	58	17430		1455	3593
连平县	214	67	6509		45	940
梅州市	**3661**	**2517**	**101716**	**2061**	**4658**	**36103**
梅江区	117	9	1975	1	75	259
梅县区	337	517	13573	339	1341	4365
蕉岭县	708	499	5063	182	1661	708
大埔县	208	145	8334	114	557	1332
丰顺县	668	102	32038	547	464	2672
五华县	895	598	16421	328	87	13072
兴宁市	388	370	21218	430	157	12073
平远县	340	277	3094	120	316	1622
惠州市	**1868**	**450**	**74814**	**25089**	**1508**	**21024**
惠城区	216	22	7882	1840	497	6199
惠东县	377	117	11799		268	5824
惠阳区	239	75	2049			282
博罗县	866	225	45279	6480	642	7291
龙门县	170	11	7805	16769	101	1428
汕尾市	**3750**	**314**	**28936**	**3889**	**753**	**10552**
汕尾城区	46	6	2434		8	1316
红海湾区	43		207			142
海丰县	1064	40	8186		235	4784
陆河县	941	56	3843		291	642
陆丰市	1656	212	14266	3889	219	3668
东莞市	**33**	**13**	**1508**		**184**	**5**
中山市	**15**	**9**	**11314**	**7**	**51**	**3203**
江门市	**486**	**338**	**153731**	**4303**	**88**	**34011**
蓬江区		2	2681			20
江海区			52			23
新会区		44	31392	1803		3088
台山市	290	106	15536		58	8405
开平市	108	124	70658	2500	30	16969
恩平市	75	48	12526			2812
鹤山市	13	14	20886			2694
阳江市	**3279**	**674**	**46004**	**8601**	**245**	**8427**
江城区	259	11	3249			1032
阳东区	513	285	12947	6628	41	2515
阳西县	1279	67	13244	1378	28	2540
阳春市	1134	284	15869	595	176	2306
海陵区	94	27	695			35
湛江市	**8220**	**3493**	**135695**	**6807**	**628**	**40416**
赤坎区	3		104			83
霞山区	10	15	405			99
坡头区	312	107	4845			3715
麻章区	253	199	7293	306	2	1338

10-16 续表 5

(2021年) 单位：头、只、吨

地 区	牛肉产量	羊肉产量	家禽肉产量	牛奶产量	蜂蜜产量	禽蛋产量
吴川市	491	105	27145		9	7831
徐闻县	481	642	7347		3	562
雷州市	1614	1291	16594		5	8503
遂溪县	1372	527	42687	6501	130	7978
廉江市	3684	607	29275		479	10307
茂名市	**3347**	**2103**	**301734**	**386**	**13510**	**101728**
茂南区	123	52	35516		51	3806
电白区	608	358	51148		194	22459
信宜市	851	1393	116517	356	96	9511
高州市	893	147	66008		13000	60919
化州市	872	153	32545	30	169	5033
肇庆市	**5628**	**2739**	**173245**	**18145**	**2834**	**30330**
端州区						
鼎湖区	133	52	3468	17582	131	1350
高要区	301	26	57113		132	11205
广宁县	738	330	13720		1961	984
四会市	591	213	53590	563	22	7477
德庆县	336	25	9923		123	2223
封开县	1398	428	10649		303	1928
怀集县	2131	1665	24782		162	5162
清远市	**2963**	**3384**	**158808**	**44509**	**365**	**29166**
清城区	212	194	47606	4632	1	11914
英德市	880	242	29182	19053	116	1377
佛冈县	72	152	4078	2221	27	9678
连山自治县	92	262	2288	18	33	143
连南自治县	180	102	4360	4	44	212
连州市	470	520	7746	18581		788
阳山县	631	1271	19696		88	2402
清新区	426	641	43852		56	2652
潮州市	**1104**	**78**	**29061**	**300**	**547**	**8039**
湘桥区	145	1	3489		92	703
饶平县	822	58	21278	300	291	6665
潮安区	137	19	4294		164	671
揭阳市	**3738**	**424**	**41370**	**2487**	**1705**	**18375**
榕城区	31	8	411	461		349
揭东区	115	12	7145	837		3503
惠来县	1632	193	13188		482	7023
普宁市	681	17	3736	682	81	2824
揭西县	1279	194	16891	507	1142	4676
云浮市	**1045**	**1271**	**236047**		**2433**	**29641**
云城区	80	15	19773			5383
新兴县	170	683	162258		513	1586
郁南县	43	64	26238		741	10134
罗定市	441	461	21071		1138	11658
云安区	311	48	6707		41	880

10-17 全省饲料加工企业主要年份饲料生产情况

项 目	单位	2005	2010	2015	2017	2018	2019	2020	2021	2021比2020增减(%)
生产能力	吨/小时	3698	14126.35	15828	15860.87	15860.87	15860.87	15860.87	15860.87	—
全年实际产量	吨	12420678	18807084	25730232	29511163	30621653	29237982	30101910	35732738	18.71
配合饲料	吨	11967447	17997638	24644169	28317267	29542161	28405199	29221197	34664418	18.63
配合饲料家禽料	吨	6772565	8422722	9719511	10031563	10201414	13109799	14765668	14344903	-2.85
蛋禽料	吨	983978	1502723	1683368	1770699	1697752	2041339	2222517	2195085	-1.23
肉禽料	吨	5788588	7009366	8036144	8260863	8503662	11068460	12543151	12149818	-3.14
配合饲料猪料	吨	2855709	6339038	10425051	13047301	13316029	8805030	7701510	12761289	65.70
配合饲料水产料	吨	2264139	3145836	4346688	5025540	5817486	6361898	6593243	7362577	11.67
配合饲料其他	吨	71805	81315	152919	212863	207232	128473	160776	195649	21.69
浓缩饲料	吨	186615	289878	438174	462323	402595	242914	276015	421635	52.76
浓缩饲料猪料	吨	128704	232234	406222	434016	365750	216054	248110	289622	16.73
添加剂预混料	吨	266616	519567	647889	731573	676898	573031	592040	626009	5.74
预混料猪料	吨	187067	391820	441675	489564	424521	266493	238330	276361	15.96
预混料禽料	吨	42122	48237	72823	73331	67006	119698	161468	142910.1	-11.49
全年营业收入	亿元	291	582	862	1002	1160	999	1092	1439	31.78
工业总产值	亿元	300	593	962	1018	1187	1012	1106	1482	34.00

10-18 各市主要年份饲料生产总量

单位：吨

市别	1995	2000	2005	2010	2015	2017	2018	2019	2020	2021
合计	**6223168**	**8507764**	**12420679**	**18807084**	**25730232**	**29511163**	**30621653**	**29237982**	**30101910**	**35732738**
广州	829278	1392240	2276190	2940760	3234175	3140106	2994994	2520910	2752472	3101556
深圳	1103488	1023976	718856	688406	323968	393340	218521	182072	147024	259358
珠海	227831	183353	507512	626343	909826	1095494	1260684	1364188	1314438	1355243
汕头	351445	357863	341779	428775	466057	530525	742182	662780	614324	677302
佛山	1509331	2485870	3978825	4653046	4264050	4411336	4404625	4079165	4194051	4438858
韶关	69369	24535	163492	385013	586719	650829	721551	809088	771464	1090053
河源		5589	94934	147001	330799	347914	411268	408968	423151	546985
梅州	31600	14867	63120	139830	334648	374351	432053	429966	511986	824605
惠州	98580	116222	126459	399958	1276757	1570987	1626756	1544634	1644644	1945490
汕尾			910	1215	8574	24769	26693	33260	35868	
东莞	199210	303211	379736	594626	1026796	1157797	950573	1213468	1225824	1082307
中山	116736	220899	237299	452231	352742	427167	406403	378193	390516	361235
江门	711549	626794	800724	2136088	3795172	4230194	4372980	4559471	4706821	5494334
阳江	8632	22835	23283	22310	646335	1317956	1480566	1340546	1580448	1994391
湛江	411309	658061	1065288	1340679	2030280	2556824	2763708	2787201	2993700	3886224
茂名	156335	211229	337855	1282489	2025907	2765584	2935864	2201054	2341284	3271227
肇庆	91647	56603	200247	515213	902746	1201034	1174370	904841	859381	1195015
清远	8022	8602	190184	491797	1147692	1410317	1667218	1495208	1236202	1777188
潮州	29985	16506	52620	53352	109835	103663	122968	176770	194579	215341
揭阳	46303	81400	75088	261647	538147	722855	683421	664602	793412	813928
云浮	221894	697109	786279	1246297	1419004	1078117	1224255	1481597	1370319	1402097

十一、渔业

3 月 11−12 日，澳门渔民互助会理事长陈明金率领澳门工会联合总会、澳门渔民互助会、澳门远洋渔业发展暨船东协会等团体代表一行到访粤港澳流动渔民深海网箱养殖产业园。

6−7 月，广东多地举行增殖放流活动，深入贯彻落实“绿水青山就是金山银山”的发展理念，助推渔业健康发展，增强公众水生态环境保护意识。广东省农业农村厅副厅长高庆营、省农业技术推广中心主任林绿等参加了部分活动。

7 月 23 日，以“广东水产，鲜动贵州”为主题的广东省名特优水产品（贵州）推介会在贵州省贵阳市举行。

7 月 24–25 日，广东省农业农村厅副厅长高庆营率调研组赴贵州省黔东南州台江县开展渔业产业发展对接考察调研，调研组成员包括中山大学何建国教授、中国水产科学研究院珠江水产研究所谢骏研究员、仲恺农业工程学院动物科技学院院长林鑫等专家和企业负责人，广东省粤黔协作工作队副领队刘楚雄陪同调研。

9月1日，全省水产养殖种质资源普查工作培训会在广州举办。广东省农业农村厅、省农业技术推广中心、各市农业农村局、高等院校和科研院所等相关人员参加本次培训。

9月16−18日，由农业农村部渔业渔政管理局、广东省农业农村厅指导，广东省水产流通与加工协会、广东省渔业协会、广东省远洋渔业协会联合主办的2021中国（广州）国际渔业博览会（以下简称“2021渔博会”）在广州举行。

9月16日，首届中国脆肉罗非鱼市场峰会”举办，会议以“打造脆肉罗非鱼餐饮新爆品”为主题，邀请养殖、加工、流通、销售终端等行业代表，共同探讨脆肉罗非鱼全产业链发展，主要聚焦脆肉罗非鱼标准化生产、产品品质把控、产品形式创新、市场营销、行业标准等方面内容。

9月14日，珠三角百万亩池塘升级改造暨全省水产养殖业转型升级绿色发展现场会在佛山顺德召开，会议部署开展珠三角百万亩池塘升级改造三年行动，以“小切口”带动“大变化”，推动渔业转型升级，实现绿色发展。

10月21日，"粤黔协作"生态养鱼鱼苗发放仪式在贵州省台江县排羊乡举行，广东省农业农村厅、广东省粤黔协作工作队、碧桂园国强公益基金会联合向当地农民赠送首批稻渔综合种养鲤鱼9000斤和水库增殖鳙鱼20000斤。

12月7日，第二届中国水产种业博览会暨第三届广东水产种业产业大会在广州南沙广东国际渔业高科技园开幕。博览会以"领绿色渔业，谋种业振兴"为主题，参展单位超300家，参展品种250多个。

渔　业

2021年，以习近平新时代中国特色社会主义思想为指导，落实中央农业农村工作会议和省委、省政府的工作部署。认真落实各项渔业政策，攻坚克难，稳步推进我省渔业的高质量发展。

一、工作亮点

2021年渔业工作主要亮点有：一是推动渔业绿色高质量发展，推动《加快推进渔业绿色高质量发展转型升级的若干意见（代拟稿）》出台，开展养殖池塘升级改造，推进深远海大型智能养殖渔场建设，提升水产种业发展水平，加强水产品质量安全监管；二是抓好远洋渔业重点工作，严格远洋渔业安全生产管理，召开全省远洋渔业工作座谈会，全面推进国内外远洋渔业基地建设，协调推动广东广远渔业集团发展壮大，召开首届中国－太平洋岛国渔业合作发展论坛；三是推进平安渔港及渔港经济区建设，建立健全管港保平安机制，推动全省渔港经济区建设，梳理渔港基础数据并完善建设方案；四是规范海洋捕捞管理。五是强化水产流通加工工作。提升水产品加工能力和仓储量。

二、2021年我省渔业经济运行总体情况

2021年广东省水产品总产量884.52万吨，比上年增长0.99%。其中：海洋捕捞产量（不含远洋）112.72万吨，下降0.40%；远洋渔业6.08万吨，下降0.65%；内陆捕捞产量8.91万吨，下降9.73%。

全省水产养殖产量756.81万吨，增长1.36%，继续位居全国首位。海水养殖产量336.24万吨，增长1.51%；淡水养殖产量420.57万吨，增长1.24%。

水产养殖面积略有增加，其中海水养殖16.68万公顷，增加1.28%；淡水养殖30.99万公顷，增加0.16%。

全省渔民人均纯收入22437元，增长0.28%。

2021年我省水产品进出口总量129.24万吨，进出口总额62.42亿美元，同比分别增长17.04%和24.59%。

三、2021年渔业经济发展的新亮点

（一）推动渔业绿色高质量发展。一是推动《加快推进渔业绿色高质量发展转型升级的若干意见（代拟稿）》出台。提出以稳固产业发展基础为总基调，以构建现代产业体系为主题，以推进产业集群发展为主线，强化绿色导向，推动产业向环境可持续转型升级；强化标准引领，推动产业向规模化规范化生产转型升级；强化创新驱动，推动产业向质量效率型转型升级；强化供给安全，推动产业结构与布局转型升级。二是开展养殖池塘升级改造。推动以省府办公厅名义印发《珠三角百万亩养殖池塘升级改造绿色发展三年行动方案》，促成各地养殖池塘升级改造热潮，促进产业绿色发展，渔民持续增收。2021年9月14日，珠三角百万亩池塘升级改造暨全省水产养殖业转型升级绿色发展现场会在佛山召开。省委常委叶贞琴在会上作出具体指示，省委农办、省农业农村厅以及珠三角九地市负责人出席会议。会议对珠三角地区水产业迈向更高发展阶

段，进行了具体规划部署。计划用3年时间，率先完成100万亩池塘升级改造，5年内改造完成总面积的60%。以此带动水产业升级转型，以“小切口”带动“大变化”，实现绿色发展。组织专家研究制订《水产养殖尾水排放地方标准》（草案），报送省市场监管局立项，商请省生态环境厅牵头启动强制性地方标准有关工作。组织珠江所对广州、佛山、中山、惠州等市55万亩池塘养殖水面开展排污调查。印发《广东省水产养殖尾水处理技术推荐模式》，结合实际因地制宜，推广集中连片池塘“三池两坝”、分散池塘“一渠一池”、陆基推水集装箱养殖、“池塘+稻渔”共作等14种尾水处理模式。2021年12月3日，举行《珠三角百万亩养殖池塘升级改造绿色发展三年行动方案》新闻发布会，加快推进方案实施，掀起养殖池塘升级改造的社会热潮。广州、湛江、佛山、江门、惠州等市已启动整市推进养殖尾水治理计划，2021年全省共完成32.66万亩池塘尾水综合治理。三是推进深远海大型智能养殖渔场建设。深入开展调研，赴湛江湾实验室调研，就联合开展湛江深远海养殖试点项目开展座谈。与省自然资源厅共同组织了广东省养殖用海海域使用金征收标准调整调研。赴山东实地考察了“耕海一号”项目。初步拟定《关于大力发展深远海大型智能养殖渔场的实施方案（稿）》。在省政府大力推动下，助推有关项目落地，将为海水养殖产业转型升级提供技术和装备支撑，助力海洋渔业经济高质量发展。四是提升水产种业发展水平。开展水产种业优势企业名录遴选。成立广东省水产养殖种质资源普查工作领导小组，召开全省第一次水产养殖种质资源普查视频会，指导地市加快推进第一次水产养殖种质资源普查工作，并组织14家科研院所、高等院校等相关单位近10万人次作为面上普查辅助力量，协助各市县开展普查。组织水产养殖种质资源普查技术培训，全面完成了普查任务。五是加强水产品质量安全监管。印发《广东省加强水产养殖投入品监管工作实施方案》，进一步界定水产养殖投入品内涵和监管范围，明确属地监管责任，开展水产品投入品三年专项整治行动。印发《关于开展“不安全不上市”专项行动构建水产品质量安全长效机制的通知》，部署水产品质量安全管理“六道防线”。

（三）抓好远洋渔业重点工作。一是严格远洋渔业安全生产管理。针对2021年发生的5起远洋渔业安全事件，立即部署疫情期间远洋渔业安全生产管理，逐一跟踪事件进展，进行了十多次的沟通协商座谈，并成立工作专班，建立由省农业农村厅、外事部门、行业协会、驻外使馆、涉事企业等组成的联络群，切实有效推动事件、事故的解决。在总结经验教训的基础上，加强远洋渔船船位监测运行及数据分析工作。加强特殊区域渔船（西非海域项目）管理和敏感海区作业（西南大西洋阿根廷附近水域）的远洋渔船的管理，督促企业做好安全生产工作并做好远洋渔业外防输入管理。妥善处理了“东港兴17号”、“深联成707”两起远洋渔船自然灾害事故。二是召开全省远洋渔业工作座谈会。2021年5月19日，省农业农村厅在广州组织召开了广东省远洋渔业座谈会。会上，大家充分听取了疫情当下的企业发展现状，并谋划远洋渔业发展工作，降低政策风险、管理风险、生产经营风险、外部环境风险、传统安全风险等。三是全面推进国内外远洋渔业基地建设。目前，深圳联成公司密克罗尼西亚基地已获得农业农村部批准立项，正在抓紧建造；广州远洋公司斐济基地建设受到中央和地方高度重视，正在抓紧推进；广东顺帆文莱基地、广东协盛莫桑比克基地建设正在抓紧实施。深圳大铲湾、珠海洪湾等国内远洋渔业基地建设也已经在抓紧推进，力争补齐短板，完善功能，为远洋渔业发展打下坚实基础。支持深圳建设国家远洋渔业基地，推动基地报审工作进程。四是协调推动广东广远渔业集团发展壮大。推动广远集团积极拓展业务，与揭阳市政府签署战略合作协议，开展有关合作。推进广远集团混改工作。督促广东广远渔业集团远洋有限公司加快办理国有产权变更登记手续。五是召开首届中国－太平洋岛国渔业合作发展论坛。2021 年 12 月 8 日，召开首届中国－太平洋岛国渔业合作发展论坛，农业农村部副部长马有祥出席并致辞，省委常委叶贞琴、太平洋岛国农渔业部长及驻华使节、有关国际和区域组织代表出席论坛，会上通过了《首届中国－太平洋岛国渔业合作发展论坛广州共识》，在渔业领域，推动建立广东与太平洋岛国更加紧密的互利合作关系。

（四）推进平安渔港及渔港经济区建设。一是建立健全管港保平安机制。印发《关于开展“建渔港、保平安”专项行动切实维护渔民群众安全利益的通知》，以“你生命我关爱建渔港保平安”为行动主题，开展渔港建设 100%推进、管港机制 100%提升、驻港机构 100%建立、港务管理 100%到位、污染防治 100%落实、避风泊位 100%保障六个百分百的专项行动，实施期限为 2021 年 2 月起至 2025 年 6 月。二是推动全省渔港经济区建设。推动以省委乡村振兴战略领导小组办公室的名义印发《广东省渔港建设攻坚行动方案（2021–2025)》，奋力推动提升全省沿海渔港防风减灾保障能力，建设海陆岛统筹，港产城融合，渔工贸游一体化发展的渔港经济区。开展 17 个渔港经济区项目建设规划编制工作，全力推进 2 个国家级渔港经济区建设。目前各安排中央资金 6000 万元补助广州番禺（珠江口渔港经济区）及 6000 万元补助汕头市（南澳渔港经济区）国家级渔港经济区建设。三是梳理渔港基础数据并完善建设方案。统计整理全省渔港核查数据，启动渔港一张图建设。修改完善《广东省加强渔港建设与管理促进渔港经济区全面发展实施意见》、《广东省沿海渔港建设实施方案》等。推动渔港建设纳入乡村振兴考核体系。

（五）规范海洋捕捞管理。编制广东省海洋渔船数据维护管理办法，进一步规范渔船数据管理。修订《广东省渔业捕捞许可管理办法》，完善船网工具指标管理和捕捞许可证核发制度，强化法律责任。组织办理尖笔帽螺专项捕捞许可，预防 2021 年尖笔帽螺再次爆发对大亚湾核电站安全生产造成不利影响；印发《2021 年海洋渔船核查工作实施方案》，进一步掌握我省海洋渔船基本情况，为下一步政策研究提供重要参考依据。

2021 年渔业大事记

3 月 11–12 日，澳门渔民互助会理事长陈明金率领澳门工会联合总会、澳门渔民互助会、澳门远洋渔业发展暨船东协会等团体代表一行到访粤港澳流动渔民深海网箱养殖产业园。

6–7 月，广东多地举行增殖放流活动，深入贯彻落实“绿水青山就是金山银山”的发展理念，助推渔业健康发展，增强公众水生态环境保护意识。广东省农业农村厅副厅长高庆营、省农业技术推广中心主任林绿等参加了部分活动。

7 月 23 日，以“广东水产，鲜动贵州”为主题的广东省名特优水产品（贵州）推介会在贵州省贵阳市举行。

7 月 24–25 日，广东省农业农村厅副厅长高庆营率调研组赴贵州省黔东南州台江县开展渔业产业发展对接考察调研，调研组成员包括中山大学何建国教授、中国水产科学研究院珠江水产研究所谢骏研究员、仲恺农业工程学院动物科技学院院长林蠡等专家和企业负责人，广东省粤黔协作工作队副领队刘楚雄陪同调研。

9 月 1 日，全省水产养殖种质资源普查工作培训会在广州举办。广东省农业农村厅、省农业技术推广中心、各市农业农村局、高等院校和科研院所等相关人员参加本次培训。

9 月 14 日，珠三角百万亩池塘升级改造暨全省水产养殖业转型升级绿色发展现场会在佛山顺德召开，会议部署开展珠三角百万亩池塘升级改造三年行动，以“小切口”带动“大变化”，推动渔业转型升级，实现绿色发展。

9 月 16–18 日，由农业农村部渔业渔政管理局、广东省农业农村厅指导，广东省水产流通与加工协会、广东省渔业协会、广东省远洋渔业协会联合主办的 2021 中国（广州）国际渔业博览会（以下简称“2021 渔博会”）在广州举行。

9 月 16 日，“首届中国脆肉罗非鱼市场峰会”举办，会议以“打造脆肉罗非鱼餐饮新爆品”为主题，邀请养殖、加工、流通、销售终端等行业代表，共同探讨脆肉罗非鱼全产业链发展，主要聚焦脆肉罗非鱼标准化生产、产品品质把控、产品形式创新、市场营销、行业标准等方面内容。

10 月 21 日，“粤黔协作”生态养鱼鱼苗发放仪式在贵州省台江县排羊乡举行，广东省农业农村厅、广东省粤黔协作工作队、碧桂园国强公益基金会联合向当地农民赠送首批稻渔综合种养鲤鱼 9000 斤和水库增殖鳙鱼 20000 斤。

12 月 7 日，第二届中国水产种业博览会暨第三届广东水产种业产业大会在广州南沙广东国际渔业高科技园开幕。博览会以“领绿色渔业，谋种业振兴”为主题，参展单位超 300 家，参展品种 250 多个。

11-1 主要年份水产品产量及养殖面积

年 份	水产品产量(万吨)	海水产品	捕捞	养殖	淡水产品	捕捞	养殖	养殖面积(千公顷)	海水养殖	淡水养殖
1957	49.89	34.44	32.79	1.65	15.45	1.06	14.39	142.26	25.64	116.62
1962	34.45	24.46	23.16	1.30	9.99	0.90	9.09	167.02	21.20	145.82
1965	49.49	34.85	33.23	1.62	14.64	1.76	12.88	180.95	28.94	152.01
1970	57.32	41.71	40.41	1.30	15.61	1.12	14.49			
1975	71.84	53.83	52.81	1.02	18.01	1.14	16.87	193.08	17.41	175.67
1978	65.50	46.47	45.67	0.80	19.03	0.98	18.05	187.23	16.05	171.18
1980	63.34	41.54	40.78	0.76	21.80	0.85	20.95	200.29	21.54	178.75
1985	109.44	58.74	56.26	2.48	50.70	1.93	48.77	290.16	56.13	234.03
1990	207.66	124.53	110.74	13.79	83.13	4.19	78.94	43.67	92.33	251.34
1995	449.86	189.41	178.71	10.70	164.23	14.45	149.78	445.82	116.15	329.67
2000	593.19	360.46	191.46	168.98	323.73	13.52	219.21	564.51	194.89	369.62
2005	695.23	397.75	172.05	225.70	297.29	13.03	284.26	604.65	224.40	380.25
2010	729.03	401.50	152.43	249.07	327.53	12.86	314.67	563.41	199.26	364.16
2011	762.53	418.22	152.65	265.57	344.31	12.84	331.47	573.91	203.41	370.50
2012	739.35	408.92	153.65	255.27	330.43	12.88	317.55	575.21	201.83	373.38
2013	764.29	418.58	152.88	265.70	345.71	12.81	332.91	570.14	197.20	372.94
2014	783.22	426.44	153.90	272.55	356.78	12.41	344.37	564.99	193.69	371.30
2015	803.71	434.71	154.00	280.71	369.00	12.26	356.74	565.68	194.86	370.82
2016	818.28	441.53	151.01	290.52	376.75	12.12	364.63	480.80	166.20	314.60
2017	833.54	451.81	148.91	302.90	381.73	12.04	369.69	473.77	161.69	312.08
2018	842.44	449.17	132.44	316.73	393.28	11.53	381.75	478.90	165.61	313.28
2019	866.40	455.49	126.36	329.13	410.91	10.90	400.01	478.21	164.99	313.22
2020	875.81	450.53	119.29	331.24	425.28	9.87	415.41	475.72	164.72	311.00
2021	884.52	455.04	118.80	336.24	429.47	8.91	420.57	475.62	165.72	309.90

注：2000年以后的水产品产量数据按照新的标准统计，2016年以后年份的数据以第三次全国农业普查结果为基础做了调整。

11-2 水产生产概况

项　　目	计量单位	2020	2021	2021比2020 增长(%)
水产品总产量	万吨	875.81	884.52	0.99
海洋捕捞(包括外海)	万吨	119.29	118.80	-0.41
海水养殖	万吨	331.24	336.24	1.51
淡水捕捞	万吨	9.87	8.91	-9.73
淡水养殖	万吨	415.41	420.57	1.24
渔业总产值(按现价计算)	亿元	3840.71	4087.71	6.43
水产品产值(不包括种苗)	亿元	1581.54	1743.34	10.23
海洋捕捞	亿元	245.88	207.25	-15.71
海水养殖	亿元	548.00	625.00	14.05
淡水捕捞	亿元	16.58	18.50	11.58
淡水养殖	亿元	771.08	827.75	7.35
水产种苗	亿元	46.78	64.84	38.61
其中：水产品加工	亿元	246.63	254.15	3.05
渔机修造	亿元	7.78	7.95	2.19
绳网制造	亿元	2.05	2.12	3.41
建筑业	亿元	5.99	6.04	0.83
第三产业产值	亿元	1792.77	1842.48	2.77
渔民人均纯收入	元/人	22375.00	22437.00	0.28
海洋捕捞产量	万吨	119.29	118.80	-0.41
其中：鱼类	万吨	81.40	81.82	0.52
虾类	万吨	13.80	13.37	-3.12
蟹类	万吨	6.69	7.30	9.12
贝类	万吨	3.36	2.90	-13.69
藻类	万吨	0.51	0.47	-7.84
头足类	万吨	5.27	5.08	-3.61
海水养殖总面积	千公顷	164.72	165.72	0.61
产量	万吨	331.24	336.24	1.51
单产	千克/公顷	20109.00	20290.39	0.90
其中：鱼类面积	千公顷	33.22	35.17	5.87
产量	万吨	74.28	78.00	5.01
单产	千克/公顷	22360.00	22181.76	-0.80
虾类面积	千公顷	51.15	57.20	11.83
产量	万吨	54.24	63.81	17.64
单产	千克/公顷	10604.00	11156.75	5.21
蟹类面积	千公顷	7.56	7.89	4.37
产量	万吨	8.72	8.50	-2.52
单产	千克/公顷	11534.00	10776.85	-6.56
贝类面积	千公顷	67.13	60.88	-9.31
产量	万吨	186.21	178.49	-4.15
单产	千克/公顷	27738.00	29317.36	5.69
藻类面积	千公顷	2.15	2.00	-6.98
产量	万吨	6.77	6.18	-8.71
单产	千克/公顷	31488.00	30908.38	-1.84

11-2 续表

项　　目	计量单位	2020	2021	2021比2020增长(%)
淡水养殖总面积	千公顷	311.00	309.90	-0.35
产量	万吨	415.41	420.57	1.24
单产	千克/公顷	13357.00	13571.00	1.60
其中：池塘养殖面积	千公顷	247.24	260.59	5.40
产量	万吨	380.51	391.66	2.93
单产	千克/公顷	15390.00	15030.00	-2.34
其中：鱼类产量	万吨	415.41	381.48	-8.17
虾类产量	万吨	30.28	31.48	3.96
蟹类产量	万吨	0.50	0.48	-4.00
淡水捕捞产量	万吨	9.87	8.91	-9.73
其中：鱼类	万吨	6.82	6.77	-0.73
虾类	万吨	0.76	0.68	-10.53
蟹类	万吨	0.40	0.38	-5.00
贝类	万吨	1.82	0.99	-45.60
水产冷库数量	座	566	706	24.73
制冰能力	吨/日	43552.00	43735.00	0.42
冻结能力	吨/日	26024.00	32698.00	25.65
冷藏能力	吨/次	366984.00	431593.00	17.61
水产加工品数量	万吨	145.46	148.36	1.99
其中：冷冻品	万吨	42.11	43.26	2.73
渔业乡(镇)	个	88	77	-12.50
渔业村	个	957	1022	6.79
渔业人口	万人	219.38	203.10	-7.42
渔业从业人员	万人	123.75	115.52	-6.65
其中：专业	万人	80.61	79.21	-1.74
兼业	万人	36.00	30.00	-16.67
机动渔船合计艘数	艘	49186	35132	-28.57
吨位	吨	1030365	984488	-4.45
功率	千瓦	2130475	1902721	-10.69
其中：生产渔船艘数	艘	45410	31856	-29.85
吨位	吨	948430	913658	-3.67
功率	千瓦	1837869	1642205	-10.65
非机动渔船艘数	艘	1864	1177	-36.86
吨位	吨	6178	5286	-14.44

11-3 各市渔业生产基本情况

(2021年)

市　别	水产品总产量(吨)					渔业经济总产值(万元)	其中水产品产值
	合计	海洋捕捞(包括外海)	海水养殖	淡水捕捞	淡水养殖		
全　省	8845163	1188000	3362424	89067	4205672	40877058	17473425
广　州	507701	23795	110019	28433	345454	4482725	1236872
深　圳	79697	58810	17794		3093	159687	250748
珠　海	333439	12014	96166	1136	224123	2131435	709990
汕　头	473522	121212	260397	2968	88945	2057488	722124
韶　关	83146			2348	80798	92962	65469
河　源	47058			1723	45335	310884	135724
梅　州	104742			10688	94054	556944	521188
惠　州	192115	17364	50997	888	122866	2230379	1141229
汕　尾	590541	182284	356065	1764	50428	333419	110695
东　莞	49528	6219		788	42521	1763080	865689
中　山	362179	464		978	360737	4110066	2220850
江　门	830717	67440	236748	6999	519530	4937596	1707886
佛　山	757817			5586	752231	212495	141853
阳　江	1189810	298829	784171	6533	100277	3436403	1876772
湛　江	1210423	214947	821422	4145	169909	7589377	2548101
茂　名	924541	125964	465692	1390	331495	2827126	1195959
肇　庆	517174			3333	513841	1558149	914166
清　远	137754			1640	136114	329674	224155
潮　州	205926	15111	138917	3574	48324	766100	445288
揭　阳	146428	43547	24036	2985	75860	595541	290534
云　浮	100905			1168	99737	395528	148132

11-3 续表

(2021年)

市别	水产养殖面积合计(公顷)	海水养殖	淡水养殖	渔业船舶合计 艘	总吨	千瓦
全省	475618.32	165715.10	309903.22	48682	1066467	2121227
广州	21626.73	4423.07	17203.66	1334	20970	62900
深圳	955.47	695.24	260.23	952	37571	96412
珠海	22121.07	11934.00	10187.07	1510	36109	81736
汕头	14830.75	10646.29	4184.46	1577	71696	117960
韶关	15717.94		15717.94	556	596	6691
河源	5889.00		5889.00	757	770	7269
梅州	10870.67		10870.67	459	750	5931
惠州	17182.85	1766.00	15416.85	1769	13601	60760
汕尾	18902.30	15092.60	3809.70	4527	98373	285821
东莞	4384.94		4384.94	251	17977	25799
中山	20320.59		20320.59	564	4170	12852
江门	60679.80	18785.00	41894.80	3497	138597	213759
佛山	35526.46		35526.46	1661	2451	17056
阳江	35799.40	21971.00	13828.40	4274	232297	374533
湛江	78734.80	56112.90	22621.90	15938	224222	389931
茂名	36969.67	14185.00	22784.67	3088	127597	199769
肇庆	30517.00		30517.00	1384	2019	9656
清远	16688.78		16688.78	1045	1566	11136
潮州	13433.40	8392.00	5041.40	1638	10162	44918
揭阳	8228.00	1712.00	6516.00	1303	23092	89182
云浮	6238.70		6238.70	598	1881	7156

11-4 各市海洋捕捞产量

(2021年) 单位：吨

市别	海洋捕捞(包括外海)	鱼类	甲壳类			贝类	藻类	头足类	其它
				虾	蟹				
全省	1127181	818189	206729	133682	73047	28974	4705	50763	17821
广州	9789	7819	1434	747	687	185		310	41
深圳	26477	15636	8221	5090	3131	1364		8	1248
珠海	9374	6649	1210	823	387	299	60	54	1102
汕头	121212	94528	18383	9386	8997	2766	13	5484	38
惠州	17364	13595	1966	880	1086	773	8	735	287
汕尾	182284	121765	38584	20593	17991	5501	845	13979	1610
东莞	6219	3329	2620	1893	727	202		68	
中山	464	270	172	135	37	8			14
江门	66384	50458	13217	6094	7123	723	137	1761	88
阳江	298829	213934	61464	45197	16267	6079	2304	9128	5920
湛江	204163	142531	40331	27516	12815	9277	556	7975	3493
茂名	125964	108062	9690	8303	1387	1178	472	5103	1459
潮州	15111	8648	2685	2354	331	544	245	656	2333
揭阳	43547	30965	6752	4671	2081	75	65	5502	188

11-4 续表

(2021年) 单位：吨

市别	合计	按捕捞渔具分					
		拖网	围网	刺网	张网	钓业	其他
全省	1127181	566956	111773	340238	2716	69935	35563
广州	9789	777	22	7641	145	97	1107
深圳	26477	25025	342	1110			
珠海	9374	5038	1380	2466	68	339	83
汕头	121212	73844	8474	26055	378	10273	2188
惠州	17364	2329	4526	7753		2747	9
汕尾	182284	119498	14930	25671	666	14629	6890
东莞	6219	2406	2376	1365		51	21
中山	464	10		438		16	
江门	66384	31804	7827	23605		3122	26
阳江	298829	103928	61366	107299		21646	4590
湛江	204163	86267	3786	90103	698	4423	18886
茂名	125964	84039	3463	28080		9797	585
潮州	15111	4187	3258	4492	761	1235	1178
揭阳	43547	27804	23	14160		1560	

11−5 各市海水养殖产量

(2021年) 单位：吨

市别	合计	鱼类	甲壳类			贝类	藻类	其他
				虾	蟹			
全省	3362424	780049	723116	638110	85006	1784907	61801	12551
广州	110019	100911	8879	5821	3058	229		
深圳	17794	919	4390	3631	759	11656	156	673
珠海	96166	81987	11859	9182	2677	1950		370
汕头	260397	62225	46744	28459	18285	89512	52100	9816
惠州	50997	9986	23602	22365	1237	16681	5	723
汕尾	356065	95319	66370	51688	14682	193952	419	5
东莞								
中山								
江门	236748	18639	78622	72389	6233	139464		23
阳江	784171	148774	125296	110912	14384	509717		384
湛江	821422	140133	222496	213799	8697	458174	507	112
茂名	465692	73968	87556	82575	4981	295865	7921	382
潮州	138917	38934	34141	26677	7464	65416	363	63
揭阳	24036	8254	13161	10612	2549	2291	330	

11−5 续表

(2021年) 单位：吨

市别	按养殖水域分			其中：养殖方式分						
	海上	滩涂	其他	深水网箱	普通网箱	工厂化	池塘	筏式	吊笼	底播
全省	1421750	1228135	712539	87132	118505	12061	863359	495976	76235	544454
广州			110019			4407	105612			
深圳	10888	4379	2527	320	698	1862				
珠海	15160		81006	11600	2030		81006	920		700
汕头	95880	97356	67161		3043	265	55605	117961	8650	27547
惠州	24198	24800	1999	2500	2125	79	27900	4886	13400	1945
汕尾	161737	119360	74968		214	564	58787	881		7016
东莞										
中山										
江门	136000	100748			1520		100748	120449		14031
阳江	421914	224811	137446	2139	34677		95652	132088	6425	99026
湛江	277840	411678	131904	69740	47002	1032	232724	79555	47760	184432
茂名	227325	187270	51097	495	12804	324	45400			173186
潮州	50808	52481	35628	338	14392	1320	38097	39236		36571
揭阳		5252	18784			2208	21828			

11-6　各市海水养殖面积

（2021年）　　单位：公顷

市　别	合　计	鱼类	甲壳类			贝类	藻类	其他
				虾	蟹			
全　省	165715	35166	65083	57195	7888	60882	1999	2584
广　州	4423	3049	1368	1128	240	5		
深　圳	695	13	111	91	20	570	1	
珠　海	11934	4646	2883	1568	1315	2929		1476
汕　头	10646	2082	2899	2163	736	3744	1834	88
惠　州	1766	238	700	606	94	777	1	50
汕　尾	15093	4638	4434	3572	862	6015	5	1
东　莞								
中　山								
江　门	18785	760	10960	9064	1895	7054		11
阳　江	21971	4558	7133	6245	888	10210		70
湛　江	56113	9383	26026	25273	753	19819	16	869
茂　名	14185	3075	4305	3870	435	6750	55	
潮　州	8392	2579	2942	2550	392	2790	62	19
揭　阳	1712	145	1322	1064	258	220	25	

11-6　续表

（2021年）　　单位：公顷

市　别	按养殖水域分			其中：养殖方式分						
	海上	滩涂	其他	深水网箱 立方水体	普通网箱 平方米	工厂化 立方水体	池塘	筏式	吊笼	底播
全　省	52218	63064	50433	2829330	3690204	2136029	74225	17926	3134	45253
广　州			4423			211296	4423			
深　圳	581	108	6	50000	450	21518		47		
珠　海	4882		7052	232000	4500		7049	5		4405
汕　头	3372	3975	3299		425	34630	3579	2811	333	1647
惠　州	946	820		22980	30987	4000	820	137	440	223
汕　尾	4258	5921	4915		166295	5353	3726	56	311	13174
东　莞										
中　山										
江　门	6825	11960			48790	10000	11960	5881		944
阳　江	6302	10757	4912	410215	362673	91	8590	3240	482	3083
湛　江	14810	23267	18036	2041364	1365374	3476	27400	4393	1535	7911
茂　名	7600	4598	1987	39146	2030	5665	2754			11858
潮　州	2643	1563	4186	33625	1708680	560000	2432	1356	33	2008
揭　阳		95	1617			1280000	1492			

11-7 各市淡水捕捞产量

(2021年) 单位：吨

市别	合计	鱼类	甲壳类			贝类	其他
				虾	蟹		
全省	89067	67658	10615	6811	3804	9932	862
广州	28433	22696	2898	1337	1561	2792	47
珠海	1136	839	297	95	202		
汕头	2968	2125	736	352	384	47	60
韶关	2348	1624	268	196	72	456	
河源	1723	1522	181	174	7	20	
梅州	10688	9465	468	429	39	542	213
惠州	888	626	37	37		225	
汕尾	1764	1429	267	202	65	33	35
东莞	788	726	62	25	37		
中山	978	811	100	62	38	67	
江门	6999	4468	1058	827	231	1368	105
佛山	5586	2012	835	769	66	2739	
阳江	6533	3756	2010	1210	800	657	110
湛江	4145	3910	101	58	43	104	30
茂名	1390	993	120	120		180	97
肇庆	3333	2765	179	119	60	389	
清远	1640	1364	152	130	22	124	
潮州	3574	3018	403	322	81	22	131
揭阳	2985	2479	339	244	95	133	34
云浮	1168	1030	104	103	1	34	

11-8 各市淡水养殖产量

(2021年)　　单位：吨

市别	合计	鱼类	甲壳类			贝类	藻类	其他
				虾	蟹			
全省	4205672	3814790	319665	314837	4828	8213		63004
广州	345454	324183	15109	13652	1457	3762		2400
深圳	3093	3009	75	48	27	5		4
珠海	224123	182193	40943	40943				987
汕头	88945	65928	22473	22473		208		336
韶关	80798	80046	416	362	54	182		154
河源	45335	43636	482	473	9	28		1189
梅州	94054	91974	666	451	215	767		647
惠州	122866	114226	52	52				8588
汕尾	50428	47254	2230	2046	184			944
东莞	42521	38918	1049	964	85			2554
中山	360737	298856	54372	53159	1213			7509
江门	519530	391273	118419	117391	1028	294		9544
佛山	752231	744906	2797	2797				4528
阳江	100277	96229	3594	3594		14		440
湛江	169909	166895	1679	1511	168	293		1042
茂名	331495	320990	9004	9004		1037		464
肇庆	513841	465926	37113	37088	25	622		10180
清远	136114	133828	906	865	41	285		1095
潮州	48324	45140	2014	1704	310	449		721
揭阳	75860	64929	5846	5846				5085
云浮	99737	94451	426	414	12	267		4593

11-8 续表

(2021年)　　单位：吨

市别	合计	其中按水域分					其中养殖方式		
		池塘	湖泊	水库	河沟	稻田	围栏	网箱	工厂化
全省	4205672	3916605	7664	223587	8540	2194		989	5399
广州	345454	339672		1014					4768
深圳	3093	3029							64
珠海	224123	219362							
汕头	88945	86514		828	833				
韶关	80798	64646		15116		946		23	51
河源	45335	36588		8529		4			
梅州	94054	63979	1145	24936	11	97			468
惠州	122866	119778		2366	2				
汕尾	50428	38726	885	5892	3161			132	
东莞	42521	42437		67					5
中山	360737	360737							
江门	519530	516706		1310	100				
佛山	752231	750593		1638					
阳江	100277	86968	2741	9072	593				
湛江	169909	143996	450	23297	1408			244	
茂名	331495	273023		54710		182			13
肇庆	513841	449939		42213	1385			450	
清远	136114	123838	1874	7986	303	920		90	30
潮州	48324	40409	569	5811	94				
揭阳	75860	65906		9749	205				
云浮	99737	89759		9053	445	45		50	

11-9　各市淡水养殖面积

(2021年)　　单位：公顷

市　别	合计	按水域分						集约化养殖方式		
		池塘	湖泊	水库	河沟	其它	稻田	围栏（平方米）	网箱（平方米）	工厂化（立方水体）
全　省	309903.2	260592.2	1526	42820.53	790.41	4174.13	4666.7		80309	1538094
广　州	17203.66	16808.46		383.27		11.93				168434
深　圳	260.23	258.23				2				19000
珠　海	10187.07	10181.07				6				
汕　头	4184.46	3998		56.32	47.44	82.7				
韶　关	15717.94	9545.21		6172.73			2547.7		2300	6000
河　源	5889	4903.83		980.17		5	20			180
梅　州	10870.67	6039	118	4281.67	2	430	272			16170
惠　州	15416.85	14843.18		569.67	4					
汕　尾	3809.7	2673.2	44	690.5	264	138				
东　莞	4384.94	4240.37		139		5.57				1577
中　山	20320.59	20320.59								
江　门	41894.8	41628.73		138.47	12.67	114.93				
佛　山	35526.46	35336.46		190						
阳　江	13828.4	10015.4	359	3198	197	59				
湛　江	22621.9	12719.1	347	9389.8	98	68			32550	
茂　名	22784.67	17202.67		5452		130				17333
肇　庆	30517	24288		3970		2259			5200	
清　远	16688.78	11686.55	516	3929.93	65.3	491	1799		25000	26000
潮　州	5041.4	3786.4	121	828	19	287				
揭　阳	6516	5109	21	1365	21					1280000
云　浮	6238.7	5008.7		1086	60	84	28		15259	

11-10 各市海淡水养殖苗

(2021年)

市别	海水鱼苗（万尾）	虾类苗种量（亿尾）	贝类苗种量（万粒）	淡水鱼苗产量（万尾）	淡水鱼种产量（吨）	投放鱼种数量（吨）
全　省	270418	8519	282758	79665948	223754	187439
广　州	50553	601		542605	16919	22136
深　圳	28956	101	31020		36	
珠　海	5037	916		209510	2824	2824
汕　头	1298	526	30810	52356	5	7
韶　关				136468	9316	9001
河　源				40795	2255	2228
梅　州				349736	6265	5679
惠　州	100601		750	587275	5285	5579
汕　尾	19729	312	18850	1818	6	6
东　莞		1		333254	184	522
中　山		133		340	2607	1574
江　门	233	574	34597	1926240	11985	5467
佛　山				34586873	21040	14301
阳　江	21873	37	30269	33328397	1580	1893
湛　江	7534	1614	15172	377850	1234	305
茂　名	60	228	1659	2840007	23398	23455
肇　庆				1725089	103913	81169
清　远				530930	5319	5247
潮　州	34544	3437	9440	19931	743	494
揭　阳		39	110191	207155	849	543
云　浮				1869319	7991	5009

11-11 各市水产加工

(2021年)

市别	一、水产加工企业数量（个）	加工能力（吨/年）	二、水产冷库座数	冻结能力（吨/日）	冻藏能力（吨/次）	制冰能力（吨/日）
全省	995	2298865	706	32698	431593	43735
广州	3	37055	8	185	4610	51
深圳		2500				
珠海	26	136420	36	249	8912	536
汕头	63	202670	77	2016	43812	4095
韶关			1	24	25	20
河源						
梅州	2	30				
惠州	5	17691	3	244	200	81
汕尾	56	138505	68	730	9242	1048
东莞	15	380				
中山	12	80481	26	360	955	119
江门	82	91643	47	652	43900	860
佛山	23	98115	35	2200	55000	150
阳江	27	265172	98	2762	50453	2603
湛江	176	478632	211	5684	104946	28036
茂名	205	595500	31	16005	91751	4738
肇庆	7	74699	7	153	5426	32
清远						
潮州	9	31920	18	330	8180	617
揭阳	282	17452	35	104	3181	649
云浮	2	30000	5	1000	1000	100

11-11 续表 1

(2021年)

市别	三、水产加工品总量（吨）	淡水加工产品	(一)水产品冷冻（吨）	冷冻加工品	(二)鱼糜制品及干腌制品（吨）	鱼糜制品	干腌品
全省	1483550	425914	1059382	626772	182741	90844	91897
广州	8283	8283	4216	4066	4067	4015	52
深圳	1240		105		25		25
珠海	58340	34090	57968	25750	372	50	322
汕头	114429	9545	85811	58221	9414	8945	469
韶关							
河源							
梅州	2694	2694			2694	2395	299
惠州	9407		6752	988	2636	278	2358
汕尾	190505	16742	117119	48895	57994	14447	43547
东莞	438	58			438	58	380
中山	38242	38011	29198	24343	2775	18	2757
江门	73680	19716	41082	13216	5901	2809	3092
佛山	75353	75353	45188	7095	48	15	33
阳江	159159	27809	104598	52691	33839	28323	5516
湛江	335877	44881	274357	221783	23206	3334	19872
茂名	305590	95480	194455	137023	30672	21953	8719
肇庆	43037	43037	43023	17050			
清远							
潮州	37235	510	34850	1060	614		614
揭阳	18736		9455	4989	7946	4204	3742
云浮	11305	9705	11205	9602	100		100

11-11 续表 2

(2021年)

市别	藻类加工(吨)	(三)罐制品(吨)	(四)水产饲料(吨)	(五)鱼油制品(吨)
全省	4776	52478	83546	50
广州				
深圳		340		
珠海				
汕头	991	28	343	22
韶关				
河源				
梅州				
惠州				
汕尾	2847	2905	2272	
东莞				
中山		3269		
江门	50	5727	2503	
佛山		30000		
阳江		1440	15553	
湛江		35	36489	28
茂名	465	8720	25788	
肇庆		14		
清远				
潮州	423		598	
揭阳				
云浮				

11-11 续表 3

(2021年)

市别	(六)其它水产加工品(吨)	助剂和添加剂(吨)	珍珠(公斤)	四、用于加工的水产品量(吨)	淡水产品
全省	100577		3168	1622978	582937
广州				11258	11258
深圳	770			1800	
珠海				69570	43880
汕头	17820		400	133750	18950
韶关					
河源					
梅州				3836	3836
惠州	19			10452	
汕尾	7368			145468	8135
东莞				124	124
中山	3000			35682	35205
江门	18417			116329	44710
佛山	117			53990	53990
阳江	3729			180188	15326
湛江	1762		2768	250414	66276
茂名	45490			455061	190225
肇庆				74112	74112
清远					
潮州	750			29816	516
揭阳	1335			30734	
云浮				20394	16394

11-12 各市渔业船舶拥有量

市别	总计			机动渔船									
							生产渔船						
										捕捞渔船		
	艘	总吨	千瓦	艘	总吨	千瓦	艘	总吨	千瓦	艘	总吨	千瓦
全省	50332	1075703	2121227	48682	1066467	2121227	45178	991803	1842888	41681	975311	1790656
广州	1369	24600	62900	1334	20970	62900	1146	16843	38498	1146	16843	38498
深圳	952	37571	96412	952	37571	96412	683	36157	82494	451	35634	77738
珠海	1521	38972	81736	1510	36109	81736	1194	24197	52803	1038	22407	42632
汕头	1589	71706	117960	1577	71696	117960	1370	60507	84948	1291	59579	81610
韶关	566	605	6691	556	596	6691	552	589	6434	552	589	6434
河源	780	784	7269	757	770	7269	756	767	7225	705	767	7225
梅州	459	751	5931	459	750	5931	448	602	4515	448	602	4515
惠州	1772	14532	60760	1769	13601	60760	1519	8125	33514	1491	6196	28830
汕尾	5014	98862	285821	4527	98373	285821	4336	93155	259074	4321	93132	258971
东莞	251	17977	25799	251	17977	25799	242	17414	24338	242	17414	24338
中山	564	4170	12852	564	4170	12852	520	3084	6211	520	3084	6211
江门	3509	138827	213759	3497	138597	213759	3063	132014	185507	2978	130518	180160
佛山	1686	2672	17056	1661	2451	17056	1639	2160	13845	1639	2160	13845
阳江	4353	232409	374533	4274	232297	374533	3570	217290	334831	3552	216691	333320
湛江	16337	224316	389931	15938	224222	389931	15407	218852	370846	13351	213311	355814
茂名	3088	127597	199769	3088	127597	199769	3009	123739	184550	2996	123739	184479
肇庆	1396	2031	9656	1384	2019	9656	1360	1918	8684	1360	1224	8684
清远	1045	1566	11136	1045	1566	11136	1041	1380	10820	1041	1380	10820
潮州	2090	10744	44918	1638	10162	44918	1475	9223	41523	715	6257	34316
揭阳	1393	23130	89182	1303	23092	89182	1268	22463	86289	1264	22460	86277
云浮	598	1881	7156	598	1881	7156	580	1324	5939	580	1324	5939

11-12 续表 1

市别	机动渔船								
	生产渔船			辅助渔船					
	养殖渔船						捕捞辅助船		
	艘	总吨	千瓦	艘	总吨	千瓦	艘	总吨	千瓦
全省	3497	16492	52232	3504	74664	278339	3159	65133	187406
广州				188	4127	24402	157	3149	12144
深圳	232	523	4756	269	1414	13918	256	1220	8860
珠海	156	1790	10171	316	11912	28933	261	9944	23637
汕头	79	928	3338	207	11189	33012	192	10045	22533
韶关				4	7	257			
河源	51			1	3	44			
梅州				11	148	1416			
惠州	28	1929	4684	250	5476	27246	217	4409	13128
汕尾	15	23	103	191	5218	26747	181	5166	24631
东莞				9	563	1461	7	449	987
中山				44	1086	6641	19	746	1208
江门	85	1496	5347	434	6583	28252	408	5802	20246
佛山				22	291	3211	9	59	203
阳江	18	599	1511	704	15007	39702	693	14643	33861
湛江	2056	5541	15032	531	5370	19085	507	4522	11253
茂名	13		71	79	3858	15219	73	3627	10558
肇庆		694		24	101	972	10	27	9
清远				4	186	316		47	
潮州	760	2966	7207	163	939	3395	127	645	2221
揭阳	4	3	12	35	629	2893	33	615	1789
云浮				18	557	1217	9	18	138

11-12 续表 2

市别	机动渔船					
	辅助渔船					
	渔业执法船			其它		
	艘	总吨	千瓦	艘	总吨	千瓦
全省	232	6056	81660	113	3475	9273
广州	28	892	11941	3	86	317
深圳	10	194	5058	3		
珠海	3	16	764	52	1952	4532
汕头	15	1144	10479			
韶关	4	7	257			
河源	1	3	44			
梅州	11	148	1416			
惠州	22	577	12259	11	490	1859
汕尾	10	52	2116			
东莞				2	114	474
中山	25	340	5433			
江门	23	646	7552	3	135	454
佛山	13	232	3008			
阳江	11	364	5841			
湛江	21	579	7369	3	269	463
茂名	6	231	4661			
肇庆	14	74	963			
清远	4	4	316		135	
潮州				36	294	1174
揭阳	2	14	1104			
云浮	9	539	1079			

11-12 续表 3

市别	机动渔船按船长分								
	24米以上			12-24米			12米以下		
	艘	总吨	千瓦	艘	总吨	千瓦	艘	总吨	千瓦
全省	3081	683805	1043226	7024	256116	562391	37988	127315	502991
广州	28	8840	12041	403	9546	33216	903	2572	17643
深圳	98	33491	73695	37	2408	4631	785	1656	18084
珠海	114	29844	43827	68	4045	12217	1328	2220	25693
汕头	270	44217	67102	612	25616	45844	695	1863	5015
韶关							444	419	6647
河源							757	770	7269
梅州				3	138	756	268	611	4962
惠州	23	5984	9768	76	4412	17112	1670	4067	31162
汕尾	634	65638	179213	485	20454	47693	3408	12325	58641
东莞	45	11500	12566	93	6055	12088	113	422	1145
中山	3	609	1351	67	1764	4937	469	1457	6564
江门	260	105795	133319	632	24857	46473	2590	6926	30829
佛山				105	631	3704	1555	1784	13254
阳江	834	174773	249605	774	45538	92468	2639	10220	27745
湛江	321	97659	110826	2297	67458	104814	13257	62740	173559
茂名	385	102582	139635	285	17157	35584	2418	7858	24550
肇庆				3	34	312	1274	1810	8935
清远				16	44	89	1027	1383	10915
潮州	20	1035	5051	295	5630	20903	1323	3465	18964
揭阳	45	1418	5227	759	20103	78727	482	1512	5082
云浮	1	420		14	226	823	583	1235	6333

11-12 续表 4

市别	捕捞渔船按功率分					
	441千瓦以上(600马力以上)			45-440千瓦 (61-559马力)		
	艘	总吨	千瓦	艘	总吨	千瓦
全省	480	223184	346069	6631	607986	1030015
广州	4	1705	2298	264	12277	25030
深圳	73	24496	50309	64	10803	23001
珠海	23	6365	13684	87	14507	18656
汕头	6	3794	3270	383	44088	67789
韶关						
河源					551	
梅州						
惠州				61	3357	7319
汕尾	51	24376	43162	937	56253	158799
东莞	4	1523	1984	126	15430	21056
中山				17	1132	1645
江门	96	68121	88963	432	51959	62093
佛山						
阳江	70	20012	47968	1279	185664	265398
湛江	88	45702	53602	1318	97299	145794
茂名	65	27090	40829	571	88411	121589
肇庆						
清远						
潮州				303	4962	28962
揭阳				789	21293	82884
云浮						

11-12 续表 5

市别	捕捞渔船按功率分			非机动渔船合计	
	44千瓦以下 (60马力以下)				
	艘	总吨	千瓦	艘	总吨
全省	34570	144141	414572	1650	9236
广州	878	2861	11170	35	3630
深圳	314	335	4428		
珠海	928	1535	10292	11	2863
汕头	902	11697	10551	12	10
韶关	552	589	6434	10	9
河源	705	216	7225	23	14
梅州	448	602	4515		1
惠州	1430	2839	21511	3	931
汕尾	3333	12503	57010	487	489
东莞	112	461	1298		
中山	503	1952	4566		
江门	2450	10438	29104	12	230
佛山	1639	2160	13845	25	221
阳江	2203	11015	19954	79	112
湛江	11945	70310	156418	399	94
茂名	2360	8238	22061		
肇庆	1360	1224	8684	12	12
清远	1041	1380	10820		
潮州	412	1295	5354	452	582
揭阳	475	1167	3393	90	38
云浮	580	1324	5939		

11-12 续表 6

市别	海洋渔业机动渔船			生产渔船					
							捕捞渔船		
	艘	总吨	千瓦	艘	总吨	千瓦	艘	总吨	千瓦
全 省	35132	984488	1902721	31856	913658	1642205	28599	898969	1594945
广 州	751	19701	55498	592	15901	34287	592	15901	34287
深 圳	839	31813	84126	602	31434	72696	417	31342	70656
珠 海	1291	33432	75052	979	21540	46338	823	19750	36167
汕 头	1534	70744	117424	1353	59555	84412	1290	58643	81322
韶 关									
河 源									
梅 州									
惠 州	1423	13174	57088	1178	7743	30532	1150	5814	25848
汕 尾	4527	89611	267047	4336	84700	242266	4321	84677	242163
东 莞	201	17872	25339	192	17309	23878	192	17309	23878
中 山	286	3148	10167	252	2479	4381	252	2479	4381
江 门	2670	136403	205456	2244	130112	177683	2159	128616	172336
佛 山									
阳 江	4274	232304	374537	3570	217297	334835	3552	216696	333323
湛 江	12176	176747	303375	11675	171475	284792	9730	166598	271693
茂 名	2902	127307	198914	2823	123449	183695	2823	123449	183695
肇 庆									
清 远									
潮 州	1389	9859	42152	1226	8920	38757	466	5954	31550
揭 阳	869	22373	86546	834	21744	83653	832	21741	83646
云 浮									

11-12 续表 7

市别	海洋渔业机动渔船								
	生产渔船			辅助渔船					
	养殖渔船						捕捞辅助船		
	艘	总吨	千瓦	艘	总吨	千瓦	艘	总吨	千瓦
全 省	3257	14689	47260	3276	70830	260516	3017	63068	182391
广 州				159	3800	21211	138	3084	11584
深 圳	185	92	2040	237	379	11430	224	185	6372
珠 海	156	1790	10171	312	11892	28714	257	9924	23418
汕 头	63	912	3090	181	11189	33012	166	10045	22533
韶 关									
河 源									
梅 州									
惠 州	28	1929	4684	245	5431	26556	217	4406	13128
汕 尾	15	23	103	191	4911	24781	181	4881	23861
东 莞				9	563	1461	7	449	987
中 山				34	669	5786	18	348	1179
江 门	85	1496	5347	426	6291	27773	404	5798	20149
佛 山									
阳 江	18	601	1512	704	15007	39702	693	14643	33861
湛 江	1945	4877	13099	501	5272	18583	479	4418	10751
茂 名				79	3858	15219	73	3627	10558
肇 庆									
清 远									
潮 州	760	2966	7207	163	939	3395	127	645	2221
揭 阳	2	3	7	35	629	2893	33	615	1789
云 浮									

11-12 续表 8

市别	海洋渔业机动渔船					
	辅助渔船					
	渔业执法船			其它		
	艘	总吨	千瓦	艘	总吨	千瓦
全省	146	4422	68852	113	3340	9273
广州	18	630	9310	3	86	317
深圳	10	194	5058	3		
珠海	3	16	764	52	1952	4532
汕头	15	1144	10479			
韶关						
河源						
梅州						
惠州	17	535	11569	11	490	1859
汕尾	10	30	920			
东莞				2	114	474
中山	16	321	4607			
江门	19	358	7170	3	135	454
佛山						
阳江	11	364	5841			
湛江	19	585	7369	3	269	463
茂名	6	231	4661			
肇庆						
清远						
潮州				36	294	1174
揭阳	2	14	1104			
云浮						

11-12 续表 9

市别	海洋渔业捕捞渔船按作业类型分								
	拖网			围网			刺网		
	艘	总吨	千瓦	艘	总吨	千瓦	艘	总吨	千瓦
全省	3496	384865	681286	1241	143965	203723	18660	221905	436085
广州	7	1456	2029	16	4414	3748	517	7418	24213
深圳	30	4281	11453	14	5149	14257	317	1964	2794
珠海	55	12191	18165	19	5186	5743	663	1091	9196
汕头	174	11510	20527	32	9334	10447	705	16576	23342
韶关									
河源									
梅州									
惠州	3	400	874	57	830	3384	958	3201	17187
汕尾	1351	60993	164669	295	3485	12765	1948	13060	33842
东莞	66	13683	15536	35	2038	5228	71	1147	2505
中山	2	166	254				241	1684	3330
江门	162	50997	59881	93	44651	55365	1752	25960	47202
佛山									
阳江	308	71152	106530	259	42425	57948	2392	62937	105764
湛江	346	65653	93963	296	11342	15689	6687	62377	113438
茂名	281	72540	102708	112	14631	16875	2033	19379	34011
肇庆									
清远									
潮州	124	3668	18523	10	320	1622	188	1015	6007
揭阳	587	16175	66174	3	160	652	188	4096	13254
云浮									

11-12 续表 10

市别	海洋渔业捕捞渔船按作业类型分								
	张网			钓业			其它		
	艘	总吨	千瓦	艘	总吨	千瓦	艘	总吨	千瓦
全省	206	2374	5379	2289	106708	194087	2707	39104	74385
广州	2	1096	1244	16	1248	2012	34	269	1041
深圳				27	14326	29853	29	5622	12299
珠海	23	76	225	58	1096	2798	5	110	40
汕头	90	112	513	261	21085	26330	28	26	163
韶关									
河源									
梅州									
惠州				33	325	1135	99	1058	3268
汕尾	37	65	734	529	5787	21766	161	1287	8387
东莞				7	370	431	13	71	178
中山				9	629	797			
江门				110	6649	9158	42	311	730
佛山									
阳江				500	34513	56226	93	5669	6855
湛江	42	859	2048	246	1925	7829	2113	24442	38726
茂名				359	16864	27896	38	35	2205
肇庆									
清远									
潮州	12	166	615	80	581	4290	52	204	493
揭阳				54	1310	3566			
云浮									

11-12 续表 11

市别	海洋渔业机动渔船按船长分								
				24米以上			12-24米		
	艘	总吨	千瓦	艘	总吨	千瓦	艘	总吨	千瓦
全省	35132	984489	1902721	2968	648524	1008221	5623	243323	536885
广州	751	19701	55498	27	8674	11173	391	9384	32351
深圳	839	31813	84126	96	29168	67048	30	1860	2892
珠海	1291	33433	75052	114	27630	39349	68	4045	12217
汕头	1534	70744	117424	262	43781	67101	599	25216	45785
韶关									
河源									
梅州									
惠州	1423	13174	57088	21	5121	11480	76	4377	17761
汕尾	4527	89611	267047	634	58179	169813	485	19455	44650
东莞	201	17872	25339	47	11800	12566	95	5668	12023
中山	286	3148	10167	4	609	1351	54	1636	4726
江门	2670	136403	205456	260	105795	133319	589	24736	47195
佛山									
阳江	4274	232304	374537	846	176331	254324	782	45750	92468
湛江	12176	176747	303375	207	76401	90784	1116	58320	89633
茂名	2902	127307	198914	385	102582	139635	285	17157	35584
肇庆									
清远									
潮州	1389	9859	42152	20	1035	5051	294	5616	20873
揭阳	869	22373	86546	45	1418	5227	759	20103	78727
云浮									

11−12　续表 12

市　别	海洋渔业机动渔船按船长分			海洋渔业捕捞渔船按功率分					
	12米以下						441千瓦以上(600马力以上)		
	艘	总吨	千瓦	艘	总吨	千瓦	艘	总吨	千瓦
全　省	26541	92642	357615	28599	898969	1594945	467	216118	334459
广　州	333	1643	11974	592	15901	34287	4	1705	2298
深　圳	713	785	14186	417	31342	70656	61	20895	44662
珠　海	1109	1758	23486	823	19750	36167	23	4151	9206
汕　头	673	1747	4538	1290	58643	81322	6	3794	3270
韶　关									
河　源									
梅　州									
惠　州	1326	3676	27847	1150	5814	25848			
汕　尾	3408	11977	52584	4321	84677	242163	51	23635	42178
东　莞	59	404	750	192	17309	23878	4	1523	1984
中　山	228	903	4090	252	2479	4381			
江　门	1821	5872	24942	2159	128616	172336	96	68121	88963
佛　山									
阳　江	2646	10223	27745	3552	216696	333323	70	20014	47969
湛　江	10853	42026	122958	9730	166598	271693	87	45190	53100
茂　名	2232	7568	23695	2823	123449	183695	65	27090	40829
肇　庆									
清　远									
潮　州	1075	3208	16228	466	5954	31550			
揭　阳	65	852	2592	832	21741	83646			
云　浮									

11−12　续表 13

市　别	海洋渔业捕捞渔船按功率分						非机动渔船合计	
	45−440千瓦（61−559马力）			44千瓦以下　(60马力以下)				
	艘	总吨	千瓦	艘	总吨	千瓦	艘	总吨
全　省	6351	570239	983943	21781	112612	276543	1177	5286
广　州	264	12277	25030	324	1919	6959		
深　圳	42	10133	21648	314	314	4346		
珠　海	86	14502	18577	714	1097	8384	10	2862
汕　头	382	43212	67501	902	11637	10551		
韶　关								
河　源								
梅　州								
惠　州	61	3357	7319	1089	2457	18529	2	930
汕　尾	937	48879	147865	3333	12163	52120	487	489
东　莞	126	15430	21056	62	356	838		
中　山	17	1132	1645	235	1347	2736		
江　门	432	51959	62093	1631	8536	21280		
佛　山								
阳　江	1277	185670	265399	2205	11012	19955		
湛　江	1064	69054	112432	8579	52354	106161	212	411
茂　名	571	88411	121589	2187	7948	21277		
肇　庆								
清　远								
潮　州	303	4930	28962	163	1024	2588	452	587
揭　阳	789	21293	82827	43	448	819	14	7
云　浮								

11−13 各市渔业人口与从业人员

(2021年)

市 别	渔业乡(个)	海洋渔业	渔业村(个)	海洋渔业	渔业户(个)	海洋渔业	渔业人口(人)	海洋渔业
全 省	77	64	1022	611	494018	193966	2030978	889109
广 州			12	9	10364	3704	32999	9292
深 圳					17		1868	1832
珠 海	3	3	63	8	38284	842	110019	3008
汕 头	7	7	43	39	25663	18446	113366	55671
韶 关			3		15684		83619	
河 源			16		5734		24919	
梅 州					38604		97732	
惠 州	3	3	25	21	13743	6351	62293	32056
汕 尾	21	19	190	83	30212	28728	196633	142682
东 莞	1		30	1	4518	1	15847	10
中 山	8	1	95	4	7011	73	20151	217
江 门		3	54	38	38965	8284	97909	13813
佛 山			39		42822		165880	
阳 江	5	5	80	89	27044	22214	131560	113861
湛 江	10	10	208	197	68451	60565	319894	290914
茂 名	9	9	62	59	37536	13293	192672	81556
肇 庆	5		12		17613		68239	
清 远			11		4791		14747	
潮 州	3	2	49	38	16560	15095	64597	69677
揭 阳	2	2	27	25	44715	16370	191815	74520
云 浮			3		5687		24219	

11−13 续表 1

(2021年)

市 别			渔业人口与从业人员(人)				
	传统渔民	海洋渔业	渔业从业人员	专业从业人员	女 性	兼业从业人员	女 性
全 省	829768	491614	1155209	792096	141759	305392	54894
广 州	8087	7169	26178	19485	3951	5555	3347
深 圳	355	356	903	829	14	49	3
珠 海	50204	1655	92050	87539	38283	3750	4001
汕 头	60906	33398	55087	37416	2941	13793	2169
韶 关	12857		53535	26970	4408	23290	4123
河 源	740		15632	12595	558	2826	528
梅 州	30051		49880	30097	7970	16523	2525
惠 州	15479	21996	40942	22842	4269	12895	3528
汕 尾	110175	44576	49004	36745	2678	9408	1479
东 莞	5568		4564	2637	526	1529	291
中 山	6106	194	15744	11047	3461	2748	513
江 门	23468	12429	82499	58339	11688	19877	4553
佛 山	80823		94412	82638	17641	10578	1511
阳 江	81165	81932	98600	70314	8299	23336	5342
湛 江	181758	166527	156011	119149	14937	28635	5184
茂 名	60330	48997	131665	69522	3732	56700	3702
肇 庆	6288		44828	35112	8849	6257	4329
清 远	580		11915	6610	459	4955	633
潮 州	10485	12569	26922	15524	1205	9244	1098
揭 阳	80023	59816	90247	37230	3660	50247	4747
云 浮	4320		14591	9456	2230	3197	1288

11-13 续表 2

(2021年)

市别	渔业人口与从业人员(人)					海洋渔业人口与从业人员(人)		
			专业从业人员中					
	临时从业人员	女性	捕捞	养殖	其它	海洋渔业从业人员	专业从业人员	女性
全省	57721	17049	214479	506489	71128	437121	323139	35037
广州	1138	225	3117	16232	136	4622	3787	1809
深圳	25	20	464	350	15	942	881	21
珠海	761	308	2579	75928	9032	5091	3921	789
汕头	3878	743	17508	16480	3428	31548	25035	1203
韶关	3275	1131	1434	18893	6643			
河源	211	212	1524	7937	3134			
梅州	3260	812	1357	28005	735			
惠州	5205	916	6119	15748	975	22099	12197	2753
汕尾	2851	529	23619	10175	2951	45295	36454	2430
东莞	398	45	739	1803	95	1325	610	270
中山	1949	315	1414	9368	265	460	460	
江门	4283	1117	14364	36517	7458	18797	17436	1987
佛山	1196	247	2820	77320	2498			
阳江	4950	4257	35026	27808	7480	66404	51962	7132
湛江	8227	2108	60374	52851	5924	130572	104099	12014
茂名	5443	554	21803	39896	7823	40021	30020	405
肇庆	3459	1994	2358	32406	348			
清远	350	125	1362	5220	28			
潮州	2154	260	5106	10418		20198	12093	1044
揭阳	2770	136	10284	14786	12160	49747	24184	3180
云浮	1938	995	1108	8348				

11-13 续表 3

(2021年)

市别	海洋渔业人口与从业人员(人)						
					专业从业人员中		
	兼业从业人员	女性	临时从业人员	女性	捕捞	养殖	其它
全省	89183	19918	24799	7388	177655	110755	34729
广州	725	429	110	70	2111	1550	126
深圳	41	3	20	20	539	342	
珠海	860	398	310	164	2295	1542	84
汕头	5289	871	1224	399	16440	5644	2951
韶关							
河源							
梅州							
惠州	5505	1532	4397	795	5375	5860	962
汕尾	6142	956	2699	389	24839	8834	2781
东莞	580	270	135		610		
中山					408		52
江门	841	522	520	482	9771	7385	280
佛山							
阳江	11048	4620	3394	2854	28341	17703	5918
湛江	20165	4844	6308	1578	54411	44485	5203
茂名	5806	256	4195	496	18638	7085	4297
肇庆							
清远							
潮州	6618	772	1487	141	4723	7370	
揭阳	25563	4445			9154	2955	12075
云浮							

11-14 渔业灾情

(2021年)

市　别	受灾养殖面积(公顷)	台风、洪涝	病害	干旱	污染	其它
全　省	24832	6704	5481	2926	255	9467
广　州	16		16			
深　圳						
珠　海						
汕　头						
韶　关	589	22	60	505		2
河　源	1562	1500	1	61		
梅　州	3158	50	1310	1654	39	106
惠　州	132			132		
汕　尾						
东　莞	714	710	3		1	
中　山	114	66	38			10
江　门	121	80	35			6
佛　山	25	0	25			
阳　江	11587	3500	73	5	7	8002
湛　江	3818	673	2624	38	183	300
茂　名	2	2				
肇　庆	1725	87	651			987
清　远	48	2	2			44
潮　州	404		404			
揭　阳						
云　浮	818	12	240	531	25	10

11-14 续表 1

(2021年)

市　别	水产品损失(吨)	台风、洪涝	病害	干旱	污染	其它
全　省	42854	7513	19236	5707	477	9921
广　州	30		30			
深　圳						
珠　海						
汕　头	231		202		29	
韶　关	354	3	26	324		1
河　源	524	360	1	163		
梅　州	6385	40	2137	3864	199	145
惠　州	782			782		
汕　尾						
东　莞	736	731	3		2	
中　山	163	100	63			
江　门	462	310	120			32
佛　山	301	1	300			
阳　江	1974	1230	409	28	84	223
湛　江	18894	3298	14610	306	122	558
茂　名	300	300				
肇　庆	10202	997	384			8821
清　远	74	10	5			59
潮　州	661		661			
揭　阳						
云　浮	781	133	285	240	41	82

11-14 续表 2

(2021年)

市别	损毁渔业设施(台风、洪涝)					
	池塘(公顷)	网箱(箱)	围栏(千米)	沉船(艘)	船损(艘)	堤坝(米)
全省	600.6	863	5		1	542
广州						
深圳						
珠海						
汕头						
韶关	20					
河源	132					
梅州	23					
惠州						
汕尾						
东莞	4					65
中山						
江门						
佛山						
阳江	266	520	5			322
湛江	147	139			1	155
茂名						
肇庆						
清远	0.6					
潮州	7	204				
揭阳						
云浮	1					

11-14 续表 3

(2021年)

市别	损毁渔业设施(台风、洪涝)						
	泵站(座)	涵闸(座)	码头(米)	护岸(米)	防波堤(米)	工厂化养殖(座)	苗种繁育场(个)
全省		3		721	816	2	
广州							
深圳							
珠海							
汕头							
韶关							
河源							
梅州						2	
惠州							
汕尾							
东莞							
中山							
江门							
佛山							
阳江				721	816		
湛江		3					
茂名							
肇庆							
清远							
潮州							
揭阳							
云浮							

11-14 续表 4

(2021年)

市别	人员损失(台风、洪涝)(人)	失踪	死亡	重伤	直接经济损失合计(万元)
全省					46296
广州					11
深圳					
珠海					
汕头					
韶关					630
河源					537
梅州					5926
惠州					781
汕尾					
东莞					1529
中山					600
江门					2310
佛山					526
阳江					3411
湛江					24497
茂名					270
肇庆					4250
清远					157
潮州					
揭阳					
云浮					862

11-14 续表 5

(2021年)

市别	水产品损失(万元)	台风、洪涝	病害	干旱	污染	其它
全省	42217	10422	21127	5280	461	4928
广州	11		11			
深圳						
珠海						
汕头						
韶关	596	303	56	236		1
河源	77		1	76		
梅州	5838	28	1920	3544	152	194
惠州	781			781		
汕尾						
东莞	1500	1490			10	
中山	600	365	85			150
江门	2310	1550	600			160
佛山	526	6	520			
阳江	1117	358	645	32	16	66
湛江	23380	5765	16682	370	240	323
茂名	270	270				
肇庆	4211	128	289			3794
清远	157	20	10			127
潮州						
揭阳						
云浮	843	139	308	241	42	113

11-14 续表 6

(2021年)

市别	损毁渔业设施(台风、洪涝)(万元)	池塘	网箱	围栏	沉船	船损	堤坝
全省	4078.9	2344	675	25		10	157.4
广州							
深圳							
珠海							
汕头							
韶关	34	12					
河源	460	460					
梅州	87.5	28					
惠州							
汕尾							
东莞	28.4	20					8.4
中山							
江门							
佛山							
阳江	2294	975	500	25			43
湛江	1117	800	175			10	97
茂名							
肇庆	39	39					
清远							
潮州							
揭阳							
云浮	19	10					9

11-14 续表 7

(2021年)

市别	损毁渔业设施(台风、洪涝)(万元)							
	泵站	涵闸	码头	护岸	防波堤	工厂化养殖	苗种繁育场	其它
全省		5		372	379	56.5		55
广州								
深圳								
珠海								
汕头								
韶关								22
河源								
梅州						56.5		3
惠州								
汕尾								
东莞								
中山								
江门								
佛山								
阳江				372	379			
湛江		5						30
茂名								
肇庆								
清远								
潮州								
揭阳								
云浮								

11-15 渔业经济总产值

(2021年) 单位：万元

市 别	合 计	一、渔业(水产品)	海洋捕捞	海水养殖	淡水捕捞
全 省	40877057.83	17473424.88	2578474.48	5854507.43	175874.55
广 州	4482724.91	1236872.43	105189.81	418548.74	51879.77
深 圳	159686.63	250748.01	70852.61	16423.45	
珠 海	2131435.20	709989.86	14837.79	234941.89	1423.73
汕 头	2057487.93	722124.34	205131.66	392707.28	5563.21
韶 关	212495.20	141852.56			6134.67
河 源	92962.44	65468.84			4814.45
梅 州	310883.79	135724.11			12938.14
惠 州	556943.92	521187.96	41795.29	114605.52	639.33
汕 尾	2230378.56	1141228.65	422637.92	661546.84	1992.12
东 莞	333418.86	110694.75	10591.57		1315.61
中 山	1763079.58	865689.30	612.60		2394.52
江 门	4110065.97	2220850.00	153002.43	219782.57	40510.60
佛 山	4937596.46	1707886.34			13608.28
阳 江	3436402.64	1876772.20	566678.61	1158927.79	10210.06
湛 江	7589377.13	2548101.23	505468.82	1717701.54	2836.15
茂 名	2827126.14	1195958.81	327176.32	502199.53	2052.60
肇 庆	1558149.27	914166.03			5110.07
清 远	329674.30	224155.34			2962.19
潮 州	766100.04	445287.78	50569.38	344872.88	4230.57
揭 阳	595540.52	290534.39	103929.65	72249.39	4509.34
云 浮	395528.32	148131.95			749.14

11-15 续表 1

(2021年) 单位：万元

市 别	淡水养殖	水产苗种	二、渔业工业和建筑业	水产品加工	渔业机具制造
全 省	8864568.42	631918.55	7130317.00	3523055.11	111827.10
广 州	661254.10	86465.00	1090943.09	31400.16	
深 圳	163471.95	7843.00	20503.13	20503.13	
珠 海	458786.44	22292.00	812216.87	430556.51	3529.58
汕 头	118722.19	2025.13	460804.67	450698.86	7326.50
韶 关	135717.89	3666.17			
河 源	60654.39	3100.00	118.86		118.86
梅 州	122785.97	15526.88	21393.58	3204.41	159.17
惠 州	364147.82	16621.60	21163.78	11648.81	885.43
汕 尾	55051.78	3080.00	297766.13	279165.99	15760.07
东 莞	98787.56	2046.00	14180.57	352.35	2809.69
中 山	862682.18	32945.00	272690.04	51183.39	
江 门	1807554.40	45266.00	724460.46	242167.73	9691.14
佛 山	1694278.06	119987.00	246928.72	162317.93	
阳 江	140955.73	27650.43	557035.40	480935.39	9844.54
湛 江	322094.72	75565.00	1726650.70	617542.64	21856.21
茂 名	364530.36	27915.00	606585.71	550372.22	26497.63
肇 庆	909055.96	64535.30	90160.59	78382.69	358.43
清 远	221193.15	17974.34			
潮 州	45614.96	23438.00	40429.13	38822.29	329.57
揭 阳	109846.01	28561.70	84238.99	39438.90	11591.10
云 浮	147382.81	5415.00	42046.59	34361.72	1069.20

11-15 续表 2

(2021年) 单位：万元

市 别	渔船渔机修造	渔用绳网制造	渔用饲料	渔用药物	建筑	其它
全 省	65575.42	24394.91	3362285.02	15613.04	81832.53	35704.20
广 州			1059542.94			
深 圳						
珠 海	1801.24	212.63	369056.25	903.66	8170.88	
汕 头	1917.51	997.12	2141.44			637.88
韶 关						
河 源						
梅 州	95.45	63.71	13872.25	2841.84	195.16	1120.76
惠 州	727.48	116.94	276.41		8353.13	
汕 尾	8555.12	6223.84			106.31	2733.75
东 莞	2809.69		10684.41	30.38		303.75
中 山			210427.37	4808.36	2935.74	3335.18
江 门	7047.00	1044.90	468698.40	1328.91	2528.72	45.56
佛 山			82606.04	2004.75		
阳 江	7109.27	2276.61	58550.85		2905.37	4799.25
湛 江	12988.08	4855.44	1048113.64	2537.86	36058.16	542.18
茂 名	19256.23	5596.59	19910.81		7071.30	2733.75
肇 庆	50.12	274.89	9470.93	200.48	1064.64	683.44
清 远						
潮 州	171.62	157.95	1275.75	1.52		
揭 阳	2200.67	2411.78	4111.26	700.14	9628.88	18768.71
云 浮	845.94	162.51	3546.28	255.15	2814.24	

11-15 续表 3

(2021年) 单位：万元

市 别	三、渔业流通和服务业	水产流通	水产(仓储)运输	休闲渔业	其它
全 省	16273316.94	5166907.66	107614.29	1258744.98	9740050.01
广 州	1988400.22	903351.21		31204.79	1053844.22
深 圳	45474.37			41974.90	3499.47
珠 海	541614.37	126553.59	211.06	79512.81	335336.90
汕 头	818281.43	305282.58	1521.50	9985.53	501491.82
韶 关	72124.05	1938.19		16538.18	53647.67
河 源	31510.72	1109.82	12.66	885.86	29502.37
梅 州	161369.75	61162.31	357.84	88093.45	11756.15
惠 州	236484.54	55348.20	1187.23	61428.86	118520.24
汕 尾	801501.43	93171.81	26626.70	270732.77	410970.14
东 莞	215375.97	98693.45	63.32	109128.17	7491.03
中 山	642684.95	131809.07	27856.14	67045.72	415974.01
江 门	1227888.68	118352.73	10764.23	12892.04	1085879.68
佛 山	2853723.77	1326540.65	1035.27	53247.27	1472900.58
阳 江	1008186.38	71728.23	1685.34	103631.65	831141.16
湛 江	3343894.45	1448699.58	16875.16	72426.16	1805893.56
茂 名	1035108.35	317263.07	4291.97	61226.78	652326.53
肇 庆	489943.12	9007.13	1867.91	26250.01	452818.07
清 远	107617.33			2674.70	104942.63
潮 州	249715.62	13070.10	831.59		235813.93
揭 阳	195822.61	7690.09	4838.63	33701.18	149592.72
云 浮	206594.85	76135.83	7587.73	116164.18	6707.10

十二、农产品进出口贸易

12-1 农副产品出口分类值

单位：万美元

类别	1995	2000	2005	2010
活动物	21117.00	15908.00	9885.00	17534.00
肉及食用杂碎	5517.00	8104.00	12798.00	28007.00
鱼、甲壳动物、软体动物及其他水生无脊椎动物	54464.00	25862.00	53585.00	102449.00
乳品；蛋品；天然蜂蜜；其他食用动物产品	2526.00	3660.00	3660.00	102449.00
其他动物产品	8687.00	5100.00	3264.00	3866.00
活树及其他活植物；鳞茎、根及类似品；插花及装饰用簇叶	885.00	785.00	2638.00	2734.00
食用蔬菜、根及块茎	25156.00	11284.00	19896.00	29140.00
食用水果及坚果；甜瓜或柑橘属水果的果皮	13460.00	5406.00	11819.00	17832.00
咖啡、茶、马黛茶及调味香料	7842.00	6569.00	9460.00	12298.00
谷物	491.00	522.00	9.00	80.00
制粉工业产品；麦芽；淀粉；菊粉；面筋	1571.00	3443.00	4528.00	10218.00
含油子仁及果实；杂项子仁及果仁；工业用或药用植物；稻草、秸秆及饲料	24958.00	9852.00	11014.00	13086.00
虫胶；树胶、树脂及其他植物液、汁	1034.00	841.00	1439.00	2732.00
编结植物材料、其他植物产品	2400.00	1608.00	1895.00	2301.00
动、植物或微生物油、脂及其分解产品；精制的食用油脂；动、植物蜡	28350.00	6515.00	4372.00	8684.00

12-1 续表

单位：万美元

类别	2018	2019	2020	2021
活动物	19537.58	22362.95	30793.24	25659.42
肉及食用杂碎	41174.10	48685.19	42433.51	51191.05
鱼、甲壳动物、软体动物及其他水生无脊椎动物	122042.72	101413.37	111639.44	126835.64
乳品；蛋品；天然蜂蜜；其他食用动物产品	7886.75	7339.02	7418.09	8568.05
其他动物产品	6522.10	8102.29	5715.46	5256.83
活树及其他活植物；鳞茎、根及类似品；插花及装饰用簇叶	6227.99	7545.90	7784.14	11031.78
食用蔬菜、根及块茎	29864.81	32967.64	38204.62	37488.33
食用水果及坚果；甜瓜或柑橘属水果的果皮	26138.29	26565.02	25438.27	36690.13
咖啡、茶、马黛茶及调味香料	21851.86	25873.17	24320.72	21394.57
谷物	58.24	23.23	3.13	9.77
制粉工业产品；麦芽；淀粉；菊粉；面筋	10869.96	11046.97	10467.40	13186.89
含油子仁及果实；杂项子仁及果仁；工业用或药用植物；稻草、秸秆及饲料	14775.40	15066.03	15694.19	16214.26
虫胶；树胶、树脂及其他植物液、汁	5939.09	5658.43	5208.66	7092.41
编结植物材料、其他植物产品	5740.26	4870.00	5788.12	5595.19
动、植物或微生物油、脂及其分解产品；精制的食用油脂；动、植物蜡	38556.10	29010.59	30047.27	33509.54

注：本表资料按海关统计口径整理。

12-2 农副产品及其加工品海关进出口情况

单位：万美元

类别	2018		2019	
	出口	进口	出口	进口
一、活动物、动物产品	**197163**	**423373**	**187903**	**587905**
1.活动物	19538	765	22363	957
2.肉及食用杂碎	41174	201904	48685	290777
3.鱼、甲壳动物、软体动物及其他水生无脊椎动物	122043	141414	101413	203225
4.乳品；蛋品；天然蜂蜜；其他食用动物产品	7887	72700	7339	84362
5.其他动物产品	6522	6589	8102	8584
二、植物产品	**121466**	**765184**	**129616**	**741915**
1.活树及其他活植物；鳞茎、根及类似品；插花及装饰用簇叶	6228	4651	7546	4099
2.食用蔬菜、根及块茎	29865	18128	32968	8808
3.食用水果及坚果；甜瓜或柑橘属水果的果皮	26138	332773	26565	423575
4.咖啡、茶、马黛茶及调味香料	21852	5587	25873	9608
5.谷物	58	160430	23	112722
6.制粉工业产品；麦芽；淀粉；菊粉；面筋	10870	19278	11047	16371
7.含油子仁及果实；杂项子仁及果仁；工业用或药用植物；稻草、秸秆及饲料	14775	215612	15066	157693
8.虫胶；树胶、树脂及其他植物液、汁	5939	4621	5658	5068
9.编结用植物材料；其他植物产品	5740	4103	4870	3971
三、动、植物油脂及蜡	**38556**	**78535**	**29011**	**101266**
动、植物油、脂及其分解产品；精制的食用油脂；动、植物蜡	38556	78535	29011	101266
四、食品、烟草及制品	**654401**	**692852**	**627718**	**688256**
1.肉、鱼、甲壳动物、软体动物及其他水生无脊椎动物的制品	233671	4259	213860	4616
2.糖及糖食	67428	27891	68204	33442
3.可可及可可制品	14959	15152	14314	14623
4.谷物、粮食粉、淀粉或乳的制品；糕饼点心	83711	262585	96061	279378
5.蔬菜、水果、坚果或植物其他部分的制品	54305	35411	53110	37619
6.杂项食品	58540	89562	61953	103928
7.饮料、酒及醋	118484	170435	92605	134351
8.食品工业的残渣及废料；配制的动物饲料	16542	68373	18584	58383
9.烟草、烟草及烟草代用品的制品；非经燃烧吸用的产品，不论是否含有尼古丁；其他供人体摄入尼古丁的含尼古丁的产品	6761	19183	9027	21916
五、其他	**920056**	**1097797**	**895568**	**804186**
1.木及木制品；木炭	173753	384336	154242	274509
2.软木及软木制品	278	134	246	231
3.稻草、秸秆、针茅或其他编结材料制品；篮筐及柳条编结品	27560	382	26034	276
4.木浆及其他纤维状纤维素浆；回收(废碎)纸及纸板	639	352816	566	243595
5.纸及纸板；纸浆、纸或纸板制品	499346	167361	523239	144731
6.蚕丝	12385	1697	17639	1485
7.羊毛、动物细毛或粗毛；马毛纱线及其机织物	8150	18783	11157	13952
8.棉花	197944	172287	162446	125406

12-2 续表

单位：万美元

类　　别	2020		2021	
	出口	进口	出口	进口
一、活动物、动物产品	**198000**	**802914**	**217511**	**950886**
1.活动物	30793	183	25659	279
2.肉及食用杂碎	42434	527740	51191	613706
3.鱼、甲壳动物、软体动物及其他水生无脊椎动物	111639	173959	126836	214674
4.乳品；蛋品；天然蜂蜜；其他食用动物产品	7418	92716	8568	108925
5.其他动物产品	5715	8316	5257	13301
二、植物产品	**132909**	**850037**	**148703**	**1043863**
1.活树及其他活植物；鳞茎、根及类似品；插花及装饰用簇叶	7784	5727	11032	4269
2.食用蔬菜、根及块茎	38205	17191	37488	10512
3.食用水果及坚果；甜瓜或柑橘属水果的果皮	25438	459098	36690	528986
4.咖啡、茶、马黛茶及调味香料	24321	14008	21395	31865
5.谷物	3	155951	10	264612
6.制粉工业产品；麦芽；淀粉；菊粉；面筋	10467	13680	13187	19599
7.含油子仁及果实；杂项子仁及果仁；工业用或药用植物；稻草、秸秆及饲料	15694	177135	16214	176133
8.虫胶；树胶、树脂及其他植物液、汁	5209	4518	7092	5327
9.编结用植物材料；其他植物产品	5788	2730	5595	2560
三、动、植物油脂及蜡	**30047**	**87669**	**33510**	**134400**
动、植物油、脂及其分解产品；精制的食用油脂；动、植物蜡	30047	87669	33510	134400
四、食品、烟草及制品	**557410**	**672149**	**647066**	**761839**
1.肉、鱼、甲壳动物、软体动物及其他水生无脊椎动物的制品	187251	5122	238175	7100
2.糖及糖食	58606	51862	68429	65288
3.可可及可可制品	11739	13419	13689	18466
4.谷物、粮食粉、淀粉或乳的制品；糕饼点心	71831	269888	87512	243025
5.蔬菜、水果、坚果或植物其他部分的制品	38294	32640	32555	49948
6.杂项食品	69735	120364	76493	132851
7.饮料、酒及醋	88277	106773	95850	150419
8.食品工业的残渣及废料；配制的动物饲料	22808	57607	26880	80005
9.烟草、烟草及烟草代用品的制品；非经燃烧吸用的产品，不论是否含有尼古丁；其他供人体摄入尼古丁的含尼古丁的产品	8868	14475	7483	14737
五、其他	**735818**	**775033**	**876230**	**826389**
1.木及木制品；木炭	136903	237671	169164	242953
2.软木及软木制品	227	207	254	325
3.稻草、秸秆、针茅或其他编结材料制品；篮筐及柳条编结品	23222	241	24407	326
4.木浆及其他纤维状纤维素浆；回收(废碎)纸及纸板	543	228245	805	212145
5.纸及纸板；纸浆、纸或纸板制品	438822	201846	537387	237579
6.蚕丝	4995	728	6542	896
7.羊毛、动物细毛或粗毛；马毛纱线及其机织物	4713	10501	4136	12829
8.棉花	126393	95593	133534	119336

12-3 主要农副产品外贸出口情况

项　　目	单位	2020年			2021年		
		数量	万元人民币	万美元	数量	万元人民币	万美元
农产品			6446751.09	931277.06		6846250.31	1059761.98
肉类(包含杂碎)	吨	116.12	294203.45	42489.04	131.34	331306.93	51291.64
水产品	吨	530.48	1906316.66	275622.65	609.23	2184198.81	338087.52
蔬菜及食用菌	吨	576.25	306761.06	44281.17	506.57	281059.69	43505.07
鲜或冷藏蔬菜	吨	520.11	199784.85	28894.69	462.47	205390.86	31791.75
干鲜瓜果及坚果	吨	153.56	173944.69	25237.55	218.47	235573.29	36505.13
苹果	吨	12.87	10208.27	1470.57	13.11	11103.57	1719.86
茶叶	吨	6.57	55001.60	7940.05	5.23	42276.74	6541.70
粮食	吨	108.93	38044.56	5492.72	101.94	35811.90	5544.13
罐头	吨	67.85	104316.18	15020.31	52.25	61344.20	9497.03
蔬菜罐头	吨	59.47	86894.93	12510.25	46.18	48354.66	7485.71
酒类及饮料			595937.01	86106.22		614563.25	95206.02
果蔬汁	吨	3.10	3365.63	485.03	2.36	2474.23	382.51
啤酒			46171.95	6657.31		56339.54	8720.92
烟草及其制品	吨	16.39	61524.64	8868.26	11.82	48390.51	7482.75
烤烟	吨	9.84	15434.38	2200.24	9.03	10540.98	1630.27
卷烟	吨	4.46	35417.30	5126.96	1.23	25490.10	3941.00
医药材及药品	吨	100.80	1613312.85	232774.87	103.21	2061195.46	319052.25
中药材	吨	15.85	91534.87	13167.98	13.83	83380.20	12891.62
中式成药	吨	1.41	22843.70	3287.15	1.08	23950.12	3705.26
人用疫苗	吨	0.02	2844.02	408.24	0.06	111660.97	17416.97
抗菌素(制剂除外)	吨	13.83	317105.65	45687.74	13.50	349068.36	54005.49
医用敷料	吨	34.53	325666.25	47102.20	26.62	270105.24	41719.33
皮革、毛皮及其制品			891188.30	128675.41		986830.40	152734.30
裘皮服装	吨	0.09	11336.73	1651.54	0.09	10707.67	1658.68
木及其制品	吨	733.95	943882.96	136135.48	951.90	1091023.56	168817.33
家用或装饰用木制品	吨	84.83	272271.04	39266.06	100.10	323439.79	50048.57
胶合板及类似多层板	吨	253.31	125922.99	18193.20	273.96	139615.61	21617.10
植物材料编结品	吨	52.61	160894.95	23221.80	55.87	157836.36	24407.03
纸浆、纸及其制品	吨	1696.43	3045057.57	439333.80	1733.84	3478784.64	538191.86

12-4　农、林、牧、渔利用外资情况

年 份	签　订合同数（宗）	合同利用外资（万美元）	实际利用外资（万美元）	年 份	签　订合同数（宗）	合同利用外资（万美元）	实际利用外资（万美元）
1979	50	1997	514	1999	104	20232	20983
1980	59	5120	3471	2000	94	10600	14451
1981	45	5593	610	2001	104	22655	17937
1982	79	4217	946	2005	166	23113	7720
1983	48	2661	1198	2006	192	28609	11539
1984	250	8806	814	2007	336	48282	18295
1985	168	7901	2464	2008	211	39901	20832
1986	69	8681	6537	2009	95	28735	23922
1987	88	8590	4544	2010	84	27770	14327
1988	131	14668	8318	2011	118	73110	15871
1989	66	5156	6062	2012	127	66417	15264
1990	76	4128	3785	2013	121	53841	15143
1991	97	8372	2290	2014	150	76376	16888
1992	248	30462	4475	2015	74	64924	7880
1993	494	46597	6746	2016	78	88783	11135
1994	257	37439	9889	2017	254	74432	7363
1995	206	33419	10654	2018	290	123601	22212
1996	149	30464	16365	2019	70	87693	18659
1997	116	19766	19358	2020	67	141120	2579
1998	121	11212	17243	2021	92	338178	6809

注：2018年以后外商直接投资使用商务部反馈人民币数据，计量单位为“万元”。

12-5 各市农、林、牧、渔利用外资情况

市别	2021签订合同数（宗）	2021合同利用外资（万美元）	实际利用外资（万美元）							
			2000	2005	2010	2015	2018	2019	2020	2021
合计	**92**	**338178**	**14451**	**7720**	**14327**	**7880**	**22212**	**18659**	**2579**	**6809**
广州	16	-17437	2219	222	373	232	1577		226	423
深圳	13	279653	145	146			17			
珠海	8	6673	545	560	189	37	408			
汕头	1	450	142		18			118	36	
佛山	4	300	687	118	60	37		340	50	100
韶关	2	553	1142	187	2105	204	4615	1683		754
河源		4550	911	1120	519	1531	2653	583	265	
梅州		17872	1196	334	689	1199	6767	43	297	3431
惠州	10	3662	2388	1516	1975	45	572	262	640	30
汕尾	2	100	94	528	242	94	731	342	126	
东莞	5	1135		314	62	38		89		67
中山	3	70	22	149			1000	9000	206	
江门	11	2998	713	334	245	237	1146	1989	363	354
阳江		-1489	184	230	2933	131	110			1250
湛江	6	31835	392	187	26	130		3000		
茂名	3	3202	261	220	126	82	289	116		
肇庆	4	3599	1746	944	3695	3700			27	400
清远	2	449	543	344	419	13	44	547	143	
潮州	1		289	104	85	106	2177			
揭阳			576	72	511					
云浮	1	3		91	55	64	107	547	200	
省直			256							

注：2018年以后外商直接投资使用商务部反馈人民币数据，计量单位为“万元”

十三、农村经济收入分配与效益

13-1 农村集体经济基本情况

(2021年) 单位：个、万元

项　　目	数　量	项　　目	数　量
农村集体经济组织和生产要素情况		(2)外出务工劳动力(万人)	1548.98
1.汇总镇级经济联合总社数		其中：常年外出务工劳动(万人)	1224.94
2.汇总村级经济联合社数(个)	22032	①乡外县内(万人)	487.31
3.汇总组级经济合作社数(个)	223475	②县外省内(万人)	637.76
4.汇总农户数(万户)	1501.17	③省外(万人)	99.87
5.汇总人口数(万人)	6687.72	7.村组集体资产总额（万元）	94365196.70
6.汇总劳动力(万人)	3717.76	(1)村级集体资产（万元）	61527531.45
其中:(1)从事家庭经营(万人)	1728.09	(2)组级集体资产（万元）	32837665.25
其中:从事第一产业(万人	1017.58		

13-2 村组集体经济组织资产负债情况

(2021年) 单位：万元

项　　目	金　额	项　　目	金　额
一、流动资产合计	**48779235.00**	**一、流动负债合计**	**26781513.43**
1.货币资金	37825323.00	1.短期借款	939012.21
2.短期投资	1753825.31	2.应付款项	25008008.74
3.应收款项	8748781.97	3.应付工资	246046.79
4.存货	451304.72	4.应付福利费	588445.69
二、农业资产合计	**273247.65**	**二、长期负债合计**	**8948033.51**
1.牲畜(禽)资产	882.07	1.长期借款及应付款	2279215.71
2.林木资产	272365.58	2.一事一议资金	75299.18
三、长期资产合计	**45312714.05**	3.专项应付款	6593518.62
1.长期投资	5654507.69	**三、所有者权益合计**	**58635649.77**
其中：长期股权投资	4505351.17	1.实收资本金	12091270.17
2.固定资产合计	36632512.38	2.公积公益金	42645421.14
其中：(1)固定资产原值	41480308.15	3.未分配收益	3898958.46
(2)减：累计折旧	11761382.06	**四、负债及所有者权益合计**	**94365196.70**
(3)固定资产净值	29718926.09	**五、附报：**	
(4)固定资产清理	104125.92	1.经营性资产总额	61620590.64
(5)在建工程	6809460.37	2.负债合计	35729546.94
3.其他资产	3025693.98	其中：(1)经营性负债	9594196.83
四、资产总计	**94365196.70**	(2)兴办公益事业负债	1136904.06

13-3 村组集体经济组织收益分配情况

(2021年)　　单位：万元

项　　目	金　额	项　　目	金　额
一、总收入	**13504459.88**	**六、可分配收益**	**11300411.47**
1.经营收入	6955283.45	**七、各项分配**	**8314681.24**
2.发包及上交收入	2496675.23	1.提取公积金、公益金	1209248.79
3.投资收益	473290.82	2.提取应付福利费	1469600.94
4.补助收入	923218.13	3.外来投资分利	39285.45
5.其他收入	2655992.25	4.农户分配	5139859.03
二、总支出	**5203116.76**	5.其他分配	456687.02
1.经营支出	1506270.49	**八、年末未分配收益**	**2985730.23**
2.管理费用	2128811.60	**九、附报指标**	
其中：①干部报酬	366922.19	1.汇入本表村数	21418
②报刊费	13301.72	2.当年无收益的村	12675
3.其他支出	1568034.67	3.有集体经营收益的村	8743
三、本年收益	**8301343.12**	(1)集体经营收益在5万元以下的村	1388
四、年初未分配收益	**2613183.64**	(2)集体经营收益在5—10万元的村	1275
五、其他转入	**385884.72**	(3)集体经营收益在10万元以上的村	6080

13-4 村级集体经济组织资产负债情况

(2021年)　　单位：万元

项　　目	金额	项　　目	金额
一、流动资产合计	**29500710.02**	**一、流动负债合计**	**18230666.75**
1.货币资金	21629459.52	1.短期借款	767138.76
2.短期投资	1230160.48	2.应付款项	17138800.77
3.应收款项	6207032.20	3.应付工资	165338.82
4.存货	434057.83	4.应付福利费	159388.41
二、农业资产合计	**147280.86**	**二、长期负债合计**	**6315032.63**
1.牲畜(禽)资产	760.86	1.长期借款及应付款	1725802.82
2.林木资产	146520.00	2.一事一议资金	59833.62
三、长期资产合计	**31933772.94**	3.专项应付款	4529396.19
1.长期投资	4664410.55	**三、所有者权益合计**	**37036064.44**
其中：长期股权投资	3770046.40	1.实收资本金	7232140.48
2.固定资产合计	25301290.78	2.公积公益金	28181570.67
其中：(1)固定资产原值	27207317.74	3.未分配收益	1622353.29
(2)减：累计折旧	7482959.55	**四、负债及所有者权益合计**	**61581763.83**
(3)固定资产净值	19724358.19	五、附报：	
(4)固定资产清理	52012.28	1.经营性资产总额	39866305.74
(5)在建工程	5524920.32	2.负债合计	24545699.39
3.其他资产	1968071.61	其中：(1)经营性负债	6727178.52
四、资产总计	**61581763.83**	(2)兴办公益事业负债	884784.36

13-5 村级集体经济组织收益分配情况

(2021年)　　　　单位：万元

项目	金额	项目	金额
一、总收入	**7294275.00**	**六、可分配收益**	**5006439.96**
1.经营收入	3786885.80	**七、各项分配**	**3569800.60**
2.发包及上交收入	1108427.57	1.提取公积金、公益金	653047.55
3.投资收益	335573.20	2.提取应付福利费	967306.59
4.补助收入	787584.18	3.外来投资分利	27153.06
5.其他收入	1275804.26	4.农户分配	1605084.41
二、总支出	**3644503.56**	5.其他分配	317208.99
1.经营支出	1031949.83	**八、年末未分配收益**	**1436639.36**
2.管理费用	1589141.51	**九、附报指标**	
其中：①干部报酬	290794.49	1.汇入本表村数	21418
②报刊费	12146.11	2.当年无收益的村	12675
3.其他支出	1023412.22	3.有集体经营收益的村	8743
三、本年收益	**3649771.44**	(1)集体经营收益在5万元以下的村	1388
四、年初未分配收益	**1279433.65**	(2)集体经营收益在5—10万元的村	1275
五、其他转入	**77234.87**	(3)集体经营收益在10万元以上的村	6080

13-6 组级集体经济组织资产负债情况

(2021年) 单位：万元

项　　目	金额	项　　目	金额
一、流动资产合计	**19278524.98**	**一、流动负债合计**	**8550846.67**
1.货币资金	16195863.48	1.短期借款	171873.45
2.短期投资	523664.83	2.应付款项	7869207.97
3.应收款项	2541749.77	3.应付工资	80707.97
4.存货	17246.89	4.应付福利费	429057.29
二、农业资产合计	**125966.79**	**二、长期负债合计**	**2633000.87**
1.牲畜(禽)资产	121.21	1.长期借款及应付款	553412.90
2.林木资产	125845.58	2.一事一议资金	15465.55
三、长期资产合计	**13378941.10**	**3.专项应付款**	2064122.43
1.长期投资	990097.14	三、所有者权益合计	**21599585.33**
其中：长期股权投资	735304.77	1.实收资本金	4859129.69
2.固定资产合计	11331221.59	2.公积公益金	14463850.47
其中：(1)固定资产原值	14272990.41	**3.未分配收益**	2276605.17
(2)减：累计折旧	4278422.51	**四、负债及所有者权益合计**	**32783432.87**
(3)固定资产净值	9994567.90	五、附报：	
(4)固定资产清理	52113.64	1.经营性资产总额	21754284.90
(5)在建工程	1284540.05	2.负债合计	11183847.55
3.其他资产	1057622.37	其中：(1)经营性负债	2867018.31
四、资产总计	**32783432.87**	(2)兴办公益事业负债	252119.70

13-7 组级集体经济组织收益分配情况

(2021年) 单位：万元

项　　目	金额	项　　目	金额
一、总收入	**6210184.88**	三、**本年收益**	**4651571.68**
1.经营收入	3168397.66	**四、年初未分配收益**	**1333749.98**
2.发包及上交收入	1388247.66	**五、其他转入**	**308649.85**
3.投资收益	137717.62	六、**可分配收益**	**6293971.51**
4.补助收入	135633.95	七、**各项分配**	**4744880.63**
5.其他收入	1380188.00	1.提取公积金、公益金	556201.24
二、总支出	**1558613.20**	2.提取应付福利费	502294.35
1.经营支出	474320.66	3.外来投资分利	12132.39
2.管理费用	539670.09	4.农户分配	3534774.62
其中：①干部报酬	76127.71	5.其他分配	139478.03
②报刊费	1155.60	**八、年末未分配收益**	**1549090.88**
3.其他支出	544622.45		

13−8 各市农村经济基本情况

(2021年) 单位：个、万元

市别	汇总村级经济联合社数	汇总组级经济合作社数	汇总农户数(万户)	汇总人口数(万人)	汇总劳动力(万个)	从事家庭经营	从事第一产业(万人)	外出务工劳动力(万人)
合计	22032	223475	1501.17	6687.72	3717.76	1728.09	1017.58	1548.98
广州	1346	12440	113.89	358.39	241.39	115.95	69.10	83.52
珠海	148	265	6.53	28.06	16.37	7.99	5.79	6.62
汕头	1135	56	91.98	440.63	240.32	129.71	63.89	86.20
佛山	852	4223	72.09	254.14	166.17	73.46	22.85	59.69
韶关	1228	13679	56.25	223.83	144.11	69.66	49.75	58.07
河源	1277	20936	60.21	308.08	153.39	60.28	38.93	78.68
梅州	2059	31419	104.87	464.19	255.24	116.93	67.00	121.44
惠州	1103	10225	53.93	262.05	134.21	55.45	33.95	60.75
汕尾	792	3516	55.56	294.27	146.36	67.79	42.06	62.27
东莞	556	2350	39.78	155.26	87.59	26.92	5.01	18.57
中山	304	2497	27.98	114.22	72.50	30.04	13.43	30.16
江门	1165	12914	68.60	279.88	171.56	83.15	55.76	69.33
阳江	717	9541	57.89	233.53	138.29	56.88	41.56	69.41
湛江	1731	12225	138.41	699.19	356.03	179.22	110.33	137.58
茂名	1791	31372	146.80	722.46	366.95	150.44	96.54	178.39
肇庆	1403	20234	92.16	374.23	219.56	105.75	71.79	100.05
清远	1123	19687	83.43	372.31	223.39	106.55	71.19	100.76
潮州	924	179	49.00	224.37	119.41	59.42	26.08	44.28
揭阳	1477	1831	118.38	614.77	312.88	162.47	82.65	107.81
云浮	901	13886	63.44	263.87	152.05	70.02	49.90	75.40

13−8 续表

(2021年) 单位：个、万元

市别	常年外出务工劳动力	乡外县内(万人)	县外省内(万人)	省外(万人)	村组集体资产总额(万元)	村级集体资产(万元)	组级集体资产(万元)
合计	1224.94	487.31	637.76	99.87	94365196.70	61527531.45	32837665.25
广州	59.88	40.67	15.03	4.18	29707214.05	19260586.59	10446627.46
珠海	4.72	3.41	1.14	0.17	451789.21	360391.17	91398.04
汕头	65.93	31.66	26.09	8.18	3136766.28	3113223.48	23542.81
佛山	40.52	28.89	8.72	2.91	11929630.13	5029328.00	6900302.14
韶关	48.36	14.52	30.90	2.94	1215069.48	759705.53	455363.95
河源	65.97	17.81	45.00	3.15	612743.34	561291.43	51451.91
梅州	94.74	27.93	60.44	6.37	760964.19	688068.35	72895.85
惠州	48.49	28.33	17.52	2.64	2663271.15	1212235.09	1451036.06
汕尾	49.42	20.48	24.94	4.00	751433.32	463835.90	287597.41
东莞	9.96	7.94	1.45	0.56	23689672.12	16896847.79	6792824.33
中山	21.06	15.81	3.75	1.50	5542793.46	4817049.54	725743.92
江门	54.67	30.78	19.22	4.67	3404482.23	2211767.73	1192714.49
阳江	55.40	19.71	32.02	3.67	506685.28	427751.43	78933.85
湛江	106.45	38.20	57.76	10.48	2261204.77	856255.75	1404949.02
茂名	144.81	39.65	88.62	16.54	1029076.17	650262.14	378814.02
肇庆	84.67	26.70	53.01	4.96	1241878.39	480549.15	761329.24
清远	82.91	26.79	50.29	5.83	1387768.06	541597.10	846170.96
潮州	35.76	15.93	16.35	3.47	1091728.24	1057434.98	34293.26
揭阳	82.44	29.66	45.23	7.55	2414193.39	1867296.66	546896.73
云浮	68.79	22.45	40.25	6.09	566833.43	272053.63	294779.80

13-9 各市村级集体经济组织资产负债情况

(2021年) 单位：万元

市别	一、流动资产合计	1.货币资金	2.短期投资	3.应收款项	4.存货	二、农业资产合计
合计	29500710.02	21629459.52	1230160.48	6207032.20	434057.83	147280.86
广州	11541347.36	9844604.41	108957.09	1501065.02	86720.84	3563.24
珠海	199089.57	157744.72	314.31	40687.99	342.55	2.65
汕头	1398355.50	937105.24	7148.46	453784.85	316.95	343.57
佛山	2963503.02	1626247.51	8728.65	1305807.41	22719.45	
韶关	165035.45	129246.83	13128.36	22591.42	68.84	111085.18
河源	149505.99	114237.83	2461.45	32791.17	15.55	832.28
梅州	176310.69	159288.38	1705.04	15055.97	261.31	2056.86
惠州	415549.91	341615.59	525.55	73218.33	190.43	15834.05
汕尾	151243.74	138367.86	117.00	12743.22	15.65	178.37
东莞	7168521.00	4762268.56	976650.57	1394869.81	34732.06	3030.14
中山	1752020.63	1014882.21	59915.10	520033.41	157189.91	706.56
江门	1209796.52	588844.49	16558.79	477438.09	126955.15	492.09
阳江	174766.01	145522.97	0.67	29211.95	30.41	378.95
湛江	371722.96	328466.92	1293.63	41700.40	262.00	581.18
茂名	219722.51	205081.39	2030.14	12245.86	365.12	743.21
肇庆	192222.62	165230.74	4133.22	22848.44	10.21	1140.90
清远	138503.75	106513.52	3877.83	27645.88	466.52	2624.87
潮州	498339.15	402497.00	16023.17	77975.23	1843.75	71.99
揭阳	511659.51	364503.25	4201.62	141516.62	1438.03	289.54
云浮	103494.13	97190.10	2389.82	3801.14	113.08	3325.20

13-9 续表 1

(2021年) 单位：万元

市别	1.牲畜(禽)资产	2.林木资产	三、长期资产合计	1.长期投资	其中：长期股权投资	2.固定资产合计
合计	760.86	146520.00	31933772.94	4664410.55	3770046.40	25301290.78
广州		3563.24	7770892.26	1250456.87	945892.48	6291319.75
珠海		2.65	161298.95	20265.50	18555.99	139344.62
汕头		343.57	1714524.41	87334.88	43289.87	1612621.20
佛山			2064841.07	183402.78	132839.85	1672228.61
韶关	9.71	111075.47	483584.90	78226.58	75308.99	402721.11
河源	5.00	827.28	410953.15	71974.88	64965.79	338157.46
梅州	23.01	2033.85	509700.79	73384.99	38588.53	436191.47
惠州	0.36	15833.69	780851.13	36360.72	34791.99	735254.21
汕尾	4.54	173.83	312413.80	13310.17	10601.71	299053.89
东莞	228.92	2801.23	9725296.65	1922802.94	1594466.33	6846947.64
中山		706.56	3064322.35	473282.14	464875.40	2101730.19
江门		492.09	1001479.12	138570.24	119630.97	835524.52
阳江	33.53	345.42	252606.47	18714.24	16014.52	221267.08
湛江	147.20	433.97	483951.62	27422.58	17694.58	453081.19
茂名	142.03	601.18	429796.42	65186.68	44291.19	362067.62
肇庆	144.36	996.54	287185.62	26775.89	22015.82	256549.12
清远	12.97	2611.90	400468.49	98301.54	82187.91	300323.05
潮州		71.99	559023.84	13939.18	7537.50	543380.80
揭阳	9.09	280.46	1355347.61	47952.85	24864.97	1305237.80
云浮	0.15	3325.05	165234.30	16744.92	11632.02	148289.45

13-9 续表 2

(2021年)　　单位：万元

市别							四、资产总计
	(1)固定资产原值	(2)减：累计折旧	(3)固定资产净值	(4)固定资产清理	(5)在建工程	3.其他资产	
合计	27207317.74	7482959.55	19724358.19	52012.28	5524920.32	1968071.61	61581763.83
广州	6707701.49	1694080.75	5013620.74	40926.17	1236772.84	229115.64	19315802.87
珠海	133973.61	13969.45	120004.16	270.05	19070.41	1688.83	360391.17
汕头	901356.58	53463.64	847892.94	-451.95	765180.22	14568.33	3113223.48
佛山	1823998.13	534133.53	1289864.60	13276.71	369087.31	209209.68	5028344.10
韶关	403735.73	22291.41	381444.32	248.85	21027.95	2637.20	759705.53
河源	325066.36	36432.80	288633.56	3518.99	46004.90	820.82	561291.43
梅州	390279.60	7582.11	382697.49	302.07	53191.91	124.33	688068.35
惠州	643566.19	98879.97	544686.22	599.88	189968.11	9236.20	1212235.09
汕尾	195086.64	111.74	194974.90	409.45	103669.54	49.74	463835.90
东莞	9318235.23	3714960.12	5603275.11	-13145.51	1256818.04	955546.07	16896847.79
中山	2525198.96	991659.27	1533539.69	409.88	567780.62	489310.02	4817049.54
江门	853112.58	197467.48	655645.10	1144.23	178735.18	27384.37	2211767.73
阳江	129988.74	2290.92	127697.81	228.60	93340.66	12625.16	427751.43
湛江	444766.74	38062.04	406704.70	60.55	46315.94	3447.85	856255.75
茂名	344724.73	8942.50	335782.23	935.46	25349.94	2542.12	650262.14
肇庆	253387.43	20571.66	232815.77	1027.15	22706.19	3860.61	480549.15
清远	307001.12	21937.31	285063.81	1171.51	14087.73	1843.90	541597.10
潮州	435348.10	11147.10	424201.00	227.83	118951.97	1703.86	1057434.98
揭阳	923440.43	10299.27	913141.16	414.29	391682.35	2156.97	1867296.66
云浮	147349.35	4676.49	142672.86	438.07	5178.52	199.94	272053.63

13-9 续表 3

(2021年)　　单位：万元

市别	一、流动负债合计	1.短期借款	2.应付款项	3.应付工资	4.应付福利费
合计	18230666.75	767138.76	17138800.77	165338.82	159388.41
广州	7738074.93	83499.10	7558262.40	30681.54	65631.89
珠海	84879.05	4054.82	77031.17	434.38	3358.69
汕头	1122584.72	53935.57	1048835.01	26867.30	-7053.16
佛山	2230722.09	131322.84	2000536.61	2913.07	95949.58
韶关	91049.08	435.96	91011.09	1017.46	-1415.42
河源	56080.74	954.55	57124.44	52.31	-2050.56
梅州	60666.88	1439.47	58706.75	340.89	179.77
惠州	263135.82	3771.23	254742.59	1016.75	3605.25
汕尾	95153.63	995.75	93949.17	1320.28	-1111.57
东莞	2711382.60	246169.73	2398042.01	67175.86	-5.00
中山	1449493.73	157148.72	1259247.11	13990.44	19107.46
江门	956072.75	44737.41	893863.30	6348.49	11123.54
阳江	133408.39	218.52	132249.05	860.15	80.68
湛江	169678.20	4073.78	163686.69	1844.23	73.50
茂名	68854.42	1654.51	66803.19	788.06	-391.34
肇庆	94287.97	1021.06	93819.83	1000.88	-1553.81
清远	44473.37	2062.77	49114.49	591.11	-7295.00
潮州	337029.01	3170.15	336061.08	2901.70	-5103.92
揭阳	476176.14	26355.40	458712.03	5160.59	-14051.89
云浮	47463.24	117.42	47002.78	33.33	309.71

13-9 续表 4

(2021年) 单位：万元

市别	二、长期负债合计	1.长期借款及应付款	2.一事一议资金	3.专项应付款	三、所有者权益合计	1.实收资本金	2.公积公益金
合计	6315032.63	1725802.82	59833.62	4529396.19	37036064.44	7232140.48	28181570.67
广州	2595318.54	396699.73	-109.55	2198728.36	8982409.40	842145.85	7663066.34
珠海	39176.99	15343.20		23833.79	236335.13	54433.88	177709.81
汕头	760153.04	23553.63	18830.08	717769.32	1230485.72	336796.63	1044516.39
佛山	500955.94	95139.59	3507.98	402308.37	2296666.06	669990.34	1544457.37
韶关	38087.44	6623.34	98.65	31365.45	630569.01	235108.95	221895.56
河源	100746.50	14717.11	3811.36	82218.03	404464.19	133836.65	196242.57
梅州	93179.96	1732.78	8019.25	83427.94	534221.51	155327.65	256273.09
惠州	106645.97	14451.71	2225.63	89968.63	842453.30	160896.64	532752.49
汕尾	87447.04	5028.61	368.42	82050.00	281235.23	26381.48	206418.15
东莞	902235.40	737785.63	515.06	163934.71	13283229.79	2652297.28	10660230.80
中山	370696.44	259395.14	2.13	111299.17	2996859.37	841923.54	2227569.54
江门	184527.57	93840.18	5900.61	84786.79	1071167.42	142333.57	855374.13
阳江	101952.63	2384.56	1021.13	98546.94	192390.40	31582.26	116376.03
湛江	105423.28	8677.10	719.02	96027.17	581154.27	112239.38	319239.15
茂名	115978.50	6334.26	1889.58	107754.66	465429.22	235660.54	163974.01
肇庆	40511.31	4881.18	4548.58	31081.56	345749.87	78658.89	163869.44
清远	35791.95	2473.30	1132.54	32186.11	461331.78	165814.66	212097.14
潮州	72450.97	12218.03	4068.79	56164.15	647955.01	149603.64	476688.09
揭阳	43191.38	16316.22	2679.36	24195.80	1347929.14	96187.35	1107872.71
云浮	20561.77	8207.53	604.99	11749.26	204028.62	110921.28	34947.84

13-9 续表 5

(2021年) 单位：万元

市别	3.未分配收益	四、负债及所有者权益合计	1.经营性资产	2.负债合计	其中：(1)经营性负债	(2)兴办公益事业负债
合计	1622353.29	61581763.83	39866305.74	24545699.39	6727178.52	884784.36
广州	477197.21	19315802.87	13650020.61	10333393.47	2360339.76	253327.38
珠海	4191.43	360391.17	171895.04	124056.04	12456.65	151.68
汕头	-150827.30	3113223.48	1084583.98	1882737.75	291680.94	109012.56
佛山	82218.35	5028344.10	3806598.36	2731678.03	830887.38	24450.18
韶关	173564.49	759705.53	413373.32	129136.53	5897.68	3855.62
河源	74384.96	561291.43	170362.41	156827.24	20266.22	16131.10
梅州	122620.77	688068.35	195541.99	153846.84	841.79	9403.88
惠州	148804.16	1212235.09	419319.15	369781.80	34050.75	5758.04
汕尾	48435.61	463835.90	86197.22	182600.67	537.09	4352.22
东莞	-29298.29	16896847.79	11805489.04	3613618.00	2016429.26	191775.38
中山	-72633.71	4817049.54	4139479.22	1820190.17	579949.19	35951.25
江门	73459.71	2211767.73	1836402.79	1140600.32	408367.38	89528.50
阳江	44432.11	427751.43	113825.60	235361.03	14290.43	20146.31
湛江	149675.74	856255.75	359693.18	275101.48	16701.38	10231.01
茂名	65794.68	650262.14	235719.55	184832.92	4826.33	6999.66
肇庆	103221.54	480549.15	212676.38	134799.28	20422.67	9207.25
清远	83419.97	541597.10	277554.80	80265.33	4591.25	3808.41
潮州	21663.27	1057434.98	233477.34	409479.97	47474.36	22984.98
揭阳	143869.09	1867296.66	487070.23	519367.52	53946.12	60775.10
云浮	58159.50	272053.63	167025.52	68025.01	3221.88	6933.84

13-10 各市组级集体经济组织资产负债情况

(2021年)　　单位：万元

市别	一、流动资产合计	1.货币资金	2.短期投资	3.应收款项	4.存货	二、农业资产合计
合计	19278524.98	16195863.48	523664.83	2541749.77	17246.89	125966.79
广州	7186584.41	6514178.88	50298.98	622014.74	91.81	761.72
珠海	57912.61	51885.02	0.32	6022.22	5.06	
汕头	16819.59	9453.25	143.11	7223.23		
佛山	4441589.74	3420129.38	16721.47	1004146.49	592.40	897.06
韶关	103599.00	101923.92	1.51	1490.43	183.14	13384.58
河源	11923.67	11192.54		728.86	2.27	3013.79
梅州	18752.03	18728.81		15.35	7.86	2109.49
惠州	766684.41	713812.51	3422.28	48743.94	705.67	29756.27
汕尾	68671.88	60404.60	17.19	8250.10		1460.28
东莞	3901723.45	3005337.82	435677.00	446207.97	14500.66	406.80
中山	455002.73	359511.19	456.44	94815.10	220.00	7.28
江门	747191.34	587501.87	3906.98	155738.17	44.32	986.06
阳江	26496.08	26248.48		230.77	16.83	6335.01
湛江	544774.54	505708.61	380.88	38509.95	175.10	15311.72
茂名	94920.64	93942.72	10.00	846.41	121.52	5169.53
肇庆	333191.98	280844.10	5190.74	47121.85	35.30	4444.23
清远	242259.16	231532.09	2418.81	8129.74	178.51	39536.49
潮州	9666.27	5079.78	2966.01	1532.33	88.16	283.65
揭阳	181501.84	132892.78	1550.50	47003.66	54.90	173.33
云浮	69259.61	65555.16	502.61	2978.47	223.38	1929.50

13-10 续表 1

(2021年)　　单位：万元

市别	1.牲畜(禽)资产	2.林木资产	三、长期资产合计	1.长期投资	其中：长期股权投资	2.固定资产合计
合计	121.21	125845.58	13378941.1	990097.14	735304.77	11331221.59
广州	0.30	761.42	3204065.05	274269.80	231967.98	2857851.10
珠海			33485.43	3071.84	2810.67	29566.86
汕头			6723.21			6723.21
佛山		897.06	2458799.24	78132.13	60931.39	1812610.03
韶关		13384.58	338380.37	1188.52	1171.78	337179.20
河源		3013.79	36514.46	34.29	34.29	36117.60
梅州	21.56	2087.93	52034.32	2.49	0.24	52028.61
惠州		29756.27	654595.39	7064.00	7028.44	637260.99
汕尾		1460.28	217465.25	1013.74	954.35	215893.96
东莞		406.80	2890694.08	563548.66	380909.36	1985163.46
中山		7.28	270733.91	22908.67	16135.79	215171.92
江门		986.06	444537.09	14478.77	11908.70	419336.82
阳江	34.18	6300.83	46102.76	24.59	4.59	46078.17
湛江		15311.72	844862.76	128.50	40.25	842964.50
茂名		5169.53	278723.85	184.73	184.73	277512.26
肇庆		4444.23	423693.03	14888.25	14844.23	394307.56
清远		39536.49	564375.32	6891.34	5065.39	557358.03
潮州		283.65	24343.33	32.03	32.03	24232.19
揭阳	65.16	108.17	365221.56	2078.38	1179.26	361705.17
云浮	0.01	1929.49	223590.69	156.42	101.31	222159.95

13-10 续表 2

(2021年) 单位：万元

市 别	(1)固定资产原值	(2)减：累计折旧	(3)固定资产净值	(4)固定资产清理	(5)在建工程	3.其他资产	四、资产总计
合 计	14272990.41	4278422.51	9994567.90	52113.64	1284540.05	1057622.37	32783432.87
广 州	3504044.12	945708.18	2558335.94	39744.82	259770.34	71944.16	10391411.18
珠 海	33743.97	5999.61	27744.37		1822.49	846.74	91398.04
汕 头	3874.91		3874.91	7.80	2840.50		23542.81
佛 山	1962303.89	601933.27	1360370.63	3557.63	448681.77	568057.07	6901286.03
韶 关	337634.96	3572.39	334062.56	90.26	3026.38	12.64	455363.95
河 源	38151.71	2371.26	35780.45		337.15	362.57	51451.91
梅 州	52007.29	13.49	51993.80		34.81	3.22	72895.85
惠 州	611252.03	48116.07	563135.95	2660.26	71464.77	10270.40	1451036.06
汕 尾	213101.91	311.55	212790.36		3103.60	557.55	287597.41
东 莞	4179717.16	2428778.25	1750938.91	3914.79	230309.76	341981.96	6792824.33
中 山	276541.58	87633.04	188908.55	8.04	26255.32	32653.32	725743.92
江 门	414898.56	39713.64	375184.92	130.86	44021.03	10721.50	1192714.49
阳 江	44022.73	267.15	43755.58		2322.59		78933.85
湛 江	839963.65	39373.63	800590.02	372.01	42002.47	1769.76	1404949.02
茂 名	278370.11	5197.87	273172.23	483.82	3856.21	1026.86	378814.02
肇 庆	436362.52	61555.85	374806.67	202.75	19298.15	14497.21	761329.24
清 远	550521.78	5718.75	544803.04	660.91	11894.08	125.95	846170.96
潮 州	23053.89	562.58	22491.31		1740.88	79.12	34293.26
揭 阳	254304.00	749.96	253554.04	240.66	107910.47	1438.01	546896.73
云 浮	219119.63	845.98	218273.65	39.01	3847.29	1274.32	294779.80

13-10 续表 3

(2021年) 单位：万元

市 别	一、流动负债合计	1.短期借款	2.应付款项	3.应付工资	4.应付福利费
合 计	8550846.67	171873.45	7869207.97	80707.97	429057.29
广 州	3042101.38	24590.43	2793814.84	56426.45	167269.66
珠 海	20592.34	180.44	20327.76	11.23	72.92
汕 头	23790.88	1556.23	21670.73	576.47	-12.55
佛 山	2938694.85	71574.13	2592225.08	2634.44	272261.20
韶 关	17389.68	8.89	17199.71	66.16	114.92
河 源	5346.32		5340.56	0.40	5.35
梅 州	323.37	84.88	155.92	0.79	81.78
惠 州	530495.48	9331.89	512278.83	108.60	8776.17
汕 尾	15417.64	252.78	15058.50	65.20	41.16
东 莞	910328.98	15361.14	878413.02	16554.83	
中 山	216711.23	33541.71	182201.33	384.62	583.57
江 门	348465.58	1846.81	333530.19	627.24	12461.34
阳 江	1720.15	0.06	1648.63	71.51	-0.05
湛 江	187137.90	1799.18	185124.60	361.78	-147.66
茂 名	11603.17	106.87	11483.73	12.57	
肇 庆	146431.39	468.21	148602.51	971.15	-3610.48
清 远	18284.19	370.76	43550.99	185.47	-25823.03
潮 州	4586.34	197.98	4626.93	60.74	-299.31
揭 阳	103801.77	10586.80	94425.55	1556.64	-2767.23
云 浮	7624.05	14.29	7528.57	31.68	49.52

13-10 续表 4

(2021年) 单位：万元

市别	二、长期负债合计	1.长期借款及应付款	2.一事一议资金	3.专项应付款	三、所有者权益合计	1.实收资本金	2.公积公益金
合计	2633000.87	553412.90	15465.55	2064122.43	21599585.33	4859129.69	14463850.47
广州	1642116.45	188187.69	153.84	1453774.92	5707193.35	712812.94	4410235.65
珠海	18413.69	228.58		18185.10	52392.02	7739.20	44485.06
汕头	1679.80	180.00		1499.80	-1927.87	1678.73	37877.13
佛山	566627.43	258026.45	2135.72	306465.26	3395963.76	849751.83	2278694.94
韶关	7539.15	32.90	159.65	7346.60	430435.12	304043.11	49439.88
河源	494.61	2.30		492.31	45610.98	12113.24	27849.21
梅州	5859.71	17.78		5841.93	66712.77	8245.83	50019.15
惠州	47329.09	5903.25	1162.14	40263.70	873211.49	163292.65	569093.90
汕尾	17778.36	311.80	205.11	17261.44	254401.41	13670.84	222303.30
东莞	100977.38	70346.41		30630.96	5781517.97	1689011.30	4091872.59
中山	38199.42	8298.69	0.19	29900.54	470833.26	42789.85	415538.63
江门	43700.18	7814.73	5002.93	30882.52	800548.73	77716.96	599218.74
阳江	381.59		90.01	291.58	76832.11	31883.99	33098.47
湛江	72339.10	5044.26	3415.85	63878.99	1145472.03	269327.61	424966.41
茂名	13815.46	80.29	216.50	13518.67	353395.40	197821.45	81609.01
肇庆	14254.83	2297.81	519.04	11437.98	600643.03	135343.37	320690.07
清远	21484.52	2800.83	1121.29	17562.40	806402.25	155307.36	327208.51
潮州	442.59	176.16	61.84	204.58	29264.33	6790.35	20503.07
揭阳	8263.65	3640.24	791.04	3832.37	434831.31	86931.44	406739.96
云浮	11303.87	22.72	430.39	10850.77	275851.87	92857.62	52406.79

13-10 续表 5

(2021年) 单位：万元

市别	3.未分配收益	四、负债及所有者权益合计	1.经营性资产	2.负债合计	其中：(1)经营性负债	(2)兴办公益事业负债
合计	2276605.17	32783432.87	21754284.90	11183847.55	2867018.31	252119.70
广州	584144.76	10391411.18	7688979.84	4684217.83	829842.16	61259.91
珠海	167.75	91398.04	52845.89	39006.03	9230.43	15.04
汕头	-41483.73	23542.81	5289.17	25470.68	4376.78	678.49
佛山	267516.99	6901286.03	4861040.02	3505322.27	1055887.07	63836.12
韶关	76952.14	455363.95	124550.28	24928.83	564.92	765.00
河源	5648.54	51451.91	13519.24	5840.93	388.25	2032.11
梅州	8447.79	72895.85	9379.87	6183.07	12.70	32.51
惠州	140824.94	1451036.06	668563.36	577824.57	134117.06	1454.61
汕尾	18427.27	287597.41	43418.68	33196.00	43.45	653.28
东莞	634.08	6792824.33	5401340.62	1011306.36	545517.50	47690.00
中山	12504.79	725743.92	671009.53	254910.66	34973.55	2838.75
江门	123613.03	1192714.49	862883.43	392165.76	144698.71	54298.70
阳江	11849.65	78933.85	14444.03	2101.74	1.00	66.66
湛江	451178.00	1404949.02	318395.53	259477.00	8371.31	6582.25
茂名	73964.94	378814.02	66061.92	25418.62	2328.74	264.84
肇庆	144609.59	761329.24	458315.86	160686.21	59380.03	1906.94
清远	323886.38	846170.96	263075.36	39768.71	13796.26	2063.66
潮州	1970.91	34293.26	16777.56	5028.93	2069.77	-98.80
揭阳	-58840.09	546896.73	98218.96	112065.42	11136.35	5709.48
云浮	130587.46	294779.80	116175.72	18927.93	282.28	70.14

13-11 各市村级集体经济组织收益分配情况

(2021年)

单位：万元

市别	总收入	1.经营收入	2.发包及上交收入	3.投资收益	4.补助收入	5.其他收入	总支出	1.经营支出
合计	7294275.00	3786885.80	1108427.57	335573.20	787584.18	1275804.26	3644503.56	1031949.83
广州	2166977.18	1415538.70	280001.89	61685.51	20841.79	388909.29	1087032.82	360358.56
珠海	53834.64	15638.61	31132.55	479.45	978.79	5605.24	12194.46	2431.56
汕头	151196.97	54346.94	56550.48	3862.60	12670.32	23766.63	99165.06	14375.96
佛山	937388.38	478125.68	224115.76	13115.75	25022.81	197008.37	404555.57	113089.96
韶关	71936.78	17035.21	6663.95	3322.11	29415.70	15499.81	67586.22	4637.88
河源	93253.86	4675.71	1160.01	5676.32	51950.25	29791.58	89499.17	1690.02
梅州	80775.57	5182.60	2581.79	4846.01	52339.30	15825.87	80057.72	351.45
惠州	211140.60	32567.80	28498.89	1646.19	77448.66	70979.05	169270.38	8880.23
汕尾	59095.90	3969.04	2649.65	976.73	37421.90	14078.57	59664.29	990.85
东莞	1788742.21	1042370.84	208869.31	207279.44	68439.39	261783.23	510112.96	301911.91
中山	615576.20	442019.86	73628.27	2826.03	32957.86	64144.19	309364.52	121578.69
江门	298651.64	164929.85	69108.53	9468.30	27429.60	27715.36	202316.95	76262.92
阳江	46410.71	2230.21	7341.37	652.64	21271.81	14914.69	42327.80	144.42
湛江	76396.09	18561.59	13921.32	696.65	30674.14	12542.39	69675.69	1875.94
茂名	57958.98	5296.35	3408.67	2710.50	28020.26	18523.21	46191.35	757.77
肇庆	123958.95	11572.02	26833.21	2854.13	47317.93	35381.67	97756.62	4646.22
清远	81316.24	9410.83	5005.61	3272.32	41948.66	21678.82	74403.40	1832.30
潮州	142153.94	17436.65	38423.61	1123.62	55908.09	29261.98	86920.38	7046.91
揭阳	192601.38	34441.23	26637.69	5176.30	103110.79	23235.37	103914.31	8564.75
云浮	44908.77	11536.08	1895.01	3902.61	22416.13	5158.93	32493.91	521.54

13-11 续表 1

(2021年)

单位：万元

市别	2.管理费用	其中：①干部报酬	②报刊费	3.其他支出	三、本年收益	四、年初未分配收益	五、其他转入	六、可分配收益
合计	1589141.51	290794.49	12146.11	1023412.22	3649771.44	1279433.65	77234.87	5006439.96
广州	566670.72	61182.86	377.90	160003.53	1079944.36	491498.02	-5688.84	1565753.54
珠海	7360.69	230.01	18.93	2402.20	41640.18	-542.57	831.80	41929.42
汕头	65071.67	16868.74	72.26	19717.42	52031.91	-102843.01	-5634.54	-56445.64
佛山	118932.34	19860.70	704.61	172533.27	532832.81	42319.34	73300.58	648452.73
韶关	39758.75	6987.28	275.71	23189.60	4350.56	55983.95	-3380.60	56953.91
河源	24413.41	4377.54	127.35	63395.75	3754.68	46694.07	1046.52	51495.28
梅州	39943.28	7349.22	374.17	39762.99	717.86	115303.01	659.61	116680.47
惠州	57093.43	9246.17	317.07	103296.72	41870.22	121669.22	13342.40	176881.85
汕尾	22235.63	7549.60	315.17	36437.81	-568.38	40042.18	1174.36	40648.16
东莞	169206.53	49642.10	3981.15	38994.53	1278629.25	22751.48	19918.56	1321299.29
中山	123138.63	20144.75	1117.53	64647.20	306211.69	1197.85	-10914.58	296494.95
江门	86179.01	19866.72	352.25	39875.03	96334.69	93237.19	-16937.63	172634.25
阳江	27631.01	8935.47	281.64	14552.37	4082.91	24077.51	-237.17	27923.25
湛江	33431.21	2284.84	403.69	34368.54	6720.40	56129.00	-587.59	62261.82
茂名	25172.64	3299.86	1924.56	20260.94	11767.64	28184.43	-750.16	39201.91
肇庆	46656.66	11251.73	383.78	46453.73	26202.33	60253.90	2236.05	88692.27
清远	42009.28	16524.99	145.17	30561.82	6912.84	39304.15	295.01	46512.00
潮州	37660.63	9800.54	263.41	42212.84	55233.56	18144.11	3698.35	77076.02
揭阳	34603.64	12882.56	535.11	60745.92	88687.08	100575.94	4628.58	193891.60
云浮	21972.35	2508.80	174.64	10000.02	12414.86	25453.85	234.16	38102.87

13−11　续表 2

(2021年)　　单位：万元

市　别	七、各项分配	1.提取公积金、公益金	2.提取应付福利费	3.外来投资分利	4.农户分配	5.其他分配	八、年末未分配收益
合　计	3569800.60	653047.55	967306.59	27153.06	1605084.41	317208.99	1436639.36
广　州	1055236.04	113766.68	221539.90	9734.87	626271.81	83922.79	510517.50
珠　海	45816.93	6010.35	3153.10		34724.36	1929.13	-3887.51
汕　头	109110.03	11129.80	54976.09	18.77	40499.13	2486.25	-165555.67
佛　山	556759.07	53745.88	171549.96	4061.28	173189.84	154212.11	91693.67
韶　关	10437.45	937.03	4130.18		3896.30	1473.94	46516.46
河　源	2313.56	38.81	7.20	12.60	2.80	2252.15	49181.72
梅　州	5498.11	1958.88	2309.88		1221.14	8.22	111182.35
惠　州	36405.60	3175.59	15310.21	47.19	14175.31	3697.30	140476.25
汕　尾	4571.75	593.31	2018.52		731.04	1228.87	36076.41
东　莞	1296887.31	354771.00	441921.08		431644.22	68551.01	24411.97
中　山	323194.23	45671.67	74146.78	13085.35	187342.26	2948.17	-26699.28
江　门	93399.14	1847.85	52864.35	108.27	40565.62	-1986.96	79235.11
阳　江	1035.36	176.17			128.90	730.28	26887.89
湛　江	9759.67	8176.35	29.05		617.01	937.27	52502.14
茂　名	3158.79	1023.26	195.48	3.04	390.78	1546.21	36043.12
肇　庆	25568.10	836.73	3149.40	81.69	19420.62	2079.66	63124.17
清　远	3328.14	378.82	858.20		1645.00	446.13	43183.86
潮　州	58014.42	12406.68	22571.14		19374.24	3662.36	19061.59
揭　阳	-75212.30	34422.87	-104096.20		8137.41	-13676.39	269103.91
云　浮	4519.20	1979.83	672.27		1106.61	760.48	33583.67

13−11　续表 3

(2021年)

市　别	九、附报指标					
	1.汇入本表村数	(1)当年无经营收益的村	(2)当年有经营收益的村			
				①5万元以下的村	②5−10万元的村	③10万元以上的村
合　计	21418	12675	8743	1388	1275	6080
广　州	1304	203	1101	36	49	1016
珠　海	155	9	146	1	3	142
汕　头	887	484	403	52	34	317
佛　山	583	21	562			562
韶　关	1230	1002	228	78	42	108
河　源	1277	905	372	147	160	65
梅　州	2059	1602	457	236	124	97
惠　州	1119	704	415	59	33	323
汕　尾	788	603	185	84	30	71
东　莞	558		558			558
中　山	241	11	230		1	229
江　门	1143	221	922	36	40	846
阳　江	718	628	90	32	20	38
湛　江	1740	1373	367	116	36	215
茂　名	1793	1261	532	164	221	147
肇　庆	1404	956	448	84	21	343
清　远	1115	833	282	49	40	193
潮　州	925	666	259	35	41	183
揭　阳	1478	646	832	93	334	405
云　浮	901	547	354	86	46	222

13-12 各市组级集体经济组织收益分配情况

(2021年) 单位：万元

市别	总收入	1.经营收入	2.发包及上交收入	3.投资收益	4.补助收入	5.其他收入
合计	6210184.88	3168397.66	1388247.66	137717.62	135633.95	1380188.00
广州	1960759.09	1119129.51	331412.52	30791.36	7606.70	471819.00
珠海	11930.71	4156.87	3941.41	213.67	749.87	2868.90
汕头	1568.76	398.82	163.87		125.39	880.68
佛山	1821473.67	1078584.74	385706.02	27839.23	33191.31	296152.37
韶关	16934.34	818.54	7110.61	54.46	1749.27	7201.46
河源	1421.68	284.88	46.50	429.00	379.57	281.74
梅州	3326.07	18.42	265.49	2.55	33.57	3006.03
惠州	285360.91	40741.28	73052.89	728.15	33576.55	137262.04
汕尾	6057.23	1949.70	1725.34	0.39	1424.84	956.97
东莞	1104785.31	685175.97	187258.03	70518.34	2777.65	159055.32
中山	202351.76	85005.81	95914.07	2226.86	2547.98	16657.04
江门	227369.62	51546.40	129204.93	1343.89	4178.74	41095.66
阳江	2986.29	15.75	651.32	1.79	707.30	1610.14
湛江	73346.24	25604.87	13698.22	76.63	8195.74	25770.78
茂名	4938.41	1181.29	161.24	0.01	339.51	3256.35
肇庆	226456.33	47086.43	90740.76	2365.42	6443.40	79820.33
清远	161873.67	17434.81	37751.51	456.45	11687.80	94543.10
潮州	4843.69	392.60	3318.89	19.52	286.62	826.06
揭阳	49229.47	3215.11	11074.61	635.97	16898.79	17404.99
云浮	43171.62	5655.87	15049.44	13.93	2733.35	19719.03

13-12 续表 1

(2021年) 单位：万元

市别	总支出	1.经营支出	2.管理费用	其中：①干部报酬	②报刊费	3.其他支出
合计	1558613.20	474320.66	539670.09	76127.71	1155.60	544622.45
广州	539223.76	178036.41	288826.13	32048.54	32.43	72361.22
珠海	4804.70	1605.80	1073.41	195.45	1.37	2125.50
汕头	2251.09	111.65	1155.90	426.33	0.71	983.54
佛山	259569.52	74337.05	95025.36	13571.05	200.83	90207.12
韶关	11616.97	10.14	1811.00	185.16	1.97	9795.83
河源	1088.53	4.67	276.99	141.24	1.28	806.87
梅州	2280.71	110.74	51.90	13.24		2118.08
惠州	127643.68	5729.61	17538.12	3702.33	107.28	104375.94
汕尾	1934.13	65.66	1132.74	184.67	110.79	735.73
东莞	221394.78	160084.61	47675.55	12191.61	354.09	13634.63
中山	38163.29	24784.70	8315.98	1370.65	103.66	5062.61
江门	75715.90	9672.28	24364.36	3213.06	42.97	41679.26
阳江	884.38	15.04	145.62	38.70		723.72
湛江	44831.06	2867.91	18913.04	691.79	2.51	23050.10
茂名	1955.63	7.11	174.73	1.84	0.26	1773.78
肇庆	62795.57	13482.86	15201.56	3284.74	19.23	34111.15
清远	117741.18	2081.32	7071.18	897.77	4.61	108588.68
潮州	1940.03	279.78	1340.62	556.39	20.49	319.63
揭阳	25601.41	1014.72	8151.08	3173.02	148.58	16435.61
云浮	17176.87	18.58	1424.82	240.14	2.57	15733.46

十四、农村居民收入与消费

简要说明

一、2013 年国家统计局实行城乡住户调查一体化改革，将过去城镇与农村分别开展的调查体系，按照统一指标、统一方法、统一标准、统一调查、统一程序的原则，整合为城乡一体化住户调查新体系。由于新旧调查体系在调查范围和对象、城乡划分标准、样本抽选方法、计算和汇总方式、指标名称和口径等都发生了变化，新旧口径指标数据存在不可比因素。

二、旧调查体系的农村居民纯收入指标在新的调查体系中统一为城乡可比的可支配收入，旧调查体系中的城乡经营性收入、财产性收入与转移性收入在新的调查体系中统一为经营净收入、财产净收入与转移净收入。

三、2013 年起为新口径数据；14–1 表、14–2 表、14–4 表 2013 年以前的收入数据为旧调查体系的人均纯收入。

2021年广东农民收入恢复正常增长态势

2021年，广东各级党委政府坚持以人民为中心，坚定不移推动高质量发展，持续巩固拓展疫情防控和经济社会发展成果，经济运行呈现稳中加固、稳中向好态势，各项民生事业不断改善，农村居民收入呈快速恢复性增长态势，农村居民消费快速回暖。从全年走势来看，受翘尾因素影响，广东农村居民收入增速逐季回落；从两年平均增速来看，接近正常年份增长水平。

一、农村居民收支总体情况

据国家统计局广东调查总队城乡一体化住户抽样调查显示，2021年，广东农村居民人均可支配收入22306元，同比增长10.7%；扣除价格因素，实际增长10.6%；以2019年为基期，两年平均增长8.9%。农村居民收入增速快于全国平均水平，高于全国0.2个百分点。2021年，广东农村居民人均消费支出20012元，同比增长16.8%；以2019年为基期，两年平均增长8.7%。

2021年，广东农村居民人均可支配收入增速比城镇居民高1.6个百分点；以2019年为基期，两年平均增速比城镇居民高2.1个百分点。城乡居民收入比保持逐年缩小态势，由2019年的2.56：1和2020年的2.49：1，进一步缩小至2.46:1。

二、广东农村居民增收主要因素

（一）就业稳定推动农民工资性收入快速增长。2021年，广东农村居民人均工资性收入12765元，同比增长20.3%，占可支配收入比重达57.2%，拉动可支配收入增长10.7个百分点，是拉动农村居民收入增长的主要动力。2021年，广东坚持就业优先战略，出台多项援企稳岗措施和惠企惠民政策，通过“广东技工”“粤菜师傅”“南粤家政”三大工程，支持多渠道灵活就业，创造大量新的就业岗位，进一步稳定和扩大就业，推动实现更高质量就业，有力促进了农村居民工资性收入快速增长。

（二）农业生产稳定促进经营净收入快速复苏。2021年，广东农业生产结构持续优化，农业农村经济继续保持稳定增长，农业生产形势良好，消费市场需求旺盛,有力促进了农民经营净收入的快速增长。农村居民人均经营净收入5439元，同比增长18.6%，占可支配收入的比重为24.4%。

（三）集体分红收益增加拉动财产净收入快速增长。2021年，各级党委政府持续实施乡村振兴战略，乡村特色产业规模化趋势增强，耕地流转速度加快，集体经济快速发展，农民分红收入显著增加，拉动农村居民财产净收入较快上涨。2021年，广东农村居民人均财产净收入795元，同比增长29.1%，在四大类收入中增速最快。

表1　2021年广东农村居民收入增长情况

单位：元

指标名称	本年	上年	比上年±	增幅（%）
可支配收入	22306	20143	2163	10.7
一、工资性收入	12765	10613	2152	20.3
二、经营净收入	5439	4585	854	18.6
三、财产净收入	795	616	179	29.1
四、转移净收入	3307	4329	–1022	–23.6

三、农村居民消费快速回暖

2021年，广东消费市场持续回暖，农村居民消费呈快速增长态势，全年人均生活消费支出20012元，同比增长16.8%，以2019年为基期，两年平均增长8.7%。从消费大类来看,呈现“七升一降”的增长态势。

（一）外出就餐增多拉动食品支出较快增长。2021年，广东农村居民人均食品烟酒支出7867元，同比增长12.5%，呈快速增长态势。随着疫情形势逐步好转，农村居民外出就餐活动全面恢复，人均饮食服务支出比上年增长47.3%，是拉动食品支出增长的主要因素。与此同时，农村居民的烟酒和饮料支出同比分别增长34.0%和34.2%，也拉动了食品消费的快速增长。2021年，广东农村居民食品烟酒支出占消费支出的比重（即恩格尔系数）为39.3%。

（二）教育文化娱乐消费全面复苏。随着疫情防控形势趋稳和各项刺激消费政策陆续出台，学校和各类培训机构复课，周边休闲游和乡村游升温，带动教育文化娱乐消费全面复苏。2021年，受翘尾因素影响，广东农村居民人均教育文化娱乐支出1789元，同比增长40.3%，两年平均增长5.7%。

（三）交通通信支出平稳增长。随着汽车拥有量的快速增加，广东农村居民外出活动显著增多，交通燃料支出、交通工具使用和维修费用支出均大幅上涨。2021年，广东农村居民人均交通通信支出2223元，同比增长13.5%，两年平均增长1.9%。

表2　2021年广东农村居民生活消费支出情况

单位：元

指标名称	本年	上年	比上年±	增幅（%）
生活消费支出	**20012**	**17132**	**2879**	**16.8**
（一）食品烟酒	7867	6992	876	12.5
（二）衣着	721	507	215	42.3
（三）居住	4722	3829	893	23.3
（四）生活用品及服务	1014	803	211	26.3
（五）交通通信	2223	1958	265	13.5
（六）教育文化娱乐	1789	1276	514	40.3
（七）医疗保健	1342	1518	–176	–11.6
（八）其他用品和服务	332	250	82	32.8

14-1 农村居民收入与支出(1978-2021年)

年份	人均可支配收入(元)	增长速度			人均消费支出(元)	增长速度(%)			恩格尔系数(%)
		名义增长(上年为100)	实际增长(上年为100)	实际增长(1978年为100)		名义增长(上年为100)	实际增长(上年为100)	实际增长(1978年为100)	
1978	193.25	7.9		100.0	184.89	-2.6		100.0	61.7
1979	222.72	15.2	13.6	113.6	205.18	11.0	10.1	110.1	59.9
1980	274.37	23.2	19.4	135.6	222.22	8.3	3.9	114.4	60.4
1981	325.37	18.6	11.4	151.1	266.05	19.7	12.1	128.2	59.3
1982	381.79	17.3	12.7	170.3	312.44	17.4	16.2	149.0	58.4
1983	395.92	3.7	7.0	182.2	328.76	5.2	6.3	158.4	60.3
1984	425.34	7.4	7.2	195.3	346.19	5.3	5.0	166.3	59.3
1985	495.31	16.5	9.8	214.5	388.00	12.1	5.7	175.8	60.4
1986	546.43	10.3	7.6	230.8	454.06	17.0	11.1	195.3	58.8
1987	662.24	21.2	11.1	256.4	545.25	20.1	9.5	213.9	57.3
1988	808.70	22.1	2.7	263.3	684.67	25.6	3.2	220.7	55.2
1989	955.02	18.1	2.0	268.6	870.59	27.2	7.3	236.8	53.7
1990	1043.03	9.2	1.6	272.9	932.63	7.1	-0.3	236.1	57.7
1991	1143.06	9.6	9.4	298.5	942.40	1.1	1.2	238.9	57.4
1992	1307.65	14.4	10.4	329.6	1060.29	12.5	8.8	259.9	54.0
1993	1674.78	28.1	6.1	349.7	1391.01	31.2	6.8	277.6	52.8
1994	2181.52	30.3	3.8	363.0	1882.00	35.3	3.6	287.6	55.6
1995	2699.24	23.7	6.5	386.6	2255.01	19.8	5.3	302.9	54.5
1996	3183.46	17.9	7.6	415.9	2584.16	14.6	6.9	323.8	51.6
1997	3467.69	8.9	4.2	433.4	2617.65	1.3	0.3	324.7	52.3
1998	3527.14	1.7	3.4	448.2	2683.18	2.5	3.8	337.1	51.1
1999	3628.93	2.9	6.2	475.9	2645.94	-1.4	1.7	342.8	50.7
2000	3654.48	0.7	0.9	480.2	2646.02	…	…	342.9	49.8
2001	3769.79	3.2	3.5	497.0	2703.36	2.2	2.5	351.4	49.9
2002	3911.91	3.8	5.1	522.4	2825.01	4.5	6.0	372.5	47.6
2003	4054.58	3.6	3.4	540.1	2927.35	3.6	3.4	385.2	47.9
2004	4365.87	7.7	4.0	561.8	3240.78	10.7	6.7	411.0	48.8
2005	4690.49	7.4	4.5	587.0	3707.73	14.4	11.4	457.9	48.3
2006	5079.78	8.3	6.4	624.6	3885.97	4.8	3.2	472.6	48.6
2007	5624.04	10.7	6.5	665.5	4202.32	8.1	4.5	493.8	49.7
2008	6399.77	13.8	7.6	715.8	4872.96	15.9	9.6	541.3	49.0
2009	6906.93	7.9	10.7	792.4	5019.81	3.0	5.3	570.0	48.3
2010	7890.25	14.2	10.3	874.0	5515.58	9.9	6.5	607.1	47.7
2011	9371.73	18.8	11.9	978.0	6725.55	21.9	15.5	701.2	49.1
2012	10542.84	12.5	9.3	1069.0	7458.56	10.9	7.8	755.9	49.1
2013	11067.79	10.7	7.8	1152.4	8937.76	11.9	9.0	823.9	42.1
2014	12245.56	10.6	8.3	1248.0	10043.21	12.4	10.1	907.1	39.5
2015	13360.44	9.1	7.7	1344.1	11103.03	10.6	9.2	990.4	40.6
2016	14512.15	8.6	6.5	1431.5	12414.84	11.8	9.6	1085.5	40.4
2017	15779.74	8.7	7.8	1543.2	13199.62	6.3	5.5	1145.2	40.2
2018	17167.74	8.8	6.8	1648.1	15411.31	16.8	14.6	1312.4	36.6
2019	18818.42	9.6	4.8	1727.2	16949.43	10.0	5.2	1380.6	37.1
2020	20143.43	7.0	3.9	1794.6	17132.33	1.1	-1.9	1354.4	40.8
2021	22306.0	10.7	10.6	1984.8	20011.8	16.8	16.7	1580.6	39.3

注：2012年前“人均可支配收入”称为“人均纯收入”。

14-2 历年农村居民家庭基本情况

(1949—2021年)

年　份	平均每户常住人口(人)	人均可支配收入(元)	人均消费支出(元)	农村居民家庭恩格尔系数(%)	农村人均住房建筑面积(平方米)
1949	4.67	55.62	67.85	73.4	
1950					
1952	4.65	85.32	78.76	67.7	
1957	4.63	108.19	96.61	68.0	
1962		142.60	114.08		
1965		107.73	99.11		
1970					
1975	6.38	143.83	151.42	63.3	
1978	5.99	193.25	184.89	61.7	8.73
1979	6.01	222.72	205.18	59.9	9.10
1980	6.18	274.37	222.22	60.4	10.51
1981	6.22	325.37	266.05	59.3	11.67
1982	6.12	381.79	312.44	58.4	11.39
1983	6.02	395.92	328.76	60.3	12.85
1984	5.99	425.34	346.19	59.3	14.42
1985	5.95	495.31	388.00	60.4	14.87
1986	5.91	546.43	454.06	58.8	15.58
1987	5.87	662.24	545.25	57.3	15.78
1988	5.79	808.70	684.67	55.2	16.39
1989	5.69	955.02	870.59	53.7	17.11
1990	5.65	1043.03	932.63	57.7	17.39
1991	5.51	1143.06	942.40	57.4	18.03
1992	5.49	1307.65	1060.29	54.0	18.77
1993	5.39	1674.78	1391.01	52.8	20.56
1994	5.38	2181.52	1882.00	55.6	20.51
1995	5.36	2699.24	2255.01	54.5	20.83
1996	5.25	3183.43	2584.16	51.6	22.32
1997	5.17	3467.69	2617.65	52.3	23.78
1998	5.15	3527.14	2683.18	51.1	24.83
1999	5.08	3628.93	2645.94	50.7	25.94
2000	5.15	3654.48	2646.02	49.8	22.42
2001	5.10	3769.79	2703.36	49.9	23.39
2002	5.08	3911.91	2825.01	47.6	24.07
2003	5.04	4054.58	2927.35	47.9	24.79
2004	5.01	4365.87	3240.78	48.8	25.48
2005	5.00	4690.49	3707.73	48.3	25.71
2006	4.98	5079.78	3885.97	48.6	26.60
2007	5.00	5624.04	4202.32	49.7	27.24
2008	5.00	6399.77	4872.96	49.0	27.89
2009	4.99	6906.93	5019.81	48.3	28.70
2010	4.95	7890.25	5515.58	47.7	29.23
2011	4.84	9371.73	6725.55	49.1	30.73
2012	4.82	10542.84	7458.56	49.1	31.67
2013	3.71	11067.79	8937.76	42.1	34.92
2014	3.54	12245.56	10043.21	39.5	39.32
2015	3.60	13360.44	11103.03	40.6	42.14
2016	3.69	14512.15	12414.84	40.4	43.92
2017	3.65	15779.74	13199.62	40.2	45.27
2018	3.45	17167.74	15411.31	36.6	47.13
2019	3.47	18818.42	16949.43	37.1	48.68
2020	3.45	20143.43	17132.33	40.8	48.92
2021	3.74	22306.0	20011.8	39.3	50.14

注：农村人均住房建筑面积在1985年前称“人均居住面积”，1985年以前称为“居住面积”，2012年前称“人均生活住房面积，2013年后改为人均住房建筑面积。

14-6 续表

(2021年)　　单位：元/人

地　区	人均可支配收入	增速(%)	地　区	人均可支配收入	增速(%)
阳江市			封开县	18668	10.8
江城区	23624	8.7	怀集县	19890	10.2
阳东区	23633	12.5	**清远市**		
阳春市	20799	11.0	清城区	24851	9.3
阳西县	22517	11.9	清新区	19925	8.9
湛江市			英德市	20115	9.3
霞山区	20544	5.3	连州市	17399	10.6
麻章区	21981	11.5	佛冈县	19698	12.1
坡头区	20468	9.4	阳山县	18409	9.5
雷州市	16798	11.7	连山县	16788	11.8
廉江市	22532	10.4	连南县	17210	11.3
吴川市	24081	6.8	**潮州市**		
遂溪县	21596	10.8	湘桥区	20893	10.9
徐闻县	21269	9.3	潮安区	20856	10.6
开发区	21484	8.6	饶平县	18154	10.8
茂名市			**揭阳市**		
茂南区	22085	12.6	揭东区	20750	9.1
电白区	21682	8.7	普宁市	20271	10.1
信宜市	21521	9.9	揭西县	14427	8.4
高州市	21666	10.0	惠来县	15979	13.4
化州市	21756	9.8	空港区	19985	6.6
肇庆市			**云浮市**		
鼎湖区	29836	8.0	云城区	20442	11.0
高要区	26227	9.9	云安区	19174	10.7
四会市	29669	10.1	罗定市	19061	10.6
广宁县	18847	10.0	新兴县	21983	10.8
德庆县	24341	9.5	郁南县	18846	10.2

注：深圳市因完全城市化，无农村居民相关数据。
城乡住户调查一体化改革后，针对城乡范围的划分标准发生了变化，部分原属于农村范围的地区改革后划归到城镇。
部分市辖区全部属城镇范围，没有农村常住居民的数据。

十五、农垦

1 月 11 日,农业农村部原部长韩长赋、广东省省委常委叶贞琴一行到广垦茂名国家热带农业公园调研考察。

4 月 1 日，广东省前省长马兴瑞到广东省农垦集团公司调研，听取省农垦集团关于深化农垦改革发展、垦区折旧复垦、垦造水田、发挥现代农业示范引领作用、助力全省乡村振兴等工作汇报，对省农垦集团未来发展提出明确要求。广东省委常委叶贞琴、副省长许瑞生、省政府秘书长叶牛平及省财政厅、自然资源厅、住房城乡建设厅、水利厅、农业农村厅、省建工集团主要负责同志参加调研活动。

5月11日,广垦牧原50万头生猪养殖基地建设项目在雷州市正式开工。省农垦集团公司支光南、冯彤、吕林汉，广东恒健投资控股有限公司党委委员、副总经理叶仲豪出席开工。

6月28日，湛江菠萝产地运营中心建设项目举行奠基仪式。该项目着力打造全省第一个集农产品物流集散、农产品电子商务、农产品期货与现货交易结算、农产品质量检验检测认证、展览展销、品牌运营、供求信息发布、中介服务等多功能于一体的现代农产品物流贸易综合体，建设成为全国菠萝价格形成中心、产业信息中心、物流集散中心、科技交流中心和会展贸易中心。

11 月 26 日,广东农垦展览馆正式揭牌。广东农垦展览馆立足广东农垦 70 年光辉历程和新时代发展定位,以“广垦号”航母为总体设计意象,将起航、兴航、领航主题贯穿空间布局,充分展现广东农垦的历史、现状、未来,致力于打造成为垦区对外形象展示的重要窗口和企业文化建设的亮丽名片。

10 月 26 日至 29 日,农业农村部农垦局局长左常升、一级巡视员彭剑良、中国农垦经济发展中心主任李尚兰一行到广东农垦调研,省农垦集团公司冯彤、黄文沐陪同调研,图为调研组在茂名垦区考察机器割胶。

12月11日至13日，在广东养猪产业大会上，广垦畜牧集团品牌“黑加宝”黑土猪肉和“广垦肉品”白猪肉分别荣获“粤港澳大湾区最受欢迎十大品牌猪肉”称号，旗下湛江广垦沃而多原种猪场荣获“2021年度广东省生猪育种先进单位”称号、湛江广垦沃而多原种猪场的3头种公猪荣获“2021年度种猪生产性能测定优秀杜洛克种公猪”称号。

12月31日，省委常委叶贞琴到省农垦集团公司（农垦总局）调研，参观广东农垦展览馆、广东农垦品牌展销中心，召开座谈会并强调要坚持稳字当头、稳中求进，在确保主责主业稳固、社会大局稳定的同时，积极推进产业升级，全面推进党的建设，当好现代农业国家队、广东军。

广东农垦 2021 年国民经济和社会发展情况公报

2021 年是党和国家具有里程碑意义的一年，也是广东农垦历史上不平凡的一年。一年来，垦区各级认真贯彻落实总书记、党中央和省委、省政府决策部署，坚持“聚焦主业、稳中求进、防控风险”工作基调和“市场导向、效益优先、品质至上、绿色发展”经营方针，努力克服新冠肺炎疫情冲击和外部环境复杂严峻等不利因素影响，推动高质量发展取得新成效，实现“十四五”良好开局。

一、综合

2021 年，广东农垦实现生产总值 192.04 亿元，比上年增长 6.46%，其中：第一产业增加值 67.27 亿元，增加 6.62%；第二产业增加值 65.99 亿元，增长 7.27%；第三产业增加值 58.78 亿元，增长 5.38%；三次产业结构由上年的 34.97:34.11:30.92 变为 35.03:34.36:30.61。人均农垦生产总值达 49447 元，增长 7.09%。国有在岗职工年均纯收入 73299 元，增长 10.52%，垦区居民人均可支配收入 29251 元，增长 5.97%。全年国有企业营业收入 240.34 亿，利润 3.87 亿，资产总额 425.80 亿，净资产 169.28 亿。

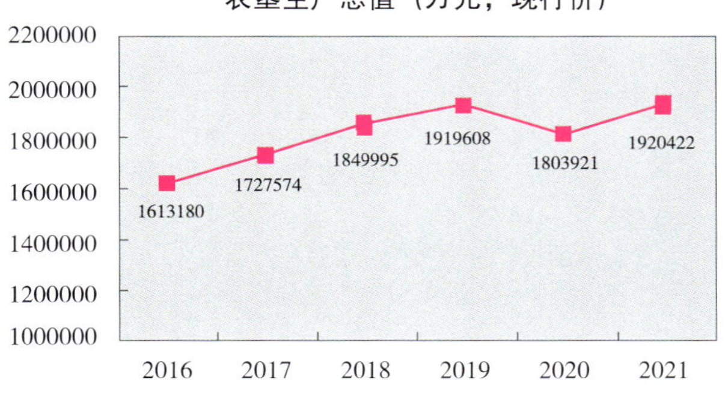

二、农业

2021 年，广东农垦实现第一产业增加值 67.27 亿元，增长 6.62%。农林牧渔业总产值(按现行价计算)121.75 亿元，同比增长 8.00%，农林牧渔业商品产值为 108.59 亿元，农业商品率为 89.19%。

2021 年，实现农作物总播种面积 4.38 万公顷，下降 2.86%，其中：粮食播种面积 0.79 万公顷，增加 0.23%；糖蔗种植面积 2.22 万公顷，下降 7.33%；油料播种面积 2039 公顷，增长 10.78%；蔬菜播种面积 0.72 万公顷，减少 1.26%。

垦区国内外橡胶年末实有面积 7.22 万公顷，其中：国内基地橡胶年末实有面积 4.74 万公顷，减少 0.69%；水果年末实有面积 3.56 万公顷，增长 1.01%；剑麻 3284 公顷，减少 4.49%；茶叶 751 公顷，增长 8.11%。

全年生猪饲养量 145.75 万头，增长 34.44%，其中年末存栏 72.72 万头；牛年末存栏 4.65 万头，其中奶牛 3.9 万头；全年水产养殖面积 3817 公顷。

全年粮食产量 4.09 万吨，减少 13.11%；糖蔗产量 171.41 万吨，下降 2.20%；油料产量 0.61 万吨，增长 18.72%；蔬菜产量 18.23 万吨，增长 0.71%；干胶产量 85.45 万吨（包含海外、海南和云南），增长 7.18%；水果产量 94.41 万吨，增加 7.26%；剑麻直纤维产量 5118 吨，增加 25.49%；茶叶产量 589.98 吨，增加 10.88%。

全年肉类总产量 10.99 万吨，增长 44.11%，其中猪肉产量 6.82 万吨，增长 49.83%；禽肉产量 2.21 万吨，减少 23.27%，禽蛋产量 3082 吨，减少 20.20%。全年水产品产量 4.31 万吨，增长 0.92%，其中海水养殖 1.20 万吨，淡水养殖 3.11 万吨。鲜牛奶产量 7.99 万吨，增长 13.95%。

全年农业固定资产投入 12.96 亿元，增长 33.68%。年末农业机械总动力为 47.98 万千瓦，增长 0.70%。全年农用化肥施用量（折纯）6.01 万吨，减少 1.68%；农用塑料薄膜用量 756.25 吨，减少 6.66%；农药施用量 4166 吨，减少 3.15%；有效灌溉面积达 2.82 万公顷，增加 2.03%。

三、工业和建筑业

2021 年，实现工业增加值 56.52 亿元，增长 6.33%，占生产总值的 29.43%。

2021 年，垦区各类工业企业 632 家，其中：规模以上工业企业 62 家，垦区各类工业企业全年实现工业总产值按现行价计算（下同）为 241.82 亿元，增长 9.90%，规模以上工业总产值 216.57 亿元，占工业总产值的 89.56%，工业产品销售率为 95.35%，全年实现工业利润是 19.32 亿元，应交税金 4.48 亿元。

2021 年垦区二十三大类工业产品中，产值排前十位的行业是：化学原料和化学制品制造业产值 96.37 亿元，占 39.85%；其他制造业产值 48.48 亿元，占 20.05%；农副食品加工业产值 24.31 亿元，占 10.05%；食品制造业 21.85 亿元，占 9.04%；橡胶和塑料制品业 10.92 亿元，占 4.52%；金属制品业 10.00 亿元，占 4.13%；家具制造业产值 6.10 亿元，占 2.52%；电力、热力生产和供应业 3.63 亿元，占 1.50%；纺织服装、服饰业 3.33 亿元，占 1.38%；木材加工和木、竹、藤、棕、草制品业 3.30 亿元，占 1.36%。这十大产业总产值 228.29 亿元，占工业总产值的 94.40%。

2021 年垦区工业主要产品产量及其增减情况：

产品名称	单位	产量	比上年增减（%）
机制糖	吨	270054	-2.54
罐头	吨	1217	-20.55
酒精	吨	863	-67.14
乳制品	吨	219186	14.53
食用油	吨	24790	-27.49
有机复混肥	吨	32107	-23.78
饲料	吨	111087	107.97
水泥	吨	131185	16.56
家具	万件	205	-8.99
发电量	万千瓦时	80138	110.09

2021 年，全年完成建筑业产值 23.16 亿元，增加 7.67%，房屋施工面积 56.23 万平方米，房屋竣工面积 50.63 万平方米。建筑业增加值达 9.47 亿元，增加 13.28%。

四、固定资产投资

2021 年，全年全社会固定资产投资总额 51.92 亿元，增长 54.45%，其中国有固定资产投资完成 18.44 亿元，减少 0.93%，非国有投资完成 33.48 亿元，增加 123.14%。

分三次产业看，第一产业投资 12.96 亿元，增长 33.68%。第二产业投资 26.52 亿元，增长 126.09%。第三产业投资 12.44 亿元，增长 2.02%。

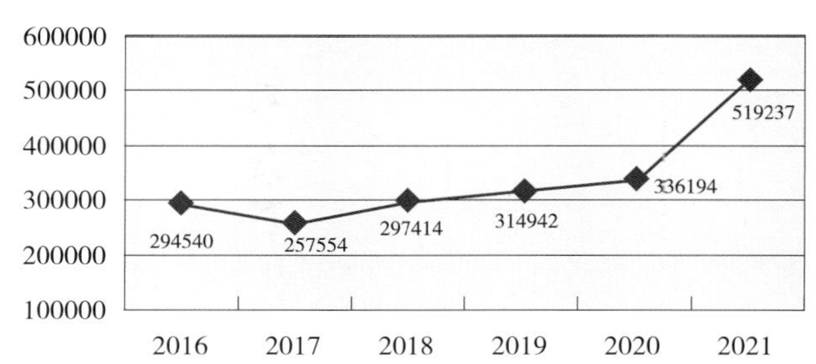

五、交通运输业、批零贸易业、餐饮业、服务业及出口商品

2021 年，现有主要运输工具 2607 台，全年货运量 578.96 万吨；客运量 973.17 万人，营业总收入 7.17 亿元。

2021 年，年末批零贸易业、餐饮业、其它服务业营业单位总数达 5990 个，营业网点 6388 个，从业人员 31343 人，年末固定资产原值 57.46 亿元，营业用房 163.39 万平方米，销售和营业总额 185.49 亿元。

2021 年，出口商品总金额达到 44.18 亿元，下降 10.46%。其中：工业品出口 39.22 亿元，占出口总额的 88.77%。

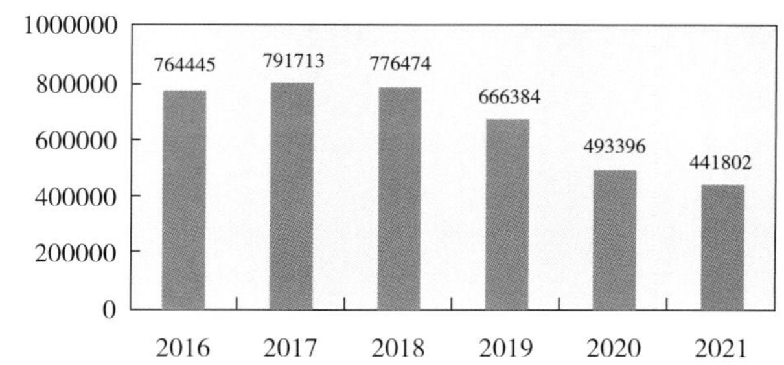

六、科技生产、土地

2021 年，垦区现有科研机构 7 家，科技人员 440 人，垦区科研经费合计 8969 万元，垦区

主要农作物耕种收综合机械化水平和良种覆盖率分别达到 75.4%和 100%。

科技创新与成果。2021 年垦区印发《关于加强垦区科技创新工作的意见》，启动了国家级双创示范基地（融通创新方向）建设。特种胶研制取得新突破，相关产品通过高速列车减振的初步验证，并成功试制了国产某型飞机航空轮胎；燕塘乳业通过 CNAS 国家实验室认证，参与“中国乳业国家创新中心”筹建，荣获省“十三五”农业科技创新企业称号；广垦研究院围绕垦区主产业和特色优势产业，开展红江橙网室栽培等技术研究，取得了阶段性进展；湛江农垦开展橙汁和菠萝、百香果和芒果复合果汁等新产品研发，并进行了试产。垦区全年共获得 2020 年度省技推广奖 8 项，获得中国热科院等单位授予的科技奖 10 项，获得专利 98 项，获得软件著作权 26 项，制（修）订标准 8 项，发布论文 87 篇。

科技推广与服务。2021 年举办各类科技培训班，累计培训科技人员 518 人次，培训胶工 3258 人次。推广林下经济种植面积 7884 亩，推广甘蔗生产全程机械化面积 37100 亩，推广油茶低产改造面积 4800 亩，推广剑麻抗病种苗 5727 亩。垦区继续推进天然橡胶割胶制度改革，全年共推广超低频割制（六天一刀以上割制）627.52 万株，推广率 77.2%，胶工人均干胶产量 6.1 吨，较上年提高 16.9%。推广甘蔗病虫害监测与统防统治，全年累计开展飞防 18.7 万亩次，甘蔗虫节率比上年降低 11.5 个百分点。垦区加强垦区农产品的品牌建设和质量安全监管，强化基地标准化建设，大力实施农产品质量追溯，全年共开展定期快检 6333 样次、定量检测 605 样次，分别增长 5.3%、64.6%。

科技体系建设与合作交流。2021 年垦区先后创建了“广州国家现代农业产业科技创新中心广东农垦分中心”“国家乳制品加工技术研发专业中心”“广东省岭南特色植物基因资源挖掘与精准编辑工程技术研究中心”“畜禽育种国家重点实验室粤西分中心”等科技平台，有力地带动垦区产业高质量发展。先后与高校院企合作开展高性能橡胶研制、橡胶飞防技术示范、智能割胶试点建设、南药种质资源库（圃）建设、南药产业化种植基地建设、白僵蚕中试等工作，相关工作已取得初步成效。

2021 年，垦区年末土地总面积 222907 公顷，其中耕地 47039 公顷，林地 36477 公顷，园地 85393 公顷，水面面积 6038 公顷，居民及工矿用地面积 11026 公顷。广东农垦省级及五个二级垦区国土空间专项规划项目已进入实质性编写阶段。

加强垦区土地资源规划管理。垦区配合广东省“三区三线”统筹划定工作专班，积极推进广东省“三区三线”统筹划定试点工作，严守生态保护红线、永久基本农田、城镇开发边界三条控制线。2021 年 8 月，省农垦总局联合省农业农村厅编制印发《国有农场拆旧复垦广东农垦所得收益使用管理规定（试行）》（粤农农〔2021〕209 号）;9 月，经全面摸查，省自然资源部门审核并报省政府立项批复，垦区落实拆旧复垦项目总面积 12806.12 亩，涉及 32 个农场，总投资 64030.65 万元,编制印发《广东农垦拆旧复垦项目管理办法》和《广东农垦拆旧复垦项目资金管理办法》（粤垦函〔2021〕415 号），规范垦区国有农场建设用地拆旧复垦项目和资金管理；11 月完成建设用地拆旧复垦项目设计、施工、监理等的招投标工作。

加强垦区耕地保护力度。垦区认真落实耕地保护管理目标责任制，加快推进农田整治提升行动，扎实推进补充耕地工作。2021 年 6 月，省农垦集团公司（总局）会同省农业农村厅、发展改革委、财政厅、自然资源厅、水利厅联合印发了《广东省农田整治提升行动方案（2021—2025 年)》；12 月，广东省自然资源厅牵头成立广东省耕地保护协会，省农垦集团公司（总局）当选为会长单位，省农垦集团公司（总局）党委委员、副总经理（副局长）莫仕文当选协会首任会长。

“三旧”改造及留用地开发项目稳步推进。广垦观云大厦、广垦观成六楼开始预售；湛江农垦第一机械厂“三旧”改造项目已签订合同，并完成项目开发方案编制，同步处理职工安置、房改房住户问题；六联公司“三旧”改造项目按进度推进。留用地开发项目落地并实现收益。茂名农垦54亩（3.6公顷）留用地高州广垦华府项目已完成工程竣工验收，住宅去化近8成；建设农场54亩（3.6公顷）留用地项目处于前期报建设计阶段，已准备动工一期土方；火星农场17.8亩（约1.19公顷）留用地项目准备开工建设；阳江平岗农场421亩（约28.07公顷）留用地（广垦海泉城）项目开发方案已编制完成并通过集团公司审批，准备土方施工。

农光互补产业发展路径逐步规范。2021年垦区签署9宗农光互补战略合作框架协议，批复约2633.33公顷光伏项目用地。2021年11月，省农垦集团公司印发《广东农垦光伏农业发展操作指引》；12月,广东能源葵潭农场光伏复合项目成功并网发电，作为目前广东最大的平价上网光伏复合项目和单体容量最大的光伏发电站，年均可提供清洁电量超5亿千瓦时，年可节约标煤超16万吨，减排二氧化碳近45万吨、二氧化硫（SO2）9742　吨、氮氧化物（NOX）8119吨。

有效推行广东农垦国资电子交易平台。通过该平台进一步推动垦区国有资源交易公开、公平、公正，同时提高农垦经营收益。全年完成土地、物业交易2709宗，增长36.5%，总交易额10.1亿元，增长101%，总溢价2.03亿元，溢价率25.2%。广东农垦国土资源管理平台系统已完成主体系统功能开发（包括系统工作台、土地管理、发包管理、合同管理、统计分析、流程管理、系统管理等功能模块），根据使用需求初步完成OA系统、土地巡查系统、财务系统及国资电子交易平台系统、合同网签系统和超图系统的对接，并在试点农场（平岗农场）投入试运行。

七、教育和卫生

教育事业。2021年，垦区有普通高等学校1所，在校学生19880人，当年新招生人数6402人，当年毕业生6669人；中专1所，在校学生4464人，当年毕业生1396人；技工学校2所，在校学生1379人，当年毕业生300人。2021年垦区共有5位教师获得南粤优秀教师。完成红英小学移交地方政府管理工作。

垦区职业教育稳步发展。农工商学院统筹推进“创新强校”“申报省域双高”等重大项目。其中，2021年度“创新强校工程”考核结果全省第一名，首次攀升到全省榜首。学院成功承办全国职业院校技能大赛智能财税赛项，首次承办国家级赛项。农工商学院国家奖学金获奖人数全国排名2020年一跃登顶，2021年继续排名第一。获奖人数从2019年的46人，增加到2021年82人。广东省农工商职业技术学校入选“广东省高水平中职学校建设单位”。湛江农工商学校承接省乡村振兴职业技能大赛“农机修理工”“餐厅服务员”实施保障工作，获农机修理工竞赛项目职工组和学生组金牌，并被选送代表广东队参加全国乡村振兴职业技能大赛，其中教师组获得优胜奖。

高素质农民培训持续发力，全年举办覆盖全垦区和重点产业集团的高素质农民培训班21期，培训各类人员1856人。首次开展大规模胶工培训并取得显著成效，在2021年10月28日举办的第四届农业行业职业技能大赛橡胶割胶工技能竞赛中，农广校培训学员大放光彩，胡志华、杨秀文分别获得全国第二、第三名，被授予“全国技术能手”证书；熊朝云、尤郁澄、黄仕获得全国第四、第六、第八名，被授予“全国农业技术能手”证书；另有10名学员进入全国前五十名，获得“优秀选手”证书。来自茂名垦区胜利农场的学员夏显辉被推荐为“全国百优扶贫先锋”。

医疗卫生事业。2021年，各级医疗机构积极响应属地号召，支援属地同心抗疫，为全社会抗疫贡献农垦力量。全年累计开展新冠疫苗接种65万多剂(次)，开展核酸检测采样37.3万人/次；省农垦中心医院累计派出医护人员2015人/次支援湛江市集中疫苗接种；燕岭医院、茂名农垦医院分别派员支援白云机场、隔离酒店、街道社区等的核酸采样工作。垦区医疗机构勇当垦区疫情防控排头兵，严格落实预检分诊制度，有效应对多起“红码”“黄码”及密接、次密接人员等突发疫情事件，配合疾控部门、农场社区落实各项防控措施，有力保障垦区39万干部职工和社区居民实现疫情“零扩散”目标。

后疫情时代，垦区医疗卫生事业平稳发展，

稳中求进。垦区医疗卫生机构全年完成总收入18.83亿元，同比增长3.6%；业务收入16.95亿元，同比增长6.8%。省农垦中心医院7.4万平方米的门诊综合楼项目完成年度进度，“三甲”复审前置工作有序开展。茂名农垦医疗健康有限公司组建工作稳步推进，资源整合能力进一步优化。铜锣湖农场职工医院正式恢复公立运营，首批来自垦区龙头医院12名专家帮扶援建。湖光医院、团结医院、新华医院、铜锣湖农场职工医院等4家单位精神卫生大楼年度项目完工，胜利农场医院康养楼完成改建提升，垦区疾控中心信息管理系统进一步升级优化。广前医院、火炬医院、建设医院老年康复科提档升级，全垦区康养床位突破700张。

截至2021年末，垦区有医疗单位46个，其中：综合性三级甲等医院1家，综合性二级甲等医院3家，疾病预防控制中心（含卫生防疫站）2家，实际开放病床数8042张，医疗系统职工总数4504人。

八、扶贫攻坚

2021年垦区在10个欠发达农场（原贫困农场）实施农垦“三场”强基赋能开发专项项目24个，投入财政资金3224万元，用于巩固欠发达农场基础设施建设和产业发展。其中，产业发展项目共17个，投入2238.30万元，占比69%。以优化产业布局和结构调整为发展重点，共计抚管橡胶5934亩，抚管油茶6979亩，抚管红江橙1230亩，种植茶叶300亩和抚管茶苗756亩，种植沉香100亩，新建蔬菜基地200亩，油茶果采后初加工线厂房1630平方米，存栏量2万只油茶林下养鸡基地，涵盖垦区主导产业和优势特色产业。另外，基础设施建设项目7个，投入985.70万元，建设水利设施631亩，道路4.6公里，仓库800平方米，职工饮水工程2项，水果产业园分拣、预冷和冷库基础设施等，进一步改善农场道路、生产灌溉、冷链物流设施和职工饮水用水等生产生活条件。继续抓好水标村定点扶贫工作，投入36.02万元用于火龙果扶贫基地后续扶管等，构建扶贫长效机制，6月底完成了扶贫工作交接。认真落实乡村振兴驻镇帮镇扶村任务，与民生银行广州分行等组团定点帮扶湛江市遂溪县杨柑镇，选优配强3名干部驻镇帮扶，投入57.3万元用于帮扶项目建设。引入旗下燕塘乳业公司，在杨柑镇投资建立奶牛全株玉米饲草种植基地，逐步推进基地种植，2021年种植全株玉米1849亩，产量4000多吨，实现产值260多万元，同步带动当地农业产业结构调整，实现农民创收增收。

九、人口、职工与垦区居民收入

2021年全垦区年末总人口38.94万人。

国有单位从业人员年末总数5.28万人，其中：国有在岗职工为3.28万人。全年国有在岗职工纯收入合计23.92亿元，国有在岗职工年均纯收入73299元，增长10.52%。

2021年末从业人员123042人，其中：从事第一产业56301人，占从业人员总数的45.76%；从事第二产业30959人，占从业人员总数的25.16%；从事第三产业35782人，占从业人员总数的29.08%。从业人员年平均纯收入48624元，增长5.57%。2021年垦区居民人均纯收入29251元，增长5.97%。

十、高标准农田、农业产业化重点龙头企业和境外企业基本情况

2021–2022年，计划投入财政资金7903万元用于高标准农田建设项目，建设高标准农田7.7万亩。其中，1056万元用于广前糖业发展有限公司建设高标准农田10000亩，2029万元用于丰收糖业发展有限公司建设高标准农田20000亩，4818万元用于友好农场建设高标准农田47000亩。2021年完成农业龙头企业的申报和监测工作，新增广东广垦华粮米业有限公司为省级农业龙头企业，至2021年末，垦区共有18家省级以上龙头企业，其中3家为国家级重点龙头企业。2021年末，垦区境外企业17家，境外企业全年总收入93.18亿元，利润总额3.51亿元。

十一、财务状况

资产负债情况：由于畜牧、粮油等产业的迅速发展，垦区国有资产规模进一步扩大。2021年末垦区资产总额为425.80亿元，比年初数增加17.69亿元，负债总额256.51亿元，比年初增加14.28亿元，资产负债率为60.24%。

所有者权益增减变动情况：2021 年末所有者权益 169.28 亿元（其中:归属于母公司的所有者权益为 146.99 亿元），比年初增加 3.40 亿元，增加的主要原因是经营积累增加。

资产运营效率及债务风险情况：广东垦区 2021 年资产负债率为 60.24%，总体债务风险可控；流动比率 100.75%，比上年增加了 1.41 个百分点；资产现金回收率 4.49%，同比上年下降 1.88%个百分点，经营活动现金流量净流入 18.71 亿元；净资产利润率和总资产报酬率分别为 0.23%和 1.64%，企业资产的运营效率较好。

国有营业总收入、利润情况：2021 年垦区实现营业收入 240.34 亿元，比上年增加了 25.23 亿元，增幅 11.73%；实现利润总额 3.87 亿元，比上年增加了 0.98 亿元，增幅 33.91%。税金缴纳情况：垦区 2021 年共实现各项税费 6.99 亿元。

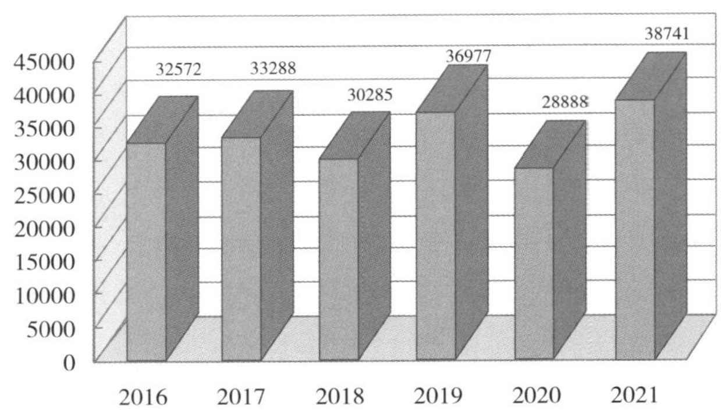

十二、非国有经济

2021 年，垦区实现非国有经济生产总值 92.73 亿元，增加 7.15%，占垦区经济总量的 48.29%。其中第一产业增加值 15.84 亿元，第二产业增加值 40.14 亿元，第三产业增加值 36.76 亿元，各产业占非国有经济总量的比重分别为：17.08%、43.28%、39.64%。

15-1 主要年份广东农垦统计指标

项　　目	计量单位	1957	1962	1965	1970	1975	1978	1985	1990	1995	2000
土地总面积	公顷	198620	347113	236953	254767	250980	251129	238980	220026	219038	217705
农垦总人口	人		117529	158740	248600	295340	318060	317136	347144	337737	352608
国有在岗职工人数	人	21181	61066	77856	130255	151145	167555	169606	167169	123892	101698
国有职工工资总额	万元	1094	2305	2671	4358	6441	8110	16199	37206	75000	65145
工农业总产值(现行价)	万元								143320	345274	415136
其中：农业总产值	万元							32568	77132	157695	186062
工业总产值	万元							21475	66188	187579	229074
农垦社会总产值(现价)	万元						41176	63405	162320	464602	522934
农垦生产总值(现价)	万元						20176	31233	71970	176407	171361
利润总额	万元	-357	75	1521	1734	3367	4684	3582	3825	23521	-20713
交纳税金	万元	19	121	828	1230	481	481	2109	7449	15900	14279
国有固定资产原值	万元							95570	125191	213315	469584
国有固定资产净值	万元							70312	89256	168452	336609
出口商品总金额	万元	118	125	446	32	193	219	217	10134	31833	28123
出口创汇金额	万美元						49	76	2073	3826	3386
农产品销售金额	万元	174	357	810	738	12374	19694	26165	59015	121698	132871
干胶总产量(国内基地)	吨		1388	3426	7232	12361	16288	24408	30241	27158	20034
剑麻纤维产量	吨	64	74	1337	3016	5695	7271	10893	10538	16889	17873
干毛茶产量	吨		1	2	1	8	35	1431	3135	2613	2320
水果总产量	吨	875	966	1002	2426	795	1726	16783	62134	74575	143415
年末林地面积	公顷	33099	30223	36297	39716	39972	39960	32385	38077	33680	24755
鲜牛奶产量	吨	106	250	604	656	1469	1912	3162	3423	5062	3158
肉类产量	吨	809	1265	681	2400	2466	4012	13033	15306	21736	37905
水产品产量	吨	18	104	32	79	423	227	791	2834	8128	15391
机制糖产量	吨	393	1878	13281	13134	12168	15557	39111	79506	113893	183434
水泥产量	吨					21023	39353	120598	171199	594066	432540
固定资产投资额	万元	1239	2355	2385	4766	4454	5882	9596	8580	88376	30250

15-1 续表

项目	计量单位	2005	2010	2014	2015	2016	2017	2018	2019	2020	2021
土地总面积	公顷	221793	226031	228696	228305	228834	228364	223729	223102	223000	222907
农垦总人口	人	350249	375095	379765	377975	382887	389346	390400	391906	391035	389360
国有在岗职工人数	人	65714	59370	48575	47512	46127	43264	39749	34941	33249	32771
国有职工工资总额	万元	64852	101106	204725	221171	227502	237889	249786	246718	242716	258913
工农业总产值(现行价)	万元	616773	1593241	2591071	2759359	2782341	3521951	3519462	3630582	3327645	3632010
其中：农业总产值	万元	273438	434598	798068	913121	994468	1076861	1142092	1139022	1127335	1213826
工业总产值	万元	343335	1158643	1793003	1846238	1787873	2445090	2377370	2491560	2200310	2418184
农垦社会总产值(现价)	万元	750248	1938973	3218085	3475153	3581996	4392133	4447843	4636004	4288257	4657730
农垦生产总值(现价)	万元	323933	836254	1394859	1512954	1613180	1727574	1849995	1919608	1803921	1920422
利润总额	万元	14568	33848	36124	38062	32572	33288	30285	36977	28888	38741
交纳税金	万元	15361	26551	40234	30608	46724	53649	52524	58590	50692	58173
国有固定资产原值	万元	682053	772743	1520104	1583426	1817613	1877682	1982831	2081950	2161247	2301116
国有固定资产净值	万元	546608	580666	1241348	1272136	1364954	1450760	1502552	1537986	1565045	1689357
出口商品总金额	万元	78937	452321	627790	692905	764445	791713	776474	666384	443396	441802
出口创汇金额	万美元	9915	69400	100899	108071	111204	114954	105656	89078	63601	57167
农产品销售金额	万元	210751	367085	622950	789697	821199	912964	*	*	*	*
干胶总产量(国内基地)	吨	21307	13383	11968	12970	12923	14006	13882	16226	16136	17826
剑麻纤维产量	吨	14410	13610	6140	7929	3279	2715	2663	3312	4078	5118
干毛茶产量	吨	1737	1092	779	617	685	702	856	820	532	590
水果总产量	吨	236156	401505	661381	875421	896783	889913	900609	938931	880164	944064
年末林地面积	公顷	24635	23225	25188	28002	28628	29532	83359	81907.5	34212	36477
鲜牛奶产量	吨	19711	26303	37866	45618	48196	58300	63199	64116	70116	79900
肉类产量	吨	42117	64140	114404	119212	119812	128517	132757	97323	76291	109945
水产品产量	吨	21755	30386	36328	36746	38871	43908	41917	42184.2	42758	43149
机制糖产量	吨	352576	518025	442987	364552	350028	339925	377957	387500	277100	270054
水泥产量	吨	483468	520730	401000	309376	293584	250807	128643	130855	112547	131185
固定资产投资额	万元	59761	202232	256170	274278	294540	257554	297414	314942	336194	519237

15-2 广东农垦2021年主要指标完成情况

指标名称	单位	总局合计		湛江局	茂名局	阳江局	揭阳局	汕尾局	直属单位
		完成数	增长率(%)						
一、农垦总人口	**人**	**389360**	**-0.43**	**146754**	**94594**	**14324**	**51025**	**35789**	**46874**
其中：从业人数	人	123042	-0.39	32590	24289	3579	15418	14423	32743
内：国有在岗职工	人	32771	-1.44	12135	5584	1734	624	566	12128
二、土地总面积	**公顷**	**222907**	**-0.04**	**90758**	**55437**	**30240**	**11945**	**9345**	**25181**
其中：耕地	公顷	47039	1.24	32548	272	1450	1647	1491	9630
高标准农田	公顷	25630	4.29	18417				333	6880
三、农业生产									
1.橡胶年末面积	公顷	47385	-0.69	6633	29039	8148	2053	1051	462
橡胶年末株数	万株	1457	-0.16	242	823	258	71	49	13
开割到达面积	公顷	30606	8.40	3746	19789	6290	618	163	
开割到达株数	万株	951	10.97	149	588	187	19	8	
全年干胶总产	吨	854464	7.18	1972	11747	3700	255	152	836638
其中：国内干胶总产	吨	17826	10.48	1972	11747	3700	255	152	
单株年产干胶	公斤	2		2	2	2	1	2	
公顷年产干胶	公斤	609	5.18	503	632	617	431	933	
2.剑麻年末面积	公顷	3284	-4.49	3248					36
纤维总产	吨	5118	25.49	5118					
3.茶叶年末面积	公顷	751	8.11	256	236	37	199	23	
茶叶总产	吨	590	10.88	141	222	2	195	29	
4.水果年末面积	公顷	35596	1.01	18153	5322	1328	3160	1246	6386
其中：柑桔橙	公顷	1097	5.54	876	78	59	55		28
菠萝	公顷	11661	-1.85	5827	26		76	117	5616
荔枝	公顷	6990	-0.37	2142	2676	355	955	859	3
龙眼	公顷	3150	-6.01	314	1666	649	385	136	0
香(大)蕉	公顷	7698	11.57	6691	256	64	98	55	535
火龙果	公顷	1481	13.73	1225	14	75			167

15-2 续表 1

指标名称	单位	总局合计		湛江局	茂名局	阳江局	揭阳局	汕尾局	直属单位
		完成数	增长率(%)						
5.粮食播种面积	公顷	7861	0.22	2585	773	310	1750	2380	62
粮食总产量	吨	40923	-13.11	15694	4347	1340	8923	10246	373
其中：水稻播种面积	公顷	4025	-1.92	637	288	94	959	2047	
水稻总产量	吨	20243	-22.70	4081	2185	356	5206	8415	
6.糖蔗播种面积	公顷	22229	-7.33	13103	36	36			9054
糖蔗总产量	吨	1714137	-2.20	1052209	1844	2040			658044
7.油料播种面积	公顷	2039	10.72	836	626	190	161	54	172
油料总产量	吨	6086	18.70	2191	1807	607	379	128	974
8.蔬菜种植面积	公顷	7232	-1.28	4214	1147	162	693	806	210
蔬菜产量(含菜用瓜)	吨	182298	0.71	128452	16977	1984	14624	15252	5008
9.油茶年末面积	公顷	8039	0.83		6722	362	68		887
油茶鲜果产量	吨	5269	35.49		5121	22	24		102
10.生猪年出栏量	万头	73.02	30.70	18.82	16.40	8.37	4.36	1.10	23.97
生猪年末存栏量	万头	72.72	38.41	13.95	22.20	4.63	2.03	0.37	29.53
11.牛年末存栏量	万头	4.65	5.12	0.32	0.08	0.05	0.19	0.23	3.78
其中：奶牛	万头	3.90	14.16	0.01				0.19	3.71
12.肉类总产量	吨	109945	44.11	23111	37692	9334	5188	5675	28946
其中：猪肉	吨	68191	49.83	14930	12716	7422	3614	837	28672
13.牛奶产量		79900	13.95	322				630	78948
14.水产养殖面积	公顷	3817	3.11	962	378	1313	146	962	56
水产品产量	吨	43149	0.92	9436	6116	21525	1100	4912	61
15.农业机械总动力	千瓦	479771	0.70	124427	73732	83045	10050	33960	154557
四、工业生产									
1.工业企业个数*	个	632	4.98	199	195	16	80	71	71
2.工业产品产量									
其中：水泥	吨	131185	16.56			131185			
机制糖	吨	270054	-2.54						270054
罐头	吨	1217	-20.55	1217					
饲料	吨	111087	107.97		3942			1370	105775
酒精	吨	863	-67.14						863

注：* 本栏工业企业个数包括了各个层次各种所有制的全部工业企业个数。

15-2 续表 2

指标名称	单位	总局合计		湛江局	茂名局	阳江局	揭阳局	汕尾局	直属单位
		完成数	增长率(%)						
乳制品	吨	219186	14.53						219186
家具	吨	205	-8.99	143	6	15			41
有机复混肥	万件	32107	-23.78			13920			18187
砖	吨	38683	-4.34	11630	15725	10312	296	515	205
食用油	万块	24790	-27.49	726	2812				21252
大米	吨	28119	14.24	437	500		3756	10944	12482
发电量		80138	59.78	32271		33612	815	63	13377
五、全部固定资产投资	**万元**	**519237**	**54.45**	**72980**	**53054**	**128012**	**102079**	**20561**	**142551**
1.第一产业	万元	129615	33.68	29013	20937	6383	4651	10856	57776
2.第二产业	万元	265247	126.09	20702	12579	118987	91862	8040	13077
3.第三产业	万元	124375	2.02	23265	19538	2642	5566	1665	71698
其中:国有固定资产投资	万元	184405	-0.93	48236	28687	6829	5703	1289	93662
六、农垦社会总产值(现价)	**万元**	**4657730**	**8.62**	**898356**	**555100**	**201729**	**139106**	**197211**	**2666228**
1.第一产业	万元	1213826	7.67	518119	220673	118327	56562	40355	259791
2.第二产业	万元	2649750	9.70	259349	159365	45480	53014	120656	2011886
其中：工业	万元	2418184	9.90	151444	81828	36125	35558	104369	2008859
3.第三产业	万元	794153	6.52	120888	175061	37922	29530	36200	394551
七、农垦生产总值(现价)	**万元**	**1920422**	**6.46**	**522330**	**324482**	**112121**	**70926**	**82637**	**807926**
1.第一产业增加值	万元	672680	6.62	284087	140676	71485	30073	22432	123927
2.第二产业增加值	万元	659913	7.27	85969	63935	19109	19659	40752	430488
其中：工业	万元	565231	6.33	44152	30273	13730	12826	35222	429028
3.第三产业增加值	万元	587829	5.38	152274	119870	21527	21194	19453	253511
八、出口商品总金额	**万元**	**441802**	**-10.46**	**1306**		**49280**	**276**		**390940**
九、全年利税总额	**万元**	**96914**	**21.78**	**10101**	**6123**	**4490**	**-614**	**-1215**	**78029**
其中：利润	万元	38741	34.11	3963	5553	2709	-760	-1218	28493
十、按农垦人口计算									
1.人均农垦生产总值	元	49447	7.09	35416	34340	82351	13968	22870	176088
2.国有在岗职工年均收入	元	73299	10.52	67316	55012	52122	54562	53390	93358
3.农垦人口人均纯收入	元	29251	5.97	26492	26489	30447	19994	23623	58131
4.从业人员年均纯收入	元	48624	5.57	50134	42256	48113	26655	35022	68641

15-3 农垦基本情况

指标名称	计量单位	农垦总局	湛江局	茂名局	阳江局	揭阳局	汕尾局	直属单位
一、农垦农场情况								
1.农场个数	个	45	16	12	6	6	3	2
二、农垦人口情况								
1.农垦年末总人口	人	389360	146754	94594	14324	51025	35789	46874
其中：农场人口	人	334406	130877	92525	12893	50426	35745	11940
2.农垦年内平均人口	人	388381	147486	94490	13615	50776	36133	45881
三、从业人员情况								
从业人员年末数	人	123042	32590	24289	3579	15418	14423	32743
第一产业	人	56301	18947	10590	2188	10543	8966	5067
第二产业	人	30959	4507	5059	589	2792	3251	14761
第三产业	人	35782	9136	8640	802	2083	2206	12915
从业人员工资总额	万元	622234	202747	103092	21543	43224	46284	205343
四、职工及工资总额								
职工期末人数	人	52804	17748	5687	1799	2813	5330	19427
其中：在岗职工人数	人	32771	12135	5584	1734	624	566	12128
职工工资总额	万元	330216	113143	31142	10362	11012	19101	145457
其中：在岗职工工资总额	万元	258913	90281	30926	10127	3563	3022	120993
五、收入及住房情况								
1.居民人均可支配收入	元	29251	26492	26489	30447	19994	23623	58131
2.年末实有住房面积	平方米	14130658	5629183	3363185	474459	1707146	1363840	1592845
六、小城镇情况								
1.小城镇个数	个	41	15	12	4	4	2	4
2.小城镇人口	人	147015	55410	41327	9124	19436	9269	12449
3.小城镇占地面积	平方米	61205124	26880000	14435124	4310000	3830000	4450000	7300000

15-4 土地利用面积和耕地变动情况

指标名称	计量单位	农垦总局	湛江局	茂名局	阳江局	揭阳局	汕尾局	直属单位
一、土地总面积	**公顷**	**222907**	**90758**	**55437**	**30240**	**11945**	**9345**	**25181**
1.耕地面积	公顷	47039	32548	272	1450	1647	1491	9630
其中：水田	公顷	3943	1049	156	868	665	1157	47
高标准农田面积	公顷	25630	18417				333	6880
永久基本农田	公顷	21627	17799			698		3131
2.牧草地面积	公顷	104	79			25		0
3.林地面积	公顷	36477	8134	9998	11856	3819	1499	1172
4.水面面积	公顷	6038	1679	758	1344	618	1385	254
其中：可养殖水面	公顷	4039	891	673	1318	146	952	59
5.园地面积	公顷	85393	24031	36855	12103	4183	2302	5919
6.可垦荒地面积	公顷	1866	1166	55	112	55	180	298
7.宜林地面积	公顷	2635	1100	55		329	1151	
8.居民点及工矿用地面积	公顷	11026	5918	2292	551	582	411	1272
9.其他面积	公顷	32330	16102	5152	2826	683	927	6635
二、现代农业园区情况								
1.现代农业园区个数	个	4	4					
2.现代农业园区占地面积	公顷	45061	45061					
三、土地变动情况								
1.年初实有耕地面积	公顷	46460	32264	292	1407	1390	1491	9616
2.当年增加的耕地面积	公顷	775	461		43	257		14
3.当年被政府收回的土地	公顷	188	10	149	29	0		0
4.当年减少的耕地面积	公顷	196	176	20	0			

15-5 农作物播种面积和产量

指标名称	计量单位	农垦总局	湛江局	茂名局	阳江局	揭阳局	汕尾局	直属单位
农作物播种面积总计	**公顷**	**43830**	**24401**	**2738**	**745**	**2723**	**3248**	**9975**
一、粮食作物								
播种面积	公顷	7861	2585	773	310	1750	2380	62
总产量	吨	40923	15694	4347	1340	8923	10246	373
每公顷产量	公斤/公顷	5206	6071	5623	4322	5099	4305	5989
其中：夏收作物								
播种面积	公顷	2467	263	195	137	660	1212	
总产量	吨	13779	2066	1563	657	3298	6195	
每公顷产量	公斤/公顷	5585	7844	8020	4796	4997	5111	
(一)谷物合计								
播种面积	公顷	4808	1088	337	106	983	2285	8
总产量	吨	25776	7775	2481	432	5272	9795	22
每公顷产量	公斤/公顷	5361	7144	7361	4071	5361	4286	2706
1.稻 谷								
播种面积	公顷	4025	637	288	94	959	2047	
总产量	吨	20243	4081	2185	356	5206	8415	
每公顷产量	公斤/公顷	5029	6408	7584	3787	5429	4111	
其中：早 稻								
播种面积	公顷	1938	238	125	30	477	1069	
总产量	吨	8404	1500	837	83	2463	3521	
每公顷产量	公斤/公顷	4336	6304	6723	2794	5164	3294	
2.玉 米								
播种面积	公顷	761	452	34	12	17	238	8
总产量	吨	5450	3694	230	76	48	1380	22
每公顷产量	公斤/公顷	7158	8181	6772	6265	2759	5791	2706
3.其他谷物								
播种面积	公顷	22		15		7		
总产量	吨	84		66		18		
每公顷产量	公斤/公顷	3818		4400		2571		
(二)豆类合计								
播种面积	公顷	207	62	37	11	96		
总产量	吨	612	139	144	29	301		
每公顷产量	公斤/公顷	2960	2224	3854	2591	3132		
1.大 豆								
播种面积	公顷	151	58	13	5	75		
总产量	吨	364	128	33	14	190		
每公顷产量	公斤/公顷	2416	2188	2583	2700	2547		
2.杂 豆								
播种面积	公顷	56	4	25	6	22		
总产量	吨	246	11	109	15	111		
每公顷产量	公斤/公顷	4381	2750	4421	2500	5163		

15-5 续表

指标名称	计算单位	农垦总局	湛江局	茂名局	阳江局	揭阳局	汕尾局	直属单位
(三)薯 类								
播种面积	公顷	2846	1434	399	193	671	95	54
总产量	吨	14535	7780	1723	880	3350	451	351
每公顷产量	公斤/公顷	5108	5425	4320	4559	4996	4747	6482
二、油料合计								
播种面积	公顷	2039	836	626	190	161	54	172
总产量	吨	6086	2191	1807	607	379	128	974
每公顷产量	公斤/公顷	2985	2620	2888	3195	2356	2370	5662
1.花 生								
播种面积	公顷	1994	798	626	190	161	54	165
总产量	吨	5983	2098	1807	607	379	128	964
每公顷产量	公斤/公顷	3000	2628	2888	3195	2356	2370	5831
2.芝 麻								
播种面积	公顷	45	38					7
总产量	吨	103	93					10
每公顷产量	公斤/公顷	2304	2447					1493
三、麻类合计								
播种面积	公顷	3284	3248					36
总产量	吨	5118	5118					
每公顷产量	公斤/公顷	1559	1576					
四、甘蔗合计								
播种面积	公顷	22229	13103	36	36			9054
总产量	吨	1714137	1052209	1844	2040			658044
每公顷产量	公斤/公顷	77114	80303	51620	56667			72681
五、药材类合计								
播种面积	公顷	373	263	97	13			
六、蔬菜、瓜类合计								
播种面积	公顷	7232	4214	1147	162	693	806	210
总产量	吨	182298	128452	16977	1984	14624	15252	5008
每公顷产量	公斤/公顷	25209	30484	14804	12247	21106	18927	23814
1.蔬 菜								
播种面积	公顷	6341	3644	1069	149	595	804	80
总产量	吨	164957	118451	16012	1932	11063	15108	2391
每公顷产量	公斤/公顷	26013	32507	14984	12940	18596	18784	29776
2.瓜 类								
播种面积	公顷	890	570	78	13	98	2	130
总产量	吨	17341	10001	965	52	3561	144	2617
每公顷产量	公斤/公顷	19477	17550	12345	4094	36337	92903	20131
七、其他作物								
播种面积	公顷	813	152	60	33	119	8	441
其中：青饲料播种面积	公顷	515	29	3	5	29	8	441

15-6 茶、果、桑生产情况

指标名称	计量单位	农垦总局	湛江局	茂名局	阳江局	揭阳局	汕尾局	直属单位
一、茶 叶								
年末实有面积	公顷	751	256	236	37	199	23	
收获面积	公顷	577	209	169	5	171	23	
产量	吨	590	141	222	2	195	29	
二、水 果								
年末实有面积	公顷	35596	18153	5322	1328	3160	1246	6386
收获面积	公顷	28792	14612	4673	925	2902	1246	4434
产量	吨	944064	604666	38396	3577	16906	9272	271246
1.香 蕉								
年末实有面积	公顷	7698	6691	256	64	98	55	535
收获面积	公顷	6866	5873	253	56	95	55	535
产量	吨	366259	325241	6775	686	617	425	32515
2.柑、橘、橙、柚								
年末实有面积	公顷	1097	876	78	59	55		28
收获面积	公顷	709	586	17	45	51		10
产量	吨	11558	8696	20	739	2095		8
3.葡萄								
年末实有面积	公顷	3	3.3					
收获面积	公顷	3	3					
产量	吨	20	20					
3.菠 萝								
年末实有面积	公顷	11661	5827	26		76	117	5616
收获面积	公顷	7710	3801	19		76	117	3697
产量	吨	426803	188094	138		2280	3085	233206
4.荔 枝								
年末实有面积	公顷	6990	2142	2676	355	955	859	3
收获面积	公顷	6332	1976	2446	162	889	859	
产量	吨	50806	19480	19770	334	6120	5101	
5.龙 眼								
年末实有面积	公顷	3150	314	1666	649	385	136	0
收获面积	公顷	2750	306	1514	462	332	136	
产量	吨	13460	2410	8183	587	1964	316	
6.芒 果								
年末实有面积	公顷	135	57	35		43		
收获面积	公顷	87	9	35		43		
产量	吨	423	248	63		112		
7.杨 桃								
年末实有面积	公顷	208	8	187		5		8
收获面积	公顷	192	8	172		5		7
产量	吨	2242	216	1873		141		12
8.火龙果								
年末实有面积	公顷	1481	1225	14	75			167
收获面积	公顷	1371	1133	10	70			157
产量	吨	43689	38065	75	725			4823
9.番石榴								
年末实有面积	公顷	741	647	76				17
收获面积	公顷	690	621	54				16
产量	吨	18772	17557	991				225
10.其他								
年末实有面积	公顷	2427	359	307	125	1543	79	13
收获面积	公顷	2082	295	154	130	1411	79	13
产量	吨	10032	4639	508	507	3577	345	457
三、桑 园								
年末实有面积	公顷	401	242		7			152
收获面积	公顷	400	242		6			152
产量	吨	14044	12811		120			1113

15-7 林业生产情况

指标名称	计量单位	农垦总局	湛江局	茂名局	阳江局	揭阳局	汕尾局	直属单位
1.当年造林面积合计	**公顷**	**675**	**66**	**100**	**132**	**307**	**3**	**67**
(1)用材林	公顷	108	59	30		19		
(2)经济林	公顷	165	5	69	22		3	66
(3)防护林	公顷	162	2		110	49		1
(4)薪炭林	公顷	225				225		
(5)特种用材林	公顷	16		2		14		
2.年末森林面积	公顷	94545	15027	47447	23179	7769	1052	72
3.当年零星植树	百株	2201.2	1106.5	381.5	508.2		205.0	
4.年末实有育苗面积	公顷	6		1			1	4
其中：当年新育面积	公顷	2		1			1	
5.幼林抚育面积	公顷	7686	472	6318	858		38	
6.成林抚育面积	公顷	39756	2089	29183	7805	639	40	
7.森林覆盖率(计算型指标)	%	42	17	86	77	65	11	0

15-8 畜牧业生产情况

指标名称	计量单位	农垦总局	湛江局	茂名局	阳江局	揭阳局	汕尾局	直属单位
一、畜牧业饲养情况								
(一)大牲畜年末总头数	头	46465	3195	810	528	1881	2265	37786
其中：能繁殖母畜	头	22840	557	94	190	558	300	21141
当年生仔畜		13589	229	83	52	441	100	12684
其中：牛年末存栏	头	46465	3195	810	528	1881	2265	37786
能繁殖母畜	头	22840	557	94	190	558	300	21141
当年生仔畜	头	13589	229	83	52	441	100	12684
1.肉牛年末存栏	头	7423	3072	810	528	1881	415	717
其中：能繁殖母畜	头	1317	449	94	190	558		26
当年生仔畜	头	796	205	83	52	441		15
2.奶牛年末存栏	头	39042	123				1850	37069
其中：能繁殖母畜	头	21523	108				300	21115
当年生仔畜	头	12793	24				100	12669
(三)猪年末存栏	头	727202	139530	221994	46349	20311	3704	295314
其中：能繁殖母畜	头	124284	16628	26874	11164	2502	719	66397
(四)山羊年末存栏	只	7331	1328	5642	317			44
其中：能繁殖母畜	只	155	133		22			
(五)家禽年末存栏	只	4325101	1208542	1465190	196310	249335	1185000	20724
二、规模化饲养情况								
(一)良种及改良种乳牛								
规模化养殖场	个	4					1	3
规模化养殖量	头	8776					1850	6926
带动农户个数	个	4500						4500
(二)猪								
规模化养殖场	个	105	36	14	23	3		29
模化养殖量	头	775448	99973	19519	57495	14250		584211
带动农户个数	个	350	143	92	115			
(三)家 禽								
规模化养殖场	个	26	3	7	2		14	
模化养殖量	只	3334535	322500	962035	50000		2000000	
带动农户个数	个	195	186	6	3			
三、畜产品								
(一)肉类总产量	吨	109945	23111	37692	9334	5188	5675	28946
1.当年出栏肉猪	头	730248	188174	163954	83705	43637	11030	239748
猪肉产量	吨	68191	14930	12716	7422	3614	837	28672
2.当年出售和自宰的肉用牛	头	4271	2146	123	402	1139	78	383
牛肉产量	吨	694	345	28	56	207	8	50
3.当年出售和自宰的肉用羊	只	3103	1281	1545	257			20
羊肉产量	吨	92	42	44	5			1
4.兔肉产量	吨	136	1	117				18
5.禽肉产量	吨	22090	7737	6596	1442	1279	4831	206
(二)牛奶产量	吨	79900	322				630	78948
(三)蜂蜜产量	吨	42	7	16	3	15	2	
(四)禽蛋产量	吨	3082	877	1751	63	52	284	56
(五)蚕茧产量	吨	1053	1016					37
桑蚕茧	吨	1053	1016					37

15-9 渔业生产情况

指标名称	计量单位	农垦总局	湛江局	茂名局	阳江局	揭阳局	汕尾局	直属单位
一、水产品总产量合计	**吨**	**43149**	**9436**	**6116**	**21525**	**1100**	**4912**	**61**
海 水	吨	11987	60		8136		3791	
淡 水	吨	31162	9376	6116	13389	1100	1121	61
其中：养殖产量合计	吨	42877	9176	6104	21525	1100	4912	61
海 水	吨	11987	60		8136		3791	
淡 水	吨	30890	9116	6104	13389	1100	1121	61
1.鱼类合计	吨	28687	9348	6108	9935	1100	2138	58
海 水	吨	2990			1973		1017	
淡 水	吨	25697	9348	6108	7962	1100	1121	58
2.虾蟹类合计	吨	14452	88		11590		2774	
海 水	吨	8997	60		6163		2774	
淡 水	吨	5455	28		5427			
其中：对虾合计	吨	11275	88		9690		1497	
海 水	吨	7282	60		5725		1497	
淡 水	吨	3993	28		3965			
3.其他	吨	11		8				3
海 水	吨							
淡 水	吨	11		8				3
二、养殖面积合计	**公顷**	**3817**	**962**	**378**	**1313**	**146**	**962**	**56**
海 水	公顷	1328	6		465		857	
淡 水	公顷	2489	956	378	849	146	105	56
其中：对虾养殖面积合计	公顷	1009	8		744		257	
海 水	公顷	566	6		303		257	
淡 水	公顷	443	2		441			

15-10 橡胶生产情况

指标名称	计量单位	农垦总局	湛江局	茂名局	阳江局	揭阳局	汕尾局	直属单位
1.年末实有面积(国内基地)	公顷	47385	6633	29039	8148	2053	1051	462
年末实有株数(国内基地)	万株	1457	242	823	258	71	49	13
其中：当年定植面积	公顷	9		9				
当年定植株数	株	46152		46152				
2.当年补换植株数	株	3588		3588				
3.当年更新倒树面积	公顷	171		171				
4.当年更新定植面积	公顷	171		171				
5.年末苗圃存苗株数	万株	12	12					
6.未开割树本年平均增粗	厘米	4.6	3.5	5.5	4.9	3.0	4.8	1.8
7.年内实际到达开割面积	公顷	30606	3746	19789	6290	618	163	
当年新开割面积	公顷	2168	1039	598	135	295	100	
8.开割到达株数	株	9513205	1494834	5883009	1867362	192000	76000	
当年新开割株数	株	655194	245556	227642	60146	76950	44900	
9.年内实有停割株数	株	708675	67769	357774	283132			
10.全年干胶总产量(国内基地)	吨	17826	1972	11747	3700	255	152	
其中：标准胶	吨	4694	1701	2480	250	238	26	
烟胶片	吨	18				18		
浓缩乳胶(折干胶)	吨	11696	238	8264	3194			
胶清片	吨	1418	33	1002	257		126	
11.单株年产干胶	公斤	2.1	1.8	2.1	2.4	1.4	2.0	
12.公顷年产干胶	公斤	609	503	632	617	431	933	
13.橡胶加工厂	个	42	2	1	1			38
其中：标准胶厂	个	29	1	1				27
浓缩乳胶厂	个	7	1		1			5
烟片厂	个	6						6
14.境外橡胶年末面积	公顷	24847						24847
15.境外干胶总产	吨	11823						11823
16.本年收购民营胶(折干胶)	吨	62017						62017

15-11 农业机械化、生产投入与技术推广情况

指标名称	计量单位	农垦总局	湛江局	茂名局	阳江局	揭阳局	汕尾局	直属单位
一、农业机械化情况								
(一)农业机械总动力	千瓦	479771	124427	73732	83045	10050	33960	154557
1.柴油发动机动力	千瓦	266943	96816	34234	52399	6170	19015	58309
2.汽油发动机动力	千瓦	57088	12427	26502	6543	3058	5070	3488
3.电动机动力	千瓦	148833	14359	10009	22255	535	9875	91800
4.其它机械动力	千瓦	6908	826	2987	1848	287		960
(二)农业机械数量								
1.大中型农用拖拉机	台	732	309	104		4	98	217
2.小型及手扶拖拉机	台	3802	2737	494	64	46	144	317
3.排灌动力机械	台	10013	1952	2197	4749	290	606	219
4.联合收获机	台	61	7				29	25
5.农用飞机	架	8						8
(三)机械化耕种情况								
1.当年实际机耕面积	公顷	40053	20920	17	292	415	913	17496
(按耕地面积计算)								
其中：机械深耕深松面积	公顷	693	300					393
2.当年实际机播面积	公顷	7396	1968				13	5416
(按播种面积计算)								
其中:机械插秧面积	公顷	13					13	
(按插秧面积计算)								
3.当年机械收割面积	公顷	5643	1037	5	99	83	868	3551
(按收获面积计算)								
4.飞机播种面积	公顷							
其中：使用无人机播种面积	公顷							
5.飞机施肥面积	公顷	516	345					171
其中：使用无人机施肥面积	公顷	516	345					171
6.飞机病虫害防治面积	公顷	6626	2038	66				4522
其中：使用无人机防治面积	公顷	6626	2038	66				4522
7.精准平地(激光、卫星导航)	公顷							
8.免耕播种	公顷	16	16					
二、农业生产用电量	**千瓦小时**	**100081885**	**14822957**	**29848497**	**18888360**	**6786430**	**15273833**	**14461809**
三、农业用水量	**立方米**	**17856769**	**8192971**	**1989675**	**102463**	**753333**	**3309900**	**3508427**
四、农药施用量	**吨**	**4166**	**2057**	**984**	**223**	**136**	**281**	**485**
五、农用肥料施用情况								
(一)农用化肥施用总量(实物量)	吨	226560	144458	18965	4020	7900	11734	39482
(二)农用化肥施用总量(折纯量)	吨	60088	33448	5591	2150	2653	5026	11220
其中:施用于农作物的数量	吨	48978	32765	3079	97	1816	46	11175

15-11 续表

指标名称	计量单位	农垦总局	湛江局	茂名局	阳江局	揭阳局	汕尾局	直属单位
(三)生物肥施用量(实物量)	吨	31371	9842	13570	4602	3356		1
(四)有机肥施用量(实物量)	吨	190226	123264	18077	3612	9815	4563	30895
(五)测土配方施肥面积	公顷	45672	15646	25387			67	4572
(六)肥料高效利用技术应用面积	公顷	17039	14429	1778		20	767	44
其中：有机肥施用面积	公顷	15417	13361	1261			767	27
肥料机械深施面积	公顷	931	923					8
水肥一体化技术应用面积	公顷	643	97	517		20		9
六、农用塑料薄膜使用量	**吨**	**756**	**436**			**12**	**8**	**300**
其中：地膜使用量	吨	729	433			12	8	276
地膜覆盖面积	公顷	15140	8599	40		36	24	6442
七、沼气池	**个**	**367**	**190**	**71**	**75**		**1**	**30**
沼气池体积	立方米	349506	21037	32211	834		15000	280424
八、农田水利情况								
(一)有效灌溉面积	公顷	28165	19795	1668	289	977	1379	4057
1.节水灌溉面积	公顷	8435	5358	1333	149	345		1250
其中：喷灌面积	公顷	6741	4689	735	16	95		1207
滴灌面积	公顷	1399	669	554	133			43
2.漫灌面积(自流灌溉面积)	公顷	3422	898	97	140	637	1076	573
(二)机电井数量	眼	2530	1589	199	14		365	363
九、绿色防控技术应用面积	**公顷**	**6706**	**3733**					**2973**
(一)农作物统防统治面积	公顷	624	135					489
1.粮食	公顷	94	94					
2.棉花	公顷							
3.油料	公顷	38	38					
4.糖料	公顷	4222	3733					489
5.茶叶	公顷							
(二)生物防治技术应用面积	公顷	6059	3733					2326
(三)物理防治技术应用面积	公顷	63		5				58
(四)生物农药应用面积	公顷	53						53
十、秸秆综合利用								
其中：1.秸秆还田面积	公顷	8857	1642				605	6610
2.秸秆饲用面积	公顷	3886	3886					

15-12 绿色食品、有机食品、农产品地理标志情况

指标名称	计量单位	农垦总局	湛江局	茂名局	阳江局	揭阳局	汕尾局	直属单位
一、绿色食品认证情况								
认证个数	个	18	10	1				7
已认证绿色食品产量	吨	245649	9911	34				235704
其中：1.油料								
认证个数	个	1						1
已认证绿色食品产量	吨	4						4
2.茶叶								
认证个数	个	4	3	1				
已认证绿色食品产量	吨	148	114	34				
3.柑桔橙柚								
认证个数	个	1	1					
已认证绿色食品产量	吨	6765	6765					
4.菠萝								
认证个数	个	1	1					
已认证绿色食品产量	吨	1500	1500					
5.其它水果								
认证个数	个	1						1
已认证绿色食品产量	吨	200						200
6.果脯加工								
认证个数	个	5	5					
已认证绿色食品产量	吨	1532	1532					
7.糖类加工								
认证个数	个	4						4
已认证绿色食品产量	吨	235000						235000
8.其它加工类								
认证个数	个	1						1
已认证绿色食品产量	吨	500						500
二、有机食品认证情况								
认证个数	个	2						2
已认证有机食品产量	吨	750						750
其中：1.桃								
认证个数	个	1						1
已认证有机食品产量	吨	700						700
2.其它水果								
认证个数	个	1						1
已认证有机食品产量	吨	50						50
三、农产品地理标志认证情况								
认证个数	个	3	3					
已认证产品面积	公顷	5877	5877					
已认证产品产量	吨	96525	96525					
其中：1.剑麻								
认证个数	个	1	1					
已认证产品面积	公顷	3311	3311					
已认证产品产量	吨	3960	3960					
2.红江橙								
认证个数	个	1	1					
已认证产品面积	公顷	660	660					
已认证产品产量	吨	6765	6765					
3.菠萝								
认证个数	个	1	1					
已认证产品面积	公顷	1907	1907					
已认证产品产量	吨	85800	85800					
四、绿色食品原料标准化生产基地面积	**公顷**	**316**						**316**

15－13　农作物种业基本情况

指标名称	计量单位	农垦总局	湛江局	茂名局	阳江局	揭阳局	汕尾局	直属单位
一、种子基地播种面积及生产量								
1.种子播种面积合计	公顷	53	53					
原种播种面积	公顷							
良种播种面积	公顷	53	53					
2.生产量合计	吨	92	92					
原种生产量	吨							
良种生产量	吨	92	92					
其中：水稻	吨	92	92					
二、晒场面积	**公顷**	**8000**	**8000**					
三、仓储面积	**平方米**	**1000**	**1000**					
四、库存能力	**吨**	**100**	**100**					
五、种子公司个数	**个**	**2**	**2**					
六、年末从业人数	**人**	**28**	**28**					
其中：技术人员人数	人	7	7					

15－14　农林牧渔业总产值

指标名称	计量单位	农垦总局	湛江局	茂名局	阳江局	揭阳局	汕尾局	直属单位
一、农林牧渔业总产值(现行价)	**万元**	**1217489**	**518540**	**222732**	**118541**	**56562**	**40355**	**260759**
1.种植业产值	万元	688277	433768	60683	8747	33299	10356	141423
2.林业产值	万元	72324	6516	42590	5946	5948	910	10414
其中：橡胶产值	万元	42811	2447	22889	5069	2211	53	10142
3.牧业产值	万元	341643	69150	97323	36771	15302	15457	107640
4.渔业产值	万元	111583	8685	20076	66863	2013	13632	314
5.农林牧渔服务业产值	万元	3663	421	2059	214			968
二、农林牧渔业商品总产值	**万元**	**1085918**	**468263**	**185286**	**113878**	**41302**	**32219**	**244970**

15-15 工业总产值(现行价)

指标名称	计量单位	农垦总局	湛江局	茂名局	阳江局	揭阳局	汕尾局	直属单位
一、工业总产值(现行价)	**万元**	**2418184**	**151444**	**81828**	**36125**	**35558**	**104369**	**2008859**
工业企业个数	个	632	199	194	16	80	71	72
其中：国有及国有控股(总产值)	万元	1482550	27072	5738	9661			1440079
(企业数)	个	61	17	4	4			36
战略性新兴工业(总产值)	万元	3395	3395					
(企业数)	个	1	1					
二、按工业主要行业划分								
煤炭开采和洗选业	万元							
石油和天然气开采	万元							
黑色金属矿采选业	万元							
有色金属矿采选业	万元							
非金属矿采选业	万元	5934		5851				83
开采专业及辅助性活动	万元	10932	9130	1802				
其他采矿业	万元	16629	14319	2310				
农副食品加工业	万元	243065	1815	6316		1143	3307	230484
食品制造业	万元	218545	1381	486		12419		204259
酒、饮料和精致茶制造业	万元	10110	2375	2517	78	1179	3003	958
烟草制品业	万元							
纺织业	万元	27717	20801	217		544		6155
纺织服装、服饰业	万元	33276	27131	315				5830
皮革、毛皮、羽毛及其制品和制鞋业	万元	7757	11	6479	1032			235
木材加工和木、竹、藤、棕、草制品业	万元	32953	19565	7821	288	4564	412	303
家具制造业	万元	60953	47	8555	1290	562		50500
造纸和纸制品业	万元	8526	8110	416				
印刷和记录媒介复制业	万元	438					228	210
文教、工美、体育和娱乐用品制造业	万元							
石油、煤炭及其他燃料加工业	万元							
化学原料和化学制品制造业	万元	963729			2287			961442
医药制造业	万元	3729	3611	118				
化学纤维制造业	万元							
橡胶和塑料制品业	万元	109245	2635	7851	550			98210
非金属矿物制品业	万元	8366		5337	1176		1853	
黑色金属冶炼和压延加工业	万元							
有色金属冶炼和压延加工业	万元	2368					2368	
金属制品业	万元	99982	2070	1460		1122		95330
通用设备制造业	万元							
专用设备制造业	万元	2708	646			2062		
汽车制造业	万元							
铁路、船舶、航空航天和其他运输设备制造业	万元	508		508				
电气机械和器材制造业	万元							
计算机、通信和其他电子设备制造业	万元	15970		700				15270
仪器仪表制造业	万元							
废弃资源综合利用业	万元	158	158					
金属制品、机械和设备修理业	万元	11134		5495		775	4864	
电力、热力生产和供应业	万元	36297	14146		18649	1369	111	2022
燃气生产和供应业	万元	1331		1331				
水的生产和供应业	万元	988	66				922	
其他制造业	万元	484836	23428	15943	10776	9819	87301	337568

15-16 主要工业产品产量

指标名称	计量单位	农垦总局	湛江局	茂名局	阳江局	揭阳局	汕尾局	直属单位
大 米	吨	28119	437	500		3756	10944	12482
饲 料	吨	111087		3942			1370	105775
其中：配合饲料	吨	109045		2565			705	105775
混合饲料	吨	2042		1377			665	
精制食用植物油	吨	24790	726	2812				21252
成品糖	吨	270054						270054
鲜、冷藏肉	吨	3678		108				3570
乳制品	吨	219186						219186
其中：液体乳	吨	219186						219186
罐 头	吨	1217	1217					
饮料酒	千升	1423	49	1044			330	
其中：白酒(折65度，商品量)	千升	1374		1044			330	
软饮料	吨	271	271					
其中：果汁和蔬菜汁饮料类	吨	189	189					
纱	吨	6180	6180					
服 装	件	11662572	8128270	35900			20102	3478300
皮革鞋靴	双	5375182	1850	5253332	120000			
家 具	件	2047673	1429739	57934	150000			410000
机制纸及纸板(外购原纸加工除外)	吨	14920	14736	184				
农用氮、磷、钾化学肥料总计(折纯)	吨	1274		1274				
其中：氮肥(折含N100%)	吨	329		329				
磷肥(折五氧化二磷100%)	吨	452		452				
钾肥(折氧化钾100%)	吨	493		493				
化学农药原药(折有效成分100%)	吨							
其中：杀虫剂原药	吨							
除草剂原药								
化学药品原药	吨	10	10					
中成药	吨	9		9				
塑料制品	吨	34329	3308					31021
水 泥	吨	131185			131185			
砖	万块	38683	11630	15725	10312	296	515	205
瓦	万片	1672		1672				
发电量	万千瓦小时	80138	32271		33612	815	64	13376
自来水生产量	万立方米	63				9	54	

15-17 规模以上工业企业基本情况

指标名称	计量单位	农垦总局	湛江局	茂名局	阳江局	揭阳局	汕尾局	直属单位
一、企业个数合计	**个**	**62**	**15**	**1**	**1**	**1**	**2**	**42**
其中：国有	个	44	9	1	1			33
亏损企业个数	个	23	4		1			18
其中：国有	个	23	4		1			18
二、从业人员期末人数	**人**	**17624**	**1128**	**37**	**61**	**61**	**1955**	**14382**
其中：国有	人	9917	855	37	61			8964
三、从业人员平均人数	**人**	**17212**	**1157**	**37**	**61**	**60**	**1956**	**13941**
其中：国有	人	9392	874	37	61			8420
四、从业人员年工资总额	**万元**	**156510**	**6039**	**278**	**269**	**302**	**10163**	**139459**
其中：国有	万元	62312	4001	278	269			57764
五、工业总产值(现价)	**万元**	**2165741**	**48610**	**3954**	**6348**	**4503**	**84553**	**2017774**
其中：国有	万元	1498791	22347	3954	6348			1466142
六、工业销售产值(现价)	**万元**	**2065090**	**46072**	**376**	**6240**	**4503**	**79370**	**1928528**
其中：国有	万元	1404146	20397	376	6240			1377132
七、主营业务收入	**万元**	**2260811**	**58497**	**2021**	**6240**	**4265**	**63955**	**2125833**
其中：国有	万元	1605963	26077	2021	6240			1571625
八、主营业务成本	**万元**	**1836653**	**49423**	**1623**	**5785**	**3799**	**52707**	**1723316**
其中：国有	万元	1406897	23553	1623	5785			1375937
九、主营业务费用	**万元**	**215314**	**3652**	**311**	**610**	**384**	**7082**	**203276**
其中：国有	万元	137730	1614	311	610			135196
十、主营业务税金及附加	**万元**	**62248**	**957**		**13**	**16**	**1634**	**59628**
其中：国有	万元	36710	149		13			36548
十一、主营业务利润	**万元**	**193225**	**5316**	**87**	**-185**	**450**	**4338**	**183219**
其中：国有	万元	69866	2028	87	-185			67935
十二、利润总额	**万元**	**179320**	**-2473**	**85**	**-185**	**66**	**9259**	**172569**
其中：国有	万元	36536	-6419	85	-185			43055
亏损企业亏损额	万元	23853			185		9259	14409
其中：国有	万元	14594			185			14409
十三、应缴税金	**万元**	**44800**	**930**	**7**	**180**	**125**	**2474**	**41084**
其中：国有	万元	23718	396	7	180			23135
十四、固定资产原值	**万元**	**616207**	**65538**	**1421**	**4308**	**5000**	**38441**	**501499**
其中：国有	万元	538302	56507	1421	4308			476066
生产经营用	万元	582558	54685	57	2967	3500	36549	484801
其中：国有	万元	511742	46516	57	2967			462202
十五、固定资产净值	**万元**	**311099**	**35557**	**680**	**806**	**2560**	**36560**	**234936**
其中：国有	万元	245976	28629	680	806			215862

15−18　建筑业基本情况

指标名称	计量单位	农垦总局	湛江局	茂名局	阳江局	揭阳局	汕尾局	直属单位
一、年末单位个数	**个**	**219**	**106**	**34**	**13**	**37**	**27**	**2**
其中：国有及国有控股	个	4	3		1			
二、年末从业人员	**人**	**5909**	**1429**	**2632**	**173**	**1182**	**473**	**20**
其中：国有及国有控股	人	260	229		31			
三、全年从业人员报酬	**万元**	**48692**	**26995**	**14127**	**1439**	**4550**	**1435**	**147**
其中：国有及国有控股	万元	15769	15619		150			
四、年末固定资产原值	**万元**	**37707**	**21329**	**9879**	**1705**	**2066**	**1077**	**1651**
其中：国有及国有控股	万元	7947	7867		80			
五、年末拥有机械设备总台数	**台**	**942**	**251**	**607**	**16**	**13**	**25**	**30**
其中：国有及国有控股	台	27	25		2			
六、全年施工房屋建筑面积	**平方米**	**562303**	**205651**	**241729**	**22720**	**48833**	**43370**	
其中：国有及国有控股	平方米	62584.0	61243.0		1341.0			
七、房屋建筑竣工面积	**平方米**	**506310**	**195309**	**211181**	**20390**	**40802**	**38628**	
其中：国有及国有控股	平方米	62584.0	61243.0		1341.0			
八、建筑业总产值	**万元**	**231567**	**107905**	**77538**	**9354**	**17456**	**16287**	**3027**
其中：国有及国有控股	万元	47202	45412		1790			

15−19　交通运输业基本情况

指标名称	计量单位	农垦总局	湛江局	茂名局	阳江局	揭阳局	汕尾局	直属单位
一、年末单位个数	**个**	**874**	**149**	**567**	**33**	**29**	**86**	**10**
其中：国有及国有控股	个	9	1					8
二、年末从业人员	**人**	**4404**	**447**	**1969**	**83**	**329**	**236**	**1340**
其中：国有及国有控股	人	1021	2					1019
三、全年从业人员报酬	**万元**	**22762**	**2705**	**10170**	**831**	**1759**	**1274**	**6022**
其中：国有及国有控股	万元	4768	18					4750
四 、年末固定资产原值	**万元**	**35586**	**4525**	**12798**	**654**	**1814**	**2122**	**13672**
其中：国有及国有控股	万元	8453	363					8090
五、年末拥有主要运输工具	**台**	**2607**	**372**	**1029**	**51**	**108**	**113**	**934**
其中：国有及国有控股	台	771	20					751
六、全年客货运输量								
1.货运量	吨	5789553	956732	3107001	175176	74459	282052	1194133
其中：国有及国有控股	吨	64827						64827
2.客运量	万人	973	90	44		199	21	619
其中：国有及国有控股	万人	653	34					619
七、营业总收入	**万元**	**71694**	**11135**	**35674**	**3534**	**3480**	**2454**	**15417**
其中：国有及国有控股	万元	6469	1267					5202
货运及装卸收入	万元	48538	6832	23567	3534	1095	2394	11117
其中：国有及国有控股	万元	902						902

15–20　批发零售业基本情况

指标名称	计量单位	农垦总局	湛江局	茂名局	阳江局	揭阳局	汕尾局	直属单位
一、年末单位个数	**个**	**3591**	**1274**	**458**	**157**	**226**	**318**	**1158**
其中：国有及国有控股	个	27	5	3	2	3		14
二、年末从业人员	**人**	**11554**	**2100**	**2158**	**315**	**1020**	**1079**	**4882**
其中：国有及国有控股	人	1875	44	8	21	11		1791
三、全年从业人员报酬	**万元**	**69577**	**8413**	**9872**	**2360**	**4770**	**3995**	**40167**
其中：国有及国有控股	万元	17664	389	43	222	78		16933
四、营业网点个数	**个**	**3704**	**1298**	**458**	**166**	**226**	**318**	**1238**
其中：国有及国有控股	个	110	8	5	2	3		92
五、年末固定资产原值	**万元**	**147759**	**10637**	**9768**	**6093**	**28748**	**3675**	**88838**
其中：国有及国有控股	万元	70670	302	171	22	679		69496
六、年末营业用房面积	**平方米**	**247198**	**57827**	**37321**	**9754**	**10747**	**30635**	**100914**
其中：国有及国有控股	平方米	24744	1274	1788	282	2800		18600
七、销售总额或营业收入	**万元**	**1358810**	**121258**	**69237**	**52291**	**16157**	**31895**	**1067973**
其中：国有及国有控股	万元	884544	6841	3794	41284	870		831755

15–21　餐饮业基本情况

指标名称	计量单位	农垦总局	湛江局	茂名局	阳江局	揭阳局	汕尾局	直属单位
一、年末单位个数	**个**	**727**	**208**	**166**	**19**	**51**	**50**	**233**
其中：国有及国有控股	个	16	7	1				8
二、年末从业人员	**人**	**4998**	**1098**	**1248**	**109**	**291**	**259**	**1993**
其中：国有及国有控股	人	453	79	1				373
三、全年从业人员报酬	**万元**	**25210**	**3994**	**5281**	**735**	**1346**	**647**	**13206**
其中：国有及国有控股	万元	1790	410	7				1374
四、营业网点个数	**个**	**731**	**209**	**166**	**22**	**51**	**50**	**233**
其中：国有及国有控股	个	15	7					8
五、年末固定资产原值	**万元**	**35473**	**4735**	**7993**	**694**	**8612**	**751**	**12688**
其中：国有及国有控股	万元	1274	402					872
六、年末营业用房面积	**平方米**	**244657**	**159242**	**21828**	**5814**	**15772**	**2150**	**39851**
其中：国有及国有控股	平方米	10185	4185					6000
七、销售总额或营业收入	**万元**	**110647**	**14800**	**18647**	**2821**	**3714**	**1715**	**68949**
其中：国有及国有控股	万元	8263	735					7528

15-22 其它服务业基本情况

指标名称	计量单位	农垦总局	湛江局	茂名局	阳江局	揭阳局	汕尾局	直属单位
一、年末单位个数	**个**	**1672**	**400**	**607**	**37**	**105**	**124**	**399**
其中：国有及国有控股	个	94	43	10	5		1	35
二、年末从业人员	**人**	**14791**	**5497**	**3267**	**286**	**443**	**672**	**4626**
其中：国有及国有控股	人	8073	3842	988	233		23	2987
三、全年从业人员报酬	**万元**	**134936**	**55884**	**19251**	**2426**	**2746**	**2273**	**52356**
其中：国有及国有控股	万元	104228	51079	9309	2150		350	41340
四、营业网点个数	**个**	**1953**	**399**	**758**	**37**	**104**	**123**	**532**
其中：国有及国有控股	个	105	42	7	5			51
五、年末固定资产原值	**万元**	**391358**	**114683**	**44386**	**5021**	**1848**	**1513**	**223907**
其中：国有及国有控股	万元	349220	96826	35613	4404		370	212007
六、年末营业用房面积	**平方米**	**1142029**	**370368**	**88633**	**29283**	**4172**	**3436**	**646137**
其中：国有及国有控股	平方米	899962	282658	58199	26238		530	532337
七、销售总额或营业收入	**万元**	**385469**	**111658**	**65250**	**6758**	**4829**	**8256**	**188717**
其中：国有及国有控股	万元	252599	82393	27467	2226			140513

15-23 外贸出口供货商品

指标名称	计量单位	农垦总局	湛江局	茂名局	阳江局	揭阳局	汕尾局	直属单位
一、外贸出口供货商品金额	**万元**	**441802**	**1306**	**49280**	**276**			**390940**
其中：农产品	万元	360						360
林产品	万元							
畜产品	万元							
水产品	万元	49280		49280				
工业品	万元	392162	1306		276			390580
其中：医药	万元							
食品	万元							
纺织品	万元	2778	633					2145

15-24　农垦科研基本情况

指标名称	计量单位	农垦总局	湛江局	茂名局	阳江局	揭阳局	汕尾局	直属单位
一、科研单位情况	－							
科研单位个数	个	5						5
职工合计	人	175						175
科技人员	人	123						123
其中：本科及以上	人	91						91
其他人员	人	52						52
科研经费合计	万元	2609						2609
政府拨款	万元	2045						2045
企业自筹	万元	564						564
实验地面积	公顷	104						104
二、企业科技创新情况	－							
科技人员	人	317	27	6	9	21		254
科研经费合计	万元	6360	273	130				5957
其中：财政经费	万元	336		130				206
企业自筹	万元	6024	273					5751

15-25　固定资产投资完成情况

指标名称	计量单位	农垦总局	湛江局	茂名局	阳江局	揭阳局	汕尾局	直属单位
一、本年完成投资总额（按工程用途分）	**万元**	**519237**	**72980**	**53054**	**128012**	**102079**	**20561**	**142551**
其中：国　有	万元	184405	48236	28687	6829	5703	1289	93662
1.第一产业	万元	129615	29013	20937	6383	4651	10856	57776
其中：国　有	万元	97959	16096	14627	5138	3035	1289	57776
2.第二产业	万元	265247	20702	12579	118987	91862	8040	13077
其中：国　有	万元	32647	10953	8006	456	155		13077
3.第三产业	万元	124375	23265	19538	2642	5566	1665	71698
其中：国　有	万元	53798	21187	6054	1235	2513		22809
二、资金来源合计	**万元**	**519237**	**72980**	**53054**	**128012**	**102079**	**20561**	**142551**
其中：国　有	万元	184405	48236	28687	6829	5703	1289	93662
1.国家预算内资金	万元	72080	22379	23673	5996	1885	1540	16606
其中：国　有	万元	68060	22379	19913	5996	1885	1280	16606
2.国内贷款	万元	2000						2000
其中：国　有	万元	2000						2000
3.利用外资	万元							
其中：国　有	万元							
4.自筹资金	万元	254390	44501	7773	121581	2911	8	77616
其中：国　有	万元	104944	24116	5325	825	778	8	73893
5.其他资金	万元	190766	6100	21607	434	97284	19012	46329
其中：国　有	万元	9400	1741	3449	8	3040		1163
三、当年新增固定资产	**万元**	**344552**	**59258**	**36057**	**124931**	**45223**	**15411**	**63672**
其中：国　有	万元	132198	39998	23355	4525	3082	1289	59949

15-26 农垦生产总值(按产业分类)

指标名称	计量单位	农垦总局	湛江局	茂名局	阳江局	揭阳局	汕尾局	直属单位
合　计								
增加值合计(按当年价格算)	万元	1920422	522330	324482	112121	70926	82637	807926
合计中：非国有部分	万元	993088	367021	127721	56729	17055	15647	408915
其中：劳动者报酬	万元	878207	314699	148964	23497	48621	47585	294840
固定资产折旧	万元	193855	46335	53031	9666	5774	4092	74957
生产税净额	万元	177746	13056	19795	2154	3350	5754	133638
另：政府补贴	万元	1751	176	478				1097
营业盈余	万元	670615	148241	102692	76805	13181	25206	304490
(一)第一产业								
增加值合计(按当年价格算)	万元	672680	284087	140676	71485	30073	22432	123927
合计中：非国有部分	万元	514314	253907	93071	48854	13587	3738	101157
其中：劳动者报酬	万元	348824	175567	64947	13908	23785	20251	50366
固定资产折旧	万元	90607	24387	26119	5221	2417	237	32226
生产税净额	万元	5508	1176	51				4281
另：政府补贴	万元	941						941
营业盈余	万元	227740	82956	49560	52356	3871	1944	37053
(二)第二产业								
增加值合计(按当年价格算)	万元	659913	85969	63935	19109	19659	40752	430488
合计中：非国有部分	万元	258559	31348	11238	2245	160	5410	208158
其中：劳动者报酬	万元	212193	48096	26246	3588	11259	19042	103963
固定资产折旧	万元	48377	6333	9075	2555	1854	1799	26761
生产税净额	万元	134730	8311	8622	982	1779	4125	110911
另：政府补贴	万元	41						41
营业盈余	万元	264613	23230	19991	11984	4767	15786	188855
1.工　业								
增加值合计(按当年价格算)	万元	565231	44152	30273	13730	12826	35222	429028
合计中：非国有部分	万元	227565	9246	5323	1455	160	3223	208158
其中：劳动者报酬	万元	162594	21040	11917	2126	6709	17538	103264
固定资产折旧	万元	39863	3717	4969	2417	1461	732	26568
生产税净额	万元	124854	4050	4984	605	1322	3198	110695
另：政府补贴	万元	41						41
营业盈余	万元	237920	15344	8403	8582	3334	13754	188503
2.建筑业								
增加值合计(按当年价格算)	万元	94682	41818	33662	5379	6833	5530	1460
合计中：非国有部分	万元	30994	22102	5915	790		2187	
其中：劳动者报酬	万元	49599	27055	14329	1462	4550	1504	699
固定资产折旧	万元	8514	2616	4107	138	393	1067	193
生产税净额	万元	9876	4260	3639	377	457	927	216
另：政府补贴	万元							
营业盈余	万元	26693	7886	11588	3402	1433	2032	352

15−26 续表 1

指标名称	计量单位	农垦总局	湛江局	茂名局	阳江局	揭阳局	汕尾局	直属单位
(三)第三产业								
增加值合计(按当年价格算)	万元	587829	152274	119870	21527	21194	19453	253511
合计中：非国有部分	万元	220214	81766	23411	5629	3308	6499	99601
其中：劳动者报酬	万元	317190	91037	57771	6001	13577	8292	140511
固定资产折旧	万元	54871	15614	17837	1890	1503	2056	15971
生产税净额	万元	37508	3569	11121	1171	1571	1629	18446
另：政府补贴	万元	768	176	478				115
营业盈余	万元	178261	42054	33141	12465	4543	7476	78582
1.农、林、牧、渔专业及辅助性活动								
增加值合计(按当年价格算)	万元	5052	698	1418	27	1350	877	682
合计中：非国有部分	万元	1942	5	250	27	1132	877	-349
其中：劳动者报酬	万元	5386	503	970	51	1301	327	2235
固定资产折旧	万元	797	4	156	74	49		514
生产税净额	万元	-76	6	82				-164
另：政府补贴	万元	96						96
营业盈余	万元	-1055	185	211	-98		550	-1903
2.批发和零售业								
增加值合计(按当年价格算)	万元	146924	25227	23666	7411	8051	5508	77061
合计中：非国有部分	万元	38095	1393	3763	166	690	1498	30585
其中：劳动者报酬	万元	67071	9892	10077	1625	4844	2261	38372
固定资产折旧	万元	7234	1102	2680	588	479	383	2002
生产税净额	万元	11808	1979	3026	738	636	510	4918
另：政府补贴	万元							
营业盈余	万元	60811	12253	7884	4460	2092	2354	31768
3.交通运输、仓储和邮政业								
增加值合计(按当年价格算)	万元	50403	5199	26469	2652	3588	2348	10147
合计中：非国有部分	万元	9784	124	3324			1451	4885
其中：劳动者报酬	万元	24431	2647	10323	831	1801	1376	7453
固定资产折旧	万元	8818	654	5353	317	501	179	1814
生产税净额	万元	5169	200	3439	94	350	165	920
另：政府补贴	万元							
营业盈余	万元	11986	1698	7354	1410	936	628	-40
4.住宿和餐饮业								
增加值合计(按当年价格算)	万元	57156	8472	15329	4492	2823	1981	24060
合计中：非国有部分	万元	5708	803	1325		280	499	2802
其中：劳动者报酬	万元	27921	4620	5243	681	1505	737	15135
固定资产折旧	万元	5102	653	2062	245	214	246	1681
生产税净额	万元	6413	344	2015	205	301	156	3393
另：政府补贴	万元							
营业盈余	万元	17720	2854	6009	3361	804	842	3851

15-26 续表 2

指标名称	计量单位	农垦总局	湛江局	茂名局	阳江局	揭阳局	汕尾局	直属单位
5.信息传输、软件和信息技术服务业								
增加值合计(按当年价格算)	万元	7466	4263					3203
合计中：非国有部分	万元							
其中：劳动者报酬	万元	4531	2371					2160
固定资产折旧	万元	1126	920					206
生产税净额	万元	271	60					211
另：政府补贴	万元							
营业盈余	万元	1539	913					626
6.金融业								
增加值合计(按当年价格算)	万元	2525		138				2387
合计中：非国有部分	万元	-863						-863
其中：劳动者报酬	万元	2731		70				2661
固定资产折旧	万元	524		20				504
生产税净额	万元	349						349
另：政府补贴	万元							
营业盈余	万元	-1078		48				-1126
7.房地产业								
增加值合计(按当年价格算)	万元	30807	1313				3946	25547
合计中：非国有部分	万元	23107	1313					21794
其中：劳动者报酬	万元	7814	60				684	7070
固定资产折旧	万元	1241	136				250	855
生产税净额	万元	5001	213				508	4280
另：政府补贴	万元							
营业盈余	万元	16750	905				2504	13342
8.租赁和商务服务业								
增加值合计(按当年价格算)	万元	29461	1464	591	79	830		26497
合计中：非国有部分	万元	25397	1070	591				23736
其中：劳动者报酬	万元	8201	694	35	19	730		6722
固定资产折旧	万元	1424	155	58		90		1121
生产税净额	万元	2192	66	15		10		2101
另：政府补贴	万元	12						12
营业盈余	万元	17645	548	483	60			16553
9.科学研究和技术服务业								
增加值合计(按当年价格算)	万元	371		4			49	318
合计中：非国有部分	万元	367					49	318
其中：劳动者报酬	万元	1001		2			49	950
固定资产折旧	万元	151		2				149
生产税净额	万元	2						2
另：政府补贴	万元	7						7
营业盈余	万元	-783						-783

15-26 续表 3

指标名称	计量单位	农垦总局	湛江局	茂名局	阳江局	揭阳局	汕尾局	直属单位
10.水利、环境和公共设施管理业								
增加值合计(按当年价格算)	万元	260		260				
合计中：非国有部分	万元	255		255				
其中：劳动者报酬	万元	260		260				
固定资产折旧	万元							
生产税净额	万元							
另：政府补贴	万元							
营业盈余	万元							
11.居民服务、修理和其他服务业								
增加值合计(按当年价格算)	万元	76571	17925	23526	1599	2279	3080	28163
合计中：非国有部分	万元	10428	5233	3099	241	57	461	1337
其中：劳动者报酬	万元	39906	10437	11678	391	1186	1873	14341
固定资产折旧	万元	6942	2025	2535	292	124	319	1647
生产税净额	万元	6080	655	2543	134	274	290	2185
另：政府补贴	万元							
营业盈余	万元	23643	4808	6770	782	695	598	9990
12.教　育								
增加值合计(按当年价格算)	万元	32464	5233	1266				25965
合计中：非国有部分	万元	394	246	148				
其中：劳动者报酬	万元	27540	4299	973				22268
固定资产折旧	万元	4178	305	176				3697
生产税净额	万元							
另：政府补贴	万元							
营业盈余	万元	745	628	117				
13.卫生、社会工作、文化、体育、娱乐								
增加值合计(按当年价格算)	万元	104489	74329	19019	2210	508		8423
合计中：非国有部分	万元	83485	69430	4096	2138	63		7758
其中：劳动者报酬	万元	73206	52231	12571	1023	446		6935
固定资产折旧	万元	12408	8082	3327	136	46		817
生产税净额	万元	79	47	1				31
另：政府补贴	万元	124		124				
营业盈余	万元	18796	13969	3120	1051	16		640
14.公共管理、社会保障和社会组织								
增加值合计(按当年价格算)	万元	43880	8153	8183	3058	1765	1664	21058
合计中：非国有部分	万元	22115	2149	6560	3058	1086	1664	7598
其中：劳动者报酬	万元	27191	3282	5570	1380	1765	985	14209
固定资产折旧	万元	4925	1577	1468	238		679	963
生产税净额	万元	220						220
另：政府补贴	万元	530	176	354				
营业盈余	万元	11544	3294	1145	1440			5666

十六、供销合作社

■围绕拓展服务领域，服务粤港澳大湾区农产品稳价保供和保障粮食安全，打造现代农业与食品产业集群

广东供销一体化农产品冷链物流网络。

2021年4月22–24日，由中国物流与采购联合会主办，广东省供销合作联社支持，中国物流与采购联合会冷链物流专业委员会、省供销集团、天业冷链物流公司承办的“2021粤港澳大湾区冷链产业合作峰会”在广州召开。

2021年，省供销社印发《广东供销放心农产品直供配送网络建设方案》，布局建设“1个省级平台+100个区域匹配配送中心+1000个供销农场”，发展标准化、订单化农产品直供配送，建设首批31个区域配送子平台，认证登记“供销农场”70个，面积超3.2万亩。

2021 年 4 月 8 日，广东供销放心农产品直供配送区域子平台签约仪式在云浮举行。

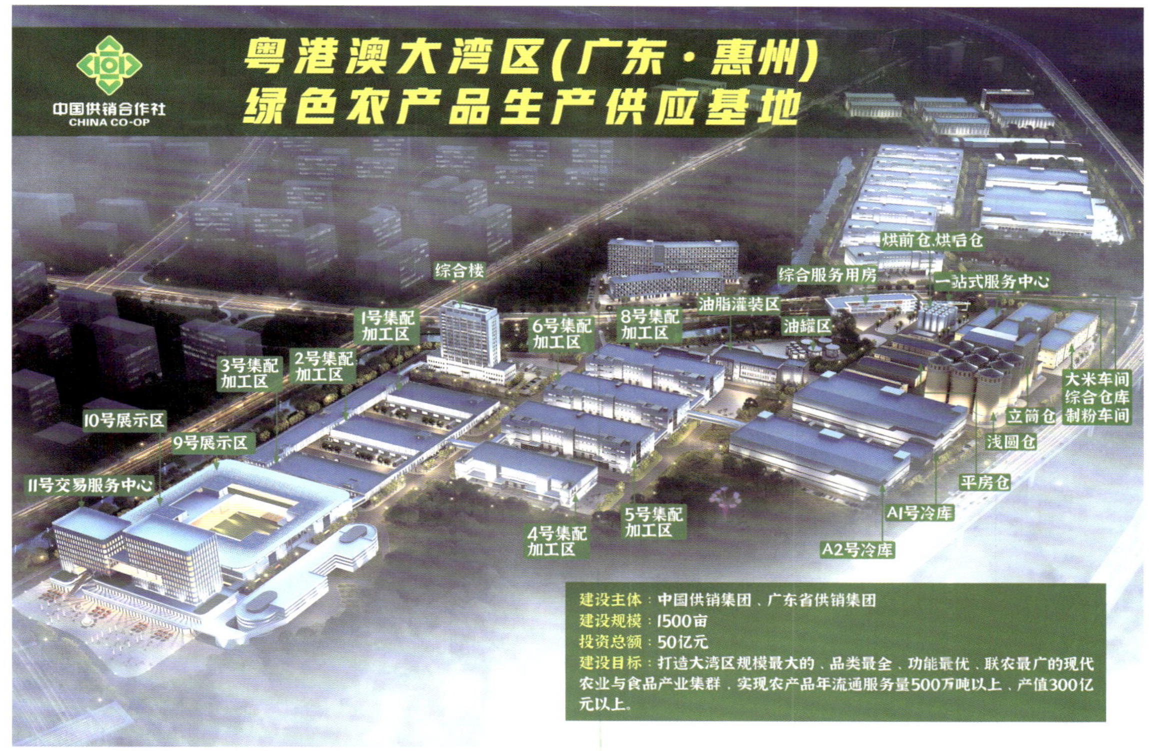

粤港澳大湾区（广东·惠州）绿色农产品生产供应基地。

2021年9月15日，粤港澳大湾区（广东·惠州）绿色农产品生产供应基地供港果蔬首发仪式。

■发展丝苗米全产业链

落实"米袋子"工程，在汕尾市、南雄市、怀集县牵头建设省级丝苗米现代农业产业园，采用"社有企业＋供销社＋农户"模式，打通丝苗米产、购、储、加、销全产业链，打造"广东丝苗米"公共品牌，辐射带动周边优质水稻种植10万亩，服务带动农户超4万户。截至2021年底，建成库容45万吨的仓储加工基地，承接30万吨粮食政策储备，对接5000多个销售门店。

广东供销丝苗米全产业链服务网络。

汕尾海丰油占米种植基地　2021 年，集团总部作为牵头实施主体申报实施广东丝苗米跨县集群产业园汕尾市项目。

怀集丝苗米产业园丰收。

■完善专业化农资农技服务网络

2021 年，省供销社印发《广东供销专业化农资农技服务网络建设实施方案》，面向中小农户布局建设覆盖“耕、种、管、收”等农业生产全程农资农技服务网络。截至 2021 年底，已建成区域、县、镇农业生产服务中心 1121 个，年均开展农业生产社会化服务规模近 2000 万亩次，在台山等 16 个县实施农业面源污染防控示范工程。实施“绿色农资行动”，供应农药、化肥占全省市场的 50%以上。

广东供销专业化农资农技服务网络。

农产品公司荣获多项国家级资质认证。

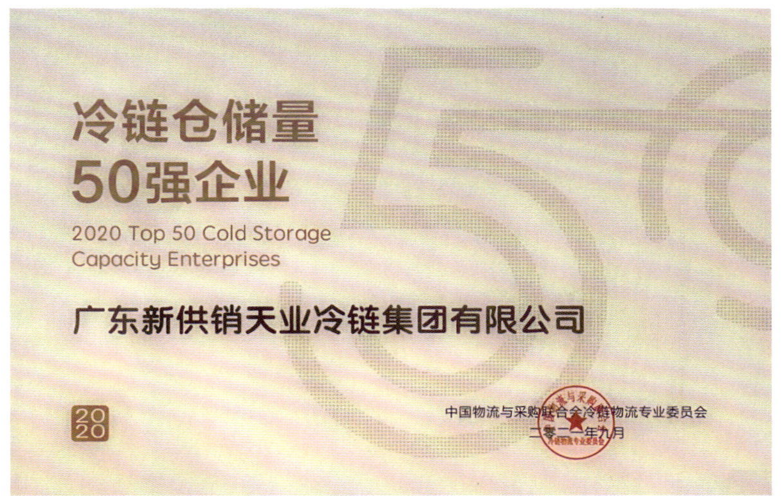

天业冷链物流公司被评为2020年冷链仓储量50强企业。

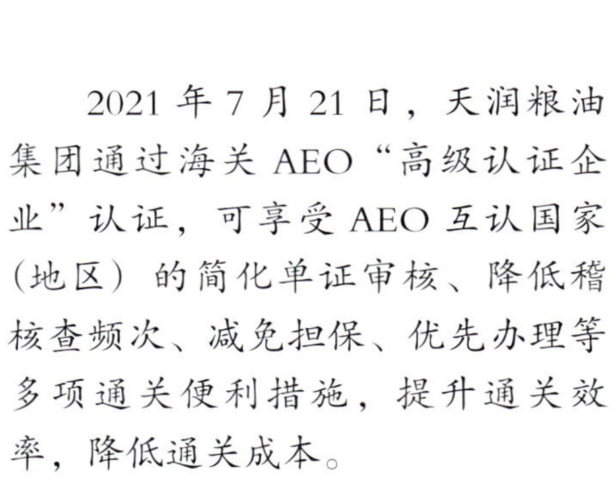

2021年7月21日，天润粮油集团通过海关AEO“高级认证企业”认证，可享受AEO互认国家（地区）的简化单证审核、降低稽核查频次、减免担保、优先办理等多项通关便利措施，提升通关效率，降低通关成本。

证书编号 Certificate No. 692443696001 QG08

AEO

认证企业证书

AEO CERTIFICATE

认证企业名称 AEO Name：广东新供销天润粮油集团有限公司

认证企业编号 AEO Code：AEOCN44019139B3

认证企业类型 AEO Type：高级认证企业

认证日期 Date of Authorization：2021年07月21日

发证机关 Issuing Authority

发证日期 Date of Issue：2021年07月21日

广东省供销合作联社 2021 年基本情况

2021 年，是全面深入贯彻习近平总书记对供销合作社工作重要指示精神，全面实施《广东省进一步深化供销合作社综合改革打造为农服务生力军行动计划》（以下简称《行动计划》）的关键之年。在省委省政府正确领导下，全省供销合作社系统坚持以习近平新时代中国特色社会主义思想为指导，深入贯彻落实省委"1+1+9"工作部署，广东供销冷链物流网和大湾区绿色农产品基地项目写入省委全会报告和省政府工作报告，供销合作社综合改革各项工作迅速推进并呈现良好态势，助力乡村振兴服务农业农村现代化取得积极成效。省供销社在 2021 年度全国供销系统综合业绩考核中再获"一等奖"，排名比上年前进 2 位。全国供销合作总社主要领导作出批示，充分肯定我省供销合作社改革发展取得的积极进展。

2021 年工作情况

*（一）深入学习贯彻习近平新时代中国特色社会主义思想，忠诚拥护"两个确立"，坚决做到"两个维护"。*一是坚持抓好"大学习"。始终把深入学习贯彻习近平新时代中国特色社会主义思想作为首要政治任务，深入学习贯彻习近平总书记"七一"重要讲话、在党的十九届六中全会上的重要讲话精神，深入学习贯彻习近平总书记关于"三农"工作的重要论述和对广东系列重要讲话、重要指示批示精神以及对供销合作社工作重要指示精神，深刻汲取广州市大规模迁移砍伐城市树木问题的教训，不断提高党员干部政治判断力、政治领悟力、政治执行力。二是坚持开展"深调研"。聚焦服务乡村振兴，班子成员牵头深入基层开展调研，形成 14 篇调研报告，制定《广东省供销合作社"十四五"发展规划》。三是坚持推动"真落实"。召开全省进一步深化供销合作社综合改革工作电视电话会议，省供销社成立指挥部，分管领导包片，挂图作战，推动市县全面落实《行动计划》。四是扎实开展党史学习教育。紧紧围绕"学史明理、学史增信、学史崇德、学史力行"要求，组织系统广大党员干部聚焦理想信念学党史、聚焦"两个维护"悟思想、聚焦为农服务办实事、聚焦综合改革开新局，更加自觉做习近平新时代中国特色社会主义思想的坚定信仰者和忠实实践者。党史宣传教育进机关、进企业、进校园、进基层 88 次，开展讲好红色故事和唱响红色赞歌 89 场次、22727 人次参加。重点推进田头冷链设施、农业面源污染防控、"粤菜师傅"工程、消费帮扶等民生项目，完成"我为群众办实事"72 项。

（二）全面贯彻落实习近平总书记对广东系列重要讲话、重要指示批示精神以及对供销合作社工作重要指示精神，全力服务乡村全面振兴，助力农业农村现代化。

1. 围绕"成为党和政府密切联系农民群众的桥梁纽带"，推进组织化联农。一是开展县镇村供销合作社联农工程。新建村供销合作社 631 个，完善提升 126 个县域助农服务平台、1167 个镇村助农服务中心。二是开展农民专业合作社联农工程。优化提升农民专业合作社 5266 家，培育发展农民专业合作社联合社 257 家，带动农户超过 57 万户。三是开展农业产业化联合体联农工程。牵头建设冷链、丝苗米等 2 个跨县集群产业园和蔬菜等 3 个省级特色农业产业园，对接服务省级农业产业园 50 个。

2. 围绕“加快成为服务农民生产生活的综合平台”，推进农资农技、冷链物流、产销对接网络化发展。一是完善专业化农资农技服务网络。建设区域、县、镇农业生产服务中心 1121 个，开展农业生产社会化服务规模近 2000 万亩次，在台山等 16 个县实施农业面源污染防控达 70 万亩。土地全托管面积近 190 万亩，同比增长 3 倍。承接中央财政农业项目水稻生产托管面积 18.57 万亩。实施“绿色农资行动”，供应农药、化肥占全省市场的 50%以上。二是公共型农产品冷链物流基础设施骨干网首批项目投入运营。覆盖农产品主产区和主销区的冷链骨干网布局初步形成，加快补齐冷链物流设施短板。在全省 19 个市 55 个县（市、区）布局项目 60 个,规划库容 160 万吨。已运营项目 15 个，已开工项目 22 个，完成投资额 33.9 亿元。三是建设农产品直供配送平台。省市县三级联合社组建直供配送省级平台，建设首批 31 个区域配送子平台，发展标准化、订单化农产品直供配送模式。

3. 围绕“完善体制机制”，规范提升合作经济组织运行效率。一是推动肇庆等 3 个地级市和台山等 16 个县开展生产、供销、信用综合合作试点，重点打造一批主导产业突出、县镇村联动的公共型农业社会化服务创新示范基地。二是落实供销合作社理事会、监事会、社员代表大会“三会”制度，100%的市级社、98.96%的县级社建立理事会和监事会，95%的市级社、98.96%的县级社已按期召开社员代表大会。三是推进社有企业改革发展。发挥省供销集团社有资本和股权持有管理平台作用，强化社有企业为农服务经营体系支撑作用，全省系统为农服务社有企业 939 家。四是建设数字供销。搭建农资农技、冷链物流、农产品产销对接等经营服务数字化应用平台。

4. 围绕服务粤港澳大湾区农产品稳价保供和保障粮食安全，打造现代农业与食品产业集群。一是省部共建粤港澳大湾区绿色农产品生产供应基地进展迅速。项目于 2020 年 11 月动工，2021 年完成投资 10 亿元，首期 3 万平方米供港澳生鲜集配中心、15 万吨粮库投入运营，5 万吨冷库主体建筑完工。二是发展丝苗米全产业链。在汕尾市、南雄市、怀集县牵头建设省级丝苗米现代农业产业园，采用“社有企业 + 供销社 + 农户”模式，打通丝苗米产、购、储、加、销全产业链，打造“广东丝苗米”公共品牌。建成粮库库容 45 万吨，对接门店 5000 多个。

5. 围绕巩固拓展脱贫攻坚成果同乡村振兴有效衔接，开展供销特色帮扶。一是实施供销特色“粤菜师傅”工程。优化省联社为主导、5 所职教院校为平台、市县镇供销合作社为依托的“1+5+N”培训模式，完成面向农民群众的“粤菜师傅”培训 7936 人。二是开展消费帮扶。发挥 14 个省级供销合作社联合组成的东西部协作供销联盟作用，开展消费帮扶“五进”活动 180 场，设立销售专区 300 多个，协助销售农副产品约 35 亿元。三是助力解决农民融资难。建立供销社搭台、金融机构授信、担保公司增信的金融支农合作机制，协助中小农户等获贷款 7.9 亿元。四是参与农村人居环境整治。推进再生资源网络与农村环卫网络“两网融合”，全省系统再生资源经营企业 233 个，城乡回收站点 3948 个、分拣中心 52 个。

6. 围绕统筹发展和安全，坚决防范和化解各类风险。一是从严从紧做好疫情防控。健全疫情防控工作方案和应急预案，做好保供稳价，为城乡居民持续供应粮油、蛋、盐、糖等重要生活物资。2021 年 5 月广州疫情期间，协同指导广州市供销社和省供销社直属企业，做好荔湾区中南街 5.8 万人生活必需品应急保障。做好进口食品冷链、直属学校等重点环节疫情防控，全省系统保持零感染。二是坚持不懈抓好安全生产。狠抓安全生产责任制落实落细，深入推进安全生产专项整治三年行动，定期开展安全生产督导检查，切实抓好隐患排查治理。三是坚决维护意识形态领域安全。严格落实党管意识形态工作责任，将意识形态工作与业务工作同谋划、同部署、同落实、同检查，确保省供销社意识形态领域安全稳定。

（三）全面加强党的领导和党的建设，为推进供销合作事业改革发展提供坚强政治保障。一是突出讲政治抓政治。坚持把政治建设摆在首位。严格执行省委坚决落实“两个维护”十项制度机制，严格执行政治要件闭环落实机制，全年纳帐管理政治要件 92 项。扎实开展巡视反馈意见整改落实“回头看”，巡视整改方案确定的 35 项整改任务和 125 条整改措施全部完成。二是突出讲纪律守规矩。坚持“五个必须”，杜绝“七个有之”，切实把“三个决不允许”的严规铁律立起来。严格执行重大事项请示报告制度。召开全省系统全面从严治党从严治社会议，印发《广东省供销合作联社关于推动全面从严治党从严治社的实施意见》，推进全面从严治党从严治社向纵深发展、向基层延伸。三是突出抓班子带队伍。坚持党管干部原则，落实新时期好干部标准。完善干部选拔任用和管理制度 7 项，提拔使用机关处级干部和直属单位班子成员 27 名，选派 19 名机关干部到重点项目和风险处置一线培养锻炼。四是突出抓基层强基础。制定实施《广东省供销合作联社加强党的基层组织建设三年行动计划（2021—2023 年）实施方案》。结合庆祝建党 100 周年，深化模范机关创建，一批单位和个人荣获全国青年文明号、省乡村振兴先进集体、省五一劳动奖章、省脱贫攻坚先进个人等国家和省级荣誉称号。

2021年全省供销合作社系统基本情况统计公报

2021年，全省供销合作社系统坚持以习近平新时代中国特色社会主义思想为指导，认真学习贯彻党的十九大和十九届历次全会精神，深入学习贯彻习近平总书记对供销合作社工作的重要指示精神，在省委省政府的坚强领导下，在全国供销总社的正确指导下，全面落实省委“1+1+9”工作部署，紧紧围绕全面推进乡村振兴，深化供销合作社综合改革，加快打造面向小农户的公共型农业社会化服务体系，供销合作社综合改革各项工作迅速推进并呈现良好态势，在全国供销合作社综合业绩考核中继续获“一等奖”，排第8名，比2020年再前进2名。

一、全省系统综合经营服务情况

（一）销售总额

全年实现销售总额2297.89亿元，增长59.77%。

1. 分行业看，四大主营业务销售增长稳定。其中，农业生产资料类销售总额497.96亿元，增长45.2%，占销售总额的（以下简称“占比”）21.67%；农产品类销售总额810.6亿元，增长92.4%，占比35.28%；消费品类销售总额262.63亿元，增长19.2%，占比11.43%；再生资源类销售总额172.8亿元，增长17.6%，占比7.52%。

2. 分层级看，基层供销合作社增长较快。省社本级企业、市级供销社、县级供销社和基层社分别实现销售总额318.16亿元、363.39亿元、507.2亿元和1109.14亿元，分别增长51.58%、25.41%、67.11%和74.64%，占比分别为13.85%、15.81%、22.07%和48.27%。

3. 分区域看，地级市销售持续增长。20个市社销售总额全部实现增长，其中中山市社、云浮市社、珠海市社等增速靠前，增速均超过200%。销售总额超过40亿元的地区有14个，较上年增加4个，其中广州市社、江门市社超过200亿元；东莞市社、佛山市社、茂名市社、梅州市社、肇庆市社、惠州市社、中山市社均超过100亿元；韶关市社、湛江市社超过80亿元；汕头市社超过50亿元；清远市社、云浮市社超过40亿元。

4. 连锁经营销售额增长。全省系统连锁经营销售额365.15亿元，增长21.91%。其中，农业生产资料类连锁经营企业连锁销售额320.66亿元，增长89.28%；消费品类连锁经营企业连锁销售额54.09亿元，增长38.4%。

5. 进出口额减少。全年商品进出口总额3.69亿元，下降54.04%。其中，进口额1.39亿元，下降80.66%；出口额2.3亿元，增长167.44%。

（二）综合服务情况

全年综合服务营业额281.44亿元，增长48.83%。

1. 电子商务综合服务额0.26亿元。

2. 居民生活服务营业额54.16亿元，增长41.63%，其中住宿餐业营业额10.34亿元，增长98.85%；旅游业营业额1.12亿元，增长75%。

3. 资产经营额33.78亿元，增长128.55%，其中租赁经营额21.68亿元，增长70.84%。

4. 农业生产服务收入额1.91亿元，下降82.35%。

5. 其他服务营业额191.59亿元，增长51.31%。

（三）直接收购的农产品

全年直接从农业生产者购进的农产品502.55

亿元，增长 155.71%。

（四）物流业情况

全年物流业营业额 170.16 亿元，增长 61.3 倍；其中冷链物流业营业额 121.63 亿元，县及县以下快递、配送营业额 57.23 亿元。

（五）平台交易额

全年平台交易额 417.7 亿元，增长 83.45%。其中：

商品交易市场交易额 405.67 亿元，增长 86.76%，其中农产品批发市场交易额 387.83 亿元，增长 86.16%。

自建电子商务平台交易额 12.03 亿元。

（六）金融服务情况

全年金融服务额 13.95 亿元。其中，资金互助额 0.79 亿元；小贷公司贷款额 0.63 亿元；其他（含典当）金融服务额 8.89 亿元。

2021 年，全省供销合作社联合农业银行、中国银行、省农担公司开展“粤供易贷”、“粤供园区贷”试点工作，共推动 19 个市级社、68 个县级社与有关金融机构签署合作协议或实现业务对接；协助 1596 户农户和经营主体获得贷款 7.89 亿元，户均 49.4 万元。

二、县及县以上机关情况

（一）总体情况

年末，全省系统有省级供销合作社 1 个，地级以上市供销合作社 20 个，县（区、市）级供销合作社 96 个。

（二）经费来源

财政全额拨款的单位 113 个，占 96.58%，其中，省社 1 个，地级以上市社 20 个，县社 92 个。差额拨款的单位 1 个，占 0.85%。财政定额补贴的单位 2 个，占 1.71%。实行自收自支的单位 1 个，占 0.85%。

（三）人员编制

全省系统县及县以上供销合作社机关人员编制 2157 人。其中，参照公务员法管理的人员编制 1350 人，占总人员编制数的 62.58%；事业编制 753 人，占总人员编制数的 34.91%；企业及其他编制 54 人，占总人员编制数的 2.5%。

（四）其他情况

设立理事会的机关 116 个，比去年增加 18 个。设立监事会的机关 116 个，比去年增加 24 个。建立供销合作社合作发展基金的机关 113 个，比去年增加 13 个。建立社有资产管理委员会的机关 115 个。

三、社有企业情况

（一）总体情况

年末，全省系统共有各类法人企业 1478 个。其中省社所属企业 260 个，地级以上市社所属企业 277 个，县（区、市）级社以下所属企业 941 个。

（二）股权结构情况

供销社系统全资企业 778 个，供销社系统控股企业 239 个，供销社系统参股企业 122 个，开放办社企业 339 个。

（三）产业类别情况

农业生产资料经营企业 275 个、农产品经营企业 437 个、消费品经营企业 232 个、再生资源经营企业 97 个、烟花爆竹经营企业 62 个。

生产加工企业 47 个，其中工业生产企业 13 个，农产品加工企业 33 个、再生资源加工企业 1 个。

商品交易市场 30 个。

其他服务业企业 298 个，其中，仓储运输企业 66 个,资产控股、租赁和商务服务业企业 52 个，房地产开发企业 3 个,金融企业 6 个，其他法人企业 171 个。

（四）连锁企业情况

全省系统连锁企业 361 家，拥有配送中心 333 个，连锁门店 15072 个。其中：

农业生产资料连锁经营企业 162 家，配送中心 188 个，连锁经营门店 5268 个；

农产品连锁经营企业 68 家，连锁经营门店 2995 个；

消费品连锁经营企业68家，连锁经营门店2068个；

再生资源连锁经营企业18家，连锁经营门店2281个；

烟花爆竹及其他连锁经营企业45家，配送中心145个，连锁门店2460个。

四、基层供销合作社情况

年末，全省系统有基层社1775个，其中：集体所有制1337个，其他438个；由县社直接管理的1359个，实行属地管理及其他的416个。社员69.01万人，其中农民社员50.31万人。

基层社经营网点15422个。其中：日用消费品经营网点7644个，农业生产资料经营网点5603个，农产品经营网点930个，再生资源经营网点757个，农村电子商务服务站187个，农贸市场44个。

五、农民合作社情况

（一）总体情况

年末，全省系统创办、领办各类专业合作社5265个，比上年增加832个；入社成员21.42万个。其中，农民合作社联合社256个。

（二）经营类型

各类合作社中，农产品类4185个，农业生产资料类658个，综合服务类244个，其他类178个。

在农产品类合作社中，干鲜果蔬合作社2164个；粮油作物合作社354个；茶叶合作社187个；中药材合作社143个；水产合作社264个；畜禽合作社391个；其他678个。

（三）注册商标及认证情况

通过有机、绿色、无公害等认证的合作社905个，其中，通过有机认证的118个、通过绿色认证的158个、通过无公害认证的629个。拥有产品注册商标317个。

六、事业单位情况

年末，各级供销合作社所属事业单位5个。其中，省社所属事业单位2个；地级以上市社所属事业单位1个；县（区、市）社所属事业单位2个。

从经费来源看，差额补助的2个，自收自支的3个。

七、社会组织情况

年末，全省系统各类社团组织178个，会员16132个（人）。

从性质看，协会（商会）149个，学会（研究会）3个，联合会17个，民办非企业单位9个。

从服务类型看，农产品行业协会32个，农产品流通经纪人协会8个，农业生产资料协会35个，再生资源协会25个，烟花爆竹协会29个，电子商务协会7个，其他协会13个。

从会员情况看，团体会员7083个，个人会员9049人。

八、为农综合服务情况

（一）农村综合服务社

年末，全省系统共建立农村综合服务社8981个，比上年末增加2755个；其中，与村委会共建301个。庄稼医院1828个，比上年末增加722个。

（二）农业生产社会化服务

全年土地流转面积40.40万亩，增长38.1%；土地托管面积548.11万亩，下降35.29%；智慧农业生产服务面积8.98万亩；配方施肥905.25万亩次，增长5.39%；统防统治728.80万亩次，增长134.69%；农机作业310.09万亩次，增长26.07%。

（三）科技服务

培训农村实用人才101.43万人次，增长16.74%；科技特派员66人。

（四）农村人居环境整治

全年回收农村生活垃圾349.60万吨，废旧农膜7.93万吨，农药包装废弃物6.48万件（5.78万吨）。

九、从业人员情况

（一）总体情况

年末，全省系统共有从业人员 129574 人，离开本单位仍保留劳动关系的人员 14990 人，离退休人员 61303 人。

离退休人员中，未参加社会统筹养老保险的人员 1588 人，占 2.59%。

（二）分布状况

各级联合社机关、事业单位 2887 人，占 2.22%；企业 33561 人，占 25.90%；基层社 45266 人，占 34.93%；专业合作社 47860 人，占 36.94%。

（三）年龄结构情况

从业人员（不含专业合作社管理人员）中，35 岁及以下的 23558 人,占 28.12%；36–45 岁的 31326 人，占 37.39%；46–55 岁的 21757 人，占 25.97%；55 岁以上的 7146 人，占 8.53%。

（四）受教育情况

从业人员（不含专业合作社管理人员）中，高中、中专学历及以下的 62262 人，占 74.31%；大专学历的 14589 人，占 17.41%；本科学历及以上的 6966 人，占 8.31%。

16-1 广东省供销合作社经营情况统计表

单位：万元

单位名称	从农业生产者购进的农产品购进总额	售给农民的农业生产资料销售额	农产品批发市场交易额	农产品电子商务销售额	消费品零售额	
					全年累计	乡村
合　计	**5025452.30**	**4403755.65**	**3878250.22**	**486539.84**	**5322214.11**	**1206044.25**
广州市供销合作总社	577328.22	114579.81	683552.57	27595.05	1172165.15	118441.34
深圳市(宝安、龙岗区社)		348.34			1066.45	1066.45
惠州市供销合作社	369660.42	212190.38	286969.51	1719.00	312465.52	12848.95
珠海市供销合作社	193513.01	21993.79	11346.20	8297.89	127461.41	7848.67
佛山市供销合作社	14419.42	21771.70	442629.00	2446.12	122509.23	35384.00
江门市供销合作联社	567775.93	375714.80	1046844.56	2532.31	290803.37	109470.83
汕头市供销合作社	162707.77	132467.45	89944.82	13422.55	105366.62	11184.46
湛江市供销合作社联合社	141594.56	339576.63	58769.80	24412.57	262322.97	75097.57
茂名市供销合作社	365781.93	207957.64	169097.50	35950.65	717518.19	335690.20
韶关市供销合作社	330654.71	138817.21	358839.70	40545.42	121148.76	37662.81
肇庆市供销合作社	331244.56	177679.69	324172.00	34934.00	323069.96	66047.36
云浮市供销合作社	200922.22	59573.40	85351.05	4398.65	256015.96	82439.38
汕尾市供销合作社	71581.24	54989.77	723.00	2170.02	56871.48	26131.53
河源市供销合作社	32613.14	70057.02	1154.10	3308.82	114765.49	54857.25
梅州市供销合作社	456684.58	278899.41	91143.05	55871.37	146603.02	62405.49
清远市供销合作社	151869.85	140390.39	3100.00	10323.78	98922.00	32558.90
阳江市供销合作社	72571.84	33393.38	12323.70	429.00	81806.67	19121.10
东莞市供销合作社	120835.87	106197.28	96464.18	255.35	341939.08	4175.55
中山市供销合作社	511366.96	38950.42	105994.57	186502.32	356510.76	66532.79
潮州市供销合作社	18320.82	21573.01	4222.70	80.10	59541.95	25000.78
揭阳市供销合作社	77781.34	66099.13	5403.00	2688.10	52597.73	22078.84
广东省直属企业	256223.91	1790535.00	205.21	28656.77	200742.34	

16-2 广东省供销合作社为农综合服务情况统计表

单位名称	土地流转面积（亩）	土地托管面积（亩）		培训农村实用人才（人）
		全年累计	全托管面积	
合 计	**404035**	**5481091**	**1879778**	**1014340**
广州市供销合作总社	39682	329181	114360	1269
深圳市(宝安、龙岗区社)				
惠州市供销合作社	2501	153068	94263	9710
珠海市供销合作社		53742	53742	
佛山市供销合作社	1350	54446	53987	885
江门市供销合作联社	28845	223834	223434	12112
汕头市供销合作社	31	40050	39050	1750
湛江市供销合作社联合社	40149	96885	72585	109480
茂名市供销合作社	30000	548015	267510	1320
韶关市供销合作社	47724	173985	163744	27260
肇庆市供销合作社	61319	205210	202010	2190
云浮市供销合作社	17811	104502	102935	
汕尾市供销合作社	38761	36496	31496	2226
河源市供销合作社	29070	62574	35219	895
梅州市供销合作社	3300	163018	113718	132165
清远市供销合作社	11983	102957	61066	535
阳江市供销合作社		45833	35606	50
东莞市供销合作社		103227	77421	240
中山市供销合作社	33020	50170	50170	7238
潮州市供销合作社		23946	22731	
揭阳市供销合作社	7820	36940	36940	19365
广东省直属企业	10668	2873012	27792	685650

注：根据中华全国供销总社2021年《统计调查制度》，“半托管面积”、“发放科技资料(份)”项目不再纳入统计。

16−2 续表

单位名称	配方施肥面积(亩)	统防统治面积(亩)	农机作业面积(亩)	智慧农业生产服务(亩)	为农服务形式(个)		
					生产性为农服务中心	庄稼医院	农村综合服务社
合　计	**9052461**	**7288027**	**3100939**	**670857.4**	**2852**	**1828**	**8981**
广州市供销合作总社	313326	213986	120328	6830	239	42	637
深圳市(宝安、龙岗区社)							
惠州市供销合作社	88291	201309	12227		54	83	250
珠海市供销合作社		79479	41050		26	6	40
佛山市供销合作社	56120	206937	305440	20093	3	6	9
江门市供销合作联社	974374	2233773	1011469	10950	158	178	921
汕头市供销合作社	376850	557270	170350		130	88	231
湛江市供销合作社联合社	69550	66252	42332	35	232	99	351
茂名市供销合作社	663618	440922	122182	300	924	125	1867
韶关市供销合作社	231790	208659	234080	13000	50	110	457
肇庆市供销合作社	410627	375902	391437	5394	54	64	1267
云浮市供销合作社	71655	162381	84607		146	9	172
汕尾市供销合作社	90587	126930	64146	5820	45	11	169
河源市供销合作社	131578	71750	52425	3402.4	13	18	57
梅州市供销合作社	69461	126906	54401	2350	51	212	661
清远市供销合作社	78208	185329	48906	14183	49	133	218
阳江市供销合作社	603959	510224	5000		343	37	569
东莞市供销合作社	157010	146965	113218		4	4	36
中山市供销合作社	274942	91215	93864			17	38
潮州市供销合作社	8012	23184	7632		45	23	51
揭阳市供销合作社	83900	77655	55845		230	97	448
广东省直属企业	4298604	1181000	70000	588500	56	466	532

注：根据中华全国供销总社2021年《统计调查制度》，“科学示范田(亩)”项目改为“智慧农业生产服务(亩)”。

16-3 广东省供销合作社农资类销售总额统计表

单位：万元

单位名称	全年累计	肥料类	农药类	农用薄膜类	农用机械类	种子种苗饲料类	其他
合　计	**4940220.09**	**3848775.56**	**728082.63**	**56179.81**	**23271.14**	**88279.67**	**195631.28**
广州市供销合作总社	135336.04	91855.98	27054.92	10760.16	369.63	1164.42	4130.93
深圳市(宝安、龙岗区社)	1359.24	1077.74	281.50				
惠州市供销合作社	213110.38	154261.75	42646.10	8301.13	2194.55	2546.71	3160.14
珠海市供销合作社	26328.49	20330.26	5383.42	16.70	173.81	282.20	142.10
佛山市供销合作社	27381.20	20762.94	2178.46	970.40		3469.40	
江门市供销合作联社	404166.31	307423.25	70221.41	3417.35	3202.28	7563.30	12338.72
汕头市供销合作社	154458.61	72577.78	17590.57	846.25	1094.00	83.00	62267.01
湛江市供销合作社联合社	342269.67	288462.15	53240.06	225.40	177.50	149.56	15.00
茂名市供销合作社	286921.68	201635.63	54372.68	951.45	436.70	742.51	28782.71
韶关市供销合作社	143365.32	95938.80	15882.22	2295.15	1415.87	27798.28	35.00
肇庆市供销合作社	233641.73	158726.43	46506.30	18153.50	4784.00	659.50	4812.00
云浮市供销合作社	59653.90	48090.46	11239.81	118.63	46.00		159.00
汕尾市供销合作社	68849.48	56581.92	10906.00	453.62	140.90	342.96	424.08
河源市供销合作社	70058.02	56110.35	5059.84	981.05	1634.69	3412.15	2859.94
梅州市供销合作社	293640.17	208594.52	22991.59	5300.27	1479.89	2903.45	52370.45
清远市供销合作社	171334.87	134786.82	35187.26	269.52	4.55	1086.72	
阳江市供销合作社	35407.38	27222.91	4114.17	246.30	248.00	927.00	2649.00
东莞市供销合作社	107303.88	70926.83	12155.46	2214.53	5067.82	3897.51	13041.73
中山市供销合作社	39746.95	7790.23	2532.58	9.75	58.97	29319.85	35.57
潮州市供销合作社	24597.41	21813.37	2484.61	94.40	8.23	48.80	148.00
揭阳市供销合作社	94910.36	68731.44	20180.67	554.25	217.75	214.35	5011.90
广东省直属企业	2006379.00	1735074.00	265873.00		516.00	1668.00	3248.00

16-4 广东省供销合作社农资类销售量统计表

单位：吨

单位名称	肥料类	氮肥类			磷肥类	
		全年累计	尿素	碳铵	全年累计	二铵
合　计	**13714666.48**	**5829156.35**	**4627137.97**	**850193.26**	**1573653.18**	**463125.65**
广州市供销合作总社	572049.28	169865.3	70181.43	99029.12	8157.56	11
深圳市(宝安、龙岗区社)	440.97	61	36	25	157	
惠州市供销合作社	439306.58	135072.83	94574.69	36955.98	82814.81	5093.5
珠海市供销合作社	98496.4	66657.82	51407.56	15250.26	10337.44	
佛山市供销合作社	47595.6	18736.5	9386.5	9350	8714	
江门市供销合作联社	632160.04	146113.79	100631.16	44655.97	69031.49	4360.37
汕头市供销合作社	209923.73	73983.23	54044.73	8632	5611	
湛江市供销合作社联合社	949007.91	302078.81	264095.81	27639	235053.34	18311
茂名市供销合作社	816626.97	321783.47	211338.43	109921.34	138909.17	20591
韶关市供销合作社	401962.72	133631.63	80919.35	51440.47	54132.23	1986
肇庆市供销合作社	638002.04	159705.39	69426.1	43836.9	64453.5	
云浮市供销合作社	220904.08	90633.89	36661.53	49936.36	31107.25	98
汕尾市供销合作社	148658.43	42691.72	29683.41	3805	19300.73	174.29
河源市供销合作社	230543.6	92747	55188	35611	50482.5	2210.6
梅州市供销合作社	841750.8	348001.28	138554.33	188995.42	84896.39	59806.88
清远市供销合作社	522152.95	191955.23	121148.37	69223.69	88227.38	5693.16
阳江市供销合作社	91662.92	28956.45	18391.8	10227.65	15574.45	66.55
东莞市供销合作社	74807.91	18284.33	16308.33	1603	9579.25	475
中山市供销合作社	23870.71	8102.99	5744.7	2333.55	4446.19	174.3
潮州市供销合作社	81356.8	38114.05	35039.1	935.55	10139.5	
揭阳市供销合作社	275790.04	140343.64	93621.64	39408	37213	235
广东省直属企业	6397596	3301636	3070755	1378	545315	343839

16-4 续表 1

单位：吨

单位名称	钾肥类	复合肥类		水溶肥	有机肥	
		全年累计	掺混肥		全年累计	生物有机肥
合 计	**1566842.14**	**3245523.31**	**505127.17**	**454744.19**	**967852.63**	**212302.64**
广州市供销合作总社	5215.82	129086.03	400.20	24216.33	232146.51	48857.07
深圳市(宝安、龙岗区社)	39.00	183.97				
惠州市供销合作社	49468.46	139491.29	39248.39	11205.86	18419.33	3095.90
珠海市供销合作社	8032.45	10869.08	233.00	1519.19	1080.42	
佛山市供销合作社	8473.00	10107.10		759.20	792.30	108.00
江门市供销合作联社	50344.21	222460.75	39582.16	85060.84	55735.79	2058.00
汕头市供销合作社	6636.00	15749.70	2.00	6477.90	100670.70	99050.00
湛江市供销合作社联合社	129265.81	213064.86	15793.00	18261.64	40398.32	19408.00
茂名市供销合作社	98200.30	170165.17	36651.51	29449.40	57375.76	5229.00
韶关市供销合作社	32814.46	71099.06	761.31	6807.48	100926.76	962.03
肇庆市供销合作社	39094.46	156482.69	222.00	78621.00	137111.00	13677.00
云浮市供销合作社	7355.72	50840.74	5391.00	7220.22	16002.56	1738.00
汕尾市供销合作社	9114.36	51588.60	1881.00	2045.00	22200.85	7144.03
河源市供销合作社	19166.60	50544.00	9094.00	5382.00	7245.00	2656.00
梅州市供销合作社	31390.35	321673.35	266393.61	18430.07	31945.47	73.00
清远市供销合作社	40807.24	179927.07	19113.79	4304.66	16588.08	9.34
阳江市供销合作社	9919.30	29905.82	3345.00	2112.67	4854.35	327.35
东莞市供销合作社	9152.95	18945.91	1655.10	7933.95	9592.11	1113.40
中山市供销合作社	696.36	9732.20	449.10	165.35	705.22	213.52
潮州市供销合作社	8533.95	16870.10		1584.60	5973.60	33.00
揭阳市供销合作社	15782.34	55783.82		13039.83	13492.50	
广东省直属企业	987339.00	1320952.00	64911.00	130147.00	94596.00	6550.00

16-4 续表 2

单位：吨

单位名称	化学农药				农膜	
	全年累计	杀虫剂	杀菌剂	除草剂	全年累计	地膜
合　计	**342010**	**148423**	**76475**	**102387**	**35405**	**9794**
广州市供销合作总社	51078	41312	4091	5551	1094	284
深圳市(宝安、龙岗区社)	35	12	12	11		
惠州市供销合作社	40261	16168	8903	14226	20823	1757
珠海市供销合作社	1270	308	629	333		
佛山市供销合作社	1235	421	378	436	509	417
江门市供销合作联社	20363	6875	4909	8505	2118	744
汕头市供销合作社	8148	3211	1905	2070	357	244
湛江市供销合作社联合社	33878	11840	8617	9924	236	45
茂名市供销合作社	44465	18816	11520	13704	626	157
韶关市供销合作社	9643	3219	2575	3817	1717	1331
肇庆市供销合作社	14882	5316	3698	4195	1031	656
云浮市供销合作社	14670	5417	3195	4782	228	
汕尾市供销合作社	3792	1701	752	858	235	156
河源市供销合作社	5170	1928	1605	1615	1014	150
梅州市供销合作社	16089	5864	3320	5208	931	320
清远市供销合作社	9836	3823	2244	3248	194	112
阳江市供销合作社	2755	1135	668	948	208	63
东莞市供销合作社	4731	1636	557	993	3428	3332
中山市供销合作社	1416	506	385	518	6	2
潮州市供销合作社	1676	734	575	363	77	24
揭阳市供销合作社	15122	7184	5579	2356	573	
广东省直属企业	41476	10995	10353	18726		

十七、分区域主要经济指标

17-1 主要农作物播种面积

（2021年） 单位：公顷

项　　目	珠江三角洲	东翼	西翼	山区
农作物总播种面积	**1299797**	**539750**	**1332472**	**1326340**
一、粮食作物总计	**547276**	**323263**	**652494**	**690003**
按品种分				
稻谷	459745	227625	542327	597722
早稻	221242	110906	243102	283310
晚稻	238503	116720	299225	314412
小麦	21	7	166	55
薯类	46093	77148	58637	29510
大豆	6205	4887	7444	14094
二、经济作物	**752521**	**216487**	**679978**	**636337**
甘蔗	9601	1130	130880	8493
糖蔗	1608	69	123951	2770
油料作物	63219	26090	133552	134580
花生	63014	24444	131810	130411
麻类	13	26	20	3
烟叶	1028	4	1225	13588
药材	11033	1476	22772	21098
蔬菜	522542	173687	340794	355226
果用瓜	13745	3737	11525	14125
其他农作物	131339	10336	39210	89223
木薯	17549	2402	18328	25328

17-2 主要农作物总产量

(2021年) 单位：吨

项　　目	珠江三角洲	东翼	西翼	山区
一、粮食作物总计	**3077722**	**1963977**	**3679620**	**4077428**
按品种分				
稻谷	2683277	1437945	3182207	3740718
早稻	1309118	694162	1470968	1767260
晚稻	1374159	743783	1711239	1973458
小麦	57	21	651	183
薯类	205194	436286	275155	110579
大豆	15942	13203	19443	37791
二、经济作物				
甘蔗	971235	85650	11203713	805369
糖蔗	160566	4964	10706343	310172
油料作物	188929	80239	460454	443352
花生	188664	76967	456649	436426
麻类	26	111	50	10
烟叶	2795	17	3548	32422
蔬菜	14314067	5956612	9065798	9220865
果用瓜	441338	125253	337940	406097
其他农作物				
木薯	361350	74900	436979	490065

17−3　茶叶、桑叶、水果面积及产量

(2021年)　　单位：公顷、吨

项　　目	珠江三角洲	东翼	西翼	山区
一、茶叶年末实有面积	**8914**	**27253**	**4293**	**48810**
茶叶总产量	11341	60551	12012	55550
二、桑地年末实有面积	**571**		**9620**	**10476**
桑叶总产量	17850		557347	302543
三、水果年末实有面积	**267133**	**123707**	**398478**	**261441**
水果总产量	4645941	1592516	8028799	4000046
柑桔橙年末实有面积	86567	8139	19265	77996
柑桔橙总产量	2216745	182809	329830	1267819
香(大)蕉年末实有面积	29182	9468	62811	9955
香(大)蕉总产量	1075834	245396	3310478	201317
菠萝年末实有面积	1290	5478	32197	284
菠萝总产量	22171	94043	1140024	3538
荔枝年末实有面积	80246	33759	132311	15838
荔枝总产量	342760	227613	871336	74441
龙眼年末实有面积	25767	11962	67003	10198
龙眼总产量	180438	125726	653348	82835

17-4 畜牧头数及产肉类量

(2021年)

项　　目	单位	珠江三角洲	东翼	西翼	山区
一、黄、水牛年末存栏头数	**头**	**230769**	**113381**	**447136**	**276621**
二、奶牛年末存栏头数	**头**	**31393**	**6753**	**6283**	**17526**
奶类产量	吨	94295	8523	15794	54363
三、山羊年末存栏只数	**只**	**135995**	**36095**	**292760**	**421561**
四、生猪年末存栏头数	**头**	**5313782**	**1724762**	**6907107**	**6809132**
能繁殖母猪	头	467270	157766	663774	623023
肉猪出栏头数	头	8097603	3031660	12034686	10202373
五、肉类产量	**吨**	**1220863**	**394992**	**1463509**	**1494806**
猪肉	吨	640083	238457	946099	807632
牛肉	吨	8607	8974	14846	11312
羊肉	吨	3678	868	6270	8832
禽肉	吨	555023	140375	483433	643057
兔肉	吨	961	742	1066	4005
其他肉	吨	12512	5576	11796	19968
六、禽蛋产量	**吨**	**120641**	**41633**	**150571**	**123782**

17-5 珠江三角洲林业主要经济指标

项　　目	计算单位	2020年	2021年	2021年比2020年增长(%)	2021年占全省比重(%)
一、森林资源					
林业用地面积	千公顷	2725*	2720*	-0.18*	25.76*
有林地面积	千公顷	2401*	2401*		26.19*
活立木总蓄积量	万立方米	16364*	16917*	3.38*	26.93*
森林覆盖率	%	51.73*	51.59*		
二、林业产业总产值(当年价)	**万元**	**63025328**	**66697204**	**5.8**	**77.5**
第一产业产值	万元	5269173	6061926	15.0	42.5
第二产业产值	万元	45938338	49634555	8.0	91.2
第三产业产值	万元	11817817	11000723	-6.9	63.2
三、营林生产					
人工造林面积	公顷	2200	4543	106.5	23.0
人工更新面积	公顷	27321	19933	-27.0	48.6
退化林修复面积	公顷	6899	10078	46.1	24.8
育苗面积	公顷	926.8	1157.6	24.9	47.8
中幼龄林抚育面积	公顷	92844	49693	-46.5	16.8
四、主要林产品产量					
油桐籽	吨				
油茶籽	吨	14178	16649	17.4	9.4
松脂	吨				
五、森工主要产品产量					
1.商品材	万立方米	373.04	486.6428	30.5	38.5
原木	万立方米	322.06	426.9691	32.6	38.0
薪材	万立方米	50.98	59.6737	17.1	42.3
2.大径竹	万根	9385.14	13562.2227	44.5	43.9
毛竹	万根	2801.81	1364.4996	-51.3	17.0
其它竹	万根	6583.33	12197.7231	85.3	53.3
3.松香类产品	吨	130004	118738	-8.7	63.7
六、林业系统职工人数	**人**	**7827**	**6569**	**-16.1**	**35.9**
林业系统职工工资总额	万元	130866	113064	**-13.6**	48.2
七、自年初累计完成投资	**万元**	**438135**	**420738**	**-4.0**	**39.7**
其中：生态修复治理	万元	201136	131810	**-34.5**	36.5
林(草)产品加工制造	万元	711	3193	**349.1**	72.7
林草服务、保障和公共管理	万元	236288	285735	**20.9**	41.2

注：2018年度数据中，七、自年初累计完成投资，其中项分别是：生态建设与保护、林业支撑与保障、林业产业发展，与2019年其中项统计口径不同。

17-6 山区林业主要经济指标

(2021年)

项目	计算单位	2020年	2021年	2021年比2020年增长(%)	2021年占全省比重(%)
一、森林资源					
林业用地面积	千公顷	5752*	5749*	-0.05*	54.45*
有林地面积	千公顷	4953*	4958*	0.10*	54.07*
活立木总蓄积量	万立方米	33713*	35073*	4.03*	55.83*
森林覆盖率	%	72.36*	72.42*		
二、林业产业总产值(当年价)	**万元**	**9201221**	**9378115**	**1.9**	**10.9**
第一产业产值	万元	4336453	4025878	-7.2	28.2
第二产业产值	万元	1559640	1799405	15.4	3.3
第三产业产值	万元	3305128	3552832	7.5	20.4
三、营林生产					
人工造林面积	公顷	12440	9251	-25.6	46.9
人工更新面积	公顷	25017	11058	-55.8	27.0
退化林修复面积	公顷	35570	16608	-53.3	40.9
育苗面积	公顷	927.4	711.93	-23.2	29.4
中幼龄林抚育面积	公顷	300640	181882	-39.5	61.3
四、主要林产品产量					
油桐籽	吨				
油茶籽	吨	137930	146858	6.5	82.7
松脂	吨				
五、森工主要产品产量					
1.商品材	万立方米	428.69	533.27	24.4	42.2
原木	万立方米	391.01	471.75	20.6	42.0
薪材	万立方米	37.67	61.52	63.3	43.6
2.大径竹	万根	5824.85	6147.36	5.5	19.9
毛竹	万根	3299.61	3955.28	19.9	49.3
其它竹	万根	2525.24	2192.07	-13.2	9.6
3.松香类产品	吨	52444	59294	13.1	31.8
六、林业系统职工人数	**人**	**8006**	**7142**	**-10.8**	**39.1**
林业系统职工工资总额	万元	87780	84347	-3.9	36.0
七、自年初累计完成投资	**万元**	**463267**	**469603**	**1.4**	**44.4**
其中：生态修复治理	万元	228695	139833	-38.9	38.7
林(草)产品加工制造	万元	983	1197	21.8	27.3
林草服务、保障和公共管理	万元	233589	328573	40.7	47.4

注：2018年度数据中，七、自年初累计完成投资，其中项分别是：生态建设与保护、林业支撑与保障、林业产业发展，与2019年其中项统计口径不同。

17-7 东西两翼林业主要经济指标

(2021年)

项　　目	计算单位	东西翼合计	东翼	西翼	东西两翼占全省比重(%)
一、森林资源					
林业用地面积	千公顷	2090*	788*	1303*	19.80*
有林地面积	千公顷	1811*	672*	1139*	19.75*
活立木总蓄积量	万立方米	10833*	2874*	7959*	17.24*
森林覆盖率	%	45.04*	49.57*	42.90*	
二、林业产业总产值(当年价)	**万元**	**9996771**	**2544571**	**7452200**	**11.6**
第一产业产值	万元	4165801	680623	3485178	29.2
第二产业产值	万元	2968027	870492	2097535	5.5
第三产业产值	万元	2862943	993456	1869487	16.4
三、营林生产					
造林面积	公顷	5947	3712	2235	30.1
迹地更新面积	公顷	10023		10023	24.4
低产林改造面积	公顷	13941	6694	7247	34.3
育苗面积	公顷	552.2	181.73	370.47	22.8
中幼龄林抚育面积	公顷	64908	32517	32391	21.9
四、主要林产品产量					
油桐籽	吨				
油茶籽	吨	14155	2337	11818	8.0
松脂	吨				
五、森工主要产品产量					
1.木材	万立方米	243.79	48.89	194.90	19.3
原木	万立方米	223.81	39.92	183.89	19.9
薪材	万立方米	19.98	8.97	11.02	14.2
2.竹材	万根	11197.70	517.05	10680.65	36.2
毛竹	万根	2701.52	339.38	2362.14	33.7
其他竹	万根	8496.18	177.67	8318.51	37.1
3.松香类产品	吨	8318	414	7904	4.5
六、林业系统职工人数	**人**	**4561**	**1089**	**3472**	**24.9**
林业系统职工工资总额	万元	36728.02	8261.22	28466.80	15.7
七、自年初累计完成投资	**万元**	**166075**	**64463**	**101612**	**15.7**
其中：生态修复治理	万元	89594	36076	53518	24.8
林(草)产品加工制造	万元				
林草服务、保障和公共管理	万元	76481	28387	48094	11.0

注：2018年度数据中，七、自年初累计完成投资，其中项分别是：生态建设与保护、林业支撑与保障、林业产业发展，与2019年其中项统计口径不同。

17-8 珠江三角洲渔业现状概况

项　　目	单位	2020年	2021年	2021年比2020年增长(%)	2021年全省	2021年占全省比重(%)
渔业乡	个	20	20	0	77	25.97
渔业村	个	260	330	26.92	1022	32.29
渔业人口	个	572028	575205	0.56	2030978	28.32
水产品产量	吨	3544325	3630367	2.43	8845163	41.04
其中：海洋捕捞	吨	188741	186106	-1.40	1188000	15.67
海水养殖	吨	476872	511724	7.31	3362424	15.22
淡水捕捞	吨	54245	48141	-11.25	89067	54.05
淡水养殖	吨	2824467	2884396	2.12	4205672	68.58
水产品产值	亿元	776	854	10.05	1747.00	48.88
其中：海洋捕捞	亿元	36	40	11.11	258.00	15.50
海水养殖	亿元	92	100	8.70	585.00	17.09
淡水捕捞	亿元	11	12	9.09	18.00	66.67
淡水养殖	亿元	612	702	14.71	886	79.23
水产养殖总面积	公顷	210374	213315	1.40	475618.32	44.85
其中：海水养殖	公顷	38249	37603	-1.69	165715.10	22.69
淡水养殖	公顷	172125	175711	2.08	309903.22	56.70

17-9 山区渔业现状概况

项　　目	单位	2020年	2021年	2021年比2020年增长(%)	2021年全省	2021年占全省比重(%)
渔业人口	个	251606	245236	-2.53	2030978	12.07
水产品产量	吨	476946	473605	-0.70	8845163	5.35
水产品产值	亿元	65	72	10.77	1747	4.12
淡水养殖面积	公顷	55867	55405	-0.83	475618	11.65
产量	吨	458266	473605	3.35	8845163	5.35
单产	千克/公顷	8203	8548	4.21	18597	45.96
其中：池塘面积	公顷	37555	37183	-0.99	260592	14.27
产量	吨	372124	378810	1.80	3916605	9.67
单产	千克/公顷	9909	10188	2.82	15030	67.78
水库面积	公顷	16544	16451	-0.56	42821	38.42
产量	吨	70544	65620	-6.98	223587	29.35
单产	千克/公顷	4264	3989	-6.45	5221	76.40

17−10 东翼地区渔业现状概况

项 目	单位	2020年	2021年	2021年比2020年增长(%)	2021年全省	2021年占全省比重(%)
渔业乡	个	41	33	-19.51	77	42.86
渔业村	个	293	309	5.46	1022	30.23
渔业人口	个	589145	566411	-3.86	2030978	27.89
水产品产量	吨	1410590	1416417	0.41	8845163	16.01
其中：海洋捕捞	吨	364721	362154	-0.70	1188000	30.48
海水养殖	吨	770601	779415	1.14	3362424	23.18
淡水捕捞	吨	11286	11291	0.04	89067	12.68
淡水养殖	吨	263982	263557	-0.16	4205672	6.27
水产品产值	亿元	248	260	4.84	1747	14.88
其中：海洋捕捞	亿元	71	78	9.86	258	30.23
海水养殖	亿元	134	147	9.70	585	25.13
淡水捕捞	亿元	1	2	100.00	18	11.11
淡水养殖	亿元	36	33	-8.33	886	3.72
水产养殖总面积	公顷	55362	55395	0.06	475618	11.65
其中：海水养殖	公顷	34304	35843	4.49	165715	21.63
淡水养殖	公顷	21058	19552	-7.15	309903	6.31

17−11 西翼地区渔业现状概况

项 目	单位	2020年	2021年	2021年比2020年增长(%)	2021年全省	2021年占全省比重(%)
渔业乡	个	27	24	-11.11	77	31.17
渔业村	个	364	350	-3.85	1022	34.25
渔业人口	个	780974	644126	-17.52	2030978	31.72
水产品产量	吨	3326197	3324774	-0.04	8845163	37.59
其中：海洋捕捞	吨	639453	639740	0.04	1188000	53.85
海水养殖	吨	2064879	2071285	0.31	3362424	61.60
淡水捕捞	吨	14471	12068	-16.61	89067	13.55
淡水养殖	吨	607394	601681	-0.94	4205672	14.31
水产品产值	亿元	506	562	11.07	1747	32.17
其中：海洋捕捞	亿元	128	140	9.38	258	54.26
海水养殖	亿元	308	338	9.74	585	57.78
淡水捕捞	亿元	1	2	100.00	18	11.11
淡水养殖	亿元	57	83	45.61	886	9.37
水产养殖总面积	公顷	155916	151504	-2.83	475618	31.85
其中：海水养殖	公顷	92166	92269	0.11	165715	55.68
淡水养殖	公顷	63750	59235	-7.08	309903	19.11